Karl Julius Beloch

Die attische Politik seit Perikles

Karl Julius Beloch

Die attische Politik seit Perikles

ISBN/EAN: 9783744694803

Hergestellt in Europa, USA, Kanada, Australien, Japan

Cover: Foto ©Suzi / pixelio.de

Weitere Bücher finden Sie auf **www.hansebooks.com**

ATTISCHE POLITIK

SEIT PERIKLES

VON

JULIUS BELOCH.

LEIPZIG,
DRUCK UND VERLAG VON B. G. TEUBNER.
1884.

Vorwort.

Die politischen Parteien in Athen, und ihr Einfluss auf die attische Politik haben in letzter Zeit die historische Forschung mehrfach beschäftigt. Die vorliegende Schrift stellt sich die Aufgabe, diese Untersuchungen, die bisher fast ausnahmslos auf die Geschichte des V. Jahrhunderts gerichtet waren, auch für das IV. Jahrhundert bis zum lamischen Kriege weiterzuführen. Dabei war es freilich unumgänglich, auch auf die Zeit des peloponnesischen Krieges zurückzugehen; liegt doch hier der Schlüssel für das Verständniss der folgenden Periode.

Eine sogenannte „innere Geschichte" Athen's, oder etwa eine „Geschichte der attischen Politik" soll das Buch also nicht sein, vielmehr werden die Thatsachen selbst im Allgemeinen als gegeben vorausgesetzt. Leider ist der Zustand unserer Wissenschaft nicht derart, dass dieser Grundsatz consequent sich hätte durchführen lassen. So war ich gezwungen, ehe ich an meine eigentliche Aufgabe gehen konnte, erst eine Reihe von historischen Detailfragen zu erledigen. Ein Theil dieser Untersuchungen hat im Anhang seine Stelle gefunden; anderes habe ich in Zeitschriften publicirt; noch anderes wird vielleicht bei Gelegenheit später veröffentlicht werden.

Wenn das Buch kein bibliographisches Repertorium werden sollte, musste ich in der Anführung der neueren Literatur sparsam sein. Ich möchte darum an dieser Stelle ausdrücklich hervorheben, wie viel ich den Werken von Grote, Müller-Strübing, Gilbert, Sievers, Rehdantz und namentlich Schaefer verdanke; jede Seite dieser Schrift giebt Zeugniss davon. Leider war die Hoffnung vergeblich von Schaefer's Demosthenes die versprochene zweite Auflage benutzen zu

können. Dass mir von Programmen und Dissertationen
manches entgangen ist, wird der Leser mit Rücksicht auf
meinen Wohnort — Rom — entschuldigen wollen. Besonders bedauere ich, nicht im Stande gewesen zu sein, mir
die Abhandlung von W. L. Freese: der Parteikampf der
Reichen und Armen in Athen zur Zeit der Demokratie
(Stralsund 1848) zu verschaffen. Die Schrift von Pflugk-
Harttung: Perikles als Feldherr (Stuttgart 1884), die vielfach zu denselben Resultaten gelangt ist wie unten Cap. I,
ist mir erst unmittelbar vor Abschluss des Druckes zugegangen, und konnte also nicht mehr berücksichtigt werden;
dem Herrn Verfasser sage ich für die freundliche Uebersendung meinen besten Dank.

In meiner Geschichtsauffassung hoffe ich von den Ein-
seitigkeiten der Grote'schen Schule, wie der Verehrer des
Demosthenes mich freigehalten zu haben. Der Cultus der
radicalen Demokratie ist jetzt in der attischen Geschichte so
an der Mode, dass wer ihn nicht mitmacht leicht den Anschein gewinnt als verfiele er in das entgegengesetzte Ex-
trem. Wir vergessen zu oft, dass liberal und conservativ
relative Begriffe sind, und dass derselbe Mann in einer absoluten Monarchie auf der äussersten Linken stehen kann,
der in einer radicalen Republik vielleicht auf der äussersten
Rechten zu finden sein würde. — Meine Beurtheilung der
attischen Politik in der Zeit Philipp's und Alexander's hat
zur Voraussetzung, dass die Makedonen ein hellenischer
Stamm gewesen sind, oder, was auf dasselbe herauskommt,
bereits vollständig hellenisirt waren; sie wird also bei denen
auf keine Zustimmung rechnen können, die diese Ueberzeugung nicht theilen.

Sorrento im August 1884.

Julius Beloch.

Einleitung.

Die Parteien und die Regierung.

Die ständische Gliederung der Gesellschaft in Hellas ist in den inneren Kämpfen des VIII. und VII. Jahrhunderts zu Grunde gegangen. Der Adel selbst hatte die Axt an die Wurzeln seiner Macht gelegt, als er die Monarchie gestürzt hatte; bald sanken seine Privilegien vor dem Andrang des emporstrebenden Bürgerthums dahin. Seitdem ist es nicht mehr die Geburt, es ist der Besitz, durch den die Geltung des Einzelnen im Staate bedingt ist. Alle griechischen Verfassungen von Lykurg bis auf Kleisthenes ruhen auf dem timokratischen Prinzip. Das berühmte Wort χρήματα χρήματ' ἀνήρ ist in dieser Zeit zuerst ausgesprochen worden; und es lässt sich keine treffendere Charakteristik der damaligen politischen Zustände denken. Wohl grollte der Adel:

χρήματα γὰρ τιμῶσι· καὶ ἐκ κακοῦ ἐσθλὸς ἔγημεν,
καὶ κακὸς ἐξ ἀγαθοῦ· πλοῦτος ἔμιξε γένος

klagt noch am Vorabend der medischen Kriege der aristokratische Sänger von Megara; aber wenn auch zähneknirschend, man fügte sich in das Unvermeidliche. Ein ernstlicher Versuch, die alte Ordnung der Dinge wieder herzustellen, ist seit dem Ende des VI. Jahrhunderts nicht mehr gemacht worden.

Mit den Perserkriegen beginnt eine neue Bewegung. Nicht mehr die Freiheit, die Gleichheit ist es, um die jetzt gekämpft wird. Die niederen Klassen der Bürgerschaft, die besitzlosen Massen, treten hervor mit der Forderung unbedingter politischen Gleichberechtigung. An Stelle des alten Gegensatzes zwischen vornehm und gering tritt der Gegensatz zwischen reich und arm, zwischen Bourgeoisie und Proletariat, wie wir es modern ausdrücken würden. Die materiellen Interessen drängen sich in den Vordergrund. Wenn auch soziale Umwälzungen den

Sieg der Menge nur selten begleiten, so benutzt der Demos
doch fast ausnahmslos seine Macht, um auf dem Wege
der Besteuerung das Geld der Reichen in die eigenen
Hände hinüberzuleiten. Die alten Parteinamen bleiben, aber
sie ändern jetzt ihre Bedeutung.[1]) Wenn Solon's Verfassung
zu ihrer Zeit als demokratisch gegolten hatte, so hiess jetzt
Demokratie nur noch eine Staatsform, die allen Bürgern gleiches
actives und passives Wahlrecht gewährte. Jede Verfassung,
die dem Besitze Privilegien einräumte, galt wenigstens im
Sprachgebrauch des praktischen Lebens als Oligarchie. Es
giebt nur noch zwei Parteien. Auf der einen Seite stehen
die „Reichen" (οἱ πλούσιοι), die „Besitzenden" (οἱ κτηματικοί),
die „anständigen Leute" (οἱ καλοὶ κἀγαθοί), die „Vornehmen"
(οἱ γνώριμοι), oder wie man in der Regel einfach sagt, die
„Minorität" (οἱ ὀλίγοι); auf der anderen Seite das „Volk" (ὁ
δῆμος), die „Menge" (τὸ πλῆθος), oder einfach die „Majorität"
(οἱ πολλοί).

Es ist ein glänzendes Zeugniss für Solon's politischen
Scharfblick, dass er bereits die Parteikämpfe seiner Zeit in
diesem Lichte gesehen hat, unbeirrt von den Vorurtheilen der
eigenen Standesgenossen, und obgleich damals ohne Zweifel
der Besitz noch zum weit überwiegenden Theil in den Händen
des Adels sich befand. Man erinnere sich der bekannten
Verse, in denen er die Summe seines politischen Wirkens
zusammenfasst [2]):

> Δήμῳ μὲν γὰρ ἔδωκα τόσον κράτος, ὅσσον ἐπαρκεῖ
> τιμῆς οὔτ᾽ ἀφελών, οὔτ᾽ ἐπορεξάμενος.
> οἳ δ᾽ εἶχον δύναμιν, καὶ χρήμασιν ἦσαν ἀγητοί
> καὶ τοῖς ἐφρασάμην μηδὲν ἀεικὲς ἔχειν.
> ἔστην δ᾽ ἀμφιβαλὼν κρατερὸν σάκος ἀμφοτέροισιν·
> νικᾶν δ᾽ οὐκ εἴασ᾽ οὐδετέρους ἀδίκως.

Hundert Jahre später waren, wie wir gesehen haben,
diese Anschauungen Gemeingut der ganzen Nation. So ist
für Euripides der Besitz der einzige Massstab, nach dem die
Stände, und damit die politischen Parteien sich gliedern [3]):

---

1) Arist. Polit. VI (IV) 1297 B διόπερ ἃς νῦν καλοῦμεν πολιτείας.
οἱ πρότερον ἐκάλουν δημοκρατίας.

2) Fr. 5 Bergk.

3) Hiketid. 238—245. Gilbert Beiträge S. 103 hat unglaubliches in
der Interpretation dieser Verse geleistet.

τρεῖς γὰρ πολιτῶν μερίδες· οἱ μὲν ὄλβιοι
ἀνωφελεῖς τε, πλειόνων τ' ἐρῶσ' ἀεί·
οἱ δ' οὐκ ἔχοντες, καὶ σπανίζοντες βίου
δεινοὶ νέμοντες τῷ φθόνῳ πλέον μέρος
εἰς τοὺς ἔχοντας κέντρ' ἀφιᾶσιν κακά,
γλώσσαις πονηρῶν προστατῶν φηλούμενοι·
τριῶν δὲ μοιρῶν ἡ 'ν μέσῳ σῴζει πόλεις
κόσμον φυλάσσουσ' ὅντιν' ἂν τάξῃ πόλις.

Und wie der demokratische Dichter, denkt der ultra-
oligarchische Verfasser der Schrift „vom Staate der Athener“;
auch ihm ist der Gegensatz zwischen oligarchischer und demokratischer Partei durchaus gleichbedeutend mit dem Gegensatz zwischen reich und arm[1]); mit keinem Wort spricht er
von einer politischen Bedeutung des Adels als solchem. Auf
demselben Standpunkte stehen die Staatslehrer des IV. Jahrhunderts. Platon[2]) und Aristoteles[3]) erkennen praktisch nur
noch den Unterschied des Besitzes an: Oligarchie ist die Herrschaft der Reichen, Demokratie die Herrschaft der Nicht-
besitzenden, alle anderen Verfassungen sind Abarten oder
Mischungen dieser beiden Grundformen.

Die oligarchische Partei in Athen hat denn auch im
V. und IV. Jahrhundert nie etwas anderes erstrebt, als den
Ausschluss der besitzlosen Menge von dem Einfluss auf die
Leitung des Staates; innerhalb der privilegirten Minderheit
aber sollte Jeder ohne Anseln der Geburt gleiches Recht
haben. Worin die Ansichten der Oligarchen aus einander
gingen, war nur das Mass des Besitzes, an das die politische
Berechtigung geknüpft sein sollte. Die gemässigten Elemente
der Partei wünschten den Hoplitencensus als Grenze fest-
gesetzt zu sehen, wodurch die Herrschaft in die Hände des
Mittelstandes gekommen wäre, wie einst unter Kleisthenes.
Eine solche Verfassung wäre eine Oligarchie im eigentlichen
Sinne des Wortes nicht mehr gewesen, sondern würde un-

---

1) So gleich I 2 und durch die ganze Schrift.

2) Polit. VIII 550 C definirt Platon die Oligarchie als τὴν ἀπὸ τι-
μημάτων πολιτείαν, ἐν ᾗ οἱ μὲν πλούσιοι ἄρχωσι, πένητι δ' οὐ μέτεστιν ἀρχῆς.

3) Z. B. Polit. VI (IV) 1294 A. ἀριστοκρατίας μὲν γὰρ ὅρος ἀρετή,
ὀλιγαρχίας δὲ πλοῦτος, δήμου δ' ἐλευθερία. Vergl. Oncken, Staats-
lehre des Aristoteles II S. 225 f.

1*

geführ dem entsprochen haben, was die griechische Staatswissenschaft als Verfassung κατ' ἐξοχὴν, als Politie bezeichnet.
Das war das Ziel, nach dem Theramenes strebte, und später
das Ideal des Isokrates und Aristoteles. Den Oligarchen von
reinem Wasser, wie Antiphon und Kritias, genügte aber diese
Beschränkung noch keineswegs. Nicht der Mittelstand, die
Reichen sollten den massgebenden Factor im Staate bilden,
und zu diesem Zwecke war es nothwendig, den Kreis der Berechtigten noch enger zu ziehen. Dass man es vorzog, statt
einen bestimmten Census festzusetzen, lieber die politischen
Rechte auf eine von vorn herein fest bestimmte Zahl von
Bürgern zu beschränken, that sehr wenig zur Sache[1]). Be-
stimmend dafür waren einmal Gründe der administrativen Be-
quemlichkeit, die auch unter der Demokratie zu analogen Einrichtungen geführt haben — man denke z. B. an die 1200 Trie-
rarchie-Pflichtigen; andererseits die Lehren der gleichzeitigen
Staatswissenschaft, welche die Construction ihres Idealstaates
damit zu beginnen pflegte, die Normalzahl der Bürger festzusetzen[2]). Auch war es so leichter möglich, unzuverlässige
Elemente unter den Besitzenden selbst von der Theilnahme
am öffentlichen Leben auszuschliessen. Im Allgemeinen aber
war selbst unter der Herrschaft der Dreissig das Vermögen
das entscheidende Kriterium für die Aufnahme unter die dreitausend vollberechtigten Bürger[3]).

Mochte indess der Adel als Stand schon im V. Jahrhundert alle politische Bedeutung verloren haben, und selbst
eine solche Bedeutung nicht mehr erstreben, so blieb doch
nichts desto weniger der Einfluss der grossen Adelsfamilien
in unveränderter Geltung. Fast alle hervorragenden Staatsmänner Athens bis auf den Anfang des peloponnesischen

---

1) Thuk. VIII 65. οὔτε μεθεκτέον τῶν πραγμάτων πλείοσιν ἢ πεντα-
κισχιλίοις, καὶ τούτους οἳ ἂν μάλιστα τοῖς χρήμασι καὶ τοῖς σώμασι
ὠφελεῖν οἷοί τε ὦσι.

2) ὥσπερ τὸν ἀριθμὸν τοῦτον ἔχοντά τινα ἀνάγκην καλοὺς κἀγα-
θοὺς εἶναι spottet Theramenes darüber bei Xenophon. (Hell. II 3. 19.

3) Xen. Hell. II 4. 40 ἀλλ' ὁ μὲν δῆμος πενέστερος ὑμῶν ὢν οὐδὲν
πώποτε ἕνεκα χρημάτων ὑμᾶς ἠδίκηκεν· ὑμεῖς δὲ πλουσιώτεροι πάντων
ὄντες πολλὰ καὶ αἰσχρὰ ἕνεκα κερδέων πεποιήκατε (aus Thrasybulos
Rede an die „Bürger aus der Stadt"). Vergl. Isokr. Paneg. 105 καὶ
τοὺς ταῖς οὐσίαις ἐνδεεστέρους, τὰ δ' ἄλλα μηδὲν χείρους ὄντας, ἀπε-
λαύνεσθαι τῶν ἀρχῶν.

Krieges gehören diesen Familien an: Peisistratos, Kleistheues, Miltiades, Aristeides[1]), Themistokles[2]), Kimon, Thukydides, Perikles:

'Αλλ' ἦσαν ἡμῖν τῇ πόλει πρὸ τοῦ μὲν οἱ στρατηγοί
ἐκ τῶν μεγίστων οἰκιῶν, πλούτῳ γένει τε πρῶτοι,
οἷς ὡσπερεὶ θεοῖσι ηὐχόμεσθα· καὶ γὰρ ἦσαν[3]).

Wie hätte es auch anders sein können, so lange die grossen Vermögen noch fast ausschliesslich in den Händen des hohen Adels concentrirt waren? Ganz abgesehen von der traditionellen Geschäftskenntniss, die sich hier vom Vater auf den Sohn forterbte, von Familienconnexionen und der Macht der Gewohnheit.

Dazu kam dann, dass gerade diese grossen und alten Adelshäuser in ihrer Mehrzahl der bestehenden Verfassung aufrichtig ergeben waren; nicht so sehr aus Ueberzeugung von der absoluten Vortrefflichkeit der Demokratie, als in der Erkenntniss, dass ihnen in der Demokratie ein viel weitgehenderer Einfluss gesichert war, als bei irgend einer anderen Staatsform[4]). Denn gerade der Pöbel hat vor den Vorzügen vornehmer Geburt und grossen Reichthums den meisten Respekt; der wohlhabende und gebildete Mann sieht auch in den Vornehmsten und Reichsten nur seines Gleichen. Für diese Vortheile liessen sich die Uebelstände der Demokratie schon mit in den Kauf nehmen. So erklärt es sich, dass die Oligarchie der Dreissig gezwungen war, gegen den hohen Adel ebenso sehr Front zu machen, wie gegen die besitzlose Masse; man denke an Strombichides, Eukrates, Nikeratos, Leon, Alkibiades, und wie die Opfer der Dreissig aus den höchsten Schichten der Gesellschaft sonst alle heissen. So weit war diese Regierung davon entfernt, eine Adelsherrschaft zu sein!

Es liegt in der Natur der Sache, dass die Bedeutung jener alten Familien im Laufe der Zeit immer weiter zurücktrat. Handel und Industrie brachten neue Männer empor,

1) Plut. Aristeid. 25. Demetrios von Phaleron ebend. c. 1.
2) Loeschcke, De titulis aliquot Atticis (Bonn 1876 S. 27 f.
3) Eupolis fr. 117 Kock.
4) So Thuk. VIII 73 von Leon und Diomedon: οὗτοι γὰρ οὐχ ἥκον τε διὰ τὸ τιμᾶσθαι ὑπὸ τοῦ δήμου ἔφερον τὴν ὀλιγαρχίαν, und die Rede des Alkibiades VI 89

und das Selbstgefühl der unteren Klassen hob sich je länger
je mehr unter dem Einfluss der schrankenlosen Demokratie,
die seit Ephialtes Reformen in Athen herrschte. Der Krieg
und die Revolution beschleunigten diese Entwickelung. Der
Grundbesitz vor allem war es gewesen, worauf der Einfluss
des Adels beruht hatte; und gerade der Grundbesitz hatte am
Schwersten unter den Einfällen der Peloponnesier, und später
unter der Occupation von Dekeleia zu leiden. Steuern und
Leiturgien zehrten auf, was der Feind übrig gelassen. „Einst
zur Friedenszeit besass unsere Familie ein Vermögen von
80 Talenten; das alles ist im Kriege für die Rettung des
Staates geopfert worden", erzählt ein vornehmer Mann bei
Lysias[1]). Nikias Besitz wurde auf 100 Talente geschätzt;
sein Sohn Nikeratos hinterlies im Jahre 404 nur 14 Talente.
Kallias, der reichste Athener, soll 200 Talente besessen haben;
sein gleichnamiger Enkel lebte nach dem Kriege beinahe in
Dürftigkeit. Es wäre leicht, diese Beispiele zu vermehren.
Und der Adel hat es nicht vermocht, den verlorenen Besitz
wieder zu gewinnen. Es sind fast ausnahmslos neue Männer,
in deren Händen seit dem Kriege die grossen Vermögen sich
finden: Bergwerkspeculanten wie Diphilos, vielleicht der
reichste Mann des demosthenischen Athen; Bankiers wie der
eingebürgerte Metoek Pasion; Grossindustrielle wie Demosthenes
der Vater, Kleon und Anytos; Advocaten wie Demosthenes
der Sohn und Hypereides; Staatsmänner wie Demades; Feldherrn wie Iphikrates und Chares. Seitdem war es auch mit
dem letzten Rest der Bedeutung des Adels vorbei.

Der massgebende Factor im Staate hätte auch nach
Ephialtes Reformen der Mittelstand sein können. Bildeten
doch die Bürger, die im Stande waren auf eigene Kosten als
Hopliten oder als Reiter zu dienen, also die drei Klassen der
Pentakosiomedimnen, Hippeis und Zeugiten, im Anfange des
peloponnesischen Krieges die gute Hälfte der gesammten Bürgerschaft; und wenn auch in Folge des Krieges die Zahl der
Besitzenden stark zusammengeschmolzen ist, so hat doch in
der demosthenischen Zeit das alte Verhältniss sich wieder
hergestellt[2]). In der That hat der Mittelstand es vermocht,

---

1) 26 (g. Euandros) 22.

2) Ich hoffe bald Gelegenheit zu haben, über diese Verhältnisse
ausführlich zu handeln.

so bald er nur wollte, bei politischen Kämpfen den Ausschlag
zu geben[1]); aber zur Bildung einer compakten Mittelpartei
zwischen den beiden Extremen der Reichen und Armen ist
es wenigstens in der Periode, die uns hier beschäftigt, niemals gekommen. Der hauptsächlichste Grund dafür liegt in
dem Mangel eines Repräsentativsystems. Attika war viel zu
gross, als dass die Volksversammlung wirklich das hätte sein
können, als was der Gesetzgeber sie gedacht hatte, der reine,
unverfälschte Ausdruck des Volkswillens. Wer etwa in Rhamnus
oder Sunion wohnte, für den war es eine materielle Unmöglichkeit, regelmässig zu den Versammlungen nach der Hauptstadt
zu kommen; höchstens zu den Wahlen, oder zu Verhandlungen
von ganz besonderer Wichtigkeit mochte er das Opfer an
Zeit und Geld bringen, und oft selbst dann nicht einmal.
Für die Zeit des Dekeleiischen Krieges ist es bezeugt, dass
5000 Bürger, also ein Viertel etwa aller Berechtigten, nur
selten auf der Pnyx zusammen kamen[2]); und die Verfassung
selbst erkannte diese Thatsache an, wenn sie die Ertheilung
von Privilegien oder die Gültigkeit von Ausnahmebestimmungen
gegen einzelne Bürger abhängig machte von der Anwesenheit
von 6000 Stimmberechtigten in der Ekklesie[3]). Es war im
Wesentlichen die Bewohnerschaft der Stadt und des Peiraeeus,
welche die Versammlungen füllte, und als souveränes Volk
von Athen Beschlüsse fasste, Gesetze gab, Beamten wählte
und absetzte[4]). Und gerade in diesen Centren der Industrie
und des Handelsverkehrs musste das Proletariat vorzugsweise
zusammenströmen, da hier für den, der darauf angewiesen
war, von seiner Hände Arbeit zu leben[5]), die reichste Gelegen-

1) Das am meisten charakteristische Beispiel dafür bieten die Vor-
gänge des Jahres 411.
2) Thuk. VIII 72 mit einiger Uebertreibung καίτοι οὐ πώποτε Ἀθηναίοις .. . ἐς οὐδὲν πρᾶγμα οὕτω μέγα ἐλθεῖν βουλεύσοντας, ἐν ᾧ
πεντακισχιλίους ξυνελθεῖν.
3) Fraenkel. Die attischen Geschworenengerichte (Berlin 1877) S. 14 ff.
4) Xen. Denkw. III 7 6.
5) Die kindliche Vorstellung, als hätten in Attika die Sklaven alle
mechanische Arbeit besorgt, und so die gesammte Bürgerschaft eine Art
Aristokratie gebildet, die sich in freier Musse der Besorgung der Staats-
geschäfte widmen konnte, sollte doch heute einer Widerlegung nicht
mehr bedürfen, wenn sie auch noch immer in manchen Köpfen und
sogar in manchen literarischen Productionen herumspukt. Der Unter-

heit des Verdienstes sich bot, ganz abgesehen von den Soldzahlungen und sonstigen Spenden des Staates. Die Einführung
des Ekklesiastensoldes am Anfang des IV. Jahrhunderts musste
das Missverhältniss noch greller machen; denn während das
Triobolon dem städtischen Pöbel den verlorenen Tagelohn
reichlich ersetzte, stand es für den kleinen Grundbesitzer vom
Lande, namentlich aus den entfernteren Demen, in keinem
Verhältniss zu dem Aufwand an Zeit, den der Besuch der
Volksversammlung erforderte [1]).

Noch entschiedener war das Uebergewicht der besitzlosen
Menge in den Gerichten, seit Ephialtes die Heliaea reformirt,
und Perikles den Sold für ihre Mitglieder eingeführt hatte.
Zwar der Theorie nach sollten alle Bevölkerungsschichten
gleichmässig unter den Geschworenen vertreten sein; jedem
epitimen Athener von über dreissig Jahren stand das Recht
zu, sich zum Heliasten zu melden, und zwischen überzähligen
Bewerbern entschied das Loos. Aber in der Praxis stellte
sich auch hier die Sache ganz anders. Der Richtersold gestattete selbst dem Aermsten den Eintritt unter die Geschworenen; kam er auch nur dem mittleren Tagelohn gleich, so
war es doch viel bequemer das Triobolon für eine Sitzung in
der Gerichtshalle in Empfang zu nehmen, als es im Schweisse
des Angesichts zu erarbeiten. Andererseits aber war durch
die Concentrirung der Rechtspflege in der Hauptstadt jeder
Bürger thatsächlich ausgeschlossen, der dort nicht seinen
ständigen Wohnsitz hatte. Für die Wohlhabenden oder Reichen
konnte ohnehin das Amt eines Geschworenen keinen beson-
deren Reiz haben; das Triobolon fiel hier nicht ins Gewicht,
und was den Einfluss auf das Urtheil angeht, so war es doch
von vorn herein sicher, dass die dem Demos angehörige Ma-

schied zwischen dem καλὸς κἀγαθὸς und dem βάναυσος beruht ja eben
darauf, dass der letztere für sein tägliches Brot zu arbeiten hat, der
erstere nicht. Die Sklaverei liess den Unterschied des Besitzes nur
noch greller hervortreten, denn der eigentliche Demos, jene Bevölke-
rungsklasse, für die das Triobolon ein Gegenstand war, besass keine
Sklaven. Aristot. Polit. VII (VI) 1322 A τοῖς γὰρ ἀπόροις ἀνάγκη χρῆσθαι καὶ γυναιξὶ καὶ παισὶν ὥσπερ ἀκολούθοις διὰ τὴν ἀδουλίαν.
Aristoph. Ekkl. 593 μηδ' ἀνδραπόδοις τὸν μὲν χρῆσθαι πολλοῖς, τὸν
δ' οὔτ' ἀκολούθῳ.

1) Arist. Polit. VI (IV) S. 1293 A. 1318 B. Eurip. Hiket. 240. Orest.
918. Gilbert, Beiträge S. 98.

jorität der Richter dafür massgebend sein würde. So wurden
die Volksgerichte eine Domäne des städtischen Pöbels, je
länger je mehr; und es bildete sich jenes Richterproletariat
heraus, das die Komödie in so unübertrefflicher Lebendigkeit
geschildert hat.

Und nun vergegenwärtige man sich eine Versammlung
von 200, 500, 1000 solcher Geschworenen, mit einem durch-
schnittlichen Bildungsgrad wie ihn der Arbeiterstand unserer
Grossstädte besitzt[1]), berufen, über die verwickelsten Fälle
in politischen, Criminal- und Civilprozessen das Urtheil zu
sprechen. Von der Bildung einer selbständigen, juristisch begründeten Ansicht konnte bei solchen Richtern nur in seltenen
Fällen die Rede sein; in der Regel musste es von der grösseren
oder geringeren Geschicklichkeit des Anklägers oder Ver-
theidigers abhängen, ob der Wahrspruch so oder so ausfiel.
Indess die Unwissenheit der Richter war immer noch das
kleinere Uebel; solange nur das Mein und Dein in Frage
kam, also in der Mehrzahl der Fälle, und die Geschworenen
von dem Ausgang des Prozesses nicht persönlich berührt
wurden, gehörte eine unparteiische Entscheidung nicht in den
Bereich der Unmöglichkeit, mochte auch ein Heliastengericht
weniger Garantie dafür bieten, als irgend ein anderer, wie
immer sonst zusammengesetzter Gerichtshof. Aber wie, wenn
es sich um einen Prozess handelte, der das ganze öffentliche
Leben Athens in seinem Grunde aufwühlte, die Anklage z. B.
eines hervorragenden Staatsmannes oder Feldherrn? Wohl
werden überall und zu allen Zeiten die Entscheidungen im
politischen Prozess von der Strömung des Tages beeinflusst
sein, solange Menschen auf der Richterbank sitzen. Aber um
wie viel mehr musste das nicht der Fall sein bei einer hundert-

---

[1] Grote und seine Schüler haben sich freilich bemüht, uns den
attischen Proletarier als einen wahren Ausbund von politischer und
aesthetischer Bildung darzustellen. Nur Schade, dass die Zeitgenossen
ganz anders geurtheilt haben. Der aristophanische ἀλλαντοπώλης ist
freilich eine Carricatur; aber in einer wirksamen Carricatur müssen
sich eben die charakteristischen Züge des Originals wiederfinden. Und
man vergesse nicht, dass überhaupt das geistige Niveau im V. und
IV. Jahrhundert, selbst in Athen, viel tiefer stand als heutzutage. Ich
erinnere an die bodenlose Gemeinheit und plumpe Rabulistik so vieler
attischen Gerichtsreden. Cicero steht darin viel höher; er hatte eben
ein anderes Publicum.

und tausendköpfigen Heliaea, einer Volksversammlung im
Kleinen, von denselben Strömungen und Leidenschaften wie
diese bewegt, wo das Gefühl der Verantwortlichkeit durch
die scheinbare Bedeutungslosigkeit des einzelnen Stimmsteins
abgestumpft wurde? Bedarf es erst der langen Reihe un-
gerechter Wahrsprüche, die von Perikles bis Phokion wie ein
rother Faden durch die ganze Geschichte der athenischen
Demokratie sich hindurch zieht, um uns erkennen zu lassen,
was von einem solchen Tribunal zu erwarten stand? Welch'
beschämendes Armuthszeugniss hatte nicht Ephialtes seiner
neuen Institution ausgestellt dadurch, dass die Quantität ersetzen musste, was der Qualität abging, dass die Zusammensetzung der Gerichtshöfe aus Hunderten von Richtern die
einzige Garantie gegen Bestechung geben zu können schien?
Und war es nicht arg, was seit den Zeiten des peloponnesischen Krieges etwas ganz gewöhnliches wurde, dass der
Ankläger, wenn ein reicher Mann auf der Anklagebank sass,
die Geschworenen auffordern durfte, ihr schuldig zu sprechen,
damit aus dem confiscirten Vermögen des Angeklagten der
Richtersold bestritten werden könnte[1])? Ist eine schneidendere
Verurtheilung der ganzen Institution denkbar?

So ist es gekommen, dass die attische Demokratie, deren
Grundprinzip die Gleichheit aller Bürger vor dem Gesetze war,
allmälig zu einer schroffen Klassenherrschaft geworden ist, einer
Tyrannei der Mehrheit über die besitzende Minderheit. Die
ganze Staatsverwaltung war auf den Vortheil der besitzlosen

---

1) Arist. Polit.VII (VI) 1320 A. ἐπεὶ δ᾽ αἱ τελευταῖαι δημοκρατίαι
πολυάνθρωποί τέ εἰσι καὶ χαλεπὸν ἐκκλησιάζειν ἀμίσθους, τοῦτο δ᾽
ὅπου πρόσοδοι μὴ τυγχάνουσιν οὖσαι πολέμιον τοῖς γνωρίμοις· ἀπό τε
γὰρ εἰσφορᾶς καὶ δημεύσεως ἀναγκαῖον γίνεσθαι, καὶ δικαστηρίων
φαύλων, ἃ πολλὰς ἤδη δημοκρατίας ἀνέτρεψεν. Lysias 27 g. Epikr. 2
ἐνθυμεῖσθαι δὲ χρὴ ὅτι πολλάκις ἠκούσατε τούτων λεγόντων, ὁπότε
βούλοιτό τινα ἀδίκως ἀπολέσαι, ὅτι εἰ μὴ καταψηφιεῖσθε ὧν αὐτοὶ
κελεύουσιν, ἐπιλείψει ὑμᾶς ἡ μισθοφορά. 30 g. Nikom. 22 εἰδὼς δὲ
ὅτι ἡ βουλὴ ἡ βουλεύουσα, ὅταν μὲν ἔχῃ ἱκανὰ χρήματα, οὐδὲν ἐξαμαρτάνει, ὅταν δ᾽ εἰς ἀπορίαν καταστῇ, ἀναγκάζεται εἰσαγγελίας δέχεσθαι καὶ δημεύειν τὰ τῶν πολιτῶν καὶ τῶν ῥητόρων τοῖς τὰ πονηρότατα λέγουσι πείθεσθαι. Arist. Ritter 1557 νυνδὶ φράσον· Ἐάν τις
εἴπῃ βωμολόχος ξυνήγορος· Οὐκ ἔστιν ὑμῖν τοῖς δικασταῖς ἄλφιτα, Εἰ
μὴ καταγνώσεσθε ταύτην τὴν δίκην· Τοῦτον τί δράσεις, εἰπέ, τὸν
ξυνήγορον;

Masse berechnet[1]); der Sold für Volksversammlung und Gericht gewährte einem grossen Theile des Proletariats Unterhalt aus öffentlichen Mitteln; Arbeitsunfähige erhielten aus der Staatskasse Pension; der Staat sorgte in immer steigendem Masse für Feste und Vergnügungen. Noch einen Schritt weiter, und Athen wäre zur Aufhebung alles Eigenthums, zum Communismus gelangt. Andere griechische Demokratien haben diesen Schritt gethan; Vernichtung der Schuldbriefe, Neuvertheilung des Grundbesitzes waren beliebte Schlagworte und auch in Athen sind diese Dinge discutirt worden[2]); aber in der Praxis hat man sich begnügt, hin und wieder einmal ein einzelnes Vermögen zu confisciren, zur Verstopfung der Lücken im Budget oder zur Vertheilung unter die Menge, und im übrigen die Reichen in möglichst hohem Masse zu Leistungen für Staatszwecke heranzuziehen[3]). Wenn man nicht weiter gegangen ist, so liegt der Grund einerseits in der äusseren Machtstellung des Staates, die es erlaubte, das Proletariat durch Landanweisungen ausserhalb der Grenzen Attikas zu befriedigen, andererseits in dem Rückhalt, den die besitzenden Klassen erst an Sparta, dann an Makedonien fanden.

Ist es ein Wunder, dass die öffentliche Meinung in Hellas seit dem ausgehenden V. Jahrhundert so durchaus antidemokratisch gewesen ist, dass in der ganzen uns erhaltenen Literatur dieser Zeit, von den attischen Rednern natürlich abgesehen, kaum eine Stimme sich findet, die nicht die Demokratie aufs Entschiedenste verurtheilte[4])? Dass jeder Besitzende, jeder Reiche wenigstens, als geborener Gegner dieser Staatsform galt? Indessen, so wenig Sympathien die demokratische Verfassung in diesen Kreisen auch begegnen mochte, sie bestand

---

1) Das hat bereits der Verfasser der Schrift vom Staate der Athener sehr gut dargelegt.

2) Aristophanes Ekklesiazusen haben doch einen viel ernsteren Hintergrund, als die blosse Beziehung auf philosophische Träume in der Art von Platon's Republik.

3) Bekanntlich ist die ganze Literatur der Zeit voll von Klagen darüber. Dass dieselben keineswegs so unbegründet sind, wie Böckh meinte, hoffe ich an anderer Stelle zu zeigen.

4) Thuk. VI 89 ἐπεὶ δημοκρατίαν γε καὶ ἐγιγνώσκομεν οἱ φρονοῦντές τι, καὶ αὐτὸς οὐδενὸς ἂν χεῖρον, ὅσῳ καὶ λοιδορήσαιμι· ἀλλὰ περὶ ὁμολογουμένης ἀνοίας οὐδὲν ἂν καινὸν λέγοιτο.

nun einmal in Athen zu Rechten, und es blieb nichts übrig, als sich mit der unbequemen Thatsache so gut es ging ab zufinden. Denn dass die Beseitigung der Demokratie auf revolutionärem Wege, wenn überhaupt, so nur unter ganz aussergewöhnlich günstigen Verhältnissen zu erhoffen war, das musste sich jeder sagen, der nur das geringste politische Verständniss besass. Und ebenso, dass auf die Dauer eine gemässigt demokratische, oder gar eine oligarchische Regierung in Athen nur möglich war, wenn sie auf die Lanzen einer fremden Besatzung sich stützte. Um solchen Preis aber die Demokratie zu stürzen, konnten nur die Wenigen bereit sein, bei denen entweder blinde Parteileidenschaft alle anderen Rücksichten überwog, oder die von dem beschränkten Standpunkte des attischen Localpatriotismus zu einer panhellenischen Betrachtungsweise der Dinge sich aufgeschwungen hatten. Die grosse Mehrzahl der Besitzenden aber schloss sich der bestehenden Staatsform rückhaltslos an; sei es aus Indifferenz, und weil die Reform um den Preis einer Revolution zu theuer erkauft schien, sei es aus der Ueberzeugung, dass Athens politische Bedeutung nun einmal vor Allem darauf beruhte, dass es der erklärte und anerkannte Vorkämpfer der Demokratie in ganz Hellas war[1]). Für die Erhaltung der Grossmachtstellung liess sich die verhasste Pöbelherrschaft schon in den Kauf nehmen.

So blieb nichts übrig, als sich nach Mitteln umzuschen, wenigstens gegen die ärgsten Missbräuche der Demokratie sich zu schützen. Die Besitzenden schlossen sich zu Verbindungen (Hetaerien) zusammen, „zur Beeinflussung der Wahlen, und zum Schutz gegen die Willkür der Gerichte"[2]). An und für sich hatten diese Vereine durchaus keine verfassungswidrige Tendenz, wie sie denn auch trotz des mitunter bis zum Krankhaften gesteigerten Argwohns des Volkes gegen Alles, was oligarchischen Bestrebungen auch nur entfernt ähnlich sah, soweit wir sehen, unangefochten bestanden haben. Aber allerdings liess sich vorkommenden Falls diese Organisation zu revolutionären Zwecken trefflich verwenden.

---

1) Thuk. VI 89 am Ende καὶ τὸ μεθιστάναι αὐτὴν (τὴν δημοκρατίαν) οὐκ ἐδόκει ἡμῖν ἀσφαλὲς εἶναι, ὑμῶν (τῶν Λακεδαιμονίων) πολεμίων προσκαθημένων. Vergl. die Rede des Phrynichos VIII 48.

2) Thuk. VIII 54 ξυνωμοσίαι ἐπὶ δίκαις καὶ ἀρχαῖς.

Ueberhaupt kann in dem Athen des V. und IV. Jahrhunderts, die Zeit der Vierhundert und der Dreissig ausgenommen, von einer oligarchischen Partei nicht wohl die Rede sein [1]). Wer auf die Umwandlung der Demokratie in eine andere Staatsform hinarbeitete, der beging damit einfach Hochverrath; innerhalb des bestehenden Rechtsbodens war für ihn kein Raum. Die Wenigen, die mit Bewusstsein solche Ziele verfolgten, mussten entweder ganz vom öffentlichen Leben sich fern halten [2]), oder äusserlich den anderen Parteien sich anschliessen, denen die gemeinsame Anerkennung der demokratischen Verfassung die Existenzberechtigung gab. Von den kurzen Zwischenspielen der Revolution abgesehen, gab es in Athen nur die eine grosse demokratische Partei, und alle inneren Kämpfe, die das politische Leben des Staates bewegten, wurden zwischen den Schattirungen dieser Partei ausgefochten. Auf der einen Seite steht die besitzlose Masse und der niedere Mittelstand, beide mit Leib und Seele der bestehenden Verfassung ergeben: die Demokraten aus Ueberzeugung. Auf der anderen Seite die Reichen und Wohlhabenden, von Natur der Demokratie feindlich, aber aus Gründen äusserer Zweckmässigkeit damit ausgesöhnt: die Demokraten aus Opportunismus.

Solange die Beschränkungen der kleisthenischen Verfassung die grössere Hälfte der Bürgerschaft von der Theilnahme an den Ehrenstellen im Staate ausschlossen, hatte der Kampf zwischen den Parteien sich um die Beseitigung dieser Bestimmungen gedreht. Als aber zuerst Aristeides, dann Ephialtes und Perikles die Schranken niedergerissen hatten, die noch der Gleichberechtigung aller Bürger im Wege standen, verlor der Streit seinen Gegenstand; Athen war jetzt soweit fortgeschritten, als ein Staat überhaupt fortschreiten kann, ohne alle gesetzliche Ordnung aufzulösen. Seitdem sind es nicht so sehr die grossen Prinzipienfragen, welche die Parteien trennen, als die verschiedene Auffassung der einzelnen Probleme des Tages. Am deutlichsten zeigt sich das in der

---

1) Wattenbach, *De quadringentorum Athenis factione* (Berol. 1842) S. 2 ff.

2) So Antiphon (Thuk. VIII 68) καὶ ἐς μὲν δῆμον οὐ παριὼν οὐτ᾽ ἐς ἄλλον ἀγῶνα ἑκούσιος οὐδένα. ἀλλ᾽ ὕποπτος ὢν τῷ πλήθει διὰ δόξαν δεινότητος.

äusseren Politik; während die besitzlose Menge, die ja nichts
zu verlieren hatte, sich in der Regel nicht lange besann, den
Staat in kriegerische Verwicklungen zu stürzen, waren die
besitzenden Klassen durch ihr Interesse dahin gedrängt, so
lange als irgend möglich für die Erhaltung des Friedens einzutreten [1]). Dabei mussten sich denn die politischen Fragen
immer mehr zu Personenfragen zuspitzen, in noch höherem
Masse, als das ohnehin in Kleinstaaten unvermeidlich ist.
Nicht wie die Regierung geführt werden sollte war die Hauptsache mehr, sondern von wem sie geführt werden sollte.

Aber haben wir denn überhaupt das Recht, in einer
Demokratie wie der attischen, wo das auf der Pnyx versam-
melte Volk jeden Augenblick in der Lage war, seinen Willen
in allen Verwaltungsfragen zur Geltung zu bringen, von einer
Regierung in unserem Sinne zu reden?

Ohne Zweifel, die Volksversammlung besass in Athen
eine Macht, die über die Competenz auch des mächtigsten
modernen Parlaments weit hinausging. Aber von dieser Machtfülle hatte sie einen sehr wesentlichen Theil ihrem permanenten Ausschusse, der Bulé, übertragen. Dem Rathe kam
es zu, das Volk zu berufen, der Rath präsidirte die Versammlung und bestimmte die Tagesordnung; nur über Gegenstände,
die vorher in der Bulé berathen waren, war die Versammlung
berechtigt zu verhandeln und abzustimmen [2]). Es fehlte also
der Versammlung als solcher zum grossen Theil das Recht
der parlamentarischen Initiative. Und ebensowenig besass
sie executive Befugnisse; die Ekklesie konnte wohl befehlen,
die Ausführung der Befehle aber musste den Rath und den
Beamten überlassen bleiben. Ein Redner, dem die Majorität
der Volksversammlung, und nur diese, zu Gebote stand, vermochte allerdings auf den Gang der Politik einen sehr wesent-

---

1) Arist. Ekkl. 197f. Ναῦς δεῖ καθέλκειν· τῷ πένητι μὲν δοκεῖ,
Τοῖς πλουσίοις δὲ καὶ γεωργοῖς οὐ δοκεῖ. Schrift v. Staate d. Athen.
II 14 νῦν δ' οἱ γεωργοῦντες καὶ οἱ πλούσιοι Ἀθηναίων ὑπέρχονται τοὺς
πολεμίους μᾶλλον, ὁ δὲ δῆμος, ἅτε εὖ εἰδὼς ὅτι οὐδὲν τῶν σφῶν ἐμπρήσουσιν οὔτε τεμοῦσιν, ἀδεῶς ζῇ καὶ οὐχ ὑπερχόμενος αὐτούς. Die
ganze attische Geschichte ist ein Commentar zu diesen Worten.

2) Ich verweise auf die bekannten Arbeiten von Hartel: Demosthenische Anträge, Demosthenische Studien, Studien über attisches
Staatsrecht.

lichen Einfluss zu üben, er konnte die Massnahmen des Rathes durchkreuzen, und die Thätigkeit der Beamten lahm legen, aber die Geschäfte des Landes von dem Bema der Pnyx aus zu führen, war in Athen noch weniger möglich, als heute von der Tribüne eines Parlaments.

Besser würde der Rath, oder sein Praesidium, die Prytanen, befähigt gewesen sein, die Regierung in die Hand zu nehmen. In der That sehen wir jedesmal, wenn diese Körperschaft durch Wahl besetzt wird, die Leitung der Politik an sie übergehen. So 411, als die Oligarchen den solonischen Rath der Vierhundert wieder ins Leben riefen, und später unter den Dreissig. Aber der von Kleisthenes eingesetzte Rath der Fünfhundert, durchs Loos ernannt, und in 10 Sectionen eingetheilt, die einander im Vorsitz ablösten, besass keineswegs die nöthige Autorität, um die Stelle wirklich auszufüllen, die nach der Verfassung ihm zukam. Es konnte immer nur ein Ausnahmefall sein, wenn ein hervorragender Staatsmann einen Platz im Rathe erlangte[1]); es war so gut wie unmöglich, einen solchen Sitz für längere Zeit als das eine Amtsjahr zu behaupten. Wenn dieser Ausnahmefall eintrat, dann allerdings konnte der Rath alle anderen Behörden an Einfluss verdunkeln; aber eine stetige Leitung des Staates durch den Rath oder seine hervorragendsten Redner war von vorn herein abgeschnitten. Wer irgend Ansehen genug besass, um auf die Erlangung eines Wahlamtes rechnen zu können, wartete den Zufall des Looses bei der Bewerbung um eine Rathsherrnstelle nicht ab, die ihm doch selbst im glücklichen Falle nur einen vorübergehenden Einfluss gesichert hätte. Die Candidaten für den Rath waren entweder Leute, denen es nur um die Besoldung zu thun war, oder es waren Mittelmässigkeiten und politische Anfänger, oder endlich Männer, deren Partei augenblicklich in der Minorität sich befand, und die so in der Chance des Looses die einzige Möglichkeit zu activer Betheiligung an der Leitung des Staates erblickten. So sind Kleon 427/6 und Demosthenes 347/6 in den Rath gelangt;

1) Was Gilbert, Beiträge S. 80 ff., von den „Mitteln und Wegen" redet, einen ungünstigen Zufall des Looses zu corrigiren, bedarf doch wohl keiner Widerlegung. Unredlichkeiten kommen überall vor; aber sollen wir denn glauben, dass die athenische Verfassung mit Absicht darauf eingerichtet war, umgangen zu werden?

für beide war diese Würde die erste Staffel zu ihrer späteren
glänzenden Laufbahn.

Unter diesen Umständen musste der Rath, Ausnahme-
fälle wie die eben erwähnten abgerechnet, zu einer Behörde
für die blosse Erledigung der laufenden Geschäfte herabsinken,
der eine besondere politische Bedeutung nicht zukam. Und
ganz dasselbe gilt von allen übrigen durchs Loos besetzten
Behörden, den Archonten, Apodekten, Schatzmeistern der
Göttin, und anderen. Um so höher stieg die Bedeutung der
Wahlämter.

Während des V. Jahrhunderts, in der Zeit von der
Schlacht bei Salamis bis auf den grossen sicilischen Feldzug,
kommt hier eigentlich nur die Strategie in Betracht. Allerdings
war es nur ein Theil der Regierungsgewalt, der in den
Händen der Strategen lag, und ihre Competenz stand der eines
modernen Ministeriums, oder auch der obersten Behörden in
vielen anderen Staaten des Alterthums ohne Frage weit nach.
Aber in der attischen Demokratie des V. Jahrhunderts gab es
neben dem Rathe keine zweite Behörde von nur annähernd
gleicher Machtfülle; und vor dem Rathe hatte das Strategen-
collegium den unschätzbaren Vortheil der Besetzung durch die
Wahl, statt durchs Loos. Auch hatten die Strategen bekanntlich
das Recht, im Rathe zu sprechen und Anträge zu stellen[1]);
es konnte einem populären Feldherrn nicht schwer fallen,
die Leitung auch dieser Körperschaft an sich zu reissen. So
wurde die Strategie zum massgebenden Factor im Staate.
Alle die Männer, die während des V. Jahrhunderts zu leitendem Einfluss gelangt sind, haben in der Strategie die Grundlage ihrer Macht gefunden, von Themistokles bis auf Alkibiades
und Thrasybulos.

Aber die Verbindung militärischer und politisch-admini-
strativer Gewalt in dem Strategenamte hat es mit sich gebracht, dass für die Besetzung des Collegiums keineswegs
ausschliesslich politische Gesichtspunkte massgebend waren.
Ja die militärischen Gesichtspunkte fielen in erster Linie ins
Gewicht. Es war ausserordentlich schwer, dass ein Mann zu
dem Amte gelangte, der noch keine Proben seiner kriegerischen

1) So heisst es von Nikias ἀλλ' ἄρχων μὲν ἐν τῷ στρατηγίῳ διετέ-
λει μέχρι νυκτός, ἐκ δὲ βουλῆς ὕστατος ἀπῄει πρῶτος ἀφικνούμενος.
(Plut. Nik. 5.)

Tüchtigkeit gegeben hatte, von dem man nicht überzeugt sein konnte, dass er Autorität genug besass, um die militärische Disciplin unter allen Umständen aufrecht zu erhalten[1]). Und je weiter sich die Kriegskunst zur Wissenschaft entwickelte, desto mehr musste naturgemäss die politische Seite der Strategie gegenüber der militärischen zurücktreten. Im Laufe des IV. Jahrhunderts vollzieht sich die Trennung zwischen Civil- und Militärgewalt, das Strategion wird zur Domäne der Soldaten von Beruf, während Staatsmänner nur noch ausnahmsweise die Feldherrnwürde bekleiden. Weder Eubulos noch Demosthenes noch Hypereides sind Strategen gewesen. In der makedonischen Zeit, als Athen grosse Kriege nicht mehr zu führen hatte, ist dann unter dem Einflusse der Verfassungen der Nachbarstaaten eine Strömung im entgegengesetzten Sinne eingetreten, wodurch das Strategenamt zum Theil seine alte politische Bedeutung wieder erlangt hat.

In demselben Masse, wie die Strategie an Einfluss verlor, entwickelte sich die Bedeutung der Finanzbehörden. Es ist der charakteristische Ausdruck der Verwandlung des Militärstaates des V. in den Handels- und Industriestaat des IV. Jahrhunderts. Die naive Anschauung, es sei jeder Bürger zum Finanzbeamten qualificirt, von der ausgehend Kleisthenes die gesammte Finanzverwaltung erloosten Behörden anvertraut hatte, zeigte sich schon bei der Errichtung des ersten Seebundes als unhaltbar. Aber die neue Behörde der Hellenotamien, mochte sie auch durch Cheirotonie besetzt werden[2]), hatte eine viel zu beschränkte Competenz, als dass sie irgend welchen entscheidenden Einfluss auf die Leitung der Finanzen hätte ausüben können. Vielmehr waren es die Strategen, die bezüglich der Verwaltung der Bundesfinanzen den Ausschlag gaben, während die Verwaltung der Finanzen Attika's nach wie vor dem Rathe unterstellt blieb.

Solange ein Genie wie Perikles an der Spitze des Staates stand, und die Budgets jedes Jahr mit bedeutenden Ueberschüssen abschlossen, machten sich die Nachtheile dieses Systems nicht allzu sehr fühlbar. Um so mehr musste das der Fall sein, als während des peloponnesischen Krieges der Schatz erschöpft

---

1) Schrift v. Staat d. Athen. I 3.
2) Loeschcke, *De titulis aliquot Atticis* (Bonn 1876) S. 9f.

war, und die ganze Existenz Athens von der Frage abhing, ob es möglich sein würde, die für die Kriegführung erforderlichen Geldmittel zu beschaffen. Die Nothwendigkeit, der Finanzverwaltung die ihr gebührende Stellung in der Organisation des Staates zu geben, liess sich jetzt nicht länger verkennen. So wurde denn nach der sicilischen Katastrophe endlich eine Centralbehörde mit umfassender Competenz für das gesammte Finanzwesen geschaffen, das Collegium der zehn Poristen, das jetzt mit nahezu gleicher Berechtigung neben das Collegium der zehn Strategen tritt[1]). Die collegialische Behörde wurde nach dem Antalkidas-Frieden durch Einzelbeamten ersetzt, zuerst durch den „Generalcontrolleur der Finanzen“ ($\dot{\alpha}\nu\tau\iota\gamma\varrho\alpha\varphi\epsilon\dot{\upsilon}\varsigma \ \tau\tilde{\eta}\varsigma \ \delta\iota\iota\iota\varkappa\dot{\eta}\sigma\epsilon\omega\varsigma$), später durch den „Vorsteher der Theorikenkasse“ ($\dot{\epsilon}\pi\dot{\iota} \ \tau\dot{o} \ \vartheta\epsilon\omega\varrho\iota\varkappa\dot{o}\nu$), endlich durch den „Chef der Finanzverwaltung“ ($\dot{\epsilon}\pi\dot{\iota} \ \tau\tilde{\eta}\varsigma \ \delta\iota\iota\iota\varkappa\dot{\eta}\sigma\epsilon\omega\varsigma$) und den „Kriegsschatzmeister“ ($\tau\alpha\mu\dot{\iota}\alpha\varsigma \ \sigma\tau\varrho\alpha\tau\iota\omega\tau\iota\varkappa\tilde{\omega}\nu$). Es bedarf kaum des Hinweises, wie sehr die Bedeutung dieser Aemter durch den Ausschluss der Collegialität gesteigert werden musste.

Allerdings war die Uebernahme eines solchen Amtes nicht Jedermanns Sache, fast noch weniger wie einst die Uebernahme der Strategie. Abgesehen von Allem anderen gehörte ein grosses Vermögen dazu; und nur wer sehr ausgedehnte finanztechnische Kenntnisse besass, konnte überhaupt daran denken, die ungeheure damit verbundene Verantwortlichkeit auf sich zu nehmen. Wem diese Erfordernisse nicht zu Gebote standen, oder wer die Verantwortlichkeit scheute, dem blieb, wollte er an der Regierung theil nehmen, nichts übrig, als sich für ein ausserordentliches Amt wählen zu lassen. So hat Demosthenes als „Commissar für die Marine“ ($\dot{\epsilon}\pi\iota\sigma\tau\dot{\alpha}$-$\tau\eta\varsigma \ \tau\upsilon\tilde{\upsilon} \ \nu\alpha\upsilon\tau\iota\varkappa\upsilon\tilde{\upsilon}$) zur Zeit als der zweite Krieg mit Philipp ausbrach den Staat geleitet. Andere freilich weniger einflussreiche Aemter derart waren die Commissionen zur Leitung der öffentlichen Bauten ($\dot{\epsilon}\pi\iota\sigma\tau\dot{\alpha}\tau\alpha\iota \ \tau\tilde{\omega}\nu \ \delta\eta\mu\iota\sigma\dot{\iota}\omega\nu \ \dot{\epsilon}\varrho\gamma\omega\nu$) oder zur Verproviantirung der Stadt ($\sigma\iota\tau\tilde{\omega}\nu\alpha\iota$).

Die Uebelstände dieses Systems liegen auf der Hand. Athen hatte wohl Ministerien, aber es hatte kein Cabinet.

---

1) S. meinen Aufsatz: Zur Finanzgeschichte Athens, Cap. VI: Das Amt der Poristen, im laufenden Jahrgang des Rhein. Museum S. 249.

Es war ein Zufall, wenn die Finanzverwaltung, die Militär-
verwaltung, die durchweg aus erloosten Behörden zusammen-
gesetzte Justizverwaltung, die Verwaltung der öffentlichen
Bauten die gleichen Ziele verfolgten. Ein Ministerium des
Aeusseren konnte bei dem völligen Mangel eines geregelten
diplomatischen Dienstes ohnehin nicht bestehen: alle Behörden
im Staate griffen gelegentlich in die auswärtige Politik ein.

Es liegt viel Wahres in dem, was Kleon einmal bei
Thukydides ausspricht, dass die Demokratie, wie sie zu seiner
Zeit in Athen bestand, unter allen denkbaren Verfassungen
für eine Grossmacht die schlechteste sei[1]). Nur ganz aussergewöhnliche Individualitäten, wie Perikles, Kallistratos, Demosthenes sind im Stande gewesen, auf eine Zeit lang die
Mängel dieser Staatsform zu überwinden; auf die Dauer haben
auch sie es nicht vermocht. Und daran zumeist ist das athenische Reich zu Grunde gegangen.

Cap. I.

Perikles' Sturz.

Es war der Demos, die grosse Masse der Nichtbesitzenden,
als deren Führer Perikles emporgekommen war; dieser Partei
verdankte er seine Siege über Kimon und Thukydides, und
damit seine beispiellose Machtstellung an der Spitze Athens.
Aber die Demagogie war für Perikles nur Mittel zum Zweck.
Sobald er ohne Nebenbuhler im Staate dastand, als ihm zur
monarchischen Gewalt nichts weiter zu fehlen schien, als der
Name, war er keineswegs gewillt, die Bahnen der extremen
Demokratie noch weiter zu wandeln[2]). Sein Regiment sollte
keine Klassenherrschaft sein, und am wenigsten zur Unter-
drückung der Gesellschaftsklassen führen, aus deren Mitte
der Regent selbst hervorgegangen war. Es war Perikles' be-
ständiges Streben, die gebildeten und wohlhabenden Kreise

---

1) Thuk. III 37 πολλάκις μὲν ἤδη ἔγωγε καὶ ἄλλοτε ἔγνων δημοκρατίαν ὅτι ἀδύνατόν ἐστιν ἑτέρων ἄρχειν.

2) Plut. Perikles 15 οὐκέθ᾽ ὁ αὐτὸς ἦν οὐδ᾽ ὁμοίως χειροήθης τῷ
δήμῳ, καὶ ῥᾴδιος ὑπείκειν καὶ συνενδιδόναι ταῖς ἐπιθυμίαις ὥσπερ
πνοαῖς τῶν πολλῶν. Thuk. II 65 κατεῖχε τὸ πλῆθος ἐλευθέρως, καὶ
οὐκ ἤγετο μᾶλλον ὑπ᾽ αὐτοῦ ἢ αὐτὸς ἦγε.

2*

der Bürgerschaft mit der neuen Ordnung der Dinge zu versöhnen, zu zeigen, dass die unbeschränkte Massenherrschaft,
wie er sie in Gemeinschaft mit Ephialtes begründet hatte,
keineswegs mit der Anarchie identisch sei, dass trotz der
Volksgerichte und der erweiterten Competenz der Ekklesie
Leben und Eigenthum noch durch dieselben Garantien geschützt seien wie bisher. Dass es ihm gelang, verdankte er
allerdings zumeist der glänzenden Finanzlage, die der lange
Frieden bedingte, und die Perikles die Möglichkeit gab, dem
grossen Haufen in seinen materiellen Anforderungen an die
Staatscasse Genüge zu thun, ohne doch deswegen die Leistungen
der Reichen in Anspruch nehmen zu müssen. Aber mochte
auch sein eigenes Verdienst bei dieser Beilegung des alten
Interessenkampfes zwischen Besitzenden und Nicht-Besitzenden
geringer sein, als es dem äusseren Anschein nach war, in
der öffentlichen Meinung war es doch Perikles, der das Ge-
spenst der sozialen Revolution verscheucht, der die Bewegung,
die nach den Perserkriegen begonnen, mit fester Hand in ihre
Schranken zurückgewiesen hatte. Wie hätten ihm die Sympathien der grossen Mehrzahl der Besitzenden nicht zufallen
sollen?[1]) Die alte Feindschaft wurde vergessen, und Männer
aus den ersten Familien der Stadt, wie Hagnon von Steiria,
Nikias von Kydantidae, Sophokles von Kolonos stellten ihre
Dienste dem neuen Herrn des Staates zur Verfügung.

Aber die Gesammtheit der höheren Klassen zu gewinnen,
hat Perikles auch jetzt nicht vermocht. So mancher konnte
es ihm niemals verzeihen, dass er es gewesen war, der den
Demos zum massgebenden Factor im Staate erhoben, der ihn
gewöhnt hatte auf öffentliche Kosten zu leben und sich zu
vergnügen, und dass schliesslich bei dem allen von der
demokratischen Freiheit nicht viel mehr als der Name übrig
geblieben war[2]). Aber desorganisirt wie die Anhänger dieser
Richtung seit dem Ostrakismos des Thukydides waren[3]), hatte
ihre Opposition nicht viel zu bedeuten. Viel bedenklicher war es,
dass Perikles einen grossen Theil seiner Popularität bei den

---

1) Das Urtheil dieser Kreise giebt Thukydides wieder.
2) Thuk. II 65 ἐγίγνετό τε λόγῳ μὲν δημοκρατία, ἔργῳ δὲ ὑπὸ τοῦ
πρώτου ἀνδρὸς ἀρχή.
3) Plut. Per. 14 ἐκεῖνον μὲν (Θουκυδίδην) ἐξέβαλε, κατέλυσε δὲ
τὴν ἀντιτεταγμένην ἑταιρίαν.

Massen verlor, seit er aufgehört hatte ausschliesslich ihren Interessen zu dienen, und aus dem Führer des Demos der Führer einer neuen, ihm persönlich ergebenen Partei geworden war. Auch hier kam man immer mehr zur Ueberzeugung, dass bei dem Kampfe um Erweiterung der Volksrechte der Kampfpreis selbst allmälig zu Grunde gegangen war. Lebte man denn überhaupt noch in einer Republik, wenn ein Mann jahraus jahrein als Vorsitzender des Strategions, als leitendes Mitglied ausserordentlicher Commissionen, die Militärmacht des Staates wie seine finanziellen Hülfsquellen zur unbeschränkten Verfügung hatte, die Beziehungen Athens nach Aussen und mit den Bundesstaaten nach seinem Gutdünken leitete?[1])

So trat zur Opposition von oben die Opposition von unten. Sie war um so gefährlicher, als die Mittel verbraucht waren, durch die Perikles einst seinen Einfluss über die Massen begründet hatte. Die Volksgerichte, der Richtersold, die Getreidespenden, die Landvertheilungen waren jetzt zu organischen Einrichtungen des Staates geworden; wer auch immer ans Ruder kam, hätte nicht wagen können, daran zu rütteln.

Der erste Angriff richtet sich naturgemäss auf die Aussenwerke der feindlichen Stellung. Persönliche Gegner des Regenten, wie Kimon's Sohn Lakedaemonios[2]) und Drakontides[3]) wurden für 433,2 zu Strategen gewählt; seine Vertrauten Pheidias, Damon, Anaxagoras vor Gericht gezogen und verurtheilt, seine Geliebte Aspasia nur mit knapper Noth freigesprochen. Blieb auch Perikles' Stellung an der Spitze des Staates für jetzt noch unangetastet, er fühlte, dass der Boden unter ihm wankte, dass seine Partei jeden Tag an Terrain verlor. Wenn nicht aussergewöhnliche Ereignisse den Gang der Dinge aufhielten, sah Perikles den eigenen Sturz sicher vor Augen.

Da kam der Krieg. Gewiss ist es unbillig, Perikles ver-

---

1) Vergl. die bekannten Verse des Telikleides (fr. 42 Kock) bei Plut. Perikles 16.

2) Bei der Feindschaft zwischen Kimon und Perikles, die schon von Miltiades und Xanthippos sich herschrieb, konnte Lakedaemonios unmöglich zu Perikles' Freunden gehören. Vergl. Plut. Per. 29.

3) Ueber Drakontides s. Plut. Per. 32 und unten Excurs I: der Prozess des Perikles.

antwortlich zu machen für den Conflikt zwischen den beiden
hellenischen Grossmächten, zwischen Knechtschaft und Freiheit, zwischen Nicht-Besitzenden und Besitzenden. Früher
oder später, in der einen oder andern Form, war der Kampf
unvermeidlich. Aber es ist andererseits nicht zu leugnen,
dass Perikles alles gethan hat, was in seinen Kräften stand,
zu bewirken, dass der Conflikt gerade jetzt zum Ausbruch
kam, dass Athen jede, auch die geringste Concession an die
spartanischen Forderungen weit von sich wies. Und doch
ist kaum ein Zweifel, dass wie die Parteien in Sparta zu
einander standen, selbst durch eine ganz unbedeutende Nachgiebigkeit in nebensächlichen Dingen auch jetzt noch, nach
dem korkyraeischen Bündniss und der Schlacht bei Sybota
der Ausbruch des grossen Krieges sich hätte hinausschieben
lassen. Vor 13 Jahren hatte Athen mit ganz anderen Concessionen den Frieden erkauft und doch seine Grossmachtstellung nicht eingebüsst; es war eine Phrase, dass man jetzt
ohne Verzicht auf die nationale Ehre nicht einmal das Psephisma gegen Megara hätte aufheben können. Und ebenso
wenig lässt sich in Abrede stellen, dass der Ausbruch des
Krieges in diesem Augenblick durchaus in Perikles' Interesse
lag. Braucht die Geschichte einen weiteren Beweis dafür,
dass die öffentliche Meinung in ganz Hellas im Rechte war,
wenn sie in Perikles den nächsten Urheber des peloponnesischen
Krieges sah? Perikles hat gehandelt, wie so viele Gewalt-
herrscher, wenn ihre Stellung von Innen her ins Schwanken
kommt; er hat gesucht, die Unzufriedenheit des Volkes durch
eine grosse Action nach Aussen hin abzulenken. Scrupel in
der Wahl seiner Mittel hat er sowenig wie alle Tyrannen
gekannt; wie er einst in Athen den Klassenkampf entzündet
hatte, so entzündete er jetzt den hellenischen Bürgerkrieg.

Für einen Augenblick schienen die Ereignisse der Berechnung des leitenden Staatsmannes von Athen Recht zu
geben. Der äusseren Gefahr gegenüber schwieg vorerst aller
Hader im Innern; fester als je scharte sich die Bürgerschaft
um den Mann, der nun einmal ihr anerkannter Führer war.
Wäre nicht Perikles als Feldherr ebenso unbedeutend gewesen,
wie er als Staatsmann unerreicht dastand, hätte das persönliche Regiment nicht in Athen ebenso wenig wie irgendwo
sonst die Fähigkeit besessen, neben dem Herrscher etwas

anderes als Mittelmässigkeiten hervorzubringen, vielleicht hätte der Erfolg trotz alledem Perikles' gewagtes Spiel gerechtfertigt. So aber war der perikleische Kriegsplan nichts anderes als eine schlechte Copie der Massregeln, die vor 50 Jahren Themistokles unter ganz anderen Umständen zum Siege geführt hatten. Damals hatte es sich gehandelt um den Kampf gegen einen Feind, der nur durch die Flotte seine Verbindung mit der Heimath aufrecht zu erhalten im Stande war, dessen Rückzug eine Nothwendigkeit wurde in dem Augenblicke, wo er die unbedingte Beherrschung des Meeres verlor; der endlich, einmal geschlagen, erst nach Jahren, vielleicht nie wieder in der Lage war, die Invasion aufs Neue zu versuchen. Wie anders jetzt, wo der Feind seine Operationsbasis — Theben und Megara — in nächster Nähe hatte, wo er keiner Flotte zur Sicherung seiner Verbindungen bedurfte, wo er im Stande war die Invasion so oft als nöthig werden sollte zu wiederholen. Jetzt hiess das System der reinen Defensive nichts anderes, als die militärischen und finanziellen Mittel Athens nutzlos erschöpfen. Denn auf die Dauer ist die Landmacht der Seemacht gegenüber in jedem Kriege im Vortheil; eine Flotte lässt im Laufe der Zeit sich erschaffen, ein Landheer aber nur da, wo in einer starken und kriegstüchtigen Bevölkerung die Grundlage dazu gegeben ist. Das Aufgeben des attischen Landgebietes kam in seinen Folgen völlig einer verlorenen Hauptschlacht gleich; ja materiell war der Schaden noch ungleich beträchtlicher. Aber selbst wenn Perikles' Berechnungen sämmtlich in Erfüllung gingen, wenn Athen wirklich sein Machtgebiet im vollen Umfang behauptete, wenn die Peloponnesier im Laufe der Jahre des Krieges müde wurden, ein Sieg war selbst dann nicht errungen, höchstens ein fauler Friede, der den bisherigen Besitzstand bestätigte. Und welche Garantie gab dann ein solcher Frieden dafür, dass Sparta nicht zu gelegener Zeit den Krieg wieder begann? War das ein Ziel, das so unendlicher Opfer werth gewesen wäre? Und würde Athen, und vor Allem, würden seine Bundesgenossen dann noch im Stande und Willens gewesen sein, diese Opfer zum zweiten Male zu bringen?

Kein Zweifel, der perikleische Kriegsplan kam auf nichts anderes heraus, als Athen langsam zu Grunde zu richten.

Gab es wirklich keine Möglichkeit, den Peloponnesiern zu
Lande zu begegnen, dann war es besser, lieber von vorn
herein den Kampf nicht aufzunehmen, lieber jede Concession zu machen, sich jeder Demüthigung zu unterwerfen,
als am Ende mit viel schwereren Concessionen, mit viel
härteren Demüthigungen den Frieden erkaufen zu müssen.
Vielleicht war das, jetzt wie vor 13 Jahren, die beste Politik.
Wollte man aber durchaus einmal die Entscheidung der Waffen
versuchen, dann war eine kräftige Offensive, unterstützt durch
demokratische Propaganda im Peloponnes und in Boeotien
der einzige Weg, auf dem Athen hoffen konnte, als Siegerin
aus dem Kampfe hervorzugehen. Was sich bei einer solchen
Politik erreichen liess, hat später Alkibiades gezeigt. Freilich war das ein Wagniss; aber es giebt Lagen, wo auch der
gewagteste Entschluss sicherer zum Ziel führt als unthätiges
Abwarten. Bei dem perikleischen Kriegsplan musste Athen
unfehlbar zu Grunde gehen; eine energische Kriegführung
hätte vielleicht auch zur Niederlage geführt, aber ein glücklicher
Ausgang lag doch wenigstens im Bereiche der Möglichkeit.

Schneller und glänzender Erfolge hätte Perikles vor
Allem zur Befestigung seiner schwankenden Stellung bedurft;
bei diesem Kriegsplan waren sie natürlich nicht zu erreichen.
Statt dessen unfruchtbare Flottendemonstrationen um den
Peloponnes, während Attika vom Feinde verheert, die Bevölkerung in den Mauern der Hauptstadt zusammengedrängt
wurde; schliesslich zu dem allen die Pest. Der Sturm gegen
Perikles, der vor zwei Jahren gedroht hatte, kam jetzt mit
verstärkter Gewalt zum Ausbruch. War es doch seine Politik,
die den Staat in so unabsehbares Unglück gestürzt hatte; und
wenn auch kein menschlicher Scharfblick die ganze Grösse
des kommenden Unheils hätte voraussehen können, es ist nun
einmal das Verhängniss des leitenden Staatsmanns, dass jeder
Misserfolg, ob verschuldet oder nicht, ihm von der öffentlichen
Meinung zur Last geschrieben wird.

An den Strategenwahlen für 430/29, gleich nach dem
zweiten Einfall der Peloponnesier, fing das Gewitter an sich
zu entladen. Der von Kleon geleitete Demos verband sich
von Neuem mit den Besitzenden[1]). Und diesmal wurde das

---

1) S. unten Excurs I. — Thuk. II 65 ἰδίᾳ δὲ τοῖς παθήμασιν

Ziel erreicht. Das Unerhörte geschah; zum ersten Male seit 15 Jahren wurde Perikles nicht wiedergewählt. Der Sache nach kam diese Niederlage einer Absetzung gleich; und das Nachspiel vor den Gerichten liess denn auch nicht auf sich warten. Eine Anklage wegen Unterschlagung öffentlicher Gelder sollte den bisherigen Leiter des Staates für immer politisch vernichten. Wie die Stimmung in Athen jetzt war, konnte Niemand über den Ausgang zweifelhaft sein; die Geschworenen sprachen ihr schuldig, und Perikles verfiel in eine schwere Geldbusse.

Ihr nächstes Ziel hatte die Coalition erreicht; sie sollte bald inne werden, dass die eigentlichen Schwierigkeiten jetzt erst begannen. Ja, in einem Punkte ihres Programms — gerade dem Wichtigsten — hatte sie bereits volles Fiasco gemacht. Es war die Opposition gegen Perikles' Kriegspolitik, die das eigentliche Band bildete, das seine Gegner zusammenhielt; diese Opposition vor Allem hatte ihnen bei den Wahlen den Sieg verschafft. Jetzt galt es, die gemachten Versprechungen zu erfüllen, und so ging denn am Anfang des Sommers, noch ehe Perikles seine Strategie niedergelegt hatte, eine Gesandtschaft mit Friedensanträgen nach Sparta. Dass sie dort sehr kühle Aufnahme fand, war natürlich; hatte doch der Gang der Ereignisse die kühnsten Hoffnungen der peloponnesischen Kriegspartei übertroffen, und damit mussten auch die Forderungen wachsen, die Sparta sich zu stellen berechtigt hielt. Den Frieden aber auf jede Bedingung sich dictiren zu lassen, war man in Athen auch jetzt weit entfernt; und so blieb denn doch nichts übrig, als die geschmähte perikleische Politik weiter zu führen. Aber mit den Erfolgen sah es sehr übel aus. Potidaea freilich brachte der Hunger endlich im Winter 430/29 zur Capitulation; aber gleichzeitig wurde in Karien die Abtheilung des Strategen Melesandros mit dem Führer selbst zusammengehauen, und auf diesen Unfall folgte im Sommer 429 die Niederlage von Spartolos, neben den Tagen von Delion und Amphipolis der schwerste Schlag,

ἐλυποῦντο, ὁ μὲν δῆμος, ὅτι ἀπ' ἐλασσόνων ὁρμώμενος ἐστέρητο καὶ τούτων, οἱ δὲ δυνατοὶ καλὰ κτήματα κατὰ τὴν χώραν οἰκοδομίαις τε καὶ πολυτελέσι κατασκευαῖς ἀπολωλεκότες, τὸ δὲ μέγιστον, πόλεμον ἀντ' εἰρήνης ἔχοντες· οὐ μέντοι πρότερόν γε οἱ ξύμπαντες ἐπαύσαντο ἐν ὀργῇ ἔχοντες αὐτόν, πρὶν ἐζημίωσαν χρήμασιν.

den Athen während des archidamischen Krieges im Felde erlitten hat. Was man auch gegen Perikles sagen mochte,
unter seiner Leitung hatten Athen solche Unglücksfälle niemals betroffen; es war, als ob die neue Regierung den Unterschied zwischen jetzt und früher Jedermann recht deutlich
hätte vor Augen führen wollen.

Wie Kleon mit seinen aristokratischen Freunden zurecht
kam, hat leider kein Aristophanes der Nachwelt geschildert;
es gehört wenig Phantasie dazu, es sich auszumalen. Bei
Bündnissen zwischen so heterogenen Elementen, die nur für
einen einzigen bestimmten Zweck geschlossen sind, dauert die
Eintracht selten länger als bis zur Erreichung des Zieles;
dass es in diesem Falle nicht anders war, zeigt die erbitterte
Feindschaft, in der wir beide Theile nach einigen Jahren
wiederfinden

Hätte es sein Patriotismus gestattet und das häusliche
Unglück, das ihn in diesem Jahre traf, Perikles hätte allen
Grund gehabt, zufrieden zu sein mit der Wendung, welche
die Dinge genommen. Glänzender liess seine Unentbehrlich-
keit sich gar nicht beweisen, als seine Feinde in der kurzen
Zeit ihrer Regierung es fertig gebracht hatten. Und auch im
Volke brach diese Erkenntniss in immer weiteren Schichten
sich Bahn. Mochte das perikleische System so schlecht sein
wie es nur wollte, von den beiden Uebeln, zwischen denen
man zu wählen hatte, war es noch immer das kleinere. So
löste die unnatürliche Coalition sich auf, die im vorigen Jahre
den leitenden Staatsmann gestürzt hatte. Der Demos scharte
sich aufs Neue um seinen alten Führer; bei den Wahlen im
nächsten Frühjahr (429) wurde Perikles in seine frühere Stellung als oberster Stratege wieder eingesetzt[1]).

Aber das Vertrauensvotum des Volkes hatte doch jetzt
eine andere Bedeutung als früher. Die Wahlen des Jahres
430 hatten das persönliche Regiment in Athen unwiderruflich begraben; nicht die innere, die äussere Politik war es,

---

1) Thuk. II 65 ὕστερον δ' αὖθις οὐ πολλῷ, ὅπερ φιλεῖ ὅμιλος
ποιεῖν, στρατηγὸν εἵλοντο καὶ πάντα τὰ πράγματα ἐπέτρεψαν. Der
tadelnde Ausdruck ὅπερ φιλεῖ ὅμιλος ποιεῖν zeigt, dass die Wahl
gegen die Opposition der besitzenden Klassen durch die Stimmen des
Demos erfolgte. — Ueber die chronologischen Fragen s. unten die Bemerkungen zur Strategenliste.

die nun das Band zwischen Perikles und dem Demos bildete. Immer mehr tritt alles andere absorbirend der Krieg in den Vordergrund des öffentlichen Interesses; er wird die Grundlage einer neuen Parteibildung, die zwar in der Hauptsache mit den alten Parteiverhältnissen sich deckt, aber diese doch auch in wesentlichen Punkten modificirt. Hier wie überall ist es zunächst der persönliche Vortheil des Einzelnen, der seine Stellung im Parteileben bestimmt. Darum musste die grosse, die weit überwiegende Mehrzahl der Besitzenden nothwendig jeder Kriegspolitik feindlich gegenüber stehen, und bereit sein auf jede irgend annehmbare Bedingung Frieden zu schliessen. Der Demos dagegen, der städtische Demos besonders hatte von der feindlichen Invasion nicht zu leiden[1]); ihn drückte keine Steuerlast, wohl aber gewährte ihm der Dienst auf den Kriegsschiffen, und mehr noch das Zusammenströmen der gesammten Landbevölkerung in die Hauptstadt eine reiche Quelle des Verdienstes. Und auch der ländliche Demos befreundet sich je länger je mehr mit dem jetzigen Zustande, nachdem einmal die Unbequemlichkeit der ersten Uebersiedlung in die Stadt überstanden war. Mehr als ihr knappes Auskommen bei harter Arbeit hatten diese Leute auch früher niemals gehabt; sie mussten bald inne werden, wie viel bequemer es war, sich auf Staatskosten erhalten zu lassen. Rache für die Verwüstung der Felder war in diesen Kreisen die Loosung[2]); und das kam praktisch so ziemlich auf die Verewigung des Krieges heraus.

Aber nicht bloss aus diesen Bestandtheilen setzte sich die Kriegspartei zusammen. Auch die Jugend der besseren Stände sah zum Theil in der Fortführung des Krieges den Weg zu Ruhm und Ehre und raschem Aufsteigen im Dienst des Staates[3]). Tiefer blickende Männer endlich mochten die Nothwendigkeit erkennen, den einmal begonnenen Kampf, für den schon so unendliche Opfer gebracht worden waren, nun auch kräftig zu Ende zu führen, als das einzige Mittel, Hellas dereinst einen dauernden Frieden zu sichern.

So ruhte das Bündniss des Demos mit Perikles und seinem Anhang jetzt auf viel festeren Grundlagen, als die

1) Schrift vom Staat der Athener II 14; und überhaupt s. oben S. 14.
2) Arist. Acharn. 183 σπονδὰς φέρεις, τῶν ἀμπέλων τετμημένων;
3. Arist. Frieden 11. 450.

Person des grossen Staatsmanns allein ihm hätte gewähren
können. Darum ist es bestehen geblieben, auch nachdem
Perikles selbst zwei Monate nach dem Antritt seiner letzten
Strategie der Krankheit erlegen war, ja selbst über den end-
lichen Abschluss des Friedens hinaus; erst Alkibiades' eigen-
süchtige Politik hat die so lange vereinten Genossen zu trennen
vermocht, und nicht zum Heile Athens.

Perikles' Tod im September 429 war der härteste Schlag,
der die Kriegspartei hätte treffen können. Gerade in dem
Augenblicke, wo sie das Ruder des Staates wieder in die Hand
genommen hatte, wurde der Mann ihr entrissen, der vor allem
zu ihrem Führer berufen war, dessen Persönlichkeit allein
ihr eine solche Ueberlegenheit verbürgte, um auf die
Dauer die Leitung der Geschäfte in der Hand zu behalten.
Von jetzt an stehen die beiden Parteien in annähernd gleicher
Stärke sich gegenüber; von zufälligen Ereignissen hängt es
ab, welche von beiden den Sieg bei den Wahlen davonträgt[1]).
War es zu verwundern, wenn die Kriegführung nicht einmal
den bescheidensten Ansprüchen Genüge that, und eigentlich
nur der Zufall den Athenern hin und wieder einen Vortheil
in die Hand spielte? Viel eher ist es ein Wunder, dass das
Reich bei solcher Wirthschaft nicht jetzt schon zusammenbrach; und das würde auch ohne Zweifel geschehen sein,
wenn die Feinde Athens nicht in ebenso hohem Grade an
den Uebelständen gelitten hätten, an denen die attische Politik krankte.

Zunächst gab Perikles' Tod der Friedenspartei wieder das
Uebergewicht. Ihr anerkannter Führer war jetzt Nikias von
Kydantidae, einer der reichsten Männer Athens und aus hoch
angesehener Familie[2]). Wie so viele seiner Standesgenossen,
hatte auch er einst mit dem perikleischen Regiment seinen
Frieden gemacht[3]); aber es war nur eine äusserliche Versöh-

1) Thuk. II 65 οἱ δὲ ὕστερον — nach Perikles' Tode — ἴσοι αὐτοὶ μᾶλλον πρὸς ἀλλήλους ὄντες καὶ ὀρεγόμενοι τοῦ πρώτος ἕκα-
στος γίγνεσθαι ἐτράποντο καθ' ἡδονὰς τῷ δήμῳ καὶ τὰ πράγματα
ἐνδιδόναι.

2) Diog. v. Laerte I 10, 3, vergl. Petersen, Quaestiones de hist.
gentium Atticarum (Schleswig 1880) S. 60.

3) Plut. Nik. 2 ἦν μὲν ἔν τινι λόγῳ καὶ Περικλέους ζῶντος, ὥστε
κἀκείνῳ συστρατηγῆσαι καὶ καθ' αὐτὸν ἄρξαι πολλάκις.

nung, und als die Stellung des Herrschers ins Wanken kam,
finden wir Nikias' vertrauten Freund Diopeithes in erster Reihe
unter den Führern der Opposition[1]). Mochte aber Nikias
seiner sozialen Stellung und seinem Charakter nach sich abgestossen fühlen von jener Demokratie wie sie Perikles aus-
gebildet hatte, so war er doch von oligarchischen Tendenzen
sehr weit entfernt. Mit voller Loyalität stellte er sich auf den
Rechtsboden der bestehenden Staatsform[2]); sein Sohn Nikeratos und sein Bruder Eukrates haben später diese Ver-
fassungstreue mit dem Tode besiegelt. Ein grosser Staatsmann allerdings war Nikias nicht, und ein grosser Feldherr
eben so wenig; aber er war doch ein tüchtiger Offizier, der
was ihm an Initiative abging, durch Vorsicht ersetzte. Dies
und die anerkannte Integrität seines Charakters genügte, ihm
eine einflussreiche Stellung im Staate zu sichern, in einer
Zeit, wo an grossen Talenten Mangel war; und wenn die
besitzenden Klassen ihm als dem natürlichen Vertheidiger ihrer
Interessen anhingen, so verschaffte seine Leutseligkeit selbst
gegen den geringsten Bürger und seine wohlberechnete Freigebigkeit ihm auch unter der Masse eine fast unbegränzte
Popularität[3]).

Nikias gegenüber tritt der jetzige Leiter der Kriegspartei,
der reiche Viehhändler Lysikles bedeutend zurück[4]). Es waren
hauptsächlich die engen Beziehungen zum Hause des Perikles,
denen er seine politische Bedeutung verdankte. Aspasia soll
ihn in der Redekunst unterrichtet haben; und nach dem Tode
des Gatten reichte sie Lysikles die Hand, offenbar auf Perikles'
eigenen Wunsch, nach der bekannten attischen Sitte[5]).

— — —

1) Schol. Arist. Ritter 1085, Wespen 380, Frieden 1033, Vögel 988.
Plut. Per. 32. Nik. 23.

2 Nichts kann verkehrter sein, als Grote's Charakteristik: *Known
as an oligarch, but not feared as such.* (VI ch. 51 S. 65 der Ausg.
von 1870.)

3) Plut. Nik. 2. Περικλέους δ' ἀποθανόντος εὐθὺς εἰς τὸ πρωτεύ-
ειν προήχθη, μάλιστα μὲν ὑπὸ τῶν πλουσίων καὶ γνωρίμων, ἀντίταγμα
ποιουμένων αὐτὸν πρὸς τὴν Κλέωνος βδελυρίαν καὶ τόλμαν, οὐ μὴν
ἀλλὰ καὶ τὸν δῆμον εἶχεν εὔνουν καὶ συμφιλοτιμούμενον.

4) Als Vorgänger Kleon's in der Leitung des Demos genannt Arist.
Ritter 132, v. 765 heisst Kleon βέλτιστος ἀνὴρ μετὰ Λυσικλέα καὶ
Κύνναν καὶ Σαλαβακχώ.

5) Schol. Arist. Ritter 132, Aeschines der Sokratiker bei Plut.

Uebrigens war Lysikles' Laufbahn zu kurz, als dass wir über
seine Begabung als Staatsmann urtheilen könnten.

Die Wahlen für 428/7 brachten die Führer beider Parteien,
Nikias eben so wie Lysikles in das Strategion[1]). Aber wie
verschieden war darin ihre Stellung! Während Lysikles an
der Spitze eines kleinen Geschwaders mit der Eintreibung
rückständiger Tribute beauftragt wurde, sehen wir das wichtigste Commando, das in diesem Jahre überhaupt zu vergeben
war, den Befehl über das Belagerungsheer vor Mytilene einem
Gesinnungsgenossen des Nikias anvertraut, Paches dem Sohn
des Epikuros. Der Prozess, den er nach Ablauf seines Amtsjahres zu bestehen hatte, und dessen tragischer Ausgang lässt
über seine Parteistellung nicht den geringsten Zweifel; wo
immer ein späterer Historiker das Sündenregister des attischen
Demos und seiner Volksgerichte entwirft, nennt er Paches
gewiss in erster Linie.

Es war eine schwere Aufgabe, die der neuen Regierung
wartete. Noch war sie nicht ins Amt getreten, erhob sich
Mytilene gegen Athen; seit dem samischen Aufstande vor
12 Jahren hatte das Reich eine so ernste Krisis nicht mehr
zu bestehen gehabt. Und jetzt war die Bevölkerung Attika's
durch die Pest decimirt, der Schatz näherte sich nach drei
Kriegsjahren seiner Erschöpfung. Aber Nikias zeigte sich
der Lage gewachsen. Mit rücksichtsloser Energie wurde die
Flotte auf einen Stand gebracht, den sie niemals vorher erreicht hatte; die nöthigen Mittel lieferte die Erhebung einer
direkten Vermögenssteuer in Attika selbst. Die verkehrten
Massnahmen des Feindes thaten das Uebrige, um Athen die
Gefahr überwinden zu lassen.

Während Nikias' Stellung sich in dieser Weise befestigte,
erlitt die Kriegspartei im Winter 428/7 einen schweren Verlust durch den Tod des Lysikles, des Mannes, der durch seine
Stellung in der Mitte der beiden Flügel der Partei wie kein
Zweiter zu ihrer Leitung berufen war. Die Folgen müssen
ähnliche gewesen sein, wie die von Kleon's Fall bei Amphipolis sechs Jahre später; nur dass Lysikles in mancher Hin-

_____

Per. 24 und Harpokr. unter Ἀσπασία. Müller-Strübing Aristophanes
S. 620 ff.

1) Für die Strategenwahlen verweise ich ein für alle Mal auf
die Untersuchungen im Anhang I.

sicht vielleicht noch unersetzlicher war, als der brutale und ungebildete Gerbermeister.

Bei dieser Lage der Dinge konnte der Ausfall der Wahlen im Frühjahr 427 nicht zweifelhaft sein. Der Sieg der Friedenspartei war noch entschiedener als im Vorjahre; die Opposition wurde fast vollständig aus dem Strategion verdrängt. Es ist ein bezeichnendes Symptom für die herrschende Stimmung, dass der lakedaemonische Proxenos[1]) Hipponikos von Melite, der reichste Mann in Athen, als leitender Stratege an die Spitze des Staates trat. Neben ihm finden wir Nikias und dessen politischen und persönlichen Freund[2]) Laches von Aexone, die beiden Männer, die später am meisten für die Beilegung des Krieges gewirkt haben. Deutlicher als durch diese Wahl liess sich der Wunsch und das Bedürfniss der Bürgerschaft nach Frieden nicht aussprechen.

Freilich blieb daneben die Kriegspartei im Strategion auch jetzt nicht ganz ohne Vertretung. Ihr gehörte Demosthenes von Aphidna an, der in diesem Jahre zum ersten Male zum Feldherrn gewählt wurde. Seine engen Beziehungen zu Hippokrates und Kleon sind charakteristisch für seine politische Richtung; nicht minder, dass Antiphon von Rhamnus, der bekannte Oligarch, eine Rede in Staatssachen gegen ihn geschrieben hat[3]). Indess tritt in Demosthenes der Politiker gegen den Soldaten zurück. Als Offizier pflegt man ihn gewöhnlich sehr hoch zu stellen; und allerdings besass er in hohem Grade jenen Geist der Initiative, der Nikias so vollständig abging. Aber tolles Draufgehen allein macht den Feldherrn noch nicht. Durch seine ungezügelte Kampflust und seinen Mangel an Umsicht hat Demosthenes die Niederlagen in Aetolien und bei Epipolae, zum Theil auch die Katastrophe am Asinaros herbeigeführt, und ebenso trifft für den unglücklichen Ausgang der Schlacht bei Delion hauptsächlich ihn die Verantwortung, weil er es nicht über sich

---

1) Xen. Hell. VI 3, 4.

2) S. den gleichnamigen Dialog Platon's.

3) Citirt unter dem Titel πρὸς τὴν Δημοσθένους γραφὴν ἀπολογία Harpokration) oder πρὸς Δημοσθένην τὸν στρατηγὸν παρανόμων (in der pseudo-plutarchischen Vita). S. Blass I 92. — Die Rolle, die Demosthenes in den aristophanischen Rittern spielt, kann natürlich für die Beurtheilung seiner politischen Stellung nicht in Betracht kommen. Sie zeigt nur, was Aristophanes wünschte.

gewinnen konnte, den für den combinirten Angriff auf Boeotien festgesetzten Tag abzuwarten. Höchst unbedachtsam hat
er auch die Befestigung von Pylos unternommen; es war ein
halbes Wunder, dass der Platz nicht den Spartanern in die
Hände fiel, ehe Hülfe herbei kam, und ein noch unberechen-
barerer Glücksfall war die Einschliessung der 400 Hopliten auf
Sphakteria. Dass Demosthenes dann in zwei Monaten nicht
im Stande war, die kleine Schar zu bewältigen, gereicht ihm
auch nicht zu besonderem Ruhm; der endliche Erfolg ist zumeist Kleon's Verdienst. — Wenn aber Demosthenes später,
durch seine Siege in Akarnanien und auf Sphakteria, zu
grossem Ansehen gekommen ist, für jetzt war er ein politischer und militärischer Anfänger, dessen Einfluss ·einem
Nikias und Laches gegenüber in keiner Weise ins Gewicht
fallen konnte.

Trotz ihres Sieges bei den Wahlen war indess die Friedenspartei weit davon entfernt, den Staat unbedingt zu beherrschen. Das zeigte sich sogleich bei den Verhandlungen
über das Schicksal des eroberten Mitylene, wo es der Regierung nur mit genauer Noth gelang, die Annahme der bar-
barischen Anträge Kleon's zu verhindern [1]). Und Kleon, jetzt
nach Lysikles' Tode unbestritten der Führer des Demos [2]), war
seit Anfang 427/6 Mitglied des Rathes, und riss sogleich die
Leitung dieser Körperschaft an sich. Die Niederlage in der
mytilenäischen Sache machte er durch eine Reihe glänzender
Erfolge wieder gut. Auf seinen Antrag wurde an den gefangenen Führern des lesbischen Aufstandes die Todesstrafe
vollzogen [3]); auf seine Initiative werden wir es zurückführen
dürfen, wenn der Boden der Insel unter attische Kleruchen

---

1) Thuk. III 49. οἱ Ἀθηναῖοι ἦλθον μὲν ἐς ἀγῶνα ὅμως τῆς δόξης,
καὶ ἐγένοντο ἐν τῇ χειροτονίᾳ ἀγχώμαλοι, ἐκράτησε δ᾽ ἡ τοῦ Διοδό
του. Thuk. III 36 zeigt, dass Kleon damals — es war Ende 428 7 —
noch nicht in der Regierung sass, und auch keinen Einfluss auf die
Regierung hatte: τῶν Μυτιληναίων οἱ παρόντες πρέσβεις καὶ οἱ αὐτοῖς τῶν Ἀθηναίων συμπράσσοντες παρεσκεύασαν τοὺς ἐν τέλει
ὥστε αὖθις γνώμην προθεῖναι. III 38 sagt Kleon: θαυμάζω μὲν τῶν
προθέντων αὖθις περὶ Μυτιληναίων λέγειν.
2) Thuk. III 36 Κλέων ὁ Κλεαινέτου, ... ὢν καὶ ἐς τὰ ἄλλα βιαιό-
τατος τῶν πολιτῶν τῷ τε δήμῳ παρὰ πολὺ ἐν τῷ τότε πιθανώτατος.
3) Thuk. III 50 τοὺς δ᾽ ἄλλους ἄνδρας, οὓς ὁ Πάχης ἀπέπεμψεν
ὡς αἰτιωτάτους ὄντας τῆς ἀποστάσεως, Κλέωνος γνώμῃ διέφθειραν οἱ

vertheilt wurde; ein Sieg seiner Partei endlich war die Verurtheilung des Eroberers von Mytilene und Notion, des Strategen Paches[1]). Auch die Absendung einer Flotte von 20
Trieren unter Laches nach Sicilien im Herbst 427 ist ohne
Zweifel von Kleon's Partei veranlasst worden; ist doch auch
später die Eroberung des Westens der Lieblingsplan der
athenischen Radicalen gewesen, während Nikias sich diesen
weitaussehenden Unternehmungen gegenüber stets ablehnend
verhalten hat.

Daneben sehen wir Kleon unermüdlich thätig für die
Herbeischaffung der zum Kriege nöthigen Geldmittel. In der
That war die Finanzfrage bei dem rapiden Zusammenschmel-
zen des Schatzes die brennende Frage des Tages; denn die
Tribute und selbst die Erträge der Eisphorá reichten für die
Erfordernisse einer energischen Kriegführung bei Weitem nicht
aus[2]). Die rücksichtslose Strenge, mit der Kleon die Eintreibung der Steuerreste sich angelegen sein liess[3]), war
gerade nicht geeignet, seinen Namen bei den besitzenden
Klassen beliebter zu machen, um so mehr, als das finanzielle
Ergebniss wohl kaum ein sehr bedeutendes sein konnte. Auch
die Reducirung überflüssiger Ausgaben bildete einen Punkt
in Kleon's Programm, freilich ohne dass er immer im Stande
gewesen wäre, seine Absichten durchzusetzen. So musste er
z. B. seinen Plan, die Kosten für die Unterhaltung der
Reiterei, die einen der drückendsten Posten im attischen

'Αθηναῖοι. Müller-Strübings Versuch, die Richtigkeit dieser Angabe
anzuzweifeln (Thuk. Forsch. S. 150—242) hat wohl kaum Jemanden
überzeugt.

1) Plut. Nik. 6. Aristid. 26. Ob die Schaudergeschichte wahr ist,
die man sich ein Jahrtausend später in Mytilene von Paches erzählte
Agathias Anthol. Palat. VII 614', und ob die Sache auf die Entscheidung des Prozesses Einfluss hatte, ist politisch sehr gleichgültig. Ist
es der Fall, dann genoss Athen das erbauliche Schauspiel, dieselben
Leute für die Ehre Lesbischer Frauen sich ereifern zu sehen, die soeben noch für den Verkauf dieser selben Frauen in die Sklaverei gesprochen und gestimmt hatten. Denn Paches war ein Gegner der
Abschreckungstheorie Kleon's ·Diod. XII 55 ὁ δὲ Πάχης γνοὺς τὴν
μετάνοιαν τῶν 'Αθηναίων ἐχάρη·, und ich denke, wir sollten das dem
vielgeschmähten Manne doch als mildernden Umstand anrechnen.

2 S. Rhein. Mus. 39 (1884) S. 34—65.

3. Arist. Ritter 774/6, mit Beziehung auf dieses Jahr. Vergl. unten
Excurs II: Kleon's Buleia.

Budget bildeten, um 5 Talente herabzusetzen, gegenüber dem einmüthigen Widerstande des gesammten Rittercorps aufgeben.

Auf den Gang der Kriegführung aber hatte Kleon direkt keinen Einfluss, solange das Strategion sich ganz in den Händen seiner Gegner befand. Es mochte immerhin zum grossen Theil die Folge der finanziellen Schwierigkeiten sein, dass Nikias im Sommer 427 so gut wie gar nichts unternahm, dass er nicht einmal den Versuch machte, das belagerte Plataeae zu entsetzen. Aber das allein erklärt die Unthätigkeit der Athener noch nicht. Nikias muss offenbar auf eine baldige friedliche Beilegung des Kampfes gerechnet haben, und suchte alles zu vermeiden, was dem Hasse zwischen den kriegführenden Staaten neue Nahrung geben konnte. Wirklich haben in diesem Jahre Unterhandlungen stattgefunden; aber sie scheiterten an der Höhe der Forderungen Spartas, die Nikias, auch wenn er selbst zu ihrer Bewilligung bereit gewesen wäre, nicht hoffen dürfte in der Ekklesie durchzusetzen [1]).

Gegenüber diesen Misserfolgen der Friedenspolitik musste die Partei der Besitzenden immer mehr ihren Halt im Volke verlieren. Immer weitere Kreise kamen zu der Einsicht, dass es Zeit sei, die Leitung des Staates anderen Männern in die Hände zu geben. Die Archaeresien im Frühjahr 426 zeigten die ganze Grösse des Umschwungs in der öffentlichen Meinung; kaum Einer von den im Amte befindlichen Strategen wurde wiedergewählt. Es war eine Niederlage der herrschenden Partei ohne Gleichen; und wie tief sie empfunden wurde, zeigen die Acharner des Aristophanes [2]).

An Hipponikos' Stelle übernahm den Vorsitz im Strategion Hippokrates von Cholargos, der Brudersohn des grossen Perikles, und in gewissem Sinne der Erbe von dessen poli-

---

1) Thuk. IV 21 οἱ μὲν οὖν Λακεδαιμόνιοι τοσαῦτα εἶπον, νομίζοντες τοὺς Ἀθηναίους ἐν τῷ πρὶν χρόνῳ (vor 425) σπονδῶν μὲν ἐπιθυμεῖν, σφῶν δ' ἐναντιουμένων κωλύεσθαι. Arist. Acharn. 653/4 Διὰ ταῦθ' ὑμᾶς Λακεδαιμόνιοι τὴν εἰρήνην προκαλοῦνται Καὶ τὴν Αἴγιναν ἀπαιτοῦσιν.

2) v. 1078 ἰὼ στρατηγοὶ πλείονες ἢ βελτίονες. Sollte nicht auch die gleichzeitig mit den Acharnern aufgeführten Numenien des Eupolis sich auf diese Wahlen bezogen haben? Der gesetzliche Termin für die Strategenwahlen fiel ja auf eine Numenie.

tischer Stellung. Unter den übrigen Mitgliedern des Feld-
herrn-Collegiums ragt keiner besonders hervor; es sind Mittelmässigkeiten, die zum grössten Theil weder vorher noch
nachher eine Rolle gespielt haben. Eine Ausnahme macht
nur etwa Eurymedon, der es zu vielen Strategien gebracht
hat, und also im Ruf eines tüchtigen Soldaten gestanden
haben muss; politisch gehörte er der Richtung Kleon's an,
wie er durch sein Verhalten gegenüber den korkyräischen
Oligarchen im Sommer 425 bewiesen hat.

Die Niederlage bei den Wahlen rüttelte die Regierung
endlich aus ihrer Unthätigkeit auf. Hatte man bisher die
Zeit ungenützt verstreichen lassen, so sollte jetzt, in den
letzten Monaten wo man noch am Ruder war, der Beweis
geführt werden, dass die öffentliche Meinung sich in der
Beurtheilung der im Amte befindlichen Strategen getäuscht
hatte. Demosthenes ging nach Aetolien, Nikias nach Melos
in See, schliesslich unternahm Hipponikos mit der gesammten
Macht des Staates einen Einfall in das Gebiet von Tanagra.
Aber es war, als ob die Regierung nur ihre eigene Unfähigkeit vor Aller Augen hätte zur Schau stellen wollen. In
Melos wie in Boeotien wurde trotz der grossen aufgewendeten
Mittel nicht das Geringste erreicht; in Aetolien erlitt Demosthenes eine schwere Niederlage. Nur in Sicilien errang
Laches glänzende Erfolge, die aber für die Entscheidung des
Krieges in Hellas der Natur der Sache nach unfruchtbar
bleiben mussten. Die Friedenspartei hatte zunächst abge-
wirthschaftet; es musste sich zeigen, ob die Kriegspartei
besser im Stande sein würde, den Erwartungen der Bürgerschaft zu entsprechen.

Cap. II.

Kleon und Nikias.

Sein nächstes Ziel hatte Kleon erreicht. Das Uebergewicht der besitzenden Klassen, die seit Perikles' Tode den
Staat geleitet hatten, war gebrochen, die Macht wieder in
den Händen der Kriegspartei. Und er selbst, wenn auch
augenblicklich ohne jede amtliche Stellung[1]), war jetzt der

---

1) Es wäre sehr sonderbar, wenn das Loos Kleon zwei Jahre hinter-
einander in den Rath gebracht hätte. Allenfalls könnte er ein Finanz-

einflussreichste Mann in Athen. Unterstützt von einem Stabe ergebener Anhänger, der „hundertköpfigen Schmeichlerbande"[1]) wie seine Feinde es nannten, Männern wie Theoros, Peisandros, Hyperbolos[2]), beherrschte er die Volksversammlung und namentlich die Gerichte.

Die Verhandlungen mit Sparta wurden selbstverständlich jetzt abgebrochen[3]). Aber die neue Regierung zeigte sich ebenso unfähig, wie die Männer die ihr in der Leitung des Staates vorangegangen waren, die Kriegführung in rechten Gang zu bringen. Der Rest des Sommers 426 verging in derselben Unthätigkeit wie bisher, und die glänzenden Erfolge, die Demosthenes im Herbst auf eigene Hand in Akarnanien errang, dienten nur dazu diese Unthätigkeit in noch schärferes Licht treten zu lassen.

Nicht glücklicher war Kleon in seinen Angriffen auf die Gegner daheim. Laches, der bei den letzten Wahlen unterlegen war, wurde im Laufe des Winters in seinem Commando auf Sicilien durch Pythodoros ersetzt; seine Rückkehr bot den willkommenen Anlass, den neben Nikias hervorragendsten Führer der Friedenspartei vor Gericht zu ziehen. Es war ein Prozess, wie Athen ihn seit Perikles' Verurtheilung nicht mehr gesehen hatte; Ankläger und Angeklagter die ersten Männer des Staates, der Ausgang von der weittragendsten politischen Wichtigkeit. Aber mochte Kleon auch all seinen Einfluss aufbieten, er konnte nicht durchdringen; die Geschworenen sprachen Laches frei, und diese Niederlage musste für Kleon um so empfindlicher sein, als sie auf seinem eigensten Gebiete, im Gerichtssaal, erfolgte[4]).

Endlich, im Frühjahr 425, sollten die Operationen im grossen Stile beginnen. In der Erkenntniss, dass gegen den

---

amt bekleidet haben, etwa Hellenotamias gewesen sein, doch wissen wir darüber nichts näheres. Droysen's Schatzmeisterhypothese ist doch jetzt wohl allgemein aufgegeben.

1) Arist. Wesp. 1033 ἑκατὸν δὲ κύκλῳ κεφαλαὶ κολάκων οἰμωξομένων ἐλιχμῶντο Περὶ τὴν κεφαλήν. — 45 ὑλᾷς; Θέωλος τὴν κεφαλὴν κόλακος ἔχει.

2) Wespen 1219/20, und wegen Hyperbolos und Peisandros unten Cap. III und IV.

3) S. die Eingangsscene der Acharner.

4) S. die Parodie dieses Prozesses in den Wespen; und unten Excurs III.

Peloponnes direkt nichts auszurichten sei, beschloss die
Regierung, alle verfügbaren Kräfte auf den sicilischen Krieg
zu verwenden; man hatte nichts geringeres im Sinn als die
Unterwerfung der ganzen Insel unter die athenische Herrschaft. Es ist dieselbe Politik, die 10 Jahre später Alkibiades und Demostratos wieder aufnahmen; nur dass im Jahr
415 Athen in Griechenland Ruhe hatte, während man jetzt
gezwungen war gegen Sparta und Syrakus gleichzeitig Front
zu machen.

Doch bevor noch die grosse Flotte in See stechen konnte,
brachten die Strategenwahlen den Umschwung der ganzen
politischen Lage. Es zeigte sich, wieviel die Kriegspartei in
dem einen Jahre verloren hatte, das sie an der Regierung
gewesen war. Hippokrates wurde nicht wiedergewählt, und
die Leitung im Strategion ging von Neuem auf Nikias über.
Neben ihm finden wir seine politischen Freunde Nikostratos
und Autokles von Anaphlystos; beide hat sich Nikias in
diesem selben Jahre für seine Expedition gegen Kythera zu
Collegen gewählt[1]), und beide haben später mit ihm den
Waffenstillstand des Laches beschworen[2]). Derselben Richtung
gehörte Demodokos von Anagyrus an[3]), und wohl auch Aristeides der Sohn des Archippos[4]). Von den Strategen des laufenden Jahres wurden nur Pythodoros Sophokles und Eurymedon im Amte bestätigt, die für das Commando der nach
Sicilien bestimmten Flotte designirt waren, und darum nicht
wohl durch andere Männer ersetzt werden konnten. Demosthenes von Aphidna wurde in Folge seiner akarnanischen
Siege aufs Neue zum Feldherrn gewählt; daneben brachte die
Kriegspartei Lamachos[5]) durch, einen erprobten Offizier, der
unter Perikles seine Schule gemacht hatte.

Die neue Regierung hatte ihr Amt noch nicht angetreten,
als die Einschliessung des spartanischen Hoplitencorps auf
Sphakteria die militärische Situation mit einem Schlage ver-
wandelte. Was man solange vergeblich erstrebt hatte, einen

1) Thuk. IV 54.
2) Thuk. IV 119.
3) Vergl. die Charakteristik in [Platon's] Theages.
4) Darauf scheint wenigstens sein adeliger Name zu führen.
5) Dass er der Kriegspartei angehörte, zeigt die Rolle, die ihm
Aristophanes in den Acharnern zuweist.

Frieden auf ehrenvolle, ja vortheilhafte Bedingungen, das boten die Lakedaemonier jetzt aus freien Stücken an; selbst auf der Basis der Wiederherstellung des Besitzstandes vor dem dreissigjährigen Frieden waren ihre Commissäre bereit zu unterhandeln[1]). Wie stark die Friedenspartei in Athen war, hatte noch soeben die Wahl des Nikias zum leitenden Strategen bewiesen; und wer unter den Anhängern der Kriegs-partei nicht ganz im Grössenwahn befangen war, musste geneigt sein wenigstens den Versuch zu machen, ob nicht vielleicht eine Verständigung sich erreichen liess.

Kleon aber blieb auch jetzt entschlossen, den Krieg weiter zu führen. Sehr zu statten kam ihm dabei, dass die Regierung noch in den Händen seiner politischen Freunde lag. Der Menge hatte ohnehin der unerwartete Glücksfall nach so vielen Unglücksschlägen vollends die Köpfe verdreht Dennoch war es schliesslich nur eine kleine Majorität, mit der Kleon seine Anträge durchsetzte[2]).

Man hätte nun denken sollen, Hippokrates würde alles aufgeboten haben, um in den wenigen Wochen die von seiner Strategie noch übrig waren, die Dinge in Pylos zur Entscheidung zu bringen. Es gingen denn auch Verstärkungen dorthin ab; aber Hippokrates blieb ruhig in Athen, weder er selbst noch Eurymedon und seine Collegen vor Sphakteria schienen Lust zu haben, sich mit den Lakedaemoniern im offenen Kampfe zu messen. Und die blosse Blokade führte zu keinem Resultat.

So fand Nikias bei seinem Amtsantritt den Stand der Dinge noch unverändert. Von ihm war natürlich ein energisches Vorgehen noch viel weniger zu erwarten, ja man kann zweifelhaft sein ob er von seinem Standpunkte aus einen Erfolg in Pylos, der ja nothwendiger Weise der Kriegspartei zu Gute kommen musste, überhaupt wünschte. So fehlte es

---

1) Thuk. IV 22.
2) Philochoros fr. 105 Κλέωνος δ' ἀντειπόντος ταῖς διαλύσεσι, στασιάσαι λέγεται τὴν ἐκκλησίαν, ἐρωτῆσαι δὲ συνέβη τὸν ἐπιστάτην· ἐνίκησαν δ' οἱ πολεμεῖν βουλόμενοι. Auf dieselbe Verhandlung geht auch fr. 106, woraus Gilbert (Beiträge S. 168 f.) nicht auf eine sonst unbekannte Verhandlung im Herbst 426 hätte schliessen sollen. Denn der Beginn der Blokade von Sphakteria fällt unter den Archon Euthynos.

denn Kleon, der jetzt wieder in die Opposition gekommen
war, nicht an Stoff für heftige Angriffe gegen die neue Regierung[1]). Der weitere Verlauf der Dinge braucht hier nicht
erzählt zu werden. Im Glauben an die Unbesiegbarkeit der
Spartaner, und im Vertrauen auf die militärische Unfähigkeit
Kleon's trat Nikias ihm den Oberbefehl in Pylos ab, und
gab dadurch seinem Gegner selbst Gelegenheit zur Ausführung
der glänzendsten Waffenthat, die den Athenern überhaupt in
diesem ganzen Kriege gelungen ist.

Die Niederlage der Spartaner auf Sphakteria wurde so
zugleich zu einer vernichtenden Niederlage der gemässigten
Partei in Athen, und Kleon war ganz der Mann dazu seinen
Sieg rückhaltslos auszubeuten. Das alte Thema von Nikias'
Landesverrath liess sich jetzt mit ganz anderem Erfolg vari-
iren; und das Schlimmste war, dass die Partei der Besitzenden ihre Niederlage Niemand Anderem zu verdanken hatte,
als ihrem hervorragendsten Führer selbst. Es half auch sehr
wenig, dass Nikias jetzt plötzlich sich aus seiner alten Unthätigkeit aufraffte, so glänzende Erfolge er auch bei Korinth
und namentlich auf Kythera errang. Das Vertrauen der
Parteigenossen zu seiner politischen Leitung blieb dennoch
erschüttert.[2])

Was Nikias verlor, musste sein Gegner gewinnen. Kleon
stand jetzt auf der Höhe seines Einflusses und seiner Popularität. Die grössten Ehrenbezeugungen waren ihm zuerkannt
worden: Speisung im Prytaneion[3]) und Proedrie im Theater[4]);
in Rath und Volksversammlung herrschte sein Wort unbedingt.[5]) Konnte er sich noch länger mit der Stellung eines
amtlosen Demagogen begnügen? Die letzten Ereignisse hatten
ja gezeigt, wie dringend geboten es war, die Leitung des
Strategion Nikias' ausschliesslichem Einfluss zu entziehen.
Seine Befähigung zur Führung des höchsten Amtes hatte

1) Thuk. IV 27 καὶ ἐς Νικίαν τὸν Νικηρίτου στρατηγὸν ὄντα
ἀπεσήμαινεν, ἐχθρὸς ὢν καὶ ἐπιτιμῶν, ῥᾴδιον εἶναι παρασκευῇ, εἰ
ἄνδρες εἶεν οἱ στρατηγοί, πλεύσαντας λαβεῖν τοὺς ἐν τῇ νήσῳ, καὶ
αὐτός γ' ἄν, εἰ ἦρχε, ποιῆσαι τοῦτο.

2) Vergl. den Spott in Aristophanes' Rittern und Plut. Nikias 8.

3) Arist. Ritter 280. 709. 766. 819. 1404.

4) Ebend. 702.

5. Das zeigt jede Zeile der Ritter.

Kleon soeben in glänzender Weise bewiesen. Allerdings war
im Augenblick keine Stelle im Strategion frei[1]), und *ad hoc*
ein Vacanz zu schaffen, trug man Bedenken; sodass Kleon
verfassungsmässig erst bei den nächsten Archaeresien zum
Feldherrnamt hätte gelangen können. Aber das soeben auf
Nikias' Betrieb geschaffene Praecedens zeigte den Weg auf
dem sich diese Schwierigkeit umgehen liess. Wie Kleon als
ausserordentlicher Stratege den Befehl in Pylos erhalten hatte,
so wurde er jetzt in derselben Eigenschaft für den Rest des
Jahres den regelmässigen Mitgliedern des Collegiums beigeordnet. Es zeugt von seinem richtigen Takte, dass er die
Kriegführung Anderen überliess, und seine Thätigkeit ausschliesslich den Geschäften der Verwaltung widmete, die mit
dem Strategenamte verbunden waren[2]).

Von Frieden konnte unter den jetzigen Umständen natürlich keine Rede sein, so oft auch die Lakedaemonier ihn anboten. Mehr als je war Kleon entschlossen, den Krieg mit
Energie weiterzuführen. Die finanziellen Mittel dazu gewährten
eine Erhöhung der Tribute auf das doppelte, daneben die
Eisphorá, die Jahr für Jahr forterhoben wurde; die jährlichen
Einnahmen des Staates stiegen dadurch auf nahe an
2000 Talente. Dass es Kleon war, dessen Initiative die
Bundesgenossen diese Mehrbelastung verdankten, kann nicht
zweifelhaft sein[3]); in keinem Falle hätte eine solche Mass-
regel gegen seinen Willen durchgeführt werden können.
Rücksichtslose Ausbeutung der Unterthanen war von jeher
Maxime des attischen Demos. So bedenklich nun auch eine
Tributerhöhung noch vor einem Jahre in politischer Hinsicht
gewesen wäre, jetzt unter dem frischen Eindruck des Sieges

---

1) Das Jahr 425 4 ist eines der wenigen, dessen vollständige Strategenliste wir kennen; auch ist keiner der Feldherrn während seiner
Amtsführung gestorben oder abgesetzt worden.

2) Deswegen wird Kleon's Thätigkeit als Stratege in diesem und
dem folgenden Jahr von Thukydides mit keinem Worte erwähnt. Vergl.
Arist. Wespen 970 ὁ δ᾽ ἕτερος (κύων, d. h. Kleon) οἷός ἐστιν οἰκουρὸς μόνον.

3) Koehler Urkunden und Unters. zur Geschichte des Delisch-
Attischen Bundes (Abh. d. Berl. Akad. 1869) S. 150 f. In den in
diesem selben Winter 425/4 aufgeführten Rittern des Aristophanes
heisst es von Kleon (v. 313) κἀπὸ τῶν πετρῶν ἄνωθεν τοὺς φόρους
θυννοσκοπῶν.

von Sphakteria war kein Widerstand dagegen zu besorgen; rissen ja auch die Chier sofort die Befestigungen ein, die sie in der letzten Zeit errichtet hatten[1]). Die Opposition in Athen liess es sich natürlich angelegen sein, die Bundesgenossen in ihren Reclamationen gegen die neue Veranlagung der Tribute zu unterstützen; Antiphon schrieb Reden in Sachen des Tributs der Lindier und Samothraker, und Archeptolemos der Sohn des Hippodamos, ein hervorragendes Mitglied der Friedenspartei wie später der Oligarchie der Vierhundert, nahm sich ihrer an[2]); ein wesentlicher Erfolg freilich war bei der Lage der Dinge nicht zu erreichen.

Seine alten Anhänger vergass Kleon über dem allen keineswegs. Sobald die Finanznoth, unter der Athen während der letzten Jahre gelitten hatte, durch die Erhöhung der Tribute beseitigt war, wurde auf seinen Antrag der Richtersold von 2 auf 3 Obolen vermehrt[3]). Die Massregel mochte immerhin durch die in Folge des Krieges eingetretene Preissteigerung gerechtfertigt sein; solange aber der Staat gezwungen war, jedes Jahr zur Erhebung direkter Vermögenssteuern seine Zuflucht zu nehmen, lief sie in letzter Instanz hinaus auf eine Belastung der besitzenden Minderheit zu Gunsten der besitzlosen Masse.

So kam das Frühjahr heran, und damit die Zeit der Strategenwahlen. Für die Kriegspartei handelte es sich jetzt darum, den Erfolg von Sphakteria auch nach dieser Richtung hin auszunutzen. Kleon selbst war natürlich unter den Bewerbern; und so grosse Anstrengungen auch die Gegenpartei machte, seine Wahl zu verhindern, es blieb alles vergebens. Selbst dass die Sonne am Tage der Wahl sich verfinsterte, machte keinen Eindruck auf die Menge. Den herrschenden Vorurtheilen trug Kleon übrigens in soweit Rechnung, dass er den Vorsitz im Strategen-Collegium für sich selbst nicht

---

1) Thuk. IV 51.

2) Arist. Ritter 326/7 wird Kleon's ἀναίδεια geschildert, ἥ οὐ πιστεύων ἀμέλγει τῶν ξένων τοὺς καρπίμους Πρῶτος ὤν, ὁ δ' Ἱπποδάμου λείβεται θεώμενος. Eine Stelle, die allerdings auch eine andere Interpretation zulässt.

3) Da in den Acharnern von dem Triobolon noch nicht die Rede ist, in den Rittern dagegen beständig darauf angespielt wird, muss diese Erhöhung in das Jahr 425/1 gesetzt werden. Vergl. Müller-Strübing Aristophanes 149 ff.

in Anspruch nahm. Er überliess diese Stellung, wie vor zwei
Jahren, an Hippokrates von Cholargos, dem auch die exclu-
sivsten Kreise die dazu erforderliche sociale Qualification nicht
absprechen konnten. Auch der zweite Sieger von Sphakteria,
Demosthenes, wurde wiedergewählt. Aber der Sieg war
keineswegs so vollständig wie vor zwei Jahren. Auch der
Friedenspartei gelang es eine Anzahl ihrer hervorragendsten
Führer in das Strategion zu bringen: Nikias, Autokles und
Nikostratos, die Sieger von Korinth und Kythera, und Thuky-
dides von Halimus, einen der reichsten Grossgrundbesitzer in
Thrakien und nahen Verwandten Kimon's.

Wenn jemals, durfte man jetzt in Athen den kommenden
Ereignissen mit hochgespannten Erwartungen entgegensehen.
Wieder wie zu Perikles' Zeiten leitete der Führer der Kriegs-
partei und zugleich der radicalen Demokratie vom Strategion
aus die Geschäfte; an Geldmitteln war kein Mangel; die Erfolge des letzten Jahres hatten das Selbstgefühl der attischen
Truppen in demselben Masse gehoben, wie die Energie des
Feindes gelähmt. Die Offensive sollte denn auch in grossem
Massstabe ins Werk gesetzt werden. Aber es fehlten die
Männer, die der Leitung einer solchen Aufgabe gewachsen
gewesen wären. Die Einnahme von Nisaea war der einzige
militärische Erfolg des Jahres. Der Versuch, Boeotien zu
erobern, führte zur Niederlage von Delion, und fast gleichzeitig fiel die Hauptstadt von Thrakien, Amphipolis, in
Brasidas' Hände.

Das waren die Resultate einer kaum fünfmonatlichen Regierung der Kriegspartei. Kleon persönlich traf dabei allerdings keine Schuld; auch diesmal hatte er in richtiger Erkenntniss der ihm mangelnden militärischen Erfahrung mit
der Leitung der Operationen sich nicht befasst. Aber eben
diese Zurückhaltung, die nach solchen Erfolgen unsere ge-
rechte Bewunderung erweckt, konnte ihm der grosse Haufe
zum Vorwurf machen[1]); und jedenfalls traf die politische
Verantwortung für jeden Misserfolg Kleon in erster Linie.
Es half sehr wenig, dass er die unglücklichen Strategen einen
nach dem andern vor Gericht stellen, und zu schweren Strafen
verurtheilen liess; zuerst Sophokles, Pythodoros und Eury-

---

1) Arist. Wesp. 970.

medon, weil sie in Sicilien eigenmächtig Frieden geschlossen hatten[1]), dann Thukydides, durch dessen Schuld Amphipolis verloren gegangen war[2]). Solche Prozesse konnten höchstens dazu dienen, das Vertrauen der Truppen in ihre Führung zu erschüttern; Kleon selbst hat darunter später zu leiden gehabt.

Hippokrates war bei Delion gefallen; wer im Vorsitz des Strategion an seine Stelle trat, erfahren wir nicht. Um so deutlicher aber erkennen wir, wie die öffentliche Meinung sich jetzt immer mehr von der Kriegspartei abwandte, die weder den rechten Augenblick zum Friedensschluss zu ergreifen, noch den Krieg mit Erfolg zu führen im Stande gewesen war. In wie helles Licht trat diesen Leuten gegenüber Nikias, er der nie eine Schlacht verloren hatte, dem alles was er unternahm zu glücken schien, und der trotzdem seit Jahren nicht müde wurde für den Frieden zu wirken. In immer breiteren Schichten musste die Ueberzeugung sich Bahn brechen, dass selbst im günstigsten Falle sehr wenig bei dem ganzen Kriege herauskam; dass Perikles Recht gehabt, wenn er die Erhaltung des vorigen Besitzstandes gleich am Anfang als höchstes zu erstrebendes Ziel hingestellt hatte. Dass der Kern der spartanischen Macht mit den Athen zu Gebote stehenden Mitteln unverwundbar war, hatte eine achtjährige Erfahrung Jedem der sehen wollte bewiesen.

So begannen aufs Neue zwischen den beiden kriegführenden Mächten die Unterhandlungen. Zum Frieden kam es freilich zunächst noch nicht; aber der Waffenstillstand auf ein Jahr, den die Lakedaemonier anboten, wurde auf Laches' Antrag[3]) im Frühling 423 angenommen. Der Abschluss des definitiven Friedens schien nur noch eine Frage der Zeit.

Dass es nicht dazu kam, war diesmal nicht Kleon's Schuld, sondern das Werk der spartanischen Kriegspartei. Brasidas, der die peloponnesischen Streitkräfte auf dem wichtigsten Theil des Kriegsschauplatzes commandirte, hielt es für passend, die Existenz des Waffenstillstandes einfach zu ignoriren, und

1) Thuk. IV 65.
2) Dass Kleon der Ankläger des Thukydides war, sagt Marcellinus Vit. Thuc. 26 bei Westermann S. 191. Mag die Angabe immerhin auf blosser Conjectur beruhen, sie hat sehr viel innere Wahrscheinlichkeit.
3) Thuk. IV 118.

so blieb denn freilich auch den Athenern nichts übrig, als in Thrakien den Krieg fortzusetzen. Doch blieb wenigstens im eigentlichen Hellas die Ruhe ungestört, nicht nur bis zum Ablauf des Waffenstillstandes, sondern auch während des ganzen folgenden Sommers.

Kleon dankte es also den Lakedaemoniern, wenn sich seine schwankende Stellung wieder befestigte. Bei den Strategenwahlen für 423/2 war er wie es scheint unterlegen; jetzt, im Sommer 422 trat er von Neuem in das Strategion ein. Und diesmal war er entschlossen, den vor zwei Jahren begangenen Fehler nicht zu wiederholen. Damals hatte die Unfähigkeit seiner Mitfeldherrn Hippokrates und Demosthenes seine Pläne in der Ausführung verdorben, und ihn selbst von der Höhe seines Einflusses herabgestürzt. Schlimmer hätten die Dinge nicht gehen können, wenn er persönlich sich an die Spitze des Heeres gestellt hätte. Und er war jetzt, nach einer zweijährigen Schule im Strategion, in der Truppenführung kein Neuling mehr; warum hätte er nicht versuchen sollen, ob ihm das Glück noch hold war, wie einst auf Sphakteria? Es war das letzte Mittel, das der Kriegspartei noch zum Siege verhelfen konnte. Freilich setzte Kleon damit seine ganze politische Zukunft auf einen einzigen Wurf; aber war es nicht sein sicheres Verderben, wenn er die Dinge weiter gehen liess wie bisher, und damit Nikias in die Hände arbeitete?

Vom Standpunkte seiner Partei und des eigenen Interesses konnte Kleon nicht anders handeln, als er gehandelt hat, er musste alles aufbieten, um Brasidas die Früchte seiner Siege zu entreissen. Etwas anderes ist es, ob die Expedition gegen Amphipolis in diesem Augenblicke den wahren Interessen Athens entsprach. Auch bei den glänzendsten Erfolgen liess sich dort kein anderes Resultat erwarten, als die Wiederherstellung der athenischen Herrschaft in Thrakien, wie sie vor zwei Jahren gewesen war; aber bei der erprobten Tüchtigkeit des feindlichen Feldherrn und der Erbitterung, die in der Chalkidike unter der Bevölkerung gegen Athen herrschte, war es Vermessenheit, auf die Erreichung dieses Resultats auch nur mit einiger Sicherheit rechnen zu wollen. Dagegen konnte es Niemandem zweifelhaft sein, dass Sparta in keiner Weise beabsichtigte, die thrakischen Besitzungen Athens dauernd mit seiner Bundesgenossenschaft

zu vereinigen; solange die attische Seeherrschaft unerschüttert
dastand, war eine Behauptung dieser Gebiete durch die Peloponnesier einfach unmöglich. Amphipolis war für Sparta
von Werth nur als Compensationsobject für die Rückgabe
von Pylos, Kythera und der Gefangenen von Sphakteria[1]);
seit den Verhandlungen über den Waffenstillstand musste
man das in Athen auch ganz genau wissen. Hat doch Sparta
selbst nach der Niederlage Kleon's bei Amphipolis in die
Herausgabe der Stadt gewilligt; wie viel mehr jetzt, ehe die
Entscheidung der Waffen gefallen war. Wozu also das Wagniss
eines Feldzuges, um zu erlangen, was sich jeden Tag durch
Unterhandlungen erreichen liess? Die Expedition nach Thrakien hatte nur in dem Falle einen Sinn, wenn man entschlossen war, den Krieg auf unbestimmte Zeit weiter zu
führen. Das war nun Kleon allerdings; und einen Grund
wenigstens konnte er geltend machen, der für den Augenblick
die Fortsetzung des Krieges empfahl. Im nächsten Jahre —
421 — ging nämlich der dreissigjährige Friede zwischen Sparta
und Argos zu Ende; und da es von vorn herein feststand,
dass Sparta die argeiischen Forderungen auf Herausgabe der
Kynuria zurückweisen würde, so hätte Athen dann an Argos
einen mächtigen Verbündeten gefunden. Kleon hatte zu diesem Zwecke schon vor einigen Jahren in Argos Beziehungen
angeknüpft[2]); jetzt kam die Zeit, wo die damals gestreute
Saat aufgehen sollte.

Kleon's Erfolge in Thrakien schienen zuerst die kühnsten
Hoffnungen seiner Freunde zu rechtfertigen. Torone, Ga-
lepsos wurden erstürmt, der Angriff auf Amphipolis selbst vorbereitet. Da kam der Rückschlag; die Schlacht bei Amphipolis lieferte den Beweis, dass es keineswegs Kleon's militärische Talente gewesen waren, denen Athen einst die Einnahme von Sphakteria zu verdanken gehabt hatte. Unter den
600 attischen Todten, welche die Wahlstatt deckten, war
auch der Feldherr selbst.

Die Niederlage bei Amphipolis war an sich kaum schwerer,
als diejenige, die Xenophon von Melite vor sieben Jahren

---

1) ὥστε τοῖς Λακεδαιμονίοις γίγνεσθαι ξυμβαίνειν τε βουλομένοις,
ὅπερ ἐποίησαν, ἀνταπόδοσιν καὶ ἀποδοχὴν χωρίων heisst es Thuk. IV 81
von den Erfolgen des Brasidas.

2) Arist. Ritter 465 ff. Gilbert Beiträge S. 189 f.

auf demselben thrakischen Kriegsschauplatze bei Spartolos
erlitten hatte; es ist der Tod Kleon's, der dem Tage seine
weltgeschichtliche Bedeutung giebt. Zum dritten Male seit
Anfang des Krieges stand die radicale Demokratie führerlos;
und sie besass jetzt keinen Mann, der die Lücke hätte aus-
füllen können. Noch schlimmer war es, dass auf Kleon's
Andenken die ganze Verantwortlichkeit für das verfehlte Unternehmen lastete. Die Kriegspolitik hatte Bankerott gemacht,
die Partei allen Credit bei der öffentlichen Meinung verloren[1]);
es konnte nicht fehlen, dass die Macht ihren Händen ent-
glitt, und Nikias und seine Freunde den massgebenden Einfluss im Staate wiedererlangten.

Cap. III.

Nikias und Alkibiades.

Nikias und Laches[2]) konnten jetzt ungehindert dem Ziele
zusteuern, dem sie vor zwei Jahren nach der Schlacht bei
Delion so nahe gewesen waren. Hatte doch der Gegner selbst
den Beweis geliefert, dass unter den augenblicklichen Umständen mit Waffengewalt in Thrakien nichts zu erreichen
war, und die Hoffnung auf Wiedererlangung von Amphipolis
einzig in der Verständigung mit Sparta beruhte. Glänzender
hätte sich Nikias' Politik gar nicht rechtfertigen lassen.

Auch in Sparta hatte die friedliche Strömung, die seit
dem Schlage von Sphakteria geherrscht hatte, noch immer
die Oberhand. Aber allerdings konnte man dort nach den
Siegen bei Delion und Amphipolis sehr wenig geneigt sein,
den Frieden durch weitgehende Concessionen zu erkaufen.
Herstellung des Besitzstandes vor dem Kriege war das Aeusserste, was die spartanische Regierung zu bewilligen dachte;
und da im Augenblick die peloponnesischen Waffen im ent-

---

1) Thuk. V 14 πρὸς δὲ τὴν εἰρήνην μᾶλλον τὴν γνώμην εἶχον, οἱ
μὲν Ἀθηναῖοι πληγέντες ἐπὶ τῷ Δηλίῳ καὶ δι' ὀλίγου αὖθις ἐν Ἀμφι-
πόλει, καὶ οὐκ ἔχοντες τὴν ἐλπίδα τῆς ῥώμης πιστὴν ἔτι, ἥπερ οὐ
προσεδέχοντο τὰς σπονδάς, ... μετεμέλοντό τε ὅτι μετὰ τὰ ἐν Πύλῳ
καλῶς παρασχὸν οὐ ξυνέβησαν.

2) Vergl. Thuk. V 43 ὅτι Λακεδαιμόνιοι διὰ Νικίου καὶ Λάχητος
ἐποίουν τὰς σπονδάς.

schiedenen Vortheil waren, so lag darin immerhin ein bedeutendes Zugeständniss. Denn ein Frieden auf dieser Basis bedeutete für Sparta den Verzicht auf das stolze Programm, mit dem es vor 10 Jahren in den Kampf getreten war, die Befreiung der Hellenen von der athenischen Herrschaft; ganz besonders auch den Verzicht auf Aegina. Ja noch mehr; Sparta verpflichtete sich damit, hellenische Städte an Athen auszuliefern, die im Vertrauen auf die geschworenen Eide den Abfall gewagt und dem peloponnesischen Bunde sich angeschlossen hatten.

So begannen denn die Verhandlungen. Den Verlauf kennen wir nicht; genug, die Monate vergingen und noch immer war kein Abschluss erreicht. Da erliessen die Ephoren den Befehl an die Bundesgenossen, ihre Contingente zu mobilisiren, und zugleich für die Belagerung Athens das nöthige vorzubereiten. Das wirkte. Nikias nahm die spartanischen Bedingungen an, Rath und Volk ertheilten die Ratification; Hellas hatte den Frieden.

Die besitzenden Klassen Athens hatten erreicht, was sie durch so lange Jahre erstrebt hatten. Und sie hatten allen Grund, mit dem Erreichten zufrieden zu sein. Das perikleische Programm war siegreich durchgeführt worden; Athen ging mit unverminderter Macht aus dem Kampfe hervor. Spartas Vernichtung, selbst wenn sie im Bereich der Möglichkeit gelegen hätte, konnte diese Partei im eigenen Interesse nicht wünschen; wohl aber liess sich voraussehen, dass nach den gemachten Erfahrungen Sparta nicht so bald den Versuch erneuen würde, seine Kräfte mit denen Athens zu messen. Und jedenfalls bot ein Frieden auf der Basis des früheren Besitzstandes die sicherste Bürgschaft einer langen Dauer, wenn nur Athen der Uebergriffe sich enthielt; die Geschichte der Folgezeit hat gezeigt, dass Nikias und seine Freunde hierin richtig gerechnet haben.

Dass andererseits die extreme Demokratie einen solchen Frieden sehr wenig nach ihrem Geschmacke finden konnte, bedarf keiner Bemerkung. Das also waren die Früchte der namenlosen Opfer, die Athen seit zehn Jahren gebracht hatte? Darum war die Bürgerschaft decimirt, das Land zur Wüste gemacht worden? Und welche Nothwendigkeit lag denn vor, gerade jetzt den Frieden zu schliessen, wo der Waffenstill-

stand zwischen Sparta und Argos in wenigen Monaten ablief,
und die Spannung in den beiden Demokratien Mantineia und
Elis gegen die peloponnesische Vormacht einen Grad erreicht
hatte, der eine Krisis innerhalb der spartanischen Eidgenos-
senschaft selbst mit Sicherheit voraussehen liess?

Die Art, wie der Frieden ausgeführt wurde, gab dieser
Opposition neue Nahrung. Bei weitem die wichtigste Bestimmung des Vertrages für Athen war die Zusicherung der
Rückgabe von Amphipolis; und gerade diese Bestimmung
erklärte sich Sparta ausser Stande zu erfüllen. Ob in der
That Unvermögen vorlag, oder böser Wille der spartanischen
Regierung, blieb in der Wirkung dasselbe. Immerhin war
es ein grosser Gewinn, dass die peloponnesischen Truppen
aus Thrakien zurückgezogen wurden, und Sparta so die
Chalkidier sich selbst überliess. Athen musste im Stande
sein, mit eigener Kraft seine abgefallenen Unterthanen zum
Gehorsam zurückzubringen; wenn aber nicht, wie hätte es
hoffen können, gegen die verbündeten Peloponnesier und
Chalkidier seine Herrschaft in Thrakien wiederherzustellen?

Nikias war gezwungen, zum bösen Spiel gute Miene zu
machen. Er hatte A gesagt und musste nun B sagen. Zwar
Kythera und Pylos wurden jetzt nicht geräumt, da ja Sparta
das vertragsmässige Aequivalent nicht geleistet hatte. Aber
etwas musste Athen doch thun, wenn nicht der eben geschlossene Frieden sogleich wieder in Frage gestellt werden
sollte. So wurden denn die Gefangenen von Sphakteria in
Freiheit gesetzt — ewig liessen sie sich ja doch nicht im
Gewahrsam halten — und gleichzeitig der Friedensvertrag zu
einem Defensivbündnisse erweitert. Es sind die Traditionen
der kimonischen Politik, auf die Nikias und Laches hier zu-
rückgreifen, und wer möchte nicht sympathisiren mit diesem
Streben, eine aufrichtige Versöhnung der beiden hellenischen
Vormächte anzubahnen? Nur dass auch jetzt die Verhältnisse
stärker waren als der Wille der Staatsmänner; und wie einst
Kimon mit dem Zuge nach Ithome der eigenen Partei das
Grab gegraben hat, so hat auch Nikias der extremen Demokratie in die Hände gearbeitet.

Denn die öffentliche Meinung kam immer mehr von der
optimistischen Auffassung der Lage zurück, die im Frühjahr
421 geherrscht hatte. Und naturgemäss erfolgte der Um-

schwung zuerst in Sparta. Ein Frieden, der Pylos und Kythera im Besitz der Athener liess, war schlimmer als offener
Krieg; ein solcher Zustand war auf die Dauer unerträglich,
und die Männer, die ihn herbeigeführt, nicht werth noch
länger an der Spitze des Staates zu stehen. Die letzten Verhandlungen hatten den Beweis geliefert, dass eine Verständigung über die streitigen Punkte auch beim besten Willen
von beiden Seiten nicht möglich war. So brachten die Epho-
renwahlen schon wenige Monate nach dem Friedenschluss
die Kriegspartei aufs Neue ans Ruder; und wenn man auch
noch sehr weit davon entfernt war, den beschworenen Frieden
zu brechen, so war doch an eine Beilegung der schwebenden
Differenzen jetzt weniger als jemals zu denken.

Gegenüber diesen Misserfolgen der von Nikias geleiteten
Regierung erhob auch in Athen die Opposition aufs Neue
das Haupt[1]). An ihrer Spitze stand seit Kleon's Tode Hyperbolos von Perithoedae[2]), wie sein Vorgänger in der Leitung
des Demos ein Mann aus den Kreisen der Gewerbtreibenden[3]).
Aber bereits in früher Jugend hatte er sich der politischen
Laufbahn zugewendet[4]) und als Sachwalter an Kleon's Seite
bedeutende Erfolge errungen[5]); zu wichtigen Staatsämtern
war er bisher noch nicht gelangt. Eifriger Anhänger der
Kriegspartei hat er vor Allem die Pläne zur Eroberung Siciliens betrieben[6]); und auch als Kleon bei Amphipolis ge-

---

1) Thuk. V 43 κατὰ τοιαύτην δὴ διαφορὰν ὄντων τῶν Λακεδαιμονίων πρὸς τοὺς Ἀθηναίους οἱ ἐν ταῖς Ἀθήναις αὖ βουλόμενοι λῦσαι
τὰς σπονδὰς αὖθις ἐνέκειντο. ἦσαν δὲ ἄλλοι τε καὶ Ἀλκιβιάδης ὁ
Κλεινίου κτλ.

2) Arist. Frieden 679 ff. Ἔτι νῦν ἄκουσον οἷον ἄρτι μ' ἤρετο· |
ὅστις κρατεῖ νῦν τοῦ λίθου τοῦ 'ν τῇ Πυκνί; | Ὑπέρβολος νῦν τοῦτ' ἔχει
τὸ χωρίον | ... ἀπορῶν ὁ δῆμος ἐπιτρόπου καὶ γυμνὸς ὢν | τοῦτον
τέως τὸν ἄνδρα περιεζώσατο. Frösche 570 theilt er sich mit Kleon in
die Würde eines προστάτης τοῦ δήμου in der Unterwelt. — Περιθοί-
δης Plut. Alk. 13. Nik. 11.

3) Andokides fr. 5 Blass (bei Schol. Arist. Wesp. 1007) περὶ Ὑπερβόλου λέγειν αἰσχύνομαι, οὗ ὁ μὲν πατὴρ ἐστιγμένος ἔτι καὶ νῦν ἐν
τῷ ἀργυροκοπείῳ δουλεύει τῷ δημοσίῳ, αὐτὸς δὲ ξένος ὢν καὶ βάρ-
βαρος λυχνοποιεῖ. Natürlich cum grano salis zu verstehen. S. Müller-
Strübing Aristophanes S. 559 A. Vergl. auch Schol. Wolken 1065.

4) Kratinos fr. 262 Kock.

5) Arist. Acharn. 846, Ritter 1358, Wolk. 874. 1065.

6) Arist. Ritter 1302.

fallen war, hat er auf dem verlorenen Posten ausgeharrt, und
freilich vergebens, Nikias' Friedenspolitik entgegengearbeitet[1]).
Für seine politische Bedeutung sprechen am lautesten die
Angriffe der Komödie; keiner der Demagogen dieser Zeit,
selbst Kleon nicht, ist so unablässig, mit solcher Bitterkeit
verspottet worden.   Und als Antiphon und seine Freunde im
Jahre 411 die Staatsumwälzung im oligarchischen Sinne vor-
bereiteten, haben sie zuerst Hyperbolos aus dem Wege ge-
schafft. So gross war selbst damals noch, in der Verbannung,
der Einfluss des Mannes.

Neben Hyperbolos finden wir einen Mann ganz anderer
Art, aber mit ihm durch die gleichen politischen Ziele verbunden, Alkibiades von Skambonidae.   An Reichthum und
vornehmer Geburt kamen Wenige in Athen ihm gleich; aber
die Traditionen seiner Familie[2]) und die Erziehung im Hause
seines Vormundes Perikles wiesen ihn auf die Seite der entschiedenen Demokratie und damit der Kriegspartei. Als Sachwalter hatte er seine politische Laufbahn begonnen[3]); als auf
Kleon's Betrieb im Jahr 425/4 die Tribute der Bundesgenossen
erhöht wurden, hatte er in der Einschätzungscommission gesessen[4]); der Bewerbung um höhere Staatsämter hatte sich
bisher seine Jugend entgegengestellt[5]). Durch sein Verhältniss
zu Kleon, zu seinem Vetter Hippokrates und den übrigen
Führern der Kriegspartei musste er zu Nikias und Laches in
Gegensatz kommen, und damit zu der grossen Mehrzahl seiner
aristokratischen Standesgenossen; freilich ein Gegensatz durchaus politischer Natur, der intime gesellschaftliche Beziehungen
nicht ausschloss.   Auch konnten die Anschauungen dieser
Kreise, in denen Alkibiades vor Allem verkehrte, jener Gesellschaft, deren Löwe er war, nicht ohne tiefe Rück-
wirkung auf seine eigene politische Denkart bleiben, um so
mehr, je schroffer er sich abgestossen fühlen musste von der
ganzen Art Kleon's und seiner übrigen ultrademokratischen

---

1) Arist. Frieden 918.
2) Thuk. VI 89.
3) Arist. Acharn. 716.
4) Wenn nämlich das Zeugniss der pseudo-andokideischen Rede
gegen Alkibiades (§ 11) Glauben verdient.
5) Thuk. V 43 nennt ihn noch 420 ἀνὴρ ἡλικίᾳ μὲν ἔτι τότε νέος
ὢν ὡς ἐν ἄλλῃ πόλει.

Freunde[1]). Je entschiedener Kleon die Führung der Kriegspartei
an sich riss, desto mehr zog Alkibiades sich von ihm zurück;
nach der Einnahme von Sphakteria nahm er sich in demonstrativer Weise der lakedaemonischen Gefangenen an, und wirkte,
so viel an ihm war, für die Versöhnung zwischen Athen und
Sparta. Indess er musste bald inne werden, dass auf diesem
Gebiete mit Nikias und Laches nicht zu rivalisiren war. Auch
konnte ein fauler Frieden, wie Nikias ihn soeben abgeschlossen hatte, unmöglich nach seinem Sinne sein; und die Art,
wie die Lakedaemonier den Vertrag ausführten, oder vielmehr
nicht ausführten, gab ihm den besten Vorwand, seine politische Schwenkung zu rechtfertigen[2]).

So nahm denn Alkibiades nach Kleon's Tode seine alten
Beziehungen zur radicalen Demokratie wieder auf; und bei
der verzweifelten Lage, in der diese Partei sich damals
befand, war es selbstverständlich, dass er mit offenen Armen
aufgenommen wurde. Er hatte jetzt eben das dreissigste Jahr
überschritten, und stand so in dem Alter, wo ihm die Bewerbung um die höchsten Staatsämter gesetzlich gestattet war.
Sein Ziel war die Strategie; und wie er selbst zur Erreichung
desselben die Stimmen der extremen Demokratie nöthig hatte,
so war bei dem Mangel an militärischen Talenten in deren
Reihen auch für diese der Uebertritt des Alkibiades ein un-
schätzbarer Gewinn.

Noch immer war Nikias unbestritten der Leiter des Staates,
und die Majorität der Bürgerschaft stand hinter ihm. Dass
er von dieser Stellung heruntergestürzt wurde, verdankte er
seinen Freunden, den Lakedaemoniern. Denn die Regierung,
die jetzt in Sparta am Ruder war, hielt mit der Räumung
von Amphipolis und der Rückgabe von Panakton das Mass
ihrer Concessionen erschöpft; sie glaubte, und vielleicht nicht
mit Unrecht, dass es jetzt an den Athenern sei, durch Heraus-

1) Hat er wirklich den Ausspruch über Theoros gethan, den Aristophanes Wespen 44 f. ihm in den Mund legt? S. oben S. 36.

2) Thuk. V 43 Ἀλκιβιάδης ... φρονήματι φιλονεικῶν ἠναντιοῦτο,
ὅτι Λακεδαιμόνιοι διὰ Νικίου καὶ Λάχητος ἔπραξαν τὰς σπονδάς, ἑαυτὸν κατά τε τὴν νεότητα ὑπεριδόντες καὶ κατὰ τὴν παλαιὰν προξενίαν ποτὲ οὖσαν οὐ τιμήσαντες, ἣν τοῦ πάππου ἀπειπόντος αὐτὸς
τοὺς ἐκ τῆς νήσου αὐτῶν αἰχμαλώτους θεραπεύων διενοεῖτο ἀνα-
νεώσασθαι.

gabe von Pylos auch ihrerseits zur Erfüllung der beschworenen Bedingungen beizutragen. Da nun aber die
Athener diese Uebergabe von der Annahme weiterer, für
Sparta unter den jetzigen Umständen zum Theil ganz uner-
füllbarer Forderungen abhängig machten, so zerschlugen sich
natürlich die Verhandlungen; es war vergebens, dass Nikias
persönlich nach Sparta ging um das gestörte Einvernehmen
wiederherzustellen. Das völlige Scheitern der im vorigen Jahre
inaugurirten Friedenspolitik lag jetzt klar vor aller Augen
zu Tage.

Die Folge war, dass an den nächsten Archaeresien —
für 420/19 — Nikias unterlag, und an seiner Stelle Alkibiades
in das Strategion eintrat[1]). Die Politik Athens war damit
in neue Bahnen gelenkt, Kleon's Traditionen wurden wieder
aufgenommen. Mit Argos, Mantineia und Elis wurde ein
Defensivbündniss geschlossen, ein attisches Truppencorps ging
in den Peloponnes; endlich, nachdem Alkibiades auch für das
nächste Jahr (419/8) zum Strategen gewählt war, erfolgte auf
dessen Antrag die Erklärung, dass die Lakedaemonier den
Frieden gebrochen hätten[2]).

Es war klar, dass dieser Beschluss einer Kriegserklärung
an Sparta gleichkam, und kein Zweifel, dass Alkibiades und
Hyperbolos die Consequenzen daraus zu ziehen bereit waren.
Mit dem Frühjahr 418 mussten aller Voraussicht nach die
Feindseligkeiten beginnen. Wohl konnte Athen jetzt einem
Conflikt ruhiger entgegensehen als vor 13 Jahren, wo es in
Griechenland isolirt stand. Aber auch jetzt hing doch schliesslich alles davon ab, ob die Verbündeten im Stande sein würden, im offenen Felde der Macht der Lakedaemonier und
Boeoter zu widerstehen; und nach den bisherigen Erfahrungen
was es Vermessenheit, auf einen solchen Sieg rechnen zu
wollen. Erfolgte aber eine Niederlage, oder, was auf dasselbe herauskam, wagten die Verbündeten überhaupt keine

---

1) Plut. Nik. 10 Alk. 15. Eupolis (Demen) fr. 100 Kock καὶ μηκέτ',
ὦναξ Μιλτιάδη καὶ Περίκλεες, | ἐάσατ' ἄρχειν μειράκια βινούμενα, |
ἐν τοῖν σφυροῖν ἕλκοντα τὴν στρατηγίαν.

2) Thuk. V 56 Ἀθηναῖοι δὲ Ἀλκιβιάδου πείσαντος τῇ μὲν Λακωνικῇ
στήλῃ ὑπέγραψαν ὅτι οὐκ ἐνέμειναν οἱ Λακεδαιμόνιοι τοῖς ὅρκοις, ἐς
δὲ Πύλον ἐκόμισαν τοὺς ἐκ Κρανίων εἵλωτας λῄζεσθαι, τὰ δ' ἄλλα
ἡσύχαζον.

Schlacht, dann lag Attika von Neuem den feindlichen Verheerungen offen.

Gegenüber einer solchen Aussicht rafften sich die besitzenden Klassen zu energischster Anstrengung auf. Noch gab es einen Weg, Alkibiades Kriegspolitik zu durchkreuzen. Es galt bei den bevorstehenden Wahlen die Gewalt wieder in die Hände des Nikias und seiner Freunde zu bringen; die Männer, denen es gelungen war den zehnjährigen Krieg beizulegen, mussten auch im Stande sein, die weit weniger schwere Aufgabe der Erhaltung des geschlossenen Friedens zu lösen. Und es zeigte sich, dass auch jetzt noch die Majorität der Bürgerschaft von einer Politik der Abenteuer nichts wissen wollte. Alkibiades unterlag bei der Strategenwahl; dafür gingen die hervorragendsten Führer der Friedenspartei, Nikias und Laches, Autokles und Nikostratos aus der Abstimmung als Sieger hervor.

Allerdings trat die neue Regierung erst um Mittsommer ins Amt; aber gegenüber dem so deutlich ausgesprochenen Volkswillen, und unter dem Eindruck der eben erlittenen Niederlage konnte Alkibiades nicht daran denken, in den letzten Monaten seiner Strategie eine Kriegspolitik zu inauguriren, um so weniger, als auch die Lakedaemonier sich wohl hüteten, den Athenern den leisesten Vorwand zu einer Intervention im Peloponnese zu geben.

Sowie aber um Mittsommer 418 Nikias und Laches die Regierung übernommen hatten, trat Sparta aus seiner Zurückhaltung heraus[1]). An der Spitze des gesammten Bundesheeres rückte König Agis in das Gebiet von Argos ein. Er hatte richtig gerechnet; während Mantineia und Elis keinen Augenblick zögerten, den Argeiern das vertragsmässige Contingent zu Hülfe zu senden, blieb jede Unterstützung von Athen aus. Unter den günstigsten Umständen hätte Agis die Entscheidungsschlacht annehmen können; aber er scheute den ungewissen Ausgang des Kampfes, und begnügte sich, einen viermonatlichen Waffenstillstand mit dem Feind abzuschliessen.

1· Thuk. V 57 τοῦ δ᾽ ἐπιγιγνομένου θέρους μεσοῦντος. Es ist Müller-Strübings Verdienst, auf die Wichtigkeit dieser Zeitangabe zuerst hingewiesen zu haben, wenn auch die Beziehung auf die angebliche Schatzmeisterwahl in Athen bei dem heutigen Stande unserer Kenntniss nicht festgehalten werden kann.

Und jetzt endlich, nachdem das spartanische Heer bereits die Argeia geräumt hatte, kamen 1000 attische Hopliten und 300 Reiter unter den Strategen Laches und Nikostratos. Es schien, als ob die Namen der Feldherrn selbst Bürgschaft geben sollten, dass Athen nichts Feindliches gegen Sparta zu unternehmen beabsichtigte.

Alkibiades hatte es durchgesetzt, als Gesandter das Heer zu begleiten[1]. Dass gerade er zu diesem Amte bestimmt wurde, ungeachtet seiner oppositionellen Stellung gegenüber der Regierung, hat nichts Auffallendes; waren doch alle Verhandlungen mit Argos bisher durch Alkibiades geführt worden, und je weniger loyal Athen den Bestimmungen des Bundesvertrages in letzter Zeit nachgekommen war, um so mehr Grund lag vor, eine *persona grata* nach Argos zu schicken. Aber Alkibiades überschritt den ihm gewordenen Auftrag. In Argos trieb er Politik auf eigene Hand; sein Einfluss bewirkte, dass die Verbündeten eine energische Offensive unternahmen, von der sich Laches und Nikostratos ehrenhalber nicht ausschliessen konnten, um so weniger, als ein Angriff auf unmittelbar spartanisches Gebiet nicht im Plane lag. Aber die Schlacht bei Mantineia, mit unzureichenden Kräften gegen das tüchtigste Heer in Griechenland unternommen, machte allen diesen Entwürfen ein schnelles Ende, und stellte das Uebergewicht Sparta's im Peloponnes wieder her. Unter den Todten waren auch die beiden Strategen Laches und Nikostratos. Ein tragisches Geschick hat es gewollt, dass beide für eine fremde Sache ihr Leben hingeben mussten, im Kampfe gegen jene selben Spartaner, die mit Athen zu versöhnen das beständige Streben ihrer Politik gewesen war.

Die Niederlage bei Mantineia und ihre Folgen: Der Verlust jeden Einflusses im Peloponnes, die Verfassungsumwälzung in Argos und der Bund dieses Staates mit Sparta konnten nicht ohne tiefe Einwirkung auf die inneren Zustände Athens bleiben. Die Sachen lagen so, dass jede der beiden Parteien der anderen die Verantwortung für das Geschehene zuschieben konnte. Die Regierung traf der Vorwurf, die Expedition in den Peloponnes mit ganz ungenügenden Kräften unternommen zu haben; und Nikias hingegen konnte erwidern, dass es gar

---

1) Thuk. V 61 Ἀλκιβιάδου πρεσβευτοῦ παρόντος.

nicht in seiner Absicht gelegen habe, eine Entscheidungsschlacht
herbeizuführen, und dass Alkibiades ganz unnöthiger Weise
die Offensive nach Arkadien ins Werk gesetzt. Formell war
diese Vertheidigung unanfechtbar; aber es blieb eben trotzdem wahr, dass Nikias in ganz unverantwortlicher Weise eine
vielleicht nie wiederkehrende Gelegenheit zur Demüthigung
Sparta's unbenutzt hatte vorübergehen lassen. So konnte denn
Nikias' Ansehn durch die Schlacht bei Mantineia unmöglich gewinnen [1]; und damit eröffnete sich für die Opposition die Aussicht, bei den nächsten Strategenwahlen das im Frühjahr verlorene
Terrain zurückzuerobern. Aber Hyperbolos hielt den Augenblick für gekommen, noch mehr zu erreichen. Die Ereignisse
der letzten Jahre hatten gezeigt, wie verderblich es war, dass
beide Parteien in so annähernd gleicher Stärke sich gegen-
überstanden; jede energische, consequente Politik war damit
von vorn herein unmöglich gemacht. Hyperbolos war entschlossen, diesen ungesunden Zustand zu beseitigen, eine end-
gültige Entscheidung darüber herbeizuführen, welcher Partei
in der nächsten Zeit die Leitung des Staates gebühren solle.

Die kleisthenische Verfassung gab dazu ein Mittel an die
Hand, den Ostrakismos. Freilich, es war eine Institution, die
mit dem geltenden Rechtsbewusstsein in argem Widerspruche
stand, darum immer seltener Anwendung gefunden hatte, und
endlich seit jetzt einem Menschenalter ganz ausser Gebrauch
gekommen war [2]; aber in gesetzlicher Geltung stand das
Verfahren noch immer. So stellte denn Hyperbolos in der
sechsten Prytanie (Januar/Februar 417) [3] an das Volk die
Vorfrage, ob in diesem Jahre ein Ostrakismos stattfinden solle;
und sein Einfluss war gross genug es durchzusetzen, dass die
Frage bejaht wurde. Noch vor den Strategenwahlen musste
es sich also entscheiden, wer von den Parteiführern auf
10 Jahre die Heimath zu meiden habe.

Hyperbolos persönlich wagte dabei dem Anschein nach
wenig. So sehr er auch den besitzenden Klassen verhasst

---

1) Vergl. Thuk. VI 16, wo Alkibiades sich gegen Nikias des Tages
von Mantineia rühmt.

2) Dass der Musiker Damon, Perikles' Freund, durch den Ostrakismos verbannt worden ist, dafür ist Plut. Per. 4, Nik. 6 kein genügendes Zeugniss.

3) S. unten Excurs IV Der Ostrakismos des Hyperbolos.

war, so grossen Einfluss er bei dem Demos besass, eine wirk-
liche Gefahr für den Frieden bildete nicht er, sondern Alkibiades; und wenn der Ostrakismos ursprünglich die Bestimmung gehabt hatte, dem Aufkommen der Tyrannis vorzubeugen,
so war es wieder Alkibiades, und er allein, dem die öffentliche Meinung solche Absichten zuschrieb. Es war also klar,
dass die Partei des Nikias ihre Stimmen gegen Alkibiades
vereinigen würde, wie die extreme Demokratie gegen Nikias.
Mochte nun der Ausgang sein, welcher er wollte, Hyperbolos
befreite sich entweder von einem offenen Gegner, oder einem
gefährlichen Freunde; in beiden Fällen musste er selbst an
Einfluss gewinnen.

Alkibiades aber war keineswegs gewillt, für Hyperbolos
die Kastanien aus dem Feuer zu holen. Lag doch die Möglichkeit, dass der Ausgang des Scherbengerichtes ihn selbst
treffen würde, bei der friedlichen Stimmung so weiter Kreise
der Bürgerschaft nahe genug; und eine zehnjährige Verbannung bedeutete für Alkibiades soviel als den Verzicht auf den
besten Theil seiner politischen Zukunft. Und lag denn ein
Grund vor, Hyperbolos zu Liebe diese Gefahr zu bestehen?
Nur das Bedürfniss des Augenblicks hatte beide zusammen-
geführt; wahre Interessengemeinschaft hatte es niemals
zwischen ihnen gegeben. So nahm Alkibiades keinen Anstand sein Bündniss mit der extremen Demokratie zu
lösen; wie er vor vier Jahren aus einem lakonisirenden
Friedensfreunde plötzlich ein Anhänger der Kriegspartei geworden war, so ging er jetzt hinüber in das Lager des Nikias.
Beide verbanden sich gegen Hyperbolos [1]), und damit war der
Ausgang des Ostrakismos entschieden. Die extreme Demokratie unterlag, ihr Führer ging in die Verbannung nach
Samos [2]). Athen hat er niemals wiedergesehen.

Nikias und Alkibiades waren jetzt die Herren der Lage.
Beide wurden unmittelbar nach dem Ostrakismos zu Strategen
gewählt, und sind auch für das nächste Jahr (416/5) im Amte
bestätigt worden. Aber wer am meisten gewonnen hatte,

---

1) Es kann sein, dass die Versöhnung durch Phaeax vermittelt
wurde, und sich so die Angabe bei Plut. Alk. 13 erklärt, wie Vol-
quardtsen will (in Bursian's Jahresberichte 1879. III S. 67). Allzu viel
Werth möchte ich nicht auf diese Combination legen.

2) Thuk. VIII 73, Plut. Alk. 13, Arist. 7, Nik. 11.

war doch Nikias. Alkibiades hatte sein Bündniss antragen
müssen, er war zwar nicht mit leeren Händen gekommen,
aber er hatte doch nur seinen persönlichen, wenn auch sehr
ausgedehnten Anhang hinter sich. Wer die Entscheidung in
dem Kampfe gegen Hyperbolos gegeben hatte, waren die breiten
Schichten der Besitzenden, die in Nikias ihren Führer sahen.
Die Kriegspartei aber war durch Alkibiades Abfall von der
Sache der extremen Demokratie für den Augenblick aufgelöst. So war es natürlich, dass Nikias zunächst der Politik
des Staates ihre Richtung gab. Von Feindseligkeiten gegen
Sparta konnte jetzt keine Rede mehr sein, wenn es auch nicht
gelingen wollte, ein herzliches Einvernehmen zwischen den
beiden Grossmächten anzubahnen; dass beide Theile am dritten
Ort sich nach Möglichkeit Abbruch thaten, war nach grie-
chischem Völkerrechte kein Friedensbruch. Nikias bekam so
freie Hand zu einem Unternehmen gegen Amphipolis, dessen
Unterwerfung gegenwärtig das A und O seiner Politik bildete[1]);
hatte er doch das höchste Interesse daran, dass die bei weitem
wichtigste Bestimmung des von ihm vermittelten Friedens
aufhörte ein todter Buchstabe zu sein. Aber die Scheu, der
Bürgerschaft ernstliche Anstrengungen für diesen Zweck zuzu-
muthen, und die feindliche Haltung des makedonischen Königs
Perdikkas machten die ganze Unternehmung von vorn herein
aussichtslos; und schliesslich blieb nichts übrig als einen
Waffenstillstand mit den Chalkidiern abzuschliessen, in dem
Athen den gegenwärtigen Besitzstand in Thrakien zunächst
anerkannte.

Dagegen gelang jetzt die Eroberung von Melos, die Nikias
schon vor 10 Jahren vergeblich versucht hatte, der einzigen
Insel im aegaeischen Meere, die bisher Athens Herrschaft nicht
anerkannte. Den Beschluss, die waffenfähigen Bürger der
eroberten Stadt zu tödten und den Rest der Bevölkerung in
die Sklaverei zu verkaufen, soll Alkibiades veranlasst haben[2]);

---

1) Vergl. die Worte, die Thuk. VI 10 Nikias in den Mund legt:
ὥστε χρὴ σκοπεῖν τινα αὐτὰ καὶ μὴ μετεώρῳ τῇ πόλει ἀξιοῦν κινδυνεύειν καὶ ἀρχῆς ἄλλης ὀρέγεσθαι, πρὶν ἢν ἔχομεν βεβαιωσώμεθα, εἰ
Χαλκιδῆς γε οἱ ἐπὶ Θρᾴκης ἔτη τοσαῦτα ἀφεστῶτες ἀφ' ἡμῶν, ἔτι
ἀχείρωτοί εἰσι.

2) Wenn nämlich die Angabe der pseudo-andokideischen Rede gegen
Alkibiades 22 (daraus Plut. Alk. 16) Glauben verdient.

jedenfalls hat weder er noch Nikias diese Barbarei verhindern
wollen oder zu verhindern vermocht. Und die Melier waren
nicht etwa abgefallene Bundesgenossen. Soweit hatte es die
Pöbelherrschaft bereits gebracht.

Auf die Dauer aber konnte das unnatürliche Bündniss
zwischen Nikias und Alkibiades unmöglich Bestand haben.
Alkibiades war nicht der Mann dazu, sich mit der zweiten
Stelle im Staate zu begnügen, und in den laufenden Ver-
waltungsgeschäften des Strategion Befriedigung zu finden.
Es bedurfte nur eines Anlasses, den Gegensatz[1]) zwischen
den beiden leitenden Staatsmännern zum Ausbruch kommen
zu lassen. Der Anlass sollte nicht fehlen.

Athen hatte in den letzten Jahren unter Nikias' Einflusse
die sicilischen Angelegenheiten in mehr als entschuldbarer Weise
vernachlässigt. Man hatte es hingenommen, dass Syrakus 423
die attische Bundesstadt Leontinoi sich einverleibte, ohne zu
etwas anderem, als der Absendung einer Gesandtschaft sich
aufzuraffen. Jetzt war Selinus dabei, einer anderen attischen
Bundesstadt, Segesta, dasselbe Schicksal zu bereiten; wenn
Athen auch diesmal unthätig zusah, so hiess das nichts anderes,
als für immer auf jeden politischen Einfluss im Westen verzichten.

Nikias hätte nichts Besseres gewollt[2]); aber diesmal wurde
er von einem grossen Theile seiner eigenen Partei im Stiche
gelassen[3]). Athen hatte viel zu wichtige Handelsinteressen
im Westen, als dass es so leicht ein Aufgeben seiner
dortigen Machtstellung hätte ertragen können. Und die extreme Demokratie hatte schon unter Kleon und Hyperbolos

---

1) Thuk. VI 15 Ἀλκιβιάδης ὁ Κλεινίου, βουλόμενος τῷ τε Νικίᾳ
ἐναντιοῦσθαι, ὧν καὶ ἐς τὰ ἄλλα διάφορος τὰ πολιτικά.

2) Thuk. VI 13 ψηφίζεσθαι τοὺς μὲν Σικελιώτας οἷσπερ νῦν ὅροις
χρωμένους πρὸς ἡμᾶς, οὐ μεμπτοῖς, τῷ τε Ἰωνίῳ κόλπῳ, παρὰ γῆν ἤν
τις πλέῃ, καὶ τῷ Σικελικῷ, διὰ πελάγους, τὰ αὐτῶν νεμομένους καθ᾽
αὑτοὺς καὶ ξυμφέρεσθαι. Dabei ist vergessen, oder absichtlich ignorirt,
dass Athen diese Grenzen seit lange überschritten hatte.

3) Plut. Nik. 12 ὁ Νικίας ἐναντιούμενος οὔτε πολλοὺς οὔτε δυνα-
τοὺς εἶχε συναγωνιστάς· οἱ γὰρ εὔποροι δεδιότες, μὴ δοκῶσι τὰς λει-
τουργίας καὶ τριηραρχίας ἀποδιδράσκειν, παρὰ γνώμην ἡσύχαζον. Sonst
haben die besitzenden Klassen in Athen niemals so zarte Rücksichten
genommen; der Grund muss also doch wohl ein anderer gewesen sein.
Vergl. Thuk. VI 24. 31.

die Unterwerfung Siciliens in ihr Programm aufgenommen; sie konnte jetzt ihrer Vergangenheit nicht ins Gesicht schlagen[1]). So hatte Alkibiades leichtes Spiel, als er mit dem ganzen Gewicht seines Einflusses für das Unternehmen eintrat. Nikias' Opposition blieb ohne Erfolg; der Beschluss, Segesta Hülfe zu leisten und Leontinoi wieder herzustellen, wurde mit überwältigender Majorität angenommen[2]); Nikias und Alkibiades die Leitung der Expedition übertragen.

Alkibiades schien am Ziel. Was er solange ersehnt hatte, einen grossen Wirkungskreis zur Entfaltung seiner Talente, er hatte es nun erreicht. Im Innern war Nikias' Uebergewicht durch die letzten Niederlagen gebrochen, die Leitung des Staates auf Alkibiades übergegangen. Und welche Perspektive eröffnete sich, wenn er erst als Sieger aus Sicilien heimgekehrt war!

Da geschah der Hermenfrevel. Wer die That gethan hat, und zu welchem Zwecke, das hat weder die sofort eingeleitete Untersuchung ergeben, noch ist es jemals später ans Licht gekommen[3]); denn die Enthüllungen des Andokides und Anderer sind im besten Falle von sehr zweifelhafter Glaubwürdigkeit. Vermuthungen aufzustellen ist müssig, auch liegt historisch sehr wenig daran. Nicht das Ereigniss an sich, sondern die Art, wie es zu politischen Zwecken ausgebeutet worden ist, giebt ihm seine Bedeutung.

Die Opposition zögerte nicht, von der Aufregung, die sich der Bürgerschaft bemächtigt hatte, ihren Vortheil zu ziehen. Vielleicht war es möglich unter Benutzung der blinden Tyrannenfurcht der Menge einen Schlag gegen die Regierung

---

1) Thuk. IV 65 bestrafen die Athener — d. h. Kleon — die Feldherrn der Flotte in Sicilien ὡς ἐξὸν αὐτοῖς τὰ ἐν Σικελίᾳ καταστρέψασθαι δώροις πεισθέντες ἀποχωρήσειαν. S. Arist. Ritter 1302. — Thuk. VI 24 ὁ δὲ πολὺς ὅμιλος καὶ στρατιώτης ἔν τε τῷ παρόντι ἀργύριον οἴσειν καὶ προσκτήσασθαι δύναμιν ὅθεν αἴδιον μισθοφορὰν ὑπάρξειν. Wie Müller-Strübing Ἀθην. πολιτ. S. 76 dem gegenüber behaupten kann, die Opposition gegen den Zug sei von der äussersten Demokratie unter Führung des Androkles ausgegangen, verstehe ich nicht; Zeugnisse hat Müller-Strübing für seine Ansicht nicht beigebracht und kann sie nicht beibringen.

2) Thuk. VI 24 καὶ ἔρως ἐνέπεσε τοῖς πᾶσιν ὁμοίως ἐκπλεῦσαι.

3) Thuk. VI 60 τὸ δὲ σαφὲς οὐδεὶς οὔτε τότε οὔτε ὕστερον ἔχει εἰπεῖν περὶ τῶν δρασάντων τὸ ἔργον.

zu führen, und das vor zwei Jahren bei Hyperbolos' Ostrakismos verlorene Terrain zurückzuerobern. Wie so oft in
solchen Fällen verbanden sich auch jetzt die beiden extremen
Parteien zur Erreichung des gemeinsamen Zieles: halbe Oligarchen, wie Kimon's Sohn Thessalos, die es Nikias nicht verzeihen konnten, dass er mit Alkibiades paktirt, und das
sicilische Unternehmen schliesslich, wenn auch widerstrebend,
gebilligt hatte; und die Führer der extremen Demokratie,
allen voran Androkles von Pithos und Peisandros von
Acharnae[1]).

Die Coalition errang den vollständigsten Erfolg. Peisan-
dros trat mit ausserordentlichen Vollmachten an die Spitze der
Untersuchungscommission, und erhielt damit fast discretionäre
Gewalt über Leben und Freiheit eines Jeden. Zwar gegen
Nikias vorzugehen wagte man nicht; der gottesfürchtigste Mann
in Athen war gerade bei einem Religionsprozess unverwundbar; aber sein Bruder Eukrates, vielleicht auch sein zweiter
Bruder Diognetos[2]) wurden ins Gefängniss geworfen, und mit
ihnen eine grosse Reihe anderer Bürger aus den ersten Kreisen
Athens[3]). Indess der Hauptschlag war Alkibiades zugedacht.
Allerdings gelang es nicht, für seine Betheiligung am Hermenfrevel auch nur den Schein eines Beweises beizubringen; aber
dagegen war Rath. Peisandros dehnte einfach die Untersuchung
auch auf Religionsfrevel anderer Art aus, und bei Alkibiades
notorischer Frivolität war es denn auch nicht schwer, Denun-
ciationen gegen ihn zu erlangen, die ihn der Verhöhnung
der eleusinischen Mysterien beschuldigten. Aber ein Prozess
in diesem Augenblick, wo die Flotte segelfertig vor Anker
lag, hätte voraussichtlich zu nichts anderem geführt, als zur
glänzenden Freisprechung des Angeklagten; und so wurde
denn, trotz Alkibiades' Widerspruch, das gerichtliche Verfahren

---

1) Ueber Androkles' politische Gesinnung kann kein Zweifel sein
(vergl. Thuk. VIII 65). Peisandros hat später die Farbe gewechselt
dass er aber jetzt noch der radicalen Demokratie angehörte, beweisen
die beständigen Angriffe der Komödie.

2) Andok. v. d. Myst. 47. 15.

3) Thuk. VI 53 διὰ πονηρῶν ἀνθρώπων πίστιν πάνυ χρηστοὺς
τῶν πολιτῶν ξυλλαμβάνοντες κατέδουν. VI 61 πολλοί τε καὶ ἀξιόλογοι
ἄνθρωποι ἤδη ἐν τῷ δεσμωτηρίῳ ἦσαν. Näheres in Andokides' My-
sterienrede.

für jetzt niedergeschlagen, um nach der Rückkehr der Expedition wieder aufgenommen zu werden.

Sobald die Flotte abgesegelt war, hatten Alkibiades' Gegner freies Spiel. Thessalos brachte jetzt eine förmliche Anklage gegen ihn ein[1]), die Androkles mit Aufgebot all seines Einflusses unterstützte[2]). Jetzt zeigte es sich, dass Alkibiades durch seine Haltung vor zwei Jahren es mit beiden Parteien verdorben hatte. Die extremen Demokraten hassten ihn mit der ganzen Gluth der Seele, und die Anhänger des Nikias hatten gleichfalls keinen Grund, sich besonders für ihn zu erwärmen. Alkibiades hatte über den Parteien stehen, hatte beide beherrschen wollen; er musste jetzt die Erfahrung machen, dass er Niemand mehr hatte, auf dessen Unterstützung er rechnen konnte. So drang Androkles mit seinem Antrage durch; Alkibiades wurde vom Oberbefehl suspendirt, und zur gerichtlichen Verantwortung nach Athen geladen.

Alkibiades sah sich so, eher als er es gewollt, vor die Alternative gestellt, der er früher oder später doch einmal hätte begegnen müssen, entweder herabzusteigen von der leitenden Stellung im Staate, die er in den letzten Jahren bekleidet hatte, oder herauszutreten aus den gesetzlichen Schranken, und die Revolution zu beginnen. Wer möchte sagen, welche Motive ihn bestimmten, dem erhaltenen Befehle nachzukommen, ob er sich des Heeres nicht hinreichend sicher glaubte, oder ob jetzt, wie 8 Jahre später, im entscheidenden Augenblicke der Muth ihn verliess, Alles an Alles zu wagen. Fast scheint es das letztere. Denn die attische Regierung wenigstens traute der Stimmung des Heeres keineswegs, und die Abgesandten hatten Befehl, offene Gewalt zu vermeiden[3]). Vielleicht rechnete er auch darauf, dass seine persönliche Anwesenheit in Athen genügen würde alle Gefahr zu beschwören; wie ihn aber diese Zuversicht verliess, entwich er in Thurioi von seinem Schiff, und ging in freiwillige Verbannung. Damit hatte er selbst sich das Urtheil gesprochen, und demgemäss erkannte denn auch das Gericht in dem jetzt eröffneten Contumazverfahren. Gegen Alkibiades und seine be-

1) Plut. Alk. 22.
2) Thuk. VIII 65 Ἀνδροκλέα τέ τινα τοῦ δήμου μάλιστα προστάτα, ... ὅσπερ καὶ τὸν Ἀλκιβιάδην οὐχ ἥκιστα ἐξήλασε. Plut. Alk. 19.
3) Thuk. VI 61.

deutendsten Anhänger, seine Vettern Axiochos von Skambonidae
und Alkibiades von Phegus [1]), seinen Gaugenossen Adeimantos,
wurde das Todesurtheil gesprochen, ihr Andenken verflucht,
ihr Vermögen confiscirt. Das war die Vergeltung der extremen
Demokratie für den Ostrakismos des Hyperbolos [2]).

Cap. IV.

Die Reaction.

Es konnte nicht fehlen, dass den Siegern im Hermen-
und Mysterienprozesse auch der Siegespreis zufiel. Wer hätte
ihnen jetzt die Herrschaft streitig machen sollen? Stand doch
von den beiden Männern, die bisher den Staat geleitet hatten, der
eine fern in Sicilien an der Spitze des Heeres; der andere war
ein heimathloser Flüchtling, sein Anhang zersprengt.

So finden wir denn unter den Strategen des nächsten
Jahres Charikles, der neben Peisandros während des Hermen-
prozesses in der Zehnercommission gesessen hatte, und einer
der eifrigsten bei der Untersuchung gewesen war. Später
allerdings hat er ebenso wie Peisandros die Farbe gewechselt,
hat sich bei dem oligarchischen Staatsstreich der Vierhundert
betheiligt, und unter den Dreissig eine hervorragende Rolle
gespielt; aber für jetzt galt er noch für einen der eifrigsten
Demokraten [3]). Wie er dabei in seinem Herzen gesinnt war,
ist gleichgültig; ins Innere kann der Wähler dem Candidaten
eben nicht blicken. Aehnlich Laespodias, der gleichfalls in
dieser Zeit wichtige Commandos bekleidet, und bedeutenden
Einfluss geübt hat. Obwohl aus vornehmer Familie [4]), gehörte auch er der Kriegspartei an, und die Angriffe des
Eupolis und Aristophanes zeigen, dass er zu Nikias in po-

---

1) Thuk. VI 61, CIA. I 274—76, Xen. Hell. I 2. 13, And. Myst. 65.

2) Eine noch immer weit verbreitete Annahme sieht in dem Hermen-
und Mysterienprozesse ein oligarchisches Parteimanöver. Wie gänzlich unbegründet diese Hypothese ist, hat bereits Wattenbach dargelegt (*De quadring. Athen. fact.* S. 2ff.), dem Gilbert (Beiträge S. 253 ff.)
gefolgt ist.

3) Andok. v. d. Myst. 36 Πείσανδρος καὶ Χαρικλῆς, ὄντες μὲν τῶν
ζητητῶν, δοκοῦντες δ' ἐν ἐκείνῳ τῷ χρόνῳ εὐνούστατοι εἶναι τῷ δήμῳ.

4) Cramer Anekd. II 922 Λαισποδίας Ἀνδρωνύμιος (?) ἑνὸς τῶν
Ἀθηναίων ἐπιφανῶν.

litischem Gegensatze stand[1]). Charakteristisch ist auch, dass Antiphon eine Staatsrede gegen ihn geschrieben hat[2]). Aber als die Demokratie Schiffbruch gelitten hatte, ist er wie Charikles zu den Oligarchen übergegangen. Beide waren eben Opportunitätsdemokraten, wie so viele Männer aus den besten Kreisen Athens.

Aber die Seele der Regierung in diesen Jahren waren Androkles und Peisandros. Das Sprichwort

$$\dot{\varepsilon}\nu \,\, \delta\dot{\varepsilon} \,\, \delta\iota\chi o\sigma\tau\alpha\sigma\dot{\iota}\eta \,\, \varkappa\tilde{\alpha}\nu \,\, \text{'}A\nu\delta\varrho o\varkappa\lambda\dot{\varepsilon}\eta\varsigma \,\, \pi o\lambda\varepsilon\mu\alpha\varrho\chi o\tilde{\iota}^3)$$

ist in dieser Zeit aufgekommen; und noch im Jahre 411 wird Androkles als der bedeutendste unter den Führern des Demos bezeichnet[4]). Für Peisandros leitende Stellung in diesen Jahren haben wir Aristophanes' Zeugniss in der 412/1 aufgeführten Lysistrate[5]). Es kann kaum ein Zweifel sein, dass Peisandros sowohl wie Androkles im Jahre 414/3, vielleicht auch im nächsten Jahre Strategen gewesen sind. Jedenfalls aber trifft sie zumeist für die von Athen in dieser Zeit befolgte Politik die Verantwortung.

Diese Politik entsprach denn auch vollständig dem Geiste

---

1) Phrynichos fr. 16 aus Schol. Arist. Vögel 1569 μέμνηται αὐτοῦ Φρύνιχος ἐν Κωμασταῖς ὡς πολεμικοῦ γεγονότος. — Eupolis fr. 102 (aus den Demen), Arist. Vögel 1569.

2) Antiphon fr. 21—24 Blass.

3 Zenob. III 77 nach Meineke's Verbesserung. Es ist kaum glaublich wie Gilbert (Beiträge S. 260) das wörtlich nehmen kann. Zur Loosung um das Amt des Polemarchen konnte ja auch in gewöhnlichen Zeiten der geringste Athener sich melden.

4) Thuk. VIII 65 Ἀνδροκλέα τέ τινα τοῦ δήμου μάλιστα προεστῶτα.

5) V. 490 f.

ἵνα γὰρ Πείσανδρος ἔχοι κλέπτειν χοἱ ταῖς ἀρχαῖς ἐπέχοντες
αἰεί τινα κορκορύγην ἐκύκων.

Die Stelle kann sich nur auf die Verwickelungen der Jahre 415—13 beziehen, denn vorher hatte Athen seit dem Frieden des Nikias keinen grossen Krieg mehr geführt, auch stand Peisandros damals noch keineswegs in erster Reihe, und vor allem war die Erinnerung an jene Ereignisse durch den sicilischen Zug und die Occupation von Dekeleia verblasst; die Verwickelungen nach der Katastrophe bei Syrakus aber hat Athen nicht mehr hervorgerufen. Mit richtigem Blick hat Müller-Strübing diese Stellung Peisandros' erkannt (Aristoph. S. 422 A.), nur dass er ihn natürlich zum Staatsschatzmeister macht. Auch dehnt er die Regierungszeit Peisandros' nach oben wie nach unten hin zu weit aus.

der leitenden Männer. Das alte Programm der extremen
Demokratie wurde jetzt mit ganzer Schärfe zur Ausführung
gebracht. Hatte Nikias' Einfluss den offenen Bruch mit Sparta
bisher zu verhindern gewusst, so liess man nunmehr jede
Rücksicht fallen; um Mittsommer 414 landete ein athenisches
Corps an der lakonischen Küste. Bei den günstigen Nachrichten aus Sicilien, wo die Uebergabe von Syrakus jeden
Tag zu erwarten stand, glaubte man einen Krieg mit Sparta
nicht mehr scheuen zu sollen [1]). Und zu dem allen über-
warf Athen sich ganz ohne Noth noch mit dem Grosskönig
wegen eines abgefallenen Satrapen [2]).

Um so bitterer musste die Enttäuschung sein, als Nikias
im Winter 414/3, von Gylippos geschlagen, die Rückberufung
des Expeditionscorps aus Sicilien verlangte. Obgleich bei
der Lage der Dinge ein günstiger Erfolg kaum mehr zu hoffen
stand, hielt die Regierung hartnäckiger als je fest an den
einmal gefassten Plänen; und allerdings war ja ein Aufgeben
der sicilischen Unternehmung aller Wahrscheinlichkeit nach
gleichbedeutend mit ihrem eigenen Sturz. Sie glaubte von
Athen aus besser im Stande zu sein die militärische Situation
zu beurtheilen als der commandirende General im Felde; zum
zweiten Mal wurde ein grosses Heer und eine beträchtliche
Flotte ausgerüstet und unter Demosthenes' und Eurymedon's
Befehl nach Sicilien gesandt. Aber auch diese Verstärkung
vermochte nicht, das Geschick des Feldzugs zu wenden. Was
Nikias so oft vorhergesagt hatte, traf ein, nur dass die schliessliche Katastrophe viel furchtbarer war, als irgend Jemand
hätte voraussehen können. Und gleichzeitig war mit der Befestigung von Dekeleia durch die Lakedaemonier Athen in
einen permanenten Belagerungszustand versetzt, unter dem

---

1) Es versteht sich von selbst, dass Müller-Strübing (Aristoph.
S. 631), v. Staat der Athener S. 86 die Verantwortung für diesen Friedensbruch den Oligarchen zur Last legt. Diese Leute konnten es
eben gar nicht erwarten, ihre Felder aufs Neue von einem peloponn-
nesischen Invasionsheere verwüstet zu sehen. Vergl. die Schrift v.
Staate der Athener II 14 νῦν δ' οἱ γεωργοῦντες καὶ οἱ πλούσιοι Ἀθηναίων ὑπέρχονται τοὺς πολεμίους μᾶλλον, ὁ δὲ δῆμος, ἄτε εὖ εἰδὼς ὅτι
οὐδὲν τῶν σφῶν ἐμπρήσουσιν οὔτε τεμοῦσιν, ἀδεῶς ζῇ καὶ οὐχ ὑπερχόμενος αὐτούς, die Müller-Strübing ja selbst herausgegeben hat. Oder
sind die Worte vielleicht ironisch gemeint?

2) Ktesias Pers. 52, Andok. v. Fr. 29, vergl. Thuk. VIII 5.

das Land in ganz anderer Weise litt, als einst unter den
feindlichen Einfällen im archidamischen Kriege.

Der Rückschlag auf die innere Politik war schwer und
plötzlich. Es war die extreme Demokratie gewesen, die das
sicilische Unternehmen vor Allem betrieben, die auch dann
noch daran festgehalten hatte, als jede Hoffnung auf glücklichen Erfolg geschwunden war. Wie die Einnahme von
Syrakus ihre Stellung auf lange hinaus gesichert haben würde,
so brach jetzt nach der Niederlage am Asinaros ihre Macht
mit einem Schlage zusammen[1]). Und mehr als das; es kam
immer breiteren Schichten der Bürgerschaft zum Bewusstsein,
dass die unbeschränkte Demokratie, wie sie Perikles begründet
hatte, überhaupt unfähig sei, den Staat durch die gegenwärtige
Krisis hindurchzuführen[2]).

So schritt man denn zur Verfassungsänderung. Unter
allen Behörden war es der Rath, der die ausgedehnteste
Machtvollkommenheit besass, und der doch vermöge seiner
Zusammensetzung durch das Loos am wenigsten dazu geeignet
war, von dieser Machtvollkommenheit den rechten Gebrauch
zu machen. Hier war der wundeste Punkt der ganzen demokratischen Staatsordnung, und darum haben Reformbestre-
bungen im oligarchischen Sinne in der Regel hier zuerst
angesetzt. So begann man auch jetzt damit, die Competenz
des Rathes zu beschränken. Dafür wurde in den Probulen
eine neue, durch Wahl besetzte Behörde geschaffen, der im
Wesentlichen die Functionen zufielen, die bisher die Prytanen
ausgeübt hatten. Die Leitung des Finanzwesens wurde auf
das neueingesetzte Collegium der Poristen übertragen, und
so dieser wichtigste Zweig der ganzen Saatsverwaltung endlich in zeitgemässer Weise reorganisirt.[3])

Die herrschende Strömung kam natürlich auch in den
Wahlen zum Ausdruck. Zu Probulen wurden Männer gemässigter Richtung ernannt. wie Hagnon von Steiria und Sopho-

---

1) Thuk. VIII 1 χαλεποὶ ἦσαν τοῖς ξυμπροθυμηθεῖσι τῶν ῥητόρων
τὸν ἔκπλουν.

2) Thuk. VIII 1 πάντα τε πρὸς τὸ παραχρῆμα περιδεεῖς, ὅπερ φιλεῖ
δῆμος ποιεῖν, ἕτοιμοι ἦσαν εὐτακτεῖν.

3) Ueber die Probulen Wattenbach *De Quadringentorum Athenis
factione* S. 14 ff. und Gilbert Beiträge S. 289—95. Ueber die Poristen
Rh. Mus. 39 (1884) S. 249 ff. und oben S. 19.

kles von Kolonos[1]), die einst an Perikles' Seite die Strategie
bekleidet hatten. Unter den Feldherrn für das nächste Amtsjahr 412/1 finden wir Phrynichos, Onomakles, Charminos,
Euktemon, Skironides, die sich später theils in hervorragender
Weise an der oligarchischen Bewegung betheiligt haben, theils
wenigstens dieser Bewegung nicht feindlich gewesen sind[2]).
Eukrates von Kydantidae, Nikias' Bruder[3]), Strombichides von
Euonymia[4]), Leon und Diomedon[5]) waren zwar aufrichtige
Demokraten, aber zugleich Männer aus den ersten Familien
der Stadt, und als solche allen radicalen Bestrebungen ab-
geneigt.

Die Regierung sah sich vor einer gewaltigen Aufgabe. Vor Allem galt es eine neue Flotte zu schaffen als
Ersatz für die in Sicilien zu Grunde gegangene. Aber der
Schatz war erschöpft, bis auf den Reservefonds von 1000
Talenten, der gesetzlich nur bei einem Angriff einer feindlichen Flotte auf Athen selbst in Anspruch genommen werden
durfte[6]); die Einkünfte aus Attika waren seit der Besetzung
von Dekeleia zum grössten Theile versiegt[7]). Mochte man
auch in der Verwaltung die äusserste Sparsamkeit einführen[8]),
ein nennenswerthes Ergebniss war dadurch nicht zu erreichen,
solange die Soldzahlungen für Gericht und Volksversammlung
fortdauerten, und daran zu rütteln wagte man nicht[9]). Auf
directe Vermögenssteuern zurückzugreifen hatte die Partei der
Besitzenden von jeher eine grosse Abneigung gehabt; jetzt,
wo die Mehrzahl der Grundeigenthümer durch die feindliche
Occupation ruinirt war, mochte man weniger als je dazu
schreiten[10]). Waren doch ohnehin die wohlhabenden Klassen

---

1) Lys. g. Eratosth. 65. Aristot. Rhet. 146. 28. Ueber Sophokles s.
Gilbert Beiträge S. 290 ff.

2) Leben des Antiphon 23, Thuk. VIII 54. 62. 73.

3) Lysias 18 (über die Confiscation von Eukrates' Vermögen) 4. 5.

4) Lysias 13 (g. Agoratos) 13; 30 (g. Nikom.) 14.

5) Thuk. VIII 73 οὗτοι γὰρ οὐχ ἑκόντες διὰ τὸ τιμᾶσθαι ὑπὸ τοῦ
δήμου ἔφερον τὴν ὀλιγαρχίαν.

6) Thuk. VIII 1 ἅμα δὲ ναῦς οὐχ ὁρῶντες ἐν τοῖς νεωσοίκοις ἱκανὰς
οὔτε χρήματα ἐν τῷ κοινῷ οὐδ' ὑπηρεσίας ταῖς ναυσίν.

7) Thuk. VII 28 αἱ δὲ πρόσοδοι ἀπώλλυντο.

8) Thuk. VIII 4 καὶ τἄλλα, εἴ πού τι ἐδόκει ἀχρεῖον ἀναλίσκεσθαι,
ξυστελλόμενοι εἰς εὐτέλειαν.

9) Das geschah erst durch die Oligarchie 411: Thuk. VIII 86. 97.

10) Arist. Lysistr. 649 ff.

durch den Aufwand für die sicilische Expedition schon hart
genug mitgenommen, und die Nothwendigkeit, von Neuem
Trierarchie leisten zu müssen, stand in nächster Aussicht. So
blieb nichts übrig, als zur indirekten Besteuerung seine Zuflucht zu nehmen. Man scheute nicht vor dem gewagten
Experiment zurück, mitten im Kriege eine radicale Aenderung
des Steuersystems im Reiche vorzunehmen. Die Tribute der
Bundesgenossen wurden aufgehoben und durch einen Werth-
zoll von 5% auf die gesammte Ein- und Ausfuhr zur See
ersetzt. Man hoffte so gleichzeitig die Erträge zu erhöhen
und die Last für die Betroffenen weniger fühlbar zu machen[1]).
    In der That hatte man allen Grund, auf die Stimmung
der Bundesgenossen Rücksicht zu nehmen. Durch die Niederlage vor Syrakus hatte Athen verloren, worauf vor Allem
seine politische Stellung beruhte, den Ruf seiner Unüberwind-
lichkeit zur See; jetzt hob überall in den Bundesstaaten die
autonomistische Partei ihr Haupt empor. Wohl konnte Athen
bis zu einem gewissen Grade auf die Anhänglichkeit des
Demos in den Städten rechnen, der mit dem Fall der athenischen Herrschaft seine eigene Geltung bedroht sah; aber
die Erfahrung hatte nur zu oft gezeigt, wie wenig zuverlässig
diese Stütze war. Jetzt rächte sich der politische Fehler, den
Kimon und Perikles begangen hatten, als sie die Bundesgenossen zu Unterthanen herabdrückten, statt sie immer mehr
zur Gleichberechtigung mit den Bürgern der herrschenden
Stadt heranzuziehen. Es hat nicht an Stimmen gefehlt, die
dafür eintraten, noch jetzt das Versäumte nachzuholen, und
den Bundesstaat im Sinne des Einheitsstaates fortzuentwickeln[2]).
Ja man kann sagen, dass die Steuerreform des Jahres 413
ein Schritt auf diesem Wege gewesen ist. An und für sich
wäre ja die Verleihung des attischen Bürgerrechts an die

---

1) S. Rh. Mus. 39 (1884) S. 43 ff.
2) S. die bemerkenswerthe Stelle in Aristophanes' Lysistrate 582 ff:
Καὶ νὴ Δία, τάς γε πόλεις ὁπόσαι τῆς γῆς τῆσδ᾽ εἰσὶν ἄποικοι
διαγιγνώσκειν ὅτι ταῦθ᾽ ἡμῖν ὥσπερ τὰ κατάγματα κεῖται
χωρὶς ἕκαστον· κᾆτ᾽ ἀπὸ τούτων πάντων τὸ κάταγμα λαβόντας
δεῦρο ξυνάγειν, καὶ συναθροίζειν εἰς ἕν, κἄπειτα ποιῆσαι
τολύπην μεγάλην, κᾆτ᾽ ἐκ ταύτης τῷ δήμῳ χλαῖναν ὑφαίνειν.
Aehnliche Vorschläge sind bekanntlich in Rom nach Cannae gemacht
worden.

5 *

Bewohner der Inseln und Ioniens nicht schwerer durchzuführen gewesen, als vierzig Jahre später der Synoekismos
Boeotiens oder Arkadiens; dass die Trennung durch das Meer
kein Hinderniss war, zeigten die vielen schon bestehenden
Kleruchien. Aber freilich, eine Concession dieser Art hätte
zur Zeit der grössten Macht Athens freiwillig gewährt werden
müssen; wie die Sachen jetzt lagen, hätte die unzufriedene
Partei in den Bundesstädten das Geschenk mit Entrüstung
zurückgewiesen und nichts anderes darin gesehen, als ein neues
Eingeständniss der Schwäche.

Dass die Regierung Wunder thun sollte, war billiger
Weise nicht zu verlangen. Aber es war immerhin eine sehr
achtenswerthe Leistung, wenn schon im Frühjahr nach der
sicilischen Katastrophe eine neue Flotte in See gehen konnte.
Der unvermeidliche Abfall der Bundesgenossen blieb so wenigstens zunächst auf Ionien beschränkt. Aber das alte Uebergewicht zur See liess sich nicht wiedergewinnen; man mochte
zufrieden sein, wenn man der peloponnesischen Flotte nur
das Gleichgewicht hielt.

So war die dringendste Gefahr abgewendet, aber die Aussichten für die Zukunft blieben gleichwohl sehr trübe. Es
war klar, dass Athen auf die Länge die finanzielle Belastung
nicht aushalten konnte, die ein Seekrieg im grossen Stile mit
sich brachte. Schon im Sommer 412 hatte man dazu schreiten
müssen, die als letzte Reserve zurückgelegten 1000 Talente
anzugreifen; wenn sie verbraucht waren, was dann? Denn
die Einnahmen des Staates verminderten sich in demselben
Verhältnisse, wie die Ausgaben wuchsen[1]); theils durch den
Abfall immer neuer Bundesgemeinden, theils durch die Stö-
rung des Verkehrs, die der Krieg mit sich brachte, und die
ihren Ausdruck in dem Sinken der Zollerträgnisse finden
musste, auf die seit der letzten Finanzreform der Staat fast
allein angewiesen war.

Es gab nur einen Weg, Athen aus dieser Lage zu
retten. Man musste versuchen, die Coalition der feindlichen
Mächte zu sprengen, mit anderen Worten, da jeder Versuch
Syrakus von Sparta abzuziehen von vorn herein aussichtslos

---

1) Thuk. VII 28 αἱ μὲν γὰρ δαπάναι οὐχ ὁμοίως καὶ πρίν, ἀλλὰ
πολλῷ μείζους καθίστασαν, ὅσῳ καὶ μείζων ὁ πόλεμος ἦν, αἱ δὲ πρόσοδοι ἀπώλλυντο.

war, den Grosskönig bewegen, auf athenische Seite zu treten. Wenn sich das überhaupt erreichen liess, so war es nur durch Alkibiades' Vermittelung möglich, der sich eben mit den Peloponnesiern überworfen hatte und bei dem Satrapen von Sardes, Tissaphernes, in höchstem Ansehen stand. Alkibiades aber, so sehr er auch bereit war, diesen Plänen seine Unterstützung zu leihen, und so sehr er schon auf eigene Hand in dieser Richtung thätig gewesen war, wies es weit von sich, mit der jetzigen Regierung in Unterhandlung zu treten. Der Riss war unheilbar, den der Mysterienprozess zwischen ihm und dem Demos geöffnet hatte. Erst sollte die Verfassung geändert werden, welche die Schuld an allem Unheil trug, das über ihn und den Staat gekommen war; nur einer Oligarchie wollte Alkibiades seine Dienste zur Verfügung stellen [1]).

In der That, der Augenblick für eine Verfassungsänderung schien günstig wie nie, und es waren nicht bloss die offenen oder versteckten Oligarchen, die ihn für gekommen hielten. Auch viele überzeugungstreue Demokraten waren der Meinung, dass man weitergehen müsse auf dem Wege, den man gleich nach der sicilischen Katastrophe beschritten hatte, und dass zur Rettung des Reiches ein vorübergehender Verzicht auf die Freiheit geboten sei [2]). Ein grosser Theil des eigentlichen Demos war durch den Dienst auf der Flotte von Athen ferngehalten, sodass auch das numerische Missverhältniss zwischen Besitzenden und Nichtbesitzenden ausgeglichen war. Vor Allem aber: die Actionspartei konnte darauf zählen, in der Regierung für ihre Bestrebungen eine Stütze zu finden [3]).

Es war die geistige und gesellschaftliche Elite Athens,

---

1) Thuk. VIII 47 τὰ μὲν καὶ Ἀλκιβιάδου προσπέμψαντος λόγους ἐς τοὺς δυνατωτάτους αὐτῶν ἄνδρας ὥστε μνησθῆναι περὶ αὐτοῦ ἐς τοὺς βελτίστους τῶν ἀνθρώπων ὅτι ἐπ' ὀλιγαρχίᾳ βούλεται καὶ οὐ πονηρίᾳ οὐδὲ δημοκρατίᾳ τῇ ἑαυτὸν ἐκβαλούσῃ κατελθὼν καὶ παρασχὼν Τισσαφέρνην φίλον αὐτοῖς ξυμπολιτεύειν.

2) Thuk. VIII 53. — VIII 66 ἐνῆσαν γὰρ καὶ οὓς οὐκ ἄν ποτέ τις ᾤετο ἐς ὀλιγαρχίαν τραπέσθαι.

3) Lysias 12 (g Eratosth.) 65 ὅς (Θηραμένης) πρῶτον μὲν τῆς προτέρας ὀλιγαρχίας αἰτιώτατος ἐγένετο, πείσας ὑμᾶς τὴν ἐπὶ τῶν τετρακοσίων πολιτείαν ἑλέσθαι, καὶ ὁ μὲν πατὴρ αὐτοῦ τῶν προβούλων ὢν ταῦτ' ἔπραττεν. Aristot. Rhet. III 18. Vergl. den Bericht des Thukydides über die Einsetzung der Oligarchie VIII 67. 69, wo ein Widerstand der Probulen mit keinem Worte erwähnt wird.

die sich zu dem Werke des Umsturzes verband[1]). An der
Spitze der ganzen Bewegung stand Antiphon von Rhamnus,
der erste Redner und der erste Rechtsanwalt seiner Zeit, ein
Mann, der aus seiner oligarchischen Gesinnung nie ein Hehl
gemacht hatte, und dem deswegen bisher die offene Theilnahme am Staatsleben versagt geblieben war[2]). Neben ihm
eine ganze Reihe philosophisch und rhetorisch gebildeter
Männer, wie Archeptolemos von Agryle der Sohn des berühmten Staatslehrers und Mathematikers Hippodamos, Andron, Aristoteles, Melanthios der tragische Dichter, vor Allem
Theramenes der Sohn des Probulen Hagnon von Steiria[3]).
Dann Männer aus den ersten Familien der Stadt, wie Melesias
von Alopeke, der Sohn jenes Thukydides, der einst mit Perikles um die erste Stelle im Staate gerungen hatte; gewesene
Strategen wie Laespodias, Aristarchos, Aristokrates, praktische
Politiker, wie Peisandros, der jetzt seine Schwenkung vom
radicalen Demagogen zum Oligarchen vollzog. Von den Strategen im Amte war Phrynichos von Deirades zuerst der Bewegung keineswegs günstig, da sein politischer Scharfblick
deren wahrscheinliches Scheitern voraussah; als aber die
Würfel einmal gefallen waren, schloss er sich rückhaltslos
der Oligarchie an, die seitdem keinen fähigeren und thäti-
geren Vorkämpfer gehabt hat[4]).

Der erste Anstoss zur Verfassungsänderung ging von den

---

1) Thuk. VIII 68 ὥστε ἀπ' ἀνδρῶν πολλῶν καὶ ξυνετῶν πραχθὲν
τὸ ἔργον οὐκ ἀπεικότως καίπερ μέγα ὂν προυχώρησε. Und überhaupt
das ganze Capitel.

2) Thuk. VIII 68 ὁ μέντοι πᾶν τὸ πρᾶγμα ξυνθεὶς ὅτῳ τρόπῳ
κατέστη ἐς τοῦτο καὶ ἐκ πλείστου ἐπιμεληθεὶς Ἀντιφῶν ἦν, ἀνὴρ
Ἀθηναίων τῶν καθ' ἑαυτὸν ἀρετῇ τε οὐδενὸς δεύτερος καὶ κράτιστος
ἐνθυμηθῆναι γενόμενος καὶ ἃ γνοίη εἰπεῖν, καὶ ἐς μὲν δῆμον οὐ παριὼν
οὐδ' ἐς ἄλλον ἀγῶνα ἑκούσιος οὐδένα, ἀλλ' ὑπόπτως τῷ πλήθει διὰ
δόξαν δεινότητος διακείμενος, τοὺς μέντοι ἀγωνιζομένους καὶ ἐν δικαστηρίῳ καὶ ἐν δήμῳ πλεῖστα εἷς ἀνήρ, ὅστις ξυμβουλεύσαιτό τι, δυνάμενος ὠφελεῖν. — Die δεινότης allein kann der Grund des Misstrauens
des Demos nicht gewesen sein. S. Gilbert Beiträge 309. Sind die Worte
διὰ δόξαν δεινότητος ein Glossem?

3) Thuk. VIII 68 καὶ Θηραμένης ὁ τοῦ Ἅγνωνος ἐν τοῖς ξυγκατα-
λύουσι τὸν δῆμον πρῶτος ἦν, ἀνὴρ οὔτε εἰπεῖν, οὔτε γνῶναι ἀδύνατος.

4) Thuk. VIII 48. 68 Arist. Frösche 689. — Das Verzeichniss der
auf die Theilnehmer an der Oligarchie bezüglichen Stellen bei Wattenbach De Quadring. S. 42—46, und Gilbert Beiträge S. 307—13.

Offizieren der Flotte in Samos aus, an ihrer Spitze Peisandros. Unterhandlungen mit Alkibiades wurden angeknüpft; dann begab sich Peisandros nach Athen, um das Volk für seinen Plan zu gewinnen. Mit dem Versprechen persischer Subsidiengelder brachte er die Ekklesie dazu, seinen Vorschlägen im Prinzip ihre Zustimmung zu geben; Peisandros selbst wurde als Gesandter zu Tissaphernes geschickt, mit der unbeschränkten Vollmacht, das persische Bündniss auf jede irgend erträgliche Bedingung hin zum Abschluss zu bringen.

Es zeigte sich sogleich, dass Alkibiades nicht im Stande war, die gemachten Versprechungen zu erfüllen; Tissaphernes näherte sich vielmehr gerade damals von Neuem den Peloponnesiern. Aber die Dinge waren jetzt weit genug gediehen, dass die Oligarchen auch ohne Alkibiades ihre Absichten durchsetzen zu können hofften. Die Action begann gleichzeitig in Samos und in Athen. Hier war Androkles, noch immer der Führer der extremen Demokratie, schon während der Verhandlungen mit Alkibiades aus dem Wege geräumt worden. Das Volk war terrorisirt; es bedurfte nur der Ankunft des Peisandros, um den Beschluss durchzusetzen, der die alte Verfassung förmlich aufhob und eine neue Regierung ins Amt rief. Das active Bürgerrecht sollte fortan auf die 5000 wohlhabendsten Bürger beschränkt sein; der Rath der 500, der schon vor zwei Jahren in seiner Competenz beschränkt worden war, wurde jetzt ganz beseitigt und durch eine gewählte Körperschaft ersetzt, die wie einst unter Solon aus 400 Mitgliedern bestand.

Hatte die Bewegung in Athen fast mühelos triumphirt, so war der Verlauf der Dinge auf Samos ein ganz anderer gewesen. Auch hier hatten die Verschwörer damit begonnen, dass sie den entschiedensten Gegner durch Meuchelmord aus dem Wege räumten, jenen Demagogen Hyperbolos, der vor sechs Jahren durch den Ostrakismos aus Athen verbannt, in Samos die Zeit seiner Rückkehr erwartete. Aber die oligarchischen Elemente auf der Flotte waren nicht zahlreich genug, die grosse Masse der Mannschaften mit sich fortzureissen. Die Seesoldaten und Matrosen verweigerten ihren Offizieren den Gehorsam. Strategen und Trierarchen wurden abgesetzt und durch feierlichen Eidschwur zur Vertheidigung der demokratischen Verfassung in Pflicht genommen. Die Truppen

traten zur Volksversammlung zusammen und begannen sich
als eigene, von der Regierung in Athen unabhängige Gemeinde
zu constituiren. Neue Strategen wurden erwählt, darunter
die Führer der demokratischen Bewegung Thrasybulos und
Thrasylos; Alkibiades aus der Verbannung zurückgerufen und
der Oberbefehl in seine Hände gelegt.

Das attische Reich war damit in zwei Hälften zerfallen,
die Oligarchie in der Stadt und die Demokratie auf der Flotte.
Es fehlte wenig, und es wäre zu offenem Kampfe zwischen
beiden gekommen; es bedürfte Alkibiades' ganzen Einfluss,
um den Bürgerkrieg zu verhindern und damit Athen vor
sicherem Untergange zu retten. Aber wenn auch der politische Gegensatz zwischen Stadt und Flotte nach einigen
Monaten durch den Sturz der Oligarchie in Wegfall kam, so
blieb doch die staatsrechtliche Trennung zwischen beiden
Theilen bestehen, und es hat Jahre gedauert, bis sich die
Flotte wieder den Behörden daheim fügen lernte.

Die oligarchische Regierung gab auch jetzt noch den
Versuch nicht auf, die Flotte zur Anerkennung des Geschehenen
zu bewegen. Und Alkibiades war weit entfernt, die gebotene
Hand zurückzuweisen; war er doch der letzte, der sich für
die Wiederherstellung der radicalen Demokratie hätte erwärmen mögen. Er ging soweit, wie er mit Rücksicht auf die
Stimmung in Samos überhaupt gehen konnte. Die Oligarchie
der 5000 war er bereit anzuerkennen; aber er stellte die Forderung, dass im übrigen die alte Verfassung hergestellt und
namentlich der erlooste Rath der 500 wieder eingesetzt werde.

Wenn nun auch Alkibiades ausdrücklich erklärte, dass
er Gewalt zur Durchsetzung seiner Forderungen nicht anzuwenden beabsichtige, so verfehlte doch diese Sprache in Athen
um so weniger ihres Eindrucks, je gemässigter die Bedingungen waren, die er anbot. Unter den Anhängern der neuen
Regierung, ja im Schoosse des Regierungscollegiums selbst,
trat eine Spaltung ein; alle diejenigen, und sie waren die
Mehrzahl, denen die Erhaltung von Athens Machtstellung
höher stand als das oligarchische Parteiinteresse, neigten zur
Verständigung auf den von Alkibiades vorgeschlagenen Grundlagen [1]). Antiphon und seine Freunde fühlten, wie ihnen der

1) Thuk. VIII 89 f.

Boden unter den Füssen zu schwinden begann. Aber sie waren so weit gegangen, dass es für sie keinen Rückzug mehr gab. Um das Errungene zu behaupten, um die Gewalt nicht wieder in die Hände des verhassten Demos kommen zu lassen, blieb nur ein Mittel noch übrig, die Verständigung mit Sparta um jeden Preis, und sei es um den der Selbstständigkeit des Staates[1]). Friede mit den Peloponnesiern war ja von jeher ein Hauptpunkt im Programm der gemässigten Partei gewesen; und so hatten auch die Vierhundert, gleich nachdem sie die Gewalt an sich gerissen, die Verhandlungen mit Sparta eröffnet, bisher allerdings ohne Erfolg. Jetzt gingen die Führer der Regierung, Antiphon und Phrynichos, selbst dahin ab, um die Sache zum Abschluss zu bringen. Die Zustimmung der Bürgerschaft freilich, oder auch nur der Majorität des Rathscollegiums, zu solchen Bedingungen zu erlangen, wie Sparta sie in diesem Augenblick stellen zu dürfen glaubte, war keine Aussicht[2]). Es musste also Vorsorge getroffen werden, den Plan nöthigenfalls auch gegen den Willen des Volkes ins Werk zu setzen, und zu diesem Zwecke befestigte die Regierung die Landzunge Eetioneia, von der die Einfahrt in den Peiraeeus beherrscht wird, und deren Besitz ihr die Möglichkeit gegeben hätte, jederzeit eine peloponnesische Flotte in den Hafen einzulassen und damit Athen widerstandslos in die Hand des Feindes zu spielen.

Aber gerade das führte zum Sturze der Oligarchie. Die gemässigten Mitglieder des Rathes der Vierhundert, an ihrer Spitze Theramenes, waren keineswegs gewillt, sich zu Mitschuldigen des geplanten Landesverraths zu machen. Wie die Reaction vor vier Monaten mit der Ermordung des Androkles begonnen hatte, so begann jetzt auch der Umschwung mit einem Meuchelmorde. Phrynichos wurde bei seiner Rückkehr von Sparta auf offenem Markte erschlagen, und der Thäter blieb unbestraft. Bald kam es zum Aufruhr; der Stratege Theramenes trat auf die Seite der meuternden Hopliten, mit seiner Billigung wurde die neuerrichtete Befestigung am Eingange des Hafens niedergerissen.

Noch gelang es das äusserste abzuwenden. Ein Com-

1) Thuk. VIII 91.

2) Thuk. VIII 91 καὶ ἐπειδὴ οἱ ἐκ τῆς Λακεδαίμονος πρέσβεις οὐδὲν πράξαντες ἀνεχώρησαν τοῖς ξύμπασι ξυμβατικόν κτλ.

promiss kam zu Stande, wonach die Regierung sich verpflichtete, mit möglichster Beschleunigung den Katalog der 5000
vollberechtigten Bürger zusammenzustellen; diese sollten dann
über die künftige Verfassung entscheiden [1]). Aber die Beschlüsse wurden von den Ereignissen überholt. Eine peloponnesische Flotte bedrohte Euboea, ein eiligst bemanntes
attisches Geschwader, das unter Thymochares dahin abging,
wurde vor Eretria bis zur Vernichtung geschlagen. Euboea
fiel ab; nichts hinderte den Feind mehr die Blokade des
Peiraeeus zu beginnen.

Unter dem Eindrucke dieser Niederlage [2]) brach die Regierung zusammen. Die Vierhundert wurden abgesetzt und
die Grundlinien einer neuen Verfassung entworfen, im Wesentlichen entsprechend den Vorschlägen des Alkibiades. Der erlooste Rath der Fünfhundert trat wieder in Function, und
die übrigen Formen der demokratischen Verfassung wurden
hergestellt; aber mit Rücksicht auf die bedrängte Finanzlage
blieb der Richtersold aufgehoben und demgemäss das active
Bürgerrecht auf die drei obersten solonischen Klassen beschränkt, die allein im Stande waren, ihre Zeit ohne Ver-
gütung der Verwaltung des Staates zu widmen [3]). Theramenes
hatte sein politisches Ideal erreicht; die besitzlose Masse war
von der Theilnahme am öffentlichen Leben ausgeschlossen, die
Macht lag wieder in den Händen des Mittelstandes, wie es
zu Kleisthenes' Zeiten gewesen war [4]). Und zugleich stand
Theramenes auch am Ziele seines persönlichen Ehrgeizes; es
war Niemand in Athen, der ihm die erste Stelle im Staate
streitig gemacht hätte [5]).

Die Verständigung mit der Flotte hatte jetzt keine Schwierigkeiten mehr. Auf Kritias' Antrag, den Theramenes selbst

---

1) Thuk. VIII 93.

2) Thuk. VIII 96 τοῖς δ' Ἀθηναίοις ὡς ἦλθε τὰ περὶ τὴν Εὔβοιαν
γεγενημένα, ἔκπληξις μεγίστη δὴ τῶν πρὶν παρέστη.

3) Thuk. VIII 97.

4) Xen. Hell. II 3, 48 sagt Theramenes: ἐγὼ δ', ὦ Κριτία, ἐκείνοις
μὲν ἀεί ποτε πολεμῶ τοῖς οὐ πρόσθεν οἰομένοις καλὴν ἂν δημοκρατίαν
εἶναι, πρὶν ἂν καὶ οἱ δοῦλοι καὶ οἱ δι' ἀπορίαν δραχμῆς ἂν ἀποδό-
μενοι τὴν πόλιν ἀρχῆς μετέχοιεν κτλ. — τὸ μέντοι σὺν τοῖς δυναμένοις
καὶ μεθ' ἵππων, καὶ μετ' ἀσπίδων ὠφελεῖν, διὰ τούτων τὴν πολιτείαν
πρόσθεν ἄριστον ἡγούμην εἶναι καὶ νῦν οὐ μεταβάλλομαι.

5) Diod. XIII 42 ὁ τῆς πολιτείας ἀφηγούμενος Θηραμένης.

unterstützte, wurde das Verbannungsdecret gegen Alkibiades und seine Freunde aufgehoben[1]). Bald stach auch Theramenes mit einem ansehnlichen Geschwader in See, um zunächst die Inseln wieder zum Gehorsam zurückzubringen und sich dann mit Alkibiades zu vereinigen.

Es blieb Theramenes noch die peinliche Aufgabe, seine früheren Cóllegen für ihren versuchten Landesverrath zur Rechenschaft ziehen zu müssen; er sorgte dafür, dass das Gericht auf die am schwersten compromittirten beschränkt blieb. Auch von diesen hatten die meisten, wie Peisandros, Alexikles, Aristoteles, Aristarchos, Onomakles sich nach Dekeleia in Sicherheit gebracht; abwesend wurden sie zum Tode verurtheilt und ihre Güter confiscirt[2]). Phrynichos war durch den Tod seinen Richtern entrückt; aber selbst dem Todten liess man nicht Ruhe. Auf Kritias' Antrag wurde noch nachträglich das Verfahren gegen ihn eingeleitet, sein hinterlassenes Vermögen confiscirt, seine Gebeine ausgegraben und über die Grenze gebracht[3]). So blieben nur Antiphon und Archeptolemos übrig, an denen die Todesstrafe wirklich vollstreckt werden konnte; es war Andron, einer der Vierhundert, der die Anklage geführt hatte[4]).

Dass sich Theramenes selbst an diesen Prozessen betheiligt hat, ist nicht erwiesen[5]); es ist sogar wahrscheinlich, dass er zur Zeit der Gerichtsverhandlung gegen Antiphon Athen bereits verlassen hatte. Aber die öffentliche Meinung schob ihm doch dafür die Verantwortlichkeit zu; der Vorwurf lastete fortan auf ihm, dass er seine Freunde preisgegeben habe, um seine eigenen Zwecke zu erreichen. Seitdem blieb ihm der Beiname Kothornos; wie dieser auf beide Füsse passt, so hatte es Theramenes verstanden, beiden Parteien zu dienen. Und doch sind diese Anklagen in der Hauptsache ungerechtfertigt. Wollte Theramens sich nicht zum Mitschuldigen des Landesverraths machen, so konnte er nicht anders handeln, als er gehandelt hat, und der Staat verdankt seinem ent-

---

1) Thuk. VIII 97, Kritias bei Plut. Alk. 33. Diod. XIII 38.

2) Thuk. VIII 98, Lysias 7 (περὶ τοῦ σηκοῦ) 4.

3) Lykurg. g. Leokr. 112—5. Schol. Arist. Lysistr 313.

4) Leben des Antiphon 23 f.

5) Lysias 12 (g. Eratosth.) 67 Ἀντιφῶντα καὶ Ἀρχεπτόλεμον φιλτάτους ὄντας αὑτῷ κατηγορῶν ἀπέκτεινε ist kein vollgültiges Zeugniss.

schlossenen Auftreten gegen die Pläne Antiphon's seine Rettung. Dass er dabei in Gegensatz zu seinen bisherigen Freunden gerieth, war sein Verhängniss, nicht seine Schuld. Er hat sein Leben lang schwer genug daran zu tragen gehabt[1]).

—

Cap. V.

Alkibiades und Kleophon.

Es war ein Irrthum, wenn Theramenes glaubte, die neue Verfassung könne von Dauer sein. Die demokratische Strömung war wieder im Wachsen; bald fluthete sie über alle Hindernisse hinweg. Und es waren die Besitzenden selbst, die ihr durch die eigenen Fehler den Weg gebahnt hatten. Der Riss war unheilbar, den erst die Errichtung der Oligarchie, dann der Abfall des Theramenes von der oligarchischen Sache unter den gebildeten Klassen Athens geöffnet hatten; an ein Zusammengehen der entschiedenen Oligarchen mit Männern von der Richtung des Theramenes, und beider mit ehrlichen Demokraten wie Diomedon oder Thrasylos, war für jetzt und noch für lange Zeit nicht zu denken. Dazu kam, dass gerade die fähigsten Männer der Partei wegen ihrer Theilnahme an der Oligarchie in die Verbannung getrieben, oder doch aufs Schwerste compromittirt waren. Ja selbst auf Theramenes, so viel die Sache der Freiheit ihm verdanken mochte, lastete doch unvertilgbar der Makel, dass er unter den Begründern

---

1) Das Alterthum hat Theramenes sehr hoch gestellt. Thukydides (VIII 68) nennt ihn ἀνὴρ οὔτε εἰπεῖν οὔτε γνῶναι ἀδύνατος, Aristophanes (Frösche 968) σοφός γ᾽ ἀνὴρ καὶ δεινὸς ἐς τὰ πάντα, Aristoteles zählt ihn den drei besten Bürgern zu, die Athen überhaupt hervorgebracht habe (Plut. Nik. 2). Aehnlich ist die aus Ephoros oder Theopompos geschöpfte Auffassung Diodor's, und ebenso urtheilen noch Caesar (Plut. Cic. 39) und Cicero (Orator III 16, 59). Dass Lysias dem politischen Gegner keine Gerechtigkeit widerfahren lässt, ist zu entschuldigen, und auch Xenophon's Darstellung ist durch die Leidenschaften des Tages beeinflusst. Unverantwortlich aber ist es, dass die neuere Geschichtsschreibung die Parteiphrasen als baare Münze genommen, und danach in ebenso unkritischer wie unwürdiger Weise Theramenes' Charakterbild gezeichnet hat. Den richtigen Standpunkte hat jetzt nach Wattenbach's Vorgang (De Quadringent. Ath. fact. S. 55—58) Pöhlig zur Geltung gebracht, in seiner trefflichen Schrift: Der Athener Theramenes, Jahrb. für Philologie Suppl. IX S. 224—320, Leipzig 1877.

der Oligarchie in erster Reihe gestanden hatte; sein volles Vertrauen hat ihm der Demos nie wieder geschenkt.

So konnte die extreme Demokratie das verlorene Terrain in kurzer Zeit wiedererobern. Die glänzenden Erfolge, die Alkibiades in Hellesponte erfocht, trugen mächtig dazu bei, diesen Prozess zu beschleunigen. Seit der Sundzoll im Bosporos wieder für athenische Rechnung erhoben wurde, seit Thrakien und der Hellespont von Neuem an die Bundescasse steuerten, konnte die Flotte sich ohne Zuschüsse von Hause erhalten; und so war das hauptsächlichste Hinderniss hinweggeräumt, das nach dem Sturz der Vierhundert die Wiederaufnahme der Soldzahlungen und damit die Rückkehr zur unbeschränkten Demokratie unmöglich gemacht hatte. Vor Allem aber, eine Unterordnung der Flotte unter die Regierung in der Stadt war nur zu erwarten, wenn die alte Verfassung wieder hergestellt wurde. Um die Verständigung anzubahnen, war Thrasylos schon im Herbst 411 nach Athen gekommen[1]), der Mann, der neben Thrasybulos bei der demokratischen Bewegung auf Samos in vorderster Reihe gestanden hatte. Unter dem Eindruck des Sieges von Kyzikos hatten seine Bemühungen endlich im Frühjahr 410 den erwünschten Erfolg[2]). Schon am Anfang des nächsten attischen Jahres finden wir den Richtersold wieder eingeführt, wenn auch zunächst noch nicht in der alten Höhe; ein sicheres Zeichen, dass die gemässigte Demokratie, wie sie von Theramenes begründet worden war, zu bestehen aufgehört hatte. Thrasylos selbst wurde für dieses Jahr zum leitenden Strategen gewählt[3]); und da er gleichzeitig auch durch die Wahl der Flotte Strateg war, so war damit der erste Schritt gethan, beide Hälften des Reiches wieder zu einem Staatskörper zu verschmelzen.

Die radicalen Demagogen kamen jetzt von Neuem zu Einfluss. Menschen wie Kleisthenes, Epigenes und Demophanes machten

1) Xen. Hell. I 1, 8, der freilich nur das militärische Motiv von Thrasylos' Reise hervorhebt.
2) Vischer Kl. Schriften I S. 205—38; Rh. Mus. 39 (1884) S. 65 f.
3) Das geht daraus hervor, dass er bei Agis' Angriff im Sommer 410 das Gesammtaufgebot der Bürgerschaft befehligt, Xen. Hell. I 1, 33. Dem entsprechend nennt ihn Lysias 32 (g. Diogeiton) ὁ ὁ ἐπὶ τῶν ὁπλιτῶν.

sich ein Geschäft daraus, alle, die irgendwie bei den Ereignissen des letzten Jahres compromittirt waren, vor Gericht zu ziehen[1]). Schliesslich ging man so weit über jeden, der bis zuletzt der Sache der Vierhundert treu geblieben war, eine partielle Atimie zu verhängen, wodurch er die Fähigkeit verlor, an der Loosung für den Rath theilzunehmen oder in der Volksversammlung zu reden[2]). Ein von Demophantos redigirtes Gesetz setzte die schärfsten Strafen auf jeden Versuch, die Demokratie aufzulösen, und nahm durch feierlichen Eid alle Bürger auf die Erhaltung der Verfassung in Pflicht[3]).

Die Stelle eines Leiters der extremen Partei war seit Peisandros' Uebergang ins feindliche Lager und Androkles' Ermordung vacant. Den leergewordenen Platz nahm Kleophon ein[4]), wie Hyperbolos ein einfacher Handwerker ohne höhere Bildung[5]), aber ein tüchtiger Redner, und ein ehrlicher, überzeugungstreuer Demokrat. Das eigentliche Feld seiner Thätigkeit war das Finanzwesen, das er, wie es scheint als Präsident des Collegiums der Poristen, durch eine Reihe von Jahren geleitet hat[6]). Sein Werk war die Wiedereinführung des seit der Herrschaft der Vierhundert abgeschafften Richtersoldes[7]), eine Massregel die jetzt bei dem zerrütteten Zustande des Staatshaushaltes doppelt verderblich war, aber freilich ihrem

---

1) Lysias 25 (v. Hochverrath) 25, vergl. die 20. Rede (g. Polystratos). Kleisthenes ist doch offenbar der bekannte Prügeljunge der Komödie. Epigenes wird Arist. Ekkl. 167 erwähnt, wo die Handschriften die unmetrische und unattische Form Ἐπίγονον bieten; es ist zu schreiben δι' Ἐπιγένην ἐκεινουί.

2) Arist. Frösche 686 ff. Andok. v. d. Myst. 75. 78.

3) Andok. v. d. Myst. 96 ff. H. Droysen *De Demophanti, Patroclidis, Tisameni populi scitis.* Berol. 1873.

4) Diod. XIII 53 Κλεοφῶν, μέγιστος ὢν τότε δημαγωγός (im Jahre 410). Vergl v. 805 der an den Lenäen desselben Jahres aufgeführten Thesmophoriazusen.

5) Aelian Verm. Gesch. XII 43 Ὑπερβόλου δὲ καὶ Κλεοφῶντος οὐδεὶς ἂν εἴποι τοὺς πατέρας. — λυροποιός: Schol. Arist. Thesmoph. 805, Frösche 681, Andok. v. d. Myst. 146, Aesch. v. d. Ges. 76, Lysias 19 (v. Aristoph. Verm.) 48 καὶ οἱ προσήκοντες καὶ οἱ κηδεσταί ... ὁμολογουμένως πένητές εἰσι.

6) Lysias 19 (v. Arist. Verm.) 48 Κλεοφῶντα δὲ πάντες ἴστε, ὅτι πολλὰ ἔτη διεχείρισε τὰ τῆς πόλεως πάντα καὶ προσεδοκᾶτο πάνυ πολλὰ ἐκ τῆς ἀρχῆς ἔχειν, s. Rh. Mus. 39 (1884) S. 255 f.

7) Aesch. v. d. Ges. 76 διεφθαρκὼς νομῇ χρημάτων τὸν δῆμον, s. Rh. Mus. a. a. O.

Urheber eine unerschütterliche Popularität sicherte. Immerhin ist es ein Beweis nicht gewöhnlicher Geschicklichkeit, dass Kleophon überhaupt im Stande war, die nöthigen Summen aufzubringen und zugleich die Bedürfnisse der Kriegführung zu bestreiten, ohne während der ganzen Dauer seiner Verwaltung genöthigt zu sein, mehr als zweimal zur Erhebung einer Eisphora seine Zuflucht zu nehmen [1]). Für seine persönliche Integrität ist es ein glänzendes Zeugniss, dass er bei seinem Tode seine Familie in relativer Armuth zurückliess [2]). Auf den Namen eines weitblickenden Staatsmanns freilich hat Kleophon keinen Anspruch; mehr als irgend ein anderer trägt er für den Fall Athens die Verantwortung [3]).

Die erste Gelegenheit, in einer Frage der äusseren Politik seinen Einfluss zu entscheidender Geltung zu bringen, fand Kleophon bei den Friedensvorschlägen, die Sparta gleich nach der Schlacht bei Kyzikos in Athen machen liess. Die Basis der Unterhandlungen sollte der gegenwärtige Besitzstand bilden, sodass Athen auf alle abgefallenen Bundesstaaten hätte verzichten müssen. Immerhin hätte der Staat einen sehr ansehnlichen Theil seines früheren Machtbereiches gerettet, mehr als er jemals nach der Schlacht bei Aegospotamoi wieder erlangt hat; alle Kleruchien, Samos, Lesbos, die Kykladen, den thrakischen Chersonnes, und eine Reihe anderer wichtigen Punkte. Und war denn bei Fortführung des Krieges irgend eine Aussicht, das Verlorene wieder zu gewinnen? Konnte irgend ein Verständiger glauben, dass Athen wirklich auf die Länge im Stande sein würde, auch nur seine jetzige Stellung dem Bunde zwischen Sparta, Syrakus und dem Grosskönig gegenüber zu behaupten? Was half es, dass Alkibiades die peloponnesische Flotte zerstört hatte, wenn der Feind sofort daran ging, mit persischem Gelde eine neue Seemacht zu gründen?

Unter diesen Umständen hätte Athen allen Grund gehabt, seinem guten Glücke zu danken, wenn Sparta sich bereit finden liess, von der vollständigen Durchführung seines Programmes abzugehen, und sich mit den bereits errungenen

---

1) Lysias 21 (ἀπολογία δωροδοκίας· 3.
2) Lysias 19 (v. Arist. Verm.) 48. Doch s. Andok. v. d. Myst. 146.
3) Aeschin. g. Ktes. 150 ὃς ἐπὶ τοῦ πρὸς Λακεδαιμονίους πολέμου, ὡς λέγεται, τὴν πόλιν ἀπώλεσεν.

Erfolgen zu begnügen. Die besitzenden Klassen der Bürgerschaft erkannten das auch sehr wohl; sie waren vollkommen
bereit, die gebotene Hand nicht zurückzustossen[1]). Kleophon
dachte anders. Er wollte von keinem Frieden etwas wissen,
der nicht Athens Herrschaft herstellte, wie sie vor der sicilischen Niederlage gewesen war. Also Krieg bis aufs Messer;
denn Sparta konnte unmöglich die Bundesgenossen preisgeben,
die im Vertrauen auf seinen Schutz von Athen abgefallen
waren. Es war dieselbe Sprache, wie sie einst Kleon nach
dem Siege von Pylos geführt hatte, nur dass damals Athens
Macht ungebrochen dagestanden hatte, während der Staat
jetzt mit Aufgebot aller Kräfte um seine Existenz kämpfte.

Freilich, es war nicht Kleophon's Einfluss allein, der das
athenische Volk bestimmte, die lakedaemonischen Anträge
zurückzuweisen. Es war weit mehr das Bewusstsein, dass es
im Grunde sehr gleichgültig war, was die Ekklesie in dieser
Frage beschloss. Denn die wahre Entscheidung lag bei der
Flotte, oder vielmehr in den Händen des Mannes, der an ihrer
Spitze stand, Alkibiades. Und Alkibiades brauchte den Krieg,
der ihm das Mittel war, zu der Stellung im Staate empor-
zusteigen, die sein Ehrgeiz erstrebte. Ob die Verlängerung
des Kampfes den Interessen Athens entsprach, was kam darauf an; wann hätte Alkibiades je auf ein anderes als das
eigene Interesse Rücksicht genommen?

Der Krieg ging also seinen Gang weiter; und der Verlauf schien die Politik Kleophon's und Alkibiades' zu rechtfertigen. Der Hellespont und Thrakien wurden wiedererobert;
Pharnabazos zum Frieden genöthigt; von dem alten Bundes-
gebiete Athens blieb im Wesentlichen nur Ionien und Euboea
in der Gewalt der Peloponnesier. Dass Pylos darüber verloren ging, war zu verschmerzen, so wichtig dieser feste Platz
als eventuelles Compensationsobjekt für Dekeleia auch sein
mochte. Von viel grösserer Bedeutung war es, dass in Folge
des Angriffs der Karthager auf Sicilien die Syrakusier sich gezwungen sahen, ihre Flotte aus dem aegaeischen Meere zurückzuziehen; so hatte Athen nur noch mit Sparta und Persien
zu thun.

---

1) Diod. XIII 53 οἱ μὲν ἐπιεικέστατοι τῶν Ἀθηναίων ἔρρεπον ταῖς
γνώμαις ἐπὶ τὴν εἰρήνην.

Alkibiades hatte jetzt vier Jahre lang mit fast unum-
schränkter Machtvollkommenheit die Flotte befehligt. Er hatte
die Operation ganz nach eigenem Ermessen geleitet; er hatte
Verträge geschlossen wie ein souveräner Fürst[1]), ohne sich
im Geringsten um das Volk in Athen zu bekümmern. Aber
auf die Dauer konnte ihm die Stellung nicht genügen, wie
er sie jetzt, allein auf die Wahl der Flottenmannschaften gestützt, einnahm; er wollte Athen beherrschen, und dazu bedurfte er der Bestätigung seiner Feldherrnwürde durch die
Volksversammlung. So bewarb er sich denn, zum ersten Male
wieder seit seiner Verbannung, an den Archaeresien des Jahres
407 um die Strategie. Die Siege im Hellespont thaten ihre Wirkung; nicht nur Alkibiades selbst wurde gewählt, sondern auch
seine Freunde Thrasybulos von Steiria und Adeimantos von Skambonidae, letzterer einer der Verurtheilten im Mysterienprozess.

Bisher hatte Alkibiades Bedenken getragen, für seine
Person von dem Decret Gebrauch zu machen, das ihm die
Rückkehr in die Heimath gestattete. Denn noch immer lastete
auf ihm der religiöse Bannfluch, der nach dem Hermenfrevel
gegen ihn ausgesprochen worden war; und noch immer war
ihm sein confiscirtes Vermögen nicht zurückgegeben[2]). In
dem Bewusstsein, dass jeder übereilte Schritt von den unberechenbarsten Folgen sein konnte, ging er mit grösster Vorsicht zu Werke. Er sandte die Hauptmasse der Flotte mit
den erbeuteten Schiffen und Trophäen unter Thrasylos voraus;
die Erfolge der letzten Jahre sollten dem Volke sichtbar vor
Augen geführt werden, und die alten Soldaten für alle Fälle
einen sicheren Rückhalt gewähren. Erst dann, und nachdem
er die Nachricht von seiner Wahl zum Strategen erhalten,
wagte es Alkibiades in den Peiraeeus einzufahren. Die Vor-
sichtsmassregeln, die seine Freunde auch jetzt noch treffen zu
müssen geglaubt hatten, erwiesen sich als überflüssig; die
Menge bereitete ihm einen glänzenden Empfang, und der Einzug in Athen gestaltete sich zu einem wahren Triumphe[3]).

Jede Opposition verstummte gegenüber dieser Manifesta-
tion der öffentlichen Meinung. In feierlicher Weise wurde
Alkibiades von der Volksversammlung rehabilitirt, und von

---

1) Z. B. mit Pharnabazos 408: Xen. Hell. I 3, 8—12.
2) Plut. Alk. 33, Diod. XIII 69.
3) Xen. Hell. I 4, 18.

dem Fluche der Priester gelöst; zugleich wurde die Leitung
des Krieges und der Befehl über die bewaffnete Macht mit
unbeschränkter Vollmacht in seine Hände gelegt[1]). Seit Perikles
hatte kein Bürger mehr eine solche Stellung inne gehabt;
Alkibiades war jetzt thatsächlich der Gebieter des Staates.

Aber was weiter? Alkibiades selbst hatte die Erfahrung
machen müssen, wie prekär eine Macht war, die keine andere
Grundlage hatte als die Beschlüsse der schwankenden Majori-
täten der Volksversammlung. Solange er in Athen blieb, und
der ganze Zauber seiner Persönlichkeit, der frische Glanz
seiner Siege auf das Volk wirkte, war ein Umschlag freilich
nicht zu besorgen. Aber wer bürgte dafür, dass die Ereignisse des Jahres 415 sich nicht wiederholten, sobald Alkibiades
nach dem Kriegsschauplatz abgegangen war, und die Gegner
für ihre Intriguen freies Feld hatten?

Freund und Feind erwarteten, dass Alkibiades der Ge-
fahr begegnen würde[2]). Die Umstände lagen für einen
Staatsstreich günstig genug. Zu oft schon hatte die radicale
Demokratie ihre Unfähigkeit bewiesen, den Staat in schwierigen
Lagen zu leiten; und die Ueberzeugung war allgemein, dass
Alkibiades der einzige Mann sei, von dem eine glückliche Beendigung des Krieges, und die Wiederherstellung der alten
Macht Athens zu erwarten stand[3]). Aber auch sonst hätte
Alkibiades bei dem Versuche die Alleinherrschaft zu gründen
auf die Zustimmung weiter Schichten der Bürgerschaft zählen
können. Seit vor vier Jahren das oligarchische Experiment
so kläglich gescheitert war, konnte Niemand im Zweifel sein,
dass es nur einen Weg gab zum Sturze der radicalen Demokratie, die Tyrannis; und die grosse Masse der Besitzenden
würde eine Verfassungsänderung in diesem Sinne weit lieber
gesehen haben als die Fortdauer des jetzigen Zustandes, der
schliesslich doch auf nichts anderes hinauskam als auf eine

---

1) Xen. Hell. I 4, 20 ἀναρρηθεὶς ἁπάντων ἡγεμὼν αὐτοκράτωρ. —
Diod. XIII 69 τὸ δὲ τελευταῖον αὐτὸν στρατηγὸν καταστήσαντες αὐ-
τοκράτορα καὶ κατὰ γῆν καὶ κατὰ θάλατταν ἁπάσας τὰς δυνάμεις
ἐνεχείρισαν αὐτῷ. Plut. Alk. 33.
  2) Xen. Hell. I 4, 16—17.
  3) Xen. Hell. I 4, 20 ὡς οἷός τε ὢν σῶσαι τὴν προτέραν τῆς πόλεως δύναμιν. Diod. XIII 68 Καθόλου δὲ τηλικαύτην ὑπόληψιν εἶχον
ὑπὲρ αὐτοῦ σχεδὸν ἅπαντες, ὥσθ' ἅμα τῇ ἐκείνου καθόδῳ καὶ τὴν
τῶν πραγμάτων εὐτυχίαν εἰς τὴν πόλι ἥκειν διελάμβανον.

Willkürherrschaft Kleophon's und seiner Genossen. Und andererseits waren auch unter dem eigentlichen Demos sehr viele, die bei einer Staatsumwälzung ihre Rechnung zu finden hofften; musste doch der neue Herrscher durch sein eigenes Interesse gezwungen sein, dem Volke durch materielle Vortheile zu ersetzen, was er ihm an politischer Freiheit entzogen hätte[1]). Durch die Wahl Alkibiades' zum Feldherrn mit unbeschränkter Machtvollkommenheit hatte man den ersten Schritt zur Tyrannis bereits gethan; die alten Soldaten waren ihrem Führer ergeben; es schien nur von Alkibiades abzuhängen, den Griff nach der Krone zu thun.

Aber freilich, es war doch auch ein gewaltiges Wagniss. Länger als ein Jahrhundert war vergangen, seit Athen sich von der Herrschaft der Peisistratiden befreit hatte; und noch immer war das Wort Tyrannis für die Massen der Inbegriff alles Schreckens. Soeben erst hatte der missglückte Staatsstreich der Vierhundert gezeigt, wie feste Wurzeln die demokratische Verfassung im Volke geschlagen hatte. In dem Augenblick, wo Alkibiades aus den Schranken des Gesetzes heraustrat, musste er Männer aller Parteischattirungen, Oligarchen, gemässigte Demokraten und Radicale sich gegenüber finden; und wer bürgte dafür, dass sein persönlicher Anhang stark genug war, dieser Coalition zu begegnen? Es galt einen Schritt ins Dunkle, von dem Niemand berechnen konnte wohin er führen würde; der eine Wurf entschied unwiderruflich über die ganze politische Zukunft. Es war nicht das erste Mal, dass Alkibiades sich in solcher Lage fand; und wie vor acht Jahren ihm der Muth gefehlt hatte, aus der Bahn der Gesetzlichkeit herauszutreten, so fehlte ihm auch jetzt zu diesem Entschlusse die Kraft. Er liess die Gelegenheit vorübergehen, und sie ist nie wieder gekehrt.

1) Diod. XIII 68 οἱ μὲν ὑπερέχοντες τῶν Ἀθηναίων μόγις ἐνόμιζον εὑρηκέναι ἄνδρα φανερῶς καὶ θρασέως ἀντιτάξασθαι τῷ δήμῳ δυνάμενον, οἱ δ' ἄποροι ὑπειλήφεσαν συναγωνιστὴν ἕξειν ἄριστον τὸν ἀπονενοημένως συνταράξοντα τὴν πόλιν καὶ τὴν ἑαυτῶν ἐπανορθώσοντα πενίαν. Plut. Alk. 31 τοὺς δὲ φορτικοὺς καὶ πένητας οὕτως ἐδημαγώγησεν, ὥστ' ἐρᾶν ἔρωτα θαυμαστὸν ὑπ' ἐκείνου τυραννεῖσθαι, καὶ λέγειν ἐνίους καὶ προσιέναι παρακελευομένους, ὅπως τοῦ φθόνου κρείττων γενόμενος καὶ καταβαλὼν ψηφίσματα καὶ φλυάρους ἀπολλύντας τὴν πόλιν ὡς ἂν πράξῃ καὶ χρήσηται τοῖς πράγμασι μὴ δεδιὼς τοὺς συκοφάντας.

6*

Ein zweiter verhängnissvoller Fehler war es, dass Alkibiades den ganzen Sommer ungenutzt für militärische Operationen verstreichen liess, und dann noch im Herbste in See
ging, statt erst die Rückkehr der günstigen Jahreszeit abzuwarten. Auf rasche Erfolge war im Winter verständiger Weise
nicht zu rechnen; auf die Stimmung in Athen aber musste
es von verderblichster Wirkung sein, wenn Monat auf Monat
verging, ohne dass das geringste geschehen wäre, die hochgespannten Erwartungen zu rechtfertigen, die man auf eine
solche Macht unter einem solchen Führer gesetzt hatte. Statt
dessen kam im Frühjahr die Niederlage von Notion, der erste
Misserfolg zur See seit fünf Jahren, eine Niederlage an der
Alkibiades zwar direkt ohne Schuld war, für die er aber als
Oberbefehlshaber doch, und mit Recht, die Verantwortlichkeit
tragen musste.

Selbst auf der Flotte machte die hoffnungsvolle Stimmung vom vorigen Herbst einer tiefen Verstimmung gegen
den Feldherrn platz; wie viel mehr in Athen, wo Alkibiades'
Feinde nicht müde wurden, das Schreckbild der Tyrannis vor
der öffentlichen Meinung heraufzubeschwören[1]). Die Zeit für
einen grossen Schlag schien gekommen. Wieder verbanden
sich Demokraten aller Richtungen gegen das drohende persönliche Regiment: radicale Demagogen wie Kleophon[2]) und
Männer gemässigter Gesinnung aus den besten Kreisen der
Gesellschaft wie Leon, Diomedon, Thrasylos, Konon von Anaphlystos[3]). Alkibiades' Anhänger waren dieser Coalition nicht
gewachsen; bei den Wahlen für 406/5, die unter dem unmittelbaren Eindruck des unglücklichen Treffens bei Notion statt
fanden, erlitt die bisher herrschende Partei die vollständigste
Niederlage. Weder Alkibiades selbst, noch seine Freunde
Thrasybulos und Adeimantos wurden wiedergewählt; auch
Theramenes war nicht unter den neuen Strategen.

Vorsitzender des neuen Feldherrncollegiums wurde Thrasylos[4]), einst mit Thrasybulos der Führer der demokratischen

---

1) Plut. Alk. 36. Xen. Hell. I 5, 16. Diod. XIII 73.

2) Himerios 36, 16 und Photios Bibl. 377 Κλεοφῶν Ἀλκιβιάδην
ἐγράφετο, eine Angabe, die sich auf diese Zeit beziehen muss, vergl.
Gilbert Beiträge S. 366.

3) Das ergiebt sich aus ihrer Wahl zu Strategen nach Alkibiades' Sturz.

4) Lysias 21 (ἀπολ. δωροδ.) 7 τοὺς δὲ μετὰ Θρασύλου δέκα.

Bewegung auf Samos, und später in hervorragender Weise
betheiligt an der Wiederherstellung der unbeschränkten Demokratie in der Stadt. Ihm zur Seite standen Leon und Diomedon, die als Feldherrn im Jahre 411 den Plänen der Oligarchen entgegengetreten waren; dann Erasinides, der nach
dem Fall der Vierhundert den Antrag gestellt hatte, den
Mörder des Phrynichos mit einem goldenen Kranze zu ehren [1]);
ferner Perikles, des grossen Perikles und der Aspasia Sohn,
und Konon von Anaphlystos, ein Mann aus vornehmer und
reicher Familie [2]), und kein Neuling mehr in dem höchsten
Amte des Staates, das er bereits im Jahre 414/3 bekleidet
hatte. Soweit wir urtheilen können, gehörten die neugewählten Strategen jener demokratischen Mittelpartei an, die
einst in Nikias ihren Führer gesehen hatte, und die gleich
weit entfernt war von oligarchischen Bestrebungen, wie von
der Demagogie der Gasse [3]).

Selbst wenn er es gewollt hätte, konnte Alkibiades bei
der Stimmung des Heeres nicht daran denken, sich mit Gewalt in seiner Stellung zu behaupten [4]). Das Commando unter
diesen Umständen bis zum Ablauf seines Amtsjahres weiter
zu führen, war er zu stolz. Auch in Athen war jetzt kein
Platz mehr für ihn. Er war zu hoch gestiegen als dass er
gleich einem gewöhnlichen Feldherrn zur gesetzlichen Rechen-
schaftslegung sich hätte stellen mögen. So ging Alkibiades
in freiwillige Verbannung auf seine festen Schlösser am Hellespont; er glaubte mit Sicherheit darauf rechnen zu können,
dass seine Mitbürger bald in die Lage kommen würden, sich
seiner zu erinnern.

Konon übernahm indess den Befehl der Flotte, und behielt ihn auch nachdem um Mittsommer 406 die neuen Stra-

Thrasylos war auch bei den Arginusen der Oberbefehlshaber (Diod.
XIII 97); sollte er es wirklich bloss für diesen einen Tag ge
wesen sein?

1) CIA. I, 59. An der Identität des Antragstellers mit dem Feldherrn zu zweifeln liegt kein Grund vor.

2) Plut. Solon 15.

3) Vergl. Diodor XIII 102 ὁ μὲν οὖν Διομέδων ἐπὶ τὸν κυρωθέντα
θάνατον ἀπήγετο μετὰ τῶν ἄλλων στρατηγῶν, τοῖς ἀγαθοῖς τῶν
πολιτῶν πολὺν οἶκτον παραστήσας καὶ δάκρυα.

4) Xen. Hell. I 5, 17 Ἀλκιβιάδης μὲν οὖν πονηρῶς καὶ ἐν τῇ στρα-
τιᾷ φερόμενος κτλ.

tegen' ins Amt getreten waren. Aber die Erwartung, dass jetzt der Krieg eine günstige Wendung nehmen würde, ging keineswegs in Erfüllung. Der neue Oberbefehlshaber vermochte nicht einmal die grosse Flotte vollzählig beisammen zu halten; die Mannschaft desertirte in Masse, und die 70 Schiffe die Konon übrig blieben, waren viel zu schwach, den 170 Trieren die Spitze zu bieten, die der lakedaemonische Nauarch Kallikratidas zusammenbrachte. Zum ersten Mal seit dem Tag von Kyzikos ergriff der Feind die Offensive zur See; Methymna ging verloren, in einem unglücklichen Treffen wurde die Hälfte von Konon's Geschwader vernichtet; der Rest von 40 Trieren musste sich nach Mytilene zurückziehen, wo er von Kallikratidas eingeschlossen wurde. Die Flotte, mit der Alkibiades vier Jahre das aegaeische Meer beherrscht hatte, existirte nicht mehr; der Fall von Mytilene schien nur noch eine Frage von wenigen Wochen, und mit der Capitulation dieser Stadt war menschlichem Ermessen nach die Entscheidung des Krieges gegeben.

So hatte sich die Lage gewandelt, seit Alkibiades vor kaum einem Jahre zur Unterwerfung Ioniens ausgesegelt war. Aber man begriff in Athen, dass es gelte, das äusserste aufzubieten, um den drohenden Schlag abzuwenden. Man schreckte vor den radicalsten Massregeln nicht zurück. Metoeken und Sklaven erhielten zu Tausenden das Bürgerrecht oder die Freiheit, jeder dienstpflichtige Mann wurde zur Bemannung der Schiffe ausgehoben, die letzten Weihgeschenke in die Münze geschickt. Und der Erfolg blieb nicht aus; bei den Arginusen wurde die peloponnesische Flotte nahezu vernichtet, Konon in Mytilene entsetzt. Noch einmal war Athens Uebergewicht zur See hergestellt.

Es waren Thrasylos und seine Collegen, denen Athen diesen Sieg zu verdanken hatte, der alles in den Schatten stellte, was Alkibiades oder irgend ein anderer Feldherr in diesem Kriege geleistet hatten. Und das giebt der Arginusenschlacht ihre Bedeutung für die innere Politik Athens; sie war eine Niederlage der Spartaner nicht bloss, sondern ebenso sehr eine Niederlage der Partei des Alkibiades. Aufs Glänzendste war der Beweis geführt, dass Athen auch neben Alkibiades Männer besass, die fähig waren, seine Flotte zum Siege zu führen. Musste nicht die nächste Folge der Arginusenschlacht die sein, die Gewalt auf lange hinaus in den Händen der siegreichen Feldherrn zu befestigen?

Dass es nicht dazu kam, war hauptsächlich die Schuld der Strategen selbst. Der Sieg bei den Arginusen war mit sehr beträchtlichen Opfern erkauft worden; und es bildete sich bald das Gerücht, dass diese Opfer sich zum grossen Theil hätten vermeiden lassen, wenn die Feldherrn ihre Pflicht als Offiziere und Bürger erfüllt, und die Mannschaft der kampfunfähigen Wracks nicht hülflos ihrem Schicksale überlassen hätten. Es scheint in der That, dass etwas wahres an dieser Beschuldigung ist[1]); aber allerdings fällt die Verantwortung dafür weniger den einzelnen Feldherrn zur Last, als dem Systeme, einer ganzen Anzahl von Generalen mit annähernd gleicher Competenz den Befehl anzuvertrauen, und alle Massregeln von der Entscheidung des Kriegsrathes abhängig zu machen, wobei dann über den Berathungen eine kostbare Zeit verloren ging. Und wenn schliesslich die Feldherrn den Trierarchen Theramenes und Thrasybulos den Befehl gaben die Rettung der Schiffbrüchigen zu versuchen, obgleich der inzwischen zum Sturm angewachsene Wind diesen Versuch zu einem höchst gefährlichen machte, so darf man wohl zweifeln, ob das so ganz ohne Hintergedanken geschehen ist. Es war doch gar zu verlockend, sich selbst von jeder Verantwortlichkeit zu reinigen, und zugleich diese Verantwortlichkeit den politischen Gegnern zuzuschieben. Nur unter dieser Voraussetzung ist es überhaupt zu verstehen, wie die Strategen dazu kamen, eine so wichtige Aufgabe zwei Subalternoffizieren anzuvertrauen, denen schon die nöthige Autorität nicht zu Gebote stand, die Mannschaften zu dem gefährlichen Rettungswerke zu zwingen[2]).

Indessen Theramenes und Thrasybulos hatten gar keine Lust, sich als Sündenböcke für die Fehler Anderer gebrauchen zu lassen; und wer hätte es ihnen verdenken mögen? Und

---

1) Grote *Hist. of Greece* vol. VII Chap. 64 p. 430 ff. der Ausg. von 1870.

2) Ob die Strategen in ihrem offiziellen Berichte Theramenes und Thrasybulos anklagten, oder nicht, ist dabei vollkommen gleichgültig. Wenn es zur Untersuchung kam, musste die Wahrheit doch in Athen bekannt werden, und damit Theramenes die nächste Verantwortung zufallen.

ebenso wenig, dass sie den einzigen Weg einschlugen, sich
von der Verantwortung zu reinigen, dadurch, dass sie diese
Verantwortung auf die zurückschoben, denen sie von rechts-
wegen zukam. Dass dadurch auch politische Vortheile sich
erreichen liessen, dass es so vielleicht möglich war der
Gegenpartei die Frucht des eben erkämpften Sieges zu entreissen, das war jedenfalls kein Grund, der sie vom Betreten
dieses Weges hätte abhalten können.

Während aber für sie dieser politische Zweck erst in
zweiter Linie in Betracht kam, gab es andere Leute in Athen,
die von vorn herein entschlossen waren, die Sache für das
Interesse ihre Partei auszubeuten. Nur der gemeinsame Gegensatz zu Alkibiades war es gewesen, der vor 6 Monaten
die radicale Demokratie zum Bunde mit Thrasylos und den
Männern von dessen Richtung getrieben hatte. Aber obwohl
Kleophon bei den Angriffen gegen Alkibiades in erster
Reihe gestanden hatte, war der Siegespreis hauptsächlich
der gemässigten Demokratie zugefallen, und die Schlacht bei
den Arginusen musste das Uebergewicht dieser Partei noch
mehr befestigen. Wollte die radicale Demokratie nicht ganz
zurückgedrängt werden, so musste sie sich nach Bundesgenossen umsehen gegen die Freunde von gestern; und wie die
Dinge lagen, war nur mit den Anhängern des Alkibiades ein
solches Bündniss zu schliessen.

Der natürliche Vermittler für diese Annäherung war
Archedemos, ein Mann eng befreundet mit dem Hause des
Alkibiades[1]), und zugleich von reinster demokratischer Gesinnung und grosser Popularität bei der Menge[2]). Gerade
jetzt bekleidete er ein einflussreiches Finanzamt[3]), und war
so in der Lage, auch kraft seiner amtlichen Stellung gegen
die Strategen vorzugehen. Unterstützt auf der einen Seite
durch die Führer der radicalen Majorität des Rathes, Kallixenos und Timokrates[4]), auf der anderen von Thrasybulos

---

1) Lysias 14, 25, Eupolis fr. 71 Kock (aus den Bapten).

2) Xen. Hell. I 7, 2 Ἀρχίδημος ὁ τοῦ δήμου τότε προεστηκώς.
Arist. Frösche 416 ff.

3) Xen. a. a. O. τῆς διωβελίας ἐπιμελόμενος nach Dindorf's unzweifelhaft richtiger Emendation. Näheres s. Rh. Mus. 39 (1884) S. 253 f.

4) Xen. Hell. I 7, 3. 9 — Kallixenos hat später unter Thrasybulos
für die Herstellung der Demokratie gekämpft, nachdem er während

und Theramenes, schritt Archedemos zum Angriff. Die siegreichen Feldherrn wurden durch Volksbeschluss vom Amte
suspendirt, und zur Rechenschaft nach Athen gerufen. In
richtiger Erkenntniss der Lage zogen zwei von ihnen, Aristo-
genes und Protomachos, es vor der Ladung nicht Folge zu
leisten und in freiwillige Verbannung zu gehen. Sie bekannten
sich damit selbst als schuldig, und compromittirten aufs
Schwerste ihre Collegen, die den Muth hatten sich dem Volke
zu stellen. Bei ihrer Ankunft wurden Thrasylos, Perikles,
Diomedon, Lysias, Erasinides, Aristokrates auf Befehl des
Rathes ins Gefängniss geworfen, und auf den Tod angeklagt. Die Bewegung wuchs ihren eigenen Urhebern über
den Kopf; es war umsonst, dass Alkibiades' Vetter Eury-
ptolemos alles aufbot, um wenigstens Perikles' und Diomedon's Leben zu retten[1]). Das Volk wollte sein Opfer
für die an den Arginusen hingemordeten Tapferen; Thrasylos und die übrigen Feldherrn wurden verurtheilt und hingerichtet[2]).

Kleophon hatte sich dieser ganzen Agitation ferngehalten.
Dass aber die Verurtheilung der Strategen keineswegs gegen
seinen Willen erfolgt ist, dass er mindestens nicht dagegen
opponirt hat, zeigt die leitende Stellung, in der wir sogleich
nach dem Prozesse ihn finden. Ja es scheint, dass er bei
der Nachwahl für die abgesetzten Feldherrn selbst zur Strategie gelangt ist. Ebenso erhielt die Partei des Alkibiades
ihren Antheil an den Früchten des Sieges. Adeimantos von
Skambonidae wurde jetzt wieder zum Strategen gewählt, und
mit Konon und dem gleichfalls neugewählten Philokles an die
Spitze der Flotte gestellt. Unter den designirten Strategen
war auch Theramenes, aber die Wahl wurde bei der Doki-

der Herrschaft der Dreissig in der Verbannung gelebt hatte (Xen. Hell.
I 7, 34). Das charakterisirt hinreichend seine politische Richtung. —
Die Worte λιμῷ ἀπέθανεν sind natürlich nicht wörtlich zu nehmen;
der Sinn ist, er starb in Dürftigkeit.

1) Xen. Hell. I 7, 16.

2) Ob die gesetzlichen Formen bei dem Prozesse verletzt worden
sind, oder nicht, ist für die Geschichte ziemlich gleichgültig; das Urtheil bleibt in jedem Falle eine ewige Schmach für das attische Volks-
gericht. — Die Zurückführung des Prozesses auf oligarchische Machina-
tionen ist hier womöglich noch ungereimter, als beim Mysterienprozesse.
Vergl. Gilbert Beiträge S. 373 ff.

masie cassirt[1]), und ebenso erfolglos blieben die Anstrengungen
zur Rehabilitirung der Männer, die wegen ihrer Betheiligung
an der Oligarchie des Jahres 411 ihre bürgerlichen Rechte
verloren hatten[2]). Vor Allem die brennende Frage des Tages,
die Rückberufung des Alkibiades, machte keinen Schritt vor-
wärts; das Misstrauen der Bürgerschaft gegen ihn blieb un-
überwindlich[3]).

    Nach wie vor hielt Kleophon fest an seinem alten Pro-
gramm, keinem Frieden zuzustimmen, der nicht Athen die
frühere Machtstellung wiedergab. Die Friedensvorschläge, die
Sparta gleich nach der Schlacht auf der Basis des gegenwärtigen Besitzstandes in Athen machen liess, wurden demgemäss zurückgewiesen[4]). Und doch wurde die Erschöpfung
des Staates mit jedem Tag grösser. Es hatte der uner-
hörtesten Anstrengungen bedurft, die Flotte auszurüsten, die
bei Lesbos gesiegt hatte; die Finanznoth hatte eine unerträg-
liche Höhe erreicht. Unter diesen Umständen einen Frieden
zu verwerfen, der Athen nichts auferlegte als einen Verzicht
auf Euboea und einen Theil von Ionien, war einfach Wahnsinn; dass Kleophon es vermochte, die Bürgerschaft dazu zu
bringen, zeigt am besten zu wie unbeschränkter Macht er
gestiegen war.

    Da fiel bei Aegospotamoi die Entscheidung. Zweimal im
Laufe des Krieges, nach der sicilischen Katastrophe und vor
der Arginusenschlacht, hatte Athen eine neue Flotte geschaffen;
jetzt waren die Mittel des Staates erschöpft. Zur See war
jeder Widerstand unmöglich geworden; die Belagerung stand
in sicherer Aussicht und Hülfe war von keiner Seite her zu
erwarten. Nun, wo es zu spät war, geschah, was vor einigen
Monaten die gemässigte Partei empfohlen hatte. Ein von
Patrokleides beantragter Volksbeschluss setzte die Atimen
wieder in ihre vollen politischen Rechte ein[5]); aber die Lage

    1) Lysias 13 (g. Agorat.) 10, eine Angabe, die sich übrigens auch
auf die regelmässigen Archaeresien im Frühjahr 405 beziehen könnte,
was aber für die Beurtheilung der politischen Lage kaum einen Unterschied macht.
    2) Arist. Frösche 689—92.
    3) Arist. Frösche 1422 ff. πρῶτον μὲν οὖν περὶ Ἀλκιβιάδου τίν'
ἔχετον | γνώμην ἑκάτερος; ἡ πόλις γὰρ δυστοκεῖ. κτλ.
    4) Aristot. bei Schol. Arist. Frösche 1532.
    5) Xen. Hell. II 2, 11, Andok. v. d. Myst. 73, Lysias 25 (δήμου καταλ.) 27.

wurde dadurch um nichts besser. Ueberhaupt verlor die radicale Partei jetzt an Boden; bei den Ersatzwahlen nach der Niederlage im Hellespont wurde Eukrates, Nikias' Bruder, zum Strategen gewählt, und mit ihm andere Männer derselben Richtung. Auch im Rathe bekamen die Gemüssigten das Uebergewicht; Chremon und Satyros, die später in hervorragender Weise bei der oligarchischen Umwälzung sich betheiligt haben, nahmen als Führer der Majorität die Leitung der Körperschaft in die Hand[1]).

So begannen die Unterhandlungen. Athen erklärte sich bereit, auf das Reich zu verzichten, und mit Sparta in Bund zu treten, unter der Bedingung, dass die langen Mauern und die Befestigungen des Peiraeeus erhalten blieben[2]). Es war eine merkwürdige Verkennung der Lage, zu glauben, dass jetzt noch auf solche Bedingungen hin ein Abkommen möglich sei. Lag es doch völlig in der Hand des Siegers, Athen zu vernichten; und wenn man auch in Sparta sehr weit von einer solchen Barbarei entfernt war, so forderte doch das eigene Interesse, Athen die Möglichkeit zu nehmen, bei nächster Gelegenheit den beschworenen Vertrag mit den Waffen in der Hand zu zerreissen. Dennoch verlangte Sparta auch jetzt nicht mehr, als unbedingt nöthig war. Athen sollte seine Verfassung, seine Festungswerke und den Peiraeeus mit dem Rest der Flotte, ja selbst von seinen auswärtigen Besitzungen die Inseln Lemnos, Imbros und Skyros behalten, wo seit langen Jahren eine attische Bevölkerung ansässig war; nur die langen Mauern sollten auf eine Strecke von 10 Stadien niedergerissen werden[3]).

Athen hätte allen Grund gehabt, mit solchen Bedingungen zufrieden zu sein. Aber Kleophon konnte sich noch immer in die Lage nicht finden. Er drohte jedem den Kopf vor die Füsse zu legen, der es wagen würde, für die Annahme des Friedens zu sprechen; und sein Einfluss war gross genug, einen Volksbeschluss durchzusetzen, der die Berathung über die Niederreissung der langen Mauern verbot[4]).

Die verständigen Elemente der Bürgerschaft mussten in

1) Lysias 30 g. Nikom.) 10—12, 13 (g. Agorat.) 20.
2) Xen. Hell. II 2, 11.
3) Lysias 13 (g. Agoratos) 8, Aesch. v. d. Ges. 76.
4) Xen. Hell. II 2, 15, Lys. 13 (g. Agorat.) 8, Aesch. v. d. Ges. 76.

Verzweiflung gerathen über diesen Wahnsinn, der die Bevölkerung nutzlos den furchtbarsten Entbehrungen aussetzte, und vielleicht den ganzen Staat ins Verderben riss. In dieser Noth unternahm es Theramenes, das Volk auch gegen seinen Willen zu retten. Er ging als bevollmächtigter Gesandter zu Lysandros; und wenn er auch selbst unmöglich glauben konnte, bessere Bedingungen zu erlangen, so war doch schon viel gewonnen, wenn die spartanische Regierung über die wahre Stimmung in Athen aufgeklärt, und damit von extremen Schritten zurückgehalten wurde[1]).

Indessen that der Hunger in der belagerten Stadt seine Wirkung. Bei seiner Zurückkunft erhielt Theramenes Vollmacht, nach Sparta zu gehen und den Frieden auf jede Bedingung hin abzuschliessen. Dass diese Bedingungen jetzt schärfer lauteten, als vor vier Monaten, war nur natürlich; es war Kleophon dem Athen dafür zu danken hatte. Sparta forderte die Schleifung des Peiraeeus und der langen Mauern, Auslieferung der Kriegsflotte, Abtretung sämmtlicher auswärtigen Besitzungen, Aufnahme der Verbannten; endlich sollte Athen nach seiner „althergebrachten Verfassung“ ($\pi \acute{\alpha} \tau \varrho \iota o \varsigma \ \pi o \lambda \iota \tau \epsilon \acute{\iota} \alpha$) regiert werden, ein elastischer Ausdruck, aus dem sich alles herausdeuten liess.

Als Theramenes mit diesen Bedingungen nach Athen kam, fand er den Hauptgegner des Friedens aus dem Wege geräumt. ˙Kleophon's beständige Angriffe gegen den Rath, den er offen oligarchischer Umtriebe beschuldigte, hatten endlich Satyros veranlasst, ihn vor Gericht zu ziehen, und seine Verurtheilung und Hinrichtung durchzusetzen[2]). Jetzt wurde der Friede auf Theramenes' Empfehlung ohne nennenswerthe Opposition von der Volksversammlung angenommen[3]); die bis aufs Aeusserste gestiegene Hungersnoth liess keine andere Wahl. Athen war aus der Reihe der selbständigen Mächte gestrichen.

---

1) Lysias' Anklagen gegen Theramenes wegen dieser Gesandtschaft sind so unbegründet wie möglich. Keine Macht der Welt hätte Athen's Fall jetzt abwenden können.

2) Lysias 13 (g. Agoratos) 12 $\ddot{o} \tau \iota \ o \dot{v} \varkappa \ \ddot{\eta} \lambda \vartheta \epsilon \nu \ \epsilon \dot{\iota} \varsigma \ \tau \grave{\alpha} \ \ddot{o} \pi \lambda \alpha \ \dot{\alpha} \nu \alpha \pi \alpha \nu$ $\sigma \acute{o} \mu \epsilon \nu o \varsigma$. Sievers Comment. hist. de Xen. Hell. S. 44, Rh. Mus. 39 (1884) S. 256.

3) Plut. Lysandros 14.

Cap. VI.

Die zweite Oligarchie.

Eine Niederlage, wie sie Athen soeben erlitten hatte, ist für dieRegierung, unter der sie erfolgt, immer verhängnissvoll. War die Herrschaft der extremen Demokratie schon nach dem Schlage von Aegospotamoi ins Wanken gekommen, so war diese Partei jetzt in der öffentlichen Meinung völlig discreditirt und immer lauter erscholl der Ruf nach einer Aenderung des Systems, das den Staat ins Verderben gestürzt hatte[1]). Die Wahl des Theramenes zum Friedensunterhändler mit Sparta, die Hinrichtung Kleophon's hatten diesen Umschwung schon vor der Capitulation deutlich gekennzeichnet; jetzt kehrten die Verbannten zurück und mit ihnen gewann die Reformpartei eine Reihe begabter und energischer Führer.

Theramenes trat an die Spitze der Bewegung. Auf seinen Betrieb wurde ein geheimes Actions-Comité von 5 Männern eingesetzt, die Ephoren, wie sie bezeichnend sich nannten[2]). Freilich konnte Theramenes aus leicht ersichtlichen Gründen in die neue Behörde nicht eintreten; aber er lenkte die Wahl auf Männer aus dem Kreise seiner persönlichen Freunde[3]). Unter allen der bedeutendste war Kritias der Sohn des Kallaeschros. Seine Familie gehörte zu den ersten in Athen; er selbst war gleich ausgezeichnet als Philosoph, Dichter und Redner; zum Staatsmanne fehlte ihm die Kraft sein leidenschaftliches Naturell zu beherrschen. Mit Alkibiades eng befreundet, war er es gewesen, der nach dem

---

1) Lysias g. Eratoeth. 74 Θηραμένης δὲ ... εἶπεν ὅτι οὐδὲν αὐτῷ μέλοι τοῦ ὑμετέρου θορύβου, ἐπειδὴ πολλοὺς μὲν Ἀθηναίων εἰδείη τοὺς τὰ ὅμοια πράττοντας αὐτῷ.

2) Dass die Ephoren erst nach der Uebergabe Athens eingesetzt wurden, folgt daraus, dass Kritias dem Collegium angehörte; dass sie ein geheimes Comité bildeten daraus, dass Lysias Zeugen beibringen muss, um zu beweisen, dass Eratosthenes Ephor gewesen ist (Lys. g. Erat. 46). Auch ist die Sache an und für sich selbstverständlich. S. übrigens Grote VIII, Ch. 65 p. 25 f. (London und Leipzig 1870).

3) Lys. g. Eratoeth. 43 ὧν Ἐρατοσθένης καὶ Κριτίας ἦσαν. Ueber Eratosthenes' Freundschaft mit Theramenes s. Lysias g. Erat. 62 f., über Kritias Xen. Hell. II 3, 15 τῷ μὲν οὖν πρώτῳ χρόνῳ ὁ Κριτίας τῷ Θηραμένει ὁμογνώμων τε καὶ φίλος ἦν und weiter unten ἔτι γὰρ οἰκείως ἐχρῆτο τῷ Θηραμένει.

Sturze der Vierhundert dessen Zurückberufung beantragt hatte[1]). Später war er auf Kleophon's Betrieb verbannt worden[2]), wir wissen nicht wann und weshalb; er ging nach Thessalien und nahm dort Theil an den Kämpfen der Tyrannen von Pherae gegen die Adelspartei. Jetzt hatte ihm der Frieden die Rückkehr nach der Heimath geöffnet; in der Seele trug er glühenden Durst nach Rache an seinen politischen Feinden, Hass und Verachtung gegen den Pöbel, der so lange in Athen ohne Schranken geherrscht hatte[3]).

Auf der anderen Seite rüsteten sich auch die Demokraten, der Gewalt mit Gewalt zu begegnen. Noch lag die Macht zum grossen Theil in ihrer Hand, denn die Strategen und Taxiarchen gehörten der Mehrzahl nach zu den Anhängern der bestehenden Verfassung. Vielleicht dass ein rasches und energisches Handeln das Schlimmste noch abwenden konnte. Freilich war es ein Entschluss der Verzweiflung, eine demokratische Erhebung zu wagen gegenüber dem von Lysandros geleiteten Sparta; aber war die Lage etwa weniger verzweifelt, wenn man wartete und die oligarchische Reaction ohne Widerstand herankommen liess?˙ So wurde denn in der Stille ein grosser Schlag vorbereitet. An der Spitze standen die Strategen und Taxiarchen selbst, darunter Männer aus den ersten Häusern Athens, denen Niemand ultrademokratische Gesinnung hätte vorwerfen können, wie Eukrates von Kydantidae, und Strombichides von Euonymia[4]), beide seit langen Jahren erprobt in den höchsten Ehrenstellen des Staates. Aber natürlich mussten auch andere in den Plan eingeweiht werden, und eben daran ist das Unternehmen gescheitert. Zwei der Verschworenen, Theokritos und Agoratos, machten dem Rathe Anzeige von dem was im Werke war; und der Rath, der in seiner Mehrheit den oligarchischen Plänen günstig war, trug Sorge, dass die Urheber des Complottes gefangen gesetzt wurden.

---

1) S. oben S. 74.
2) Arist. Rhet. p. 52 Bekk.
3) Xen. Hell. II 3, 15 ὁ Κριτίας ... μὲν προπετὴς ἦν ἐπὶ τὸ πολλοὺς φονεύειν, ἅτε καὶ φυγὼν ὑπὸ τοῦ δήμου.
. 4) Lysias 18 (g. Poliochos) 4—5, 13 (g. Agorat.) 13 ff.,· 30 (g. Nikom.) 14. S. Scheibe Olig. Umwälz. S. 52 f., Pöhlig, Der Athener Theramenes S. 293 f.

Theramenes sah den Abgrund, vor dem er gestanden hatte, und dass jetzt schnelles Vorgehen von Nöthen war[1]). Aber ohne den Rückhalt einer starken Militärmacht glaubte er nicht zum Ziele kommen zu können. Gesandte gingen nach Samos, um Lysandros nach Athen zu rufen. In der That war auch ohne das eine lakedaemonische Intervention dringend geboten. Denn die demokratischen Strategen hatten sich keineswegs mit der Ausführung der Friedensbedingungen beeilt; noch waren die Kriegsschiffe nicht ausgeliefert, und die langen Mauern standen noch aufrecht, obgleich die Frist zu ihrer Niederreissung schon abgelaufen war.

Die Ankunft der peloponnesischen Flotte machte endlich den schwankenden Zuständen ein Ende. Eine Volksversammlung wurde nach dem Kolonos berufen, in der Drakontides von Theramenes unterstützt den Antrag einbrachte, eine provisorische Regierung von dreissig Männern einzusetzen, um für Athen eine neue Verfassung auszuarbeiten[2]). Vor Lysandros' Drohungen verstummte die Opposition; der Antrag wurde angenommen, und die provisorische Regierung gewählt; zehn der dreissig Mitglieder von der Volksversammlung, zehn von dem Collegium der Ephoren, zehn von Theramenes[3]). Jetzt wurden die langen Mauern gänzlich niedergerissen, die Flotte ausgeliefert und darauf Attika von den Peloponnesiern geräumt. Athen blieb sich selbst überlassen.

Die Seele der neuen Regierung war Theramenes; hatte er doch mehr als irgend ein anderer zum Sturze der Demokratie beigetragen[4]) und, direkt oder indirekt, die Zusammensetzung des Collegiums der Dreissig nach seinem Willen bestimmt. Neben ihm ragten unter den Mitgliedern der Regierung vor Allem Kritias und Charikles hervor; dann Drakontides, der den Antrag zur Verfassungsänderung gestellt hatte, und Aristoteles, der während der Herrschaft der Vier-

---

1) Lysias 13 (g. Agorat.) 17 γνοὺς δὲ ταῦτα ὁ Θηραμένης καὶ οἱ ἄλλοι οἱ ἐπιβουλεύοντες ὑμῖν, ὅτι εἰσί τινες οἳ κωλύσουσι τὸν δῆμον καταλυθῆναι κτλ. Xen. Hell. II 3, 28.

2) Aristot. bei Schol. Arist. Wesp. 157, Lys. g. Eratosth. 74.

3) Lysias g. Eratosth. 76.

4) Xen. Hell. II 3, 28 [Θηραμένης] αὐτὸς μὲν ἄρξας τῆς πρὸς Λακεδαιμονίους πίστεως καὶ φιλίας, αὐτὸς δὲ τῆς τοῦ δήμου καταλύσεως κτλ.

hundert Stratege gewesen war und seitdem als Verbannter
in Sparta eine rege Thätigkeit gegen seine Vaterstadt entwickelt hatte[1]). Und überhaupt hatte wohl die Mehrzahl der
Dreissig schon im Rathe der Vierhundert gesessen — Theramenes selbst hatte ja auch dazu gehört — und sehr viele,
wie Kritias, Aristoteles, Onomakles, Sophokles hatten die
letzten Jahre in der Verbannung gelebt[2]).

Jetzt schritt man zu einer Reorganisation aller Behörden.
Die demokratische Erfindung des Looses wurde beseitigt, und
der Rath ebenso wie die Stellen der Archonten durch Wahl
besetzt[3]), selbstverständlich aus den Anhängern der neuen
Staatsordnung. Ebenso wurden die Volksgerichte abgeschafft,
und die Rechtsprechung dem Rathe übertragen[4]). Für die
Verwaltung des Peiraeeus wurde ein Collegium von zehn Männern eingesetzt, an seiner Spitze Charmides, ein naher Verwandter von Kritias. Dagegen nahm man Abstand von der
Wahl von Strategen; die Militärmacht sollte von den Dreissig
selbst direkt abhängig sein.

Die oligarchische Regierung war somit constituirt und
konnte ihre Thätigkeit beginnen. Die nächste Aufgabe war
die Erledigung des noch immer schwebenden Hochverraths-
prozesses gegen die demokratischen Strategen und Taxiarchen.
Der Ausgang konnte nicht zweifelhaft sein. Die Schuld der
Angeklagten lag klar am Tage, und demgemäss sprach der
Rath das Urtheil. Eukrates, Strombichides, Dionysodoros,
Kalliades und ihre Mitverschworenen wurden den Elfmännern
zur Hinrichtung übergeben.

Aber wenn auch die gefährlichsten Gegner beseitigt waren,

---

1) Der Katalog der Dreissig bei Xen. Hell. II 3, 2. — Ueber Aristoteles Xen. Hell. II 2, 18.

2) Lysias g. Agorat. 74 οἱ τριάκοντα καὶ ἡ βουλὴ ἡ ἐπὶ τῶν τριάκοντα βουλεύουσα, οἳ αὐτοὶ ἦσαν ἅπαντες τῶν τετρακοσίων τῶν φυγόν-
των, allerdings mit starker Uebertreibung — Sophokles wohl identisch
mit dem im Jahre 424 verbannten Strategen.

3) Xen. Hell. II 3, 11 οἱ δὲ τριάκοντα . . . αἱρεθέντες ἐφ᾽ ᾧτε
συγγράψαι νόμους, καθ᾽ οὕστινας πολιτεύσοιντο, τούτους μὲν ἀεὶ ἔμελλον συγγράφειν τε καὶ ἀποδεικνύναι, βουλὴν δὲ καὶ τὰς ἄλλας ἀρχὰς
κατέστησαν ὡς ἐδόκει αὐτοῖς. Wie die gebildeten Kreise in Athen
über die Wahl der Beamten durch das Loos dachten, ist bekannt.

4) Lysias g. Agorat. 36 ff., und den Bericht über die Verhandlung
gegen Theramenes bei Xen. Hell. II 3, 23 ff.

sicher fühlte sich die Regierung noch keineswegs. Zwar verfügte sie über eine bedeutende Truppenmacht. Die tausend Reiter, die der Staat aus öffentlichen Mitteln unterhielt, junge Leute aus den besten Familien Athens, waren den Machthabern durchaus ergeben, und auch ein Theil der Hopliten war zuverlässig. Aber waren diese Streitkräfte auch in jedem Falle ausreichend? Hatte nicht den Vierhundert genau dieselbe Truppenmacht zur Verfügung gestanden, ohne ihren Sturz hindern zu können? Es war klar: wie die neue Verfassung nur in Folge der Pression Lysandros' auf die Volksversammlung hatte eingeführt werden können, so war sie nur mit Hülfe einer Unterstützung von Sparta im Stande sich auf die Dauer zu behaupten. Das hatten bereits die Lenker der ersten Oligarchie sehr wohl erkannt, und ohne das Dazwischentreten des Theramenes hätte Athen schon 411 eine lakedaemonische Besatzung erhalten. Aber was damals während des Krieges Landesverrath gewesen war, das konnte selbst für einen aufrichtigen Patrioten kein Bedenken mehr haben, seit Athen zum spartanischen Reiche gehörte. So gingen denn zwei Mitglieder der Regierung, Aeschines und Aristoteles, nach Sparta, um die Absendung einer Garnison nach Athen zu erwirken. Lysandros setzte es durch, dass dem Gesuche gewillfahrtet wurde; 700 lakedaemonische Hopliten rückten unter dem Harmosten Kallibios in die Akropolis ein.

Jetzt endlich schien der Bestand der neuen Ordnung gegen jeden Angriff von Aussen gesichert. Der Zwang war beseitigt, der bisher die extreme Partei unter den Dreissig zur Zurückhaltung bewogen hatte, und sie dem Willen des Theramenes gefügig gemacht. Kritias trat nun mit seiner Opposition offen hervor. Sein Scharfblick machte sich keine Illusionen über die Lage; ihm stand es fest, dass bei den tiefen Wurzeln, welche die Demokratie während eines Jahrhunderts in Athen geschlagen hatte, eine andere Staatsform nur durch Gewalt sich begründen liess[1]). Und er war entschlossen, ohne jede Rücksicht durchzuführen, was er einmal für nothwendig erkannt hatte. Es sollte Niemand in Athen bleiben, der der neuen Ordnung der Dinge

---

1) Εἰ δὲ, ὅτι τριάκοντά ἐσμεν καὶ οὐχ εἷς, ἧττόν τι οἴει ὥσπερ τυραννίδος ταύτης τῆς ἀρχῆς χρῆναι ἐπιμελεῖσθαι, εὐήθης εἶ sagt Kritias bei Xen. Hell. II 3, 16 zu Theramenes.

feindlich gesinnt war. Die Aufgabe schien nicht schwer; hatte
doch der Krieg und die Revolution die Häupter der demokratischen Partei furchtbar gelichtet. Von den Wenigen, die
noch übrig waren, lebte der bedeutendste, Alkibiades, in
selbstgewählter Verbannung; Konon war so gut wie verschollen
in Kypros; Thrasybulos und Anytos, jetzt die leitenden Männer
dieser Richtung in Athen, flüchteten über die bocotische
Grenze[1]). Wer zurückblieb, konnte jeden Augenblick seiner
Verhaftung und der Anklage auf den Tod gewärtig sein, und
wie die Dinge lagen, war damit sein Schicksal besiegelt.
Leon von Salamis und Nikeratos von Kydantidae waren
die hervorragendsten unter den Opfern[2]); beide aus rei-
chem und vornehmen Hause, Leon hochangesehen durch die
Zahl der Strategien, die er bekleidet[3]), Nikeratos, obwohl er
nie das Feldherrnamt inne gehabt, als Sohn des Nikias und
Neffe des Eukrates von nicht geringerem Einfluss im Staate.
Von radicalen Tendenzen waren beide gleich weit entfernt[4]).
Stand es nicht traurig mit einer Regierung, die, um ihres Be-
standes sicher zu sein, dazu schreiten musste, solche Männer
aus dem Wege zu räumen?

Theramenes erkannte die ganze Grösse der Gefahr, mit
der ein so massloses Vorgehen die oligarchische Sache bedrohte. Aber schon war er der Lage nicht mehr Herr. In
bewegten Zeiten wird die extreme Richtung immer über die
gemässigte den Sieg davon tragen. Wenn die Leidenschaften
einmal entfesselt sind, ist es leicht sie anzufachen bis zum
verheerenden Brande; ihnen Halt zu gebieten, ist auch der
stärkste Wille oft ohnmächtig. Auch Theramenes hatte
jetzt diese Erfahrung zu machen. Immer mehr glitt die Leitung der Dinge ihm aus der Hand. Schon die Aufnahme der
lakedaemonischen Besatzung war trotz seines Widerspruches

---

1) Xen. Hell. II 3, 42. 44.

2) Xen. Hell. II 3, 39, Lys. 18, 5, Andok. v. d. Myst. 94.

3) Die Identität dieses Leon mit dem Strategen halte ich für unzweifelhaft, vergl. Thuk. VIII 73. — Bezieht sich auf ihn Lysias 10,
27, so dass der dort § 5 erwähnte Pantaleon sein Sohn wäre?

4) οὐδὲν πώποτε δημοτικὸν οὔτε αὐτοῦ οὔτε τοῦ πατρὸς πρά-
ξαντος heisst es Xen. Hell. II 3, 39 von Nikeratos, was freilich nur
richtig ist, wenn man δημοτικὸν hier als „im Sinne der radicalen Demokratie" fasst.

erfolgt; seitdem sank sein Einfluss tiefer und tiefer[1]). Aber
auch er war zu weit gegangen, um jetzt noch zurück zu
können. Um so mehr drang er darauf, das Verfassungswerk
zu fördern, damit der Staat wenigstens so rasch als möglich
in geordnete Zustände hinübergeführt würde. Sein Plan war,
Allen an der Staatsverwaltung Antheil zu geben, die als
Hopliten oder Reiter dem Staate zu dienen vermöchten[2]). So
wäre die besitzlose Masse von jedem politischen Einfluss ausgeschlossen worden, und doch der Kreis der Berechtigten
hinreichend weit gezogen, um eine Cliquenwirthschaft zu verhindern und auch ohne Hülfe von Aussen die Herrschaft zu
behaupten. Es war im Wesentlichen die Herstellung der alten
solonischen Verfassung, die er erstrebte; jener Verfassung,
die schon nach dem Sturze der Vierhundert auf kurze Zeit
in Geltung gewesen war. Aber während bisher der Widerstand der demokratisch gesinnten unter den Besitzenden selbst
gegen die Ausführung dieser Reform sich erhoben hatte, jener
Männer, die unter der alten Ordnung der Dinge ihren Einfluss im Staate besser behaupten zu können meinten, so waren
es jetzt die extremen Elemente in Theramenes' eigener Partei,
von denen die Opposition gegen ihn ausging. In der That
konnte Niemand im Zweifel sein, dass die grosse Mehrzahl
auch der Besitzenden aufs Entschiedenste die Art und Weise
verurtheilte, wie Kritias und seine Freunde die Reorganisation
des Staates betrieben; dass der politische Einfluss dieser Ultras in dem Augenblicke zu Ende sein würde, wo Theramenes
im Stande war, sich auf eine aus sämmtlichen Bürgern vom
Hoplitencensus gebildete Volksversammlung zu stützen[3]). Sollte
die extreme Oligarchie, wie sie Kritias erstrebte, Bestand
haben, so war es nothwendig, die Schafe von den Böcken
zu sondern, und nur solchen Bürgern die vollen politischen
Rechte und damit auch die Führung der Waffen in die Hand
zu geben, deren Anhänglichkeit an die jetzt bestehende Staatsform über allen Zweifel erhaben war. So setzte es Kritias
durch, dass auf die Verfassung zurückgegriffen wurde, wie

---

1 Xen. Hell. II 3, 38—42.
2) Xen. Hell. II 3, 17. 48.
3) Xen. Hell. II 3, 18 *ἐκ τούτου μέντοι Κριτίας καὶ οἱ ἄλλοι τριάκοντα, ἤδη φοβούμενοι καὶ οὐχ ἥκιστα τὸν Θηραμένη, μὴ συρρυήσαν
πρὸς αὐτὸν οἱ πολίται κτλ.*

sie vor sieben Jahren unter den Vierhundert bestanden hatte.
Nur wurde statt 5000 jetzt nicht mehr als 3000 Athenern
das volle Bürgerrecht gewährt; sei es, dass Krieg und Revolution die Reihen der Besitzenden soweit gelichtet hatten,
sei es, dass man beabsichtigte, alle unzuverlässigen Elemente
noch gründlicher auszuscheiden [1]).

Nach diesem neuen Siege über Theramenes konnte Kritias
seine Pläne noch rückhaltsloser zur Ausführung bringen. Die
Schreckensherrschaft begann. Alle die unlauteren Elemente
wurden entfesselt, die jede Revolution ans Tageslicht bringt.
Persönliche Feindschaft und Habsucht, nicht mehr politische
Rücksichten allein bestimmten die Opfer [2]). Die Finanzlage war
verzweifelt, bei dem Stocken alles Verkehrs die Einnahmen auf
ein Minimum gesunken, mit dem Verlust der auswärtigen Besitzungen die Hauptquelle, aus der bisher die Staatsbedürfnisse
gedeckt worden waren, versiegt. Wovon sollte die Verwaltung
bestritten werden, wovon die ausserordentlichen Anforderungen, die nach einem solchen Kriege von allen Seiten an die
Staatscasse herantreten mussten, wovon endlich der Sold der
lakedaemonischen Besatzung [3])? War es zu verwundern, dass
die Dreissig in ihrer Verzweiflung zu dem Mittel griffen, das
die Demokratie selbst sie gelehrt? Wie oft hatte nicht die
Heliaea ein Todesurtheil gesprochen, bloss damit aus dem
confiscirten Vermögen des Angeklagten der Richtersold ge-
zahlt werden könnte; der Hinweis darauf war bei den Anklagen stehend geworden [4]). Konnten sich die Demokraten beklagen, wenn dasselbe Verfahren jetzt gegen sie zur Anwendung
kam? Aber freilich, wenn eine Regierung, die eigens dazu eingesetzt worden war, den Missbräuchen der Demokratie zu
steuern, die Sicherheit der Person und des Eigenthums herzustellen, es jetzt ärger trieb, als die Demokratie in ihrer
schlimmsten Zeit [5]), wenn es bald noch gefährlicher wurde ein

---

1) Xen. a. a. O.

2) Xen. Hell. II 3, 21 τούτων δὲ γενομένων, ὡς ἐξὸν ἤδη ποιεῖν
αὐτοῖς ὅτι βούλοιντο, πολλοὺς μὲν ἔχθρας ἕνεκα ἀπέκτεινον, πολλοὺς
δὲ χρημάτων.

3) Xen. Hell. II 3, 21 ἔδοξε δ᾿ αὐτοῖς, ὅπως ἔχοιεν τοῖς φρουροῖς
χρήματα διδόναι, καὶ τῶν μετοίκων ἕνα ἕκαστον λαβεῖν, καὶ αὐτοὺς
μὲν ἀποκτεῖναι, τὰ δὲ χρήματα αὐτῶν ἀποσημήνασθαι.

4) S. oben S. 10.

5) Ἀλλ᾿ οὐ δοκεῖ μοι — sagt Theramenes bei Xen. Hell. II 3,

reicher Mann zu sein als ein Demokrat[1]), so hiess das nichts
anderes, als die Fundamente der eigenen Existenz untergraben
und einer demokratischen Restauration den Weg bahnen[2]).

Niemand sah klarer als Theramenes, dass es so nicht weiter
gehen konnte. Von all den Hoffnungen, mit denen er selbst
im letzten Frühjahr das Werk der Verfassungsreform begonnen hatte, war nicht eine verwirklicht worden; die Tyrannei des Pöbels über die Besitzenden war jetzt von einer
viel ärgeren Tyrannei abgelöst. Wohl hatte Theramenes keinen
Antheil genommen an den Ausschreitungen seiner extremen
Parteigenossen; aber traf ihn nicht ebenso die Verantwortung
dafür, weil er sie geschehen liess, weil er in der Regierung
sass, in deren Namen, oder unter deren Connivenz wenigstens,
diese Dinge verübt wurden? Jetzt endlich erkannte er, dass
es mit Kritias und Charikles keine Verständigung gab, dass
der Riss, der ihn von diesen Männern trennte, viel tiefer
war, als selbst die Spaltung zwischen ihm und der üussersten
Demokratie. Vielleicht hatte er schon zu lange gezögert;
vielleicht war es jetzt zu spät, gut zu machen, was er einst
in gutem Glauben gefehlt; aber was auch kommen mochte,
er konnte nicht länger mit Kritias' Fraction zusammen in der
Regierung bleiben, ohne seine ganze politische Zukunft nutzlos
aufs Spiel zu setzen[3]). Freilich, ein Rücktritt von der Gewalt
wäre offenbarer Selbstmord gewesen; wusste doch jeder, wie
Kritias unzuverlässige Freunde behandelte. Es gab jetzt für
Theramenes nur die Wahl, entweder Kritias' Einfluss zu
brechen und selbst dessen Stellung an der Spitze des Staates
einzunehmen, oder das Misslingen dieses Versuches mit dem
eigenen Leben zu büssen. Und vielleicht blieb seinem alten

---

22 — καλὸν εἶναι φάσκοντας βελτίστους εἶναι ἀδικώτερα συκοφαν-
τῶν ποιεῖν.

1) [Isokrates] 21 (g. Euthynos) 12 πάντες γὰρ ἐπίστασθε, ὅτι ἐν
ἐκείνῳ τῷ χρόνῳ δεινότερον ἦν πλουτεῖν ἢ ἀδικεῖν.

2) πότερον οἴεσθε Θρασύβουλον καὶ Ἄνυτον καὶ τοὺς ἄλλους φυ-
γάδας ἃ ἐγὼ λέγω μᾶλλον ἂν ἐνθάδε βούλεσθαι γίγνεσθαι, ἢ ἃ οὗτοι
πράττουσιν; sagt Theramenes bei Xen. Hell. II 3, 44.

3) Xen. Hell. II 3, 27 νῦν οὖν αἰσθανόμεθα Θηραμένῃ τουτουὶ οἷς
δύναται ἀπολλύντα ἡμᾶς τε καὶ ὑμᾶς· ὡς δὲ ταῦτα ἀληθῆ, ἢν κατα-
νοῆτε, εὑρήσετε οὔτε ψέγοντα οὐδένα μᾶλλον Θηραμένους τουτουὶ τὰ
παρόντα οὔτε ἐναντιούμενον (aus Kritias' Anklagerede gegen Theramenes
vor dem Rath).

Glück und seiner so oft erprobten Geschicklichkeit auch hier
der Sieg. Wusste er doch, dass die Majorität der Bürgerschaft und selbst der 3000 ihm günstig gesinnt war, dass er
im Rathe eine grosse Partei für sich hatte, dass auch unter
den Dreissig so mancher das Treiben der extremen Oligarchen
nicht billigte. War es ihm einst gelungen, die Oligarchie der
Vierhundert zu stürzen, warum sollte er jetzt nicht auch
dieser zweiten Oligarchie dasselbe Schicksal zu bereiten im
Stande sein?

Aber auch Kritias erkannte, dass der Moment zum Handeln gekommen war. Es galt, Theramenes den Vorsprung
abzugewinnen, und Kritias war nicht der Mann, der sich
durch irgend welche Scrupel hätte abhalten lassen, zu thun
was nöthig war. Was verschlug es, dass er auch nicht den
Schatten eines Beweises für Theramenes' beabsichtigte Ver-
rätherei in der Hand hatte? Dass er ihm nichts vorwerfen
konnte, als eine streng loyale Opposition gegen einige extreme Massregeln? Der gefürchtete Nebenbuhler musste fallen
durch welche Mittel war gleichgültig; und wo so viele Bürger
ohne Urtheil und Recht zu Tode gebracht worden waren, was
kam es auf einen mehr dabei an? Aber freilich, Theramenes
gegenüber konnte Kritias die gesetzlichen Formen nicht so
ausser Acht lassen, wie er es wohl geringeren Männern gegenüber zu thun gewohnt war. Nicht aus Rücksicht auf
den einstigen Freund, oder auf die Verdienste, die sich Theramenes um die Errichtung der Oligarchie erworben hatte.
Keineswegs; von solcher Sentimentalität war Kritias weit entfernt. Aber Theramenes gehörte zu dem Regierungscollegium
selbst, und wenn Kritias ohne ordentliches Verfahren ihn
aus dem Wege räumte, welche Garantie hatten dann seine
Collegen, dass ihnen nicht bei nächster Gelegenheit ein gleiches Schicksal bevorstand? So klagte denn Kritias in ord-
nungsmässiger Weise Theramenes vor der Bulé des Hochverraths an und gab ihm Gelegenheit zur Vertheidigung. Als
es freilich sich zeigte, dass ihm hier trotz Allem die Majorität der Stimmen zur Seite stand, blieb doch nichts übrig,
als mit offener Gewalt vorzugehen. Kritias selbst sprach das
Urtheil und übergab den Gegner den Elfmännern zur Hinrichtung.

Kritias war also Sieger geblieben in dem Kampfe gegen

die gemässigten Elemente im Schoosse der Regierung. Seit
Theramenes' Tode war von Innen heraus keine Gefahr mehr
für den Bestand der Oligarchie[1]), oder, was die Lage besser
bezeichnet, für die Dictatur des Kritias und seiner Freunde,
unter der Oligarchen und Demokraten gleichmässig zu leiden
hatten. Bedenklicher war die grosse Zahl der Verbannten.
Allerdings den bei Weitem gefährlichsten unter ihnen, Alkibiades, hatte man mit Lysandros' Hülfe bei Seite zu schaffen
gewusst[2]); von seinem Gastfreunde Pharnabazos verrathen,
endete er in einem phrygischen Dorfe durch Mörderhand, um
dieselbe Zeit etwa, als Theramenes den Giftbecher leeren
musste. Was die übrigen Verbannten anlangt, so erwirkte
man ein Decret der Ephoren, wonach sie im ganzen Umfang
des spartanischen Reiches an die attische Regierung ausgeliefert werden sollten; aber wenn auch dieser Befehl, soweit
Sparta's Macht reichte, Gehorsam fand, so war eben das für
die Sparta feindlich gesinnten Staaten Grund genug, die
Flüchtlinge mit offenen Armen aufzunehmen. Argos und Elis
im Peloponnes, vor Allem aber Boeotien und die Städte, die
unter boeotischem Einfluss standen, Megara, Oropos, Chalkis,
gewährten ihnen sichere Zuflucht; ja Theben wurde geradezu
das Hauptquartier für die attischen Emigranten, und die
dortige Regierung leistete den Vorbereitungen zur Rückkehr
mit gewaffneter Hand im Geheimen jeden möglichen Vorschub.

Ihren natürlichen Führer fand die Emigration nach Alkibiades' Tode an Thrasybulos von Steiria. War er es doch
gewesen, der einst in Samos die Bewegung gegen die Herrschaft der Vierhundert geleitet und damit auch in Athen der
Wiederherstellung der demokratischen Verfassung den Weg
gebahnt hatte. Und auch abgesehen davon gaben die vielen
Strategien die er bekleidet, die grossen Erfolge die er als
Feldherr errungen, ihm ein Ansehen wie keinem zweiten
Manne unter den Verbannten nicht nur, sondern seit Theramenes' Tode auch in Athen selbst. An der Reinheit seiner

---

1) Xen. Hell. II 4, 1 Θηραμένης μὲν δὴ οὕτως ἀπέθανεν· οἱ δὲ
τριάκοντα ὡς ἐξὸν ἤδη αὐτοῖς τυραννεῖν ἀδεῶς κτλ.

2) Plut. Alk. 38 τέλος δὲ Κριτίας ἐδίδασκε Λύσανδρον, ὡς Ἀθηναίων
οὐκ ἔστι δημοκρατουμένων ἀσφαλῶς ἄρχειν Λακεδαιμονίους τῆς Ἑλ-
λάδος· Ἀθηναίους δὲ, κἂν πράως πάνυ καὶ καλῶς πρὸς ὀλιγαρχίαν
ἔχωσιν, οὐκ ἐάσει ζῶν Ἀλκιβιάδης ἀτρεμεῖν ἐπὶ τῶν καθεστώτων.

demokratischen Gesinnung konnte jetzt Niemand mehr zweifeln, nachdem er der Vaterstadt den Rücken gekehrt hatte,
um nicht in einer Oligarchie leben zu müssen; dass er aber
dem gemässigten Flügel der Demokratie angehörte, gab ganz
Hellas die Gewähr, dass ein Unternehmen, an dessen Spitze
er stand, keineswegs auf eine Wiederherstellung der alten
Ochlokratie gerichtet sein könnte.

Der nächste nach Thrasybulos im Ansehen unter den
Emigranten war Anytos, der Sohn des Anthemion. Auch er
war bereits Stratege gewesen und hatte als solcher die Expedition befehligt, die im Herbst 409 zum Entsatz von Pylos
abgesandt, wegen widriger Winde ihren Bestimmungsort nicht
hatte erreichen können, wodurch Pylos verloren gegangen
war. Deswegen unter der Anklage des Hochverraths vor
Gericht gestellt, wurde er freigesprochen, wie seine Feinde
erzählten, durch Bestechung der Richter, der erste Fall dieser
Art, der in Athen vorgekommen sein soll[1]). Sein grosses
Vermögen würde ihn allerdings dazu in den Stand gesetzt
haben[2]). Seiner Herkunft nach gehörte Anytos zur Klasse
der Gewerbtreibenden, wie er denn auch selbst die väterliche
Gerberei weiterführte[3]); aber als reicher Mann gehörte er
zugleich zur guten Gesellschaft[4]) und stand auch politisch
der radicalen Demokratie fern[5]). Auch in der Folge, nach
seiner Rückkehr aus der Verbannung, ist er diesen Grundsätzen treu geblieben.

Die Zwietracht unter den Machthabern in Athen, Theramenes' Tod und die nun folgende schrankenlose Gewaltherrschaft des Kritias musste die Hoffnungen der Emigranten

---

1) Diod. XIII 64.
2) Platon Menon S. 90 A. mit den Schol.
3) Schol. zu Plat. Apol. S. 330. 331, Xen. Apol. 30.
4) Liebhaber des Alkibiades: Plut. Alk. 4, Schol. Plat. Apol. 18 B.
Vergl. auch die Rolle, die ihm Platon im Menon zutheilt.
5) Xen. Hell. II 3, 42 legt Theramenes die Worte in den Mund:
οὐκ αὖ ἐδόκει μοι οὔτε Θρασύβουλον, οὔτε Ἄνυτον, οὔτε Ἀλκιβιάδην φυγαδεύειν. Die nahen persönlichen und politischen Beziehungen
des Theramenes zu Alkibiades und Thrasybulos sind bekannt; da Anytos
hier auf gleicher Linie mit diesen genannt wird, müssen ähnliche Beziehungen zwischen ihm und Theramenes bestanden haben. — Ich
brauche kaum darauf hinzuweisen, wie uns Anytos' Charakterbild durch
den Einfluss der sokratischen Schule gefälscht worden ist.

aufs Neue beleben[1]). Gegenüber einer in sich einigen oligarchischen Regierung wäre jeder Versuch einer Rückkehr
mit bewaffneter Hand von vorn herein aussichtslos gewesen;
wie die Dinge jetzt lagen, konnte man sicher sein, ohne
allzu grosse Schwierigkeit der Gegner Herr zu werden, so-
fern nur der Kampf der Parteien in Athen durch keine
Intervention von Aussen gestört würde. Aber eben hier lag
das Wagniss. Ein Angriff gegen die bestehende Ordnung
in Athen war zugleich ein Angriff gegen den, der diese
Ordnung begründet hatte, Lysandros; und war es nicht Wahnsinn auch nur den Gedanken zu fassen, dass ein Haufen
schlecht bewaffneter und disciplinirter Flüchtlinge im Stande
sein würde, gegen den mächtigsten Mann in Hellas sich mit
Erfolg aufzulehnen? Hülfe von den Kleinstaaten zu erwarten
war Thorheit. So bereitwillig auch die demokratischen Re-
gierungen von Argos, Elis, Boeotien den attischen Verbannten Asyl gewährt hatten, mit wie unverhohlener Sympathie
sie die geplante Unternehmung betrachteten und nach Kräften
zu fördern bestrebt waren, sie waren doch sehr weit entfernt es mit Sparta deswegen zum Bruche zu treiben. Die
Hoffnung der attischen Emigranten beruhte auf etwas ganz
anderem. Es war kein Geheimniss, mit welchen Gefühlen
eine grosse Partei in Sparta die Stellung ansah, die Lysandros durch seine militärischen Erfolge errungen hatte, und
wie namentlich die beiden Könige und ihr ganzer Anhang
voll Hass auf den Bürger blickten, dessen Einfluss das kö-
nigliche Ansehen selbst zu verdunkeln begann. Für die Freiheit der Hellenen hatte Sparta den siebenundzwanzigjährigen
Krieg durchgefochten; mochte das Wort für so manche eine
Phrase sein, der grossen Mehrheit der spartanischen Bürgerschaft war es voller Ernst damit die übernommenen Verpflichtungen einzulösen. Nicht deswegen waren all die Opfer
gebracht worden, um die Gewaltherrschaft des athenischen
Demos durch eine schlimmere Gewaltherrschaft zu ersetzen[2]).
Wenn es gelang, der öffentlichen Meinung im Peloponnes
die Zustände in Athen in ihrem wahren Lichte zu zeigen,

---

1) Lysias 25 (v. Hochverrath) 21—22, Xen. Hell. II 3, 44.

2) Xen. Hell. II 3, 41 οὐδὲ γὰρ τοὺς Λακεδαιμονίους ἑώρων τούτου
ἕνεκα βουλομένους περισῶσαι ἡμᾶς, ὅπως ὀλίγοι γενόμενοι μηδὲν δυναί-
μεθ᾽ αὐτοὺς ὠφελεῖν.

dann konnte selbst der Einfluss Lysandros' nicht stark genug
sein, um Sparta zu vermögen, für Kritias und seine Genossen
den Büttel zu machen[1]).

Das waren die Aussichten und Hoffnungen, mit denen
Thrasybulos und seine kleine Schar im Herbst 404 die attisch-bocotische Grenze überschritten und in dem verfallenen
Kastell von Phyle sich festsetzten. Es bedurfte nichts weiter,
um die Ohnmacht der oligarchischen Regierung vor aller
Augen offenbar zu machen. Der Angriff auf Phyle wurde
abgewiesen, die lakonischen Hülfstruppen in offenem Felde geschlagen, ohne Widerstand zu finden marschierte Thrasybulos
nach dem Peiraeeus und setzte sich auf dem Hügel von Munychia fest. Der Sturm, den die Dreissig nun mit ganzer
Macht auf die Stellung der Demokraten unternahmen, führte
nur zu einer neuen Niederlage. Unter den Todten, welche
die Wahlstatt bedeckten, war auch Kritias.

Militärisch betrachtet, war der Erfolg sehr unbedeutend;
um so grösser waren die moralischen Folgen des Schlages.
Die Herrschaft der Dreissig brach mit dem Tode ihres Führers
unrettbar zusammen. Die gemässigten Elemente im Regierungscollegium selbst, wie Pheidon und Eratosthenes, trenn-
ten sich von den Extremen. Das Rathhaus leerte sich, die
Versammlung der 3000 erklärte die Dreissig für abgesetzt
und wählte statt ihrer eine neue Behörde von zehn Männern[2]),
darunter Pheidon von der früheren Regierung, von neuen
Männern Rhinon, Epichares, Hippokles, alles Anhänger der
gemässigten Richtung, wie sie Theramenes vertreten hatte[3]).
Wer von den Dreissig noch übrig war, mit den wenigen
Anhängern, die ihnen auch jetzt noch treu blieben, verliess
die Stadt und zog nach Eleusis, das sie in Voraussicht
der jetzt eingetretenen Ereignisse schon früher von ihren
Gegnern gründlich gesäubert hatten.

1) Lysias 18 (g. Poliochos) 10—12 ὅθεν Παυσανίας ἤρξατο εὔνους
εἶναι τῷ δήμῳ, παράδειγμα ποιούμενος πρὸς τοὺς ἄλλους Λακεδαιμονίους τὰς ἡμετέρας συμφορὰς τῆς τῶν τριάκοντα πονηρίας· δῆλον
γὰρ ἅπασι τοῖς ἐλθοῦσι Πελοποννησίων ἐγεγένητο, ὅτι οὐ τοὺς πονη-
ροτάτους τῶν πολιτῶν ἀπέκτεινον, ἀλλ' οἷς μάλιστα προσῆκον καὶ διὰ
γένος, καὶ διὰ πλοῦτον, καὶ διὰ τὴν ἄλλην ἀρετὴν τιμᾶσθαι.

2) Xen. Hell. II 4, 23, Lysias g. Eratosth. 54.

3) Lysias g. Eratosth. 55 οἱ δοκοῦντες εἶναι ἐναντιώτατοι Χαρικλεῖ
καὶ Κριτίᾳ καὶ τῇ ἐκείνων ἑταιρείᾳ. — Isokr. 18 (g. Kallim.) 6 ff.

So waren denn Theramenes' politische Ziele doch noch
verwirklicht worden. Aber es war jetzt zu spät. Vor wenigen
Monaten noch würde der Sieg der gemässigten Fraction in
der oligarchischen Regierung wahrscheinlich genügt haben,
den Ausbruch der demokratischen Revolution zu verhindern;
wie die Dinge jetzt lagen, konnten die Demokraten nur durch
volle Wiederherstellung der alten Verfassung befriedigt werden. Es zeigte sich, welch' unersetzlicher Verlust Theramenes'
Tod für die Sache der Besitzenden war. Er allein hätte es
vielleicht vermocht, eine Versöhnung mit den Aufständischen
im Peiraceus zu Stande zu bringen — war er doch Thrasybulos'
persönlicher Freund — oder im andern Falle die Bewegung
mit Waffengewalt niederzuwerfen. Unter den Zehnmännern
aber, die jetzt die Regierung in der Stadt hatten, war kein
einziger, der die Fähigkeiten oder die nöthige Autorität besessen hätte, den Staat in so schwieriger Lage zu leiten. So
gewannen denn die Demokraten im Peiraceus immer mehr
Boden; Athen selbst wurde angegriffen; es war klar, dass die
Stadt nicht im Stande sein würde sich auf die Länge zu halten.
Wollte also die Regierung nicht mit gebundenen Händen den
Rebellen sich ausliefern, so blieb nichts übrig, als die
lakedaemonische Intervention anzurufen. Die Dreissig in
Eleusis thaten ihrerseits denselben Schritt; und so bekam es
den Anschein, als ob die demokratische Erhebung in letzter
Instanz gegen Sparta selbst gerichtet sei[1]). Hatten die Demokraten doch ohnehin mehr als einmal mit den spartanischen Besatzungstruppen gekämpft und Vortheile über sie
errungen, so dass Sparta schon zur Wahrung seiner militärischen Ehre zur Einmischung gezwungen war.

Das Hauptbedenken, das bisher einer Intervention ent-
gegengestanden hatte, war jetzt beseitigt. Seit die Regierung
der Dreissig gefallen war, brauchte Sparta nicht mehr das
Schwert für die Aufrechterhaltung einer Schreckensherrschaft
zu ziehen. Die Männer, die jetzt in Athen an der Macht
waren, hatten an den ärgsten der begangenen Frevel keinen
Antheil gehabt. In Sparta zögerte man denn auch nicht, die
Zehnmänner als die rechtmässige Regierung Athens anzu-

---

1) Lysias g. Eratosth. 58, Xen. Hell. II 4, 28 ὡς ἀφεστηκότος τοῦ
δήμου ἀπὸ Λακεδαιμονίων.

erkennen, und ihr die erbetene Hülfe zu Theil werden zu
lassen. Unter Lysandros' Vermittelung wurde ihnen aus dem
Staatsschatz eine Anleihe von 100 Talenten bewilligt, der
Nauarch Libys mit 40 Schiffen zur Blokade des Peiraeeus
beordert, während Lysandros selbst bei Eleusis ein pe-
loponnesisches Hoplitencorps sammelte[1]). Das Schicksal
der demokratischen Erhebung schien damit besiegelt; wenn
nichts anderes, musste schon das Abschneiden der Zufuhr
zur See den Peiraeeus in kürzester Frist zur Uebergabe
zwingen[2]).

Es war Lysandros, dem die Oligarchie in der Stadt diese
günstige Wendung verdankte. Aber eben darum mussten
Lysandros' Gegner in Sparta den Demokraten im Peiraeeus ihre
Sympathien zuwenden. Und sie hatten in der That Ursache,
alles aufzubieten, um zu verhindern, dass die aufständische
Bewegung in Athen unterdrückt würde. War es doch klar, dass
wenn Lysandros in der mächtigsten Bundesstadt Sparta's zum
zweiten Male seine Freunde ans Ruder brachte, er sich damit
einen politischen Rückhalt schuf, der auch auf seine Stellung in
Sparta selbst eine nachhaltige Wirkung ausüben musste. Jetzt
oder nie war der Augenblick gekommen, einen Schlag gegen
den allmächtigen Feldherrn zu führen. Die Gelegenheit war
günstig, denn die Intervention in Athen war in Sparta nie
populär gewesen, und Lysandros' Vorgehen liess sich im ge-
hässigsten Lichte als Vergewaltigung der Autonomie einer
befreundeten Gemeinde darstellen[3]). Im Ephorencollegium
standen sich die Parteien in fast gleicher Stärke gegenüber;
aber die eine entscheidende Stimme fiel gegen Lysandros in
die Waagschale. Die Intervention war nun freilich nicht mehr
rückgängig zu machen; da sie aber einmal nothwendig war,
sollte sie auch mit einer imponirenden Macht ins Werk gesetzt werden, der gegenüber jeder Widerstand aussichtslos
wäre. So wurde das peloponnesische Bundesheer mobilisirt;
an dessen Spitze überschritt König Pausanias die attische

---

1) Xen. Hell. II 4, 28.

2) Xen. Hell. II 4, 28 Λύσανδρος λογισάμενος ὡς οἶόν τε εἴη ταχὺ
ἐκπολιορκῆσαι τοὺς ἐν τῷ Πειραιεῖ κατά τε γῆν καὶ κατὰ θάλατταν,
εἰ τῶν ἐπιτηδείων ἀποκλεισθείησαν.

3) Diod. XIV 33 Παυσανίας ... φθονῶν μὲν τῷ Λυσάνδρῳ, θεω-
ρῶν δὲ τὴν Σπάρτην ἀδοξοῦσαν παρὰ τοῖς Ἕλλησιν.

Grenze und übernahm statt Lysandros den Befehl gegen die Aufständischen im Peiraeeus. Bei Gelegenheit einer Recognoscirung kam es zum Kampfe, dessen Ausgang von vorn herein Niemandem zweifelhaft sein konnte; die Niederlage der Demokraten gab dem lakedaemonischen Heere die Genugthuung, die es nach dem was vorgegangen war zu fordern das Recht hatte. Nun unterwarfen sich alle Parteien der spartanischen Vermittelung, die Demokraten im Peiraeeus ebensowohl wie die Regierung in der Stadt und die Oppositionspartei in Athen. Gesandte gingen nach Sparta, und trugen den Ephoren und dem Ausschuss der Volksversammlung ihre Sache vor. Hier wurde beschlossen, eine Commission von 15 Männern nach Athen abzusenden, um alle schwebenden Fragen zu ordnen. Die Commission entledigte sich ihrer Aufgabe mit der grössten Unparteilichkeit. Alles Vergangene sollte vergeben und vergessen sein, Niemand wegen einer vor dem Tage der Versöhnung begangenen Handlung vor Gericht gezogen werden können. Ausgenommen von dieser Bestimmung wurden nur die Dreissig, die Zehnmänner aus dem Peiraeeus, und ihre Werkzeuge bei der Vollstreckung der Bluturtheile, die Elfmänner. Ihnen und ihren Anhängern wurde es freigestellt, in Eleusis zu bleiben, das fortan einen selbständigen Staat neben Athen bilden sollte. In Athen aber wurde eine provisorische Regierung von 20 Mitgliedern eingesetzt, offenbar je 10 aus der Stadt und aus dem Peiraeeus, um den Staat wieder in geordnete Zustände hinüberzuführen, und für eine der neuen Lage angemessene Revision der Verfassung zu sorgen[1]).

So war denn nach einjähriger Unterbrechung die Demokratie in Athen wieder hergestellt. Wohl hatten Thrasybulos und seine Genossen von Phyle Ursache, stolz zu sein auf den errungenen Erfolg, und mit Recht hat sie das dankbare Volk als Befreier gefeiert. Die Geschichte aber kann sich dieses Urtheil nicht voll zu eigen machen. Trotz allen Opfermuthes, trotz aller Vaterlandsliebe der attischen Emigranten hätte die demokratische Bewegung ein klägliches Ende gefunden, ohne

---

1) Andok. v. d. Myst. 81 δόξαντα δὲ ταῦτα — die Amnestie — εἴλεσθε ἄνδρας εἴκοσιν· τούτους δ᾽ ἐπιμελεῖσθαι τῆς πόλεως, ἕως ἂν οἱ νόμοι τεθεῖεν. S. unten Excurs V: Zur Geschichte der Jahre 404 und 403.

die Unterstützung die ihr von Sparta zu Theil ward. Und
diese Haltung während der Revolution in Athen ist ein un-
verwelkliches Blatt in dem Ruhmeskranze des spartanischen
Volkes.

Cap. VII.

Die restaurirte Demokratie.

Die Revolution war beendet; man konnte mit dem Wieder-
aufbau des Staates beginnen. Das nächste war die Erledigung
der Verfassungsfrage. Zwar darüber herrschte kein Streit,
dass nur die Demokratie in Athen möglich sei; nur war eben
das Wort Demokratie ein sehr dehnbarer Begriff. Welch'
lange Reihe constitutioneller Veränderungen lag nicht zwischen
Kleisthenes und Kleophon! War es denn nöthig, dass gerade die extreme Demokratie wieder hergestellt wurde, wie
sie in den letzten Jahren 'des Krieges bestanden, jene
Staatsform, die zu so grossem Theile an dem Falle des
Reiches die Schuld trug, und deren Missbräuche die besitzenden Klassen zweimal zum Umsturz der Verfassung getrieben hatten?

Es gab eine grosse Partei, die eine Beschränkung der
Volksrechte für wünschenswerth hielt. Und es waren nicht
bloss die Anhänger der gestürzten oligarchischen Regierung,
die „Bürger aus der Stadt", die so dachten. Auch war es kein
Geheimniss, dass man in Sparta eine Entscheidung in diesem
Sinne wünschte[1]), wenn man dort auch weit entfernt war,
anders als durch moralische Mittel einen Druck auf Athen
auszuüben.

Phormisios übernahm es, einen darauf bezüglichen Ge-
setzentwurf einzubringen. Im letzten Kriege hatte er sich
als tapferer Soldat einen Namen gemacht; während der Herrschaft der Dreissig war er in die Verbannung gegangen, und
hatte dann an Thrasybulos' Seite für die Sache des Volkes
gekämpft[2]). Die Reinheit seiner demokratischen Gesinnung
war demnach über jeden Zweifel erhaben.

---

1) Lysias 34 (v. d. Verf.) 6.
2) Arist. Frösche 965 f. Φορμίσιος Μεγαίνετος δ᾽ ὁ Μάγνης | σαλ-
πιγγολογχυπηνάδαι, σαρκασμοπιτυοκάμπται mit den Schol. — Dionysios in der Hypoth. zu Lysias' Rede v. d. Verf. Φορμίσιός τις, τῶν

Nach Phormisios' Antrag sollte das active Bürgerrecht auf die Grundbesitzer beschränkt sein; der städtische Demos wäre also von der Theilnahme am Staatsleben ausgeschlossen geblieben[1]). Es war der Sache nach dasselbe, was Theramenes auf anderem Wege erstrebt hatte: die Rückkehr zu der Verfassung des Kleisthenes. Aber der Versuch, die politische Entwickelung Athens um 100 Jahre zurückzuschrauben, blieb jetzt ebenso vergeblich wie früher. Der siegreiche Demos war keineswegs gewillt, sich den so schwer errungenen Kampfpreis verkümmern zu lassen. Auch bei den Führern der demokratischen Partei blieb Phormisios ohne Unterstützung, und so wurde denn sein Antrag verworfen[2]).

Eine Beschränkung der absoluten Demokratie war jetzt nur in untergeordneten Punkten noch möglich. Die Form wurde mitunter geändert, der Inhalt blieb. Und wenn die systematische Revision des geltenden Rechtes, die schon vor Jahren nach dem Sturz der Vierhundert begonnen war, jetzt durch Tisamenos und Nikomachides zu Ende geführt wurde, so bezweckte auch das nicht so sehr eine Reform der Gesetzgebung, als die genaue Feststellung dessen, was bisher Rechtens gewesen war.

Die Leitung des Staates fiel naturgemäss den Männern zu, die bei Phyle und im Peiraeeus an der Spitze gestanden hatten. Thrasybulos von Steiria, Anytos, Archinos von Koele wurden zu Strategen gewählt, und während neun Jahren, bis zur Schlacht bei Knidos, ist die Regierung in ihren Händen geblieben[3]). Es war keine beneidenswerthe Aufgabe, die sie

---

συγκατελθόντων μετὰ τοῦ δήμου. Sonst vergl. Platon Gesandte fr. 1, Arist. Ekkl. 96 f., Philetaeros Kynegis fr. 2, Deinarch. g. Demosth. 38.

1) S. Lysias' Rede v. d. Verf. und Dionysios' Hypothesis dazu. — Sollte Phormisios nicht ein bestimmtes Mass des Grundbesitzes zur Bedingung der politischen Rechte gemacht haben?

2) Vergl. die Rede, die Xenophon nach dem Einzug der Demokraten in die Stadt Thrasybulos in den Mund legt (Hell. II 4, 40—42), besonders die Schlussworte: καὶ ὅτι οὐδὲν δέοι ταράττεσθαι, ἀλλὰ τοῖς νόμοις τοῖς ἀρχαίοις χρῆσθαι. S. auch Lysias v. d. Verf. 2.

3) Isokr. g. Kallim. 23 Θρασύβουλος καὶ Ἄνυτος, μέγιστον μὲν δυνάμενοι τῶν ἐν τῇ πόλει. Die Rede ist etwa 399 gehalten (Blass II 196). Xen. Verth. d. Sokr. 29 αὐτὸν (Ἄνυτον) τῶν μεγίστων ὑπὸ τῆς πόλεως ὁρῶν ἀξιούμενον. Auch Archinos' viele Strategien müssen grösstentheils in diese Zeit fallen (Demosth. g. Timokr. 135). Ueber Thrasy-

damit übernahmen.   Auf allen Seiten war die Lage voll
der verzweifeltsten Schwierigkeiten.   Der Krieg hatte Attika
oekonomisch zu Grunde gerichtet; das Land war zur Wüste
geworden, die Werkstätten standen leer, der Handel stockte[1]),
Steuern und Leiturgien hatten aufgezehrt, was von dem Wohl-
stande der einzelnen Familien noch übrig war[2]).   Schliesslich
hatte der Verlust der Kleruchien die Stadt mit Tausenden
von Bürgern gefüllt, die aller ihrer Subsistenzmittel beraubt
waren[3]).   Der Staat stand am Rande des Bankerotts.   Nicht
nur der Schatz war vollständig erschöpft, sondern die Revolution hatte auch der restaurirten Demokratie als Erbschaft
eine erdrückende Schuldenlast hinterlassen: 100 Talente, welche
die Zehnmänner in der Stadt bei der spartanischen Regierung
als Anleihe contrahirt hatten[4]), und andere bedeutende
Summen, die den Demokraten im Peiraeeus von Privatleuten
wie von befreundeten Staaten vorgeschossen worden waren[5]).
Und neben der Rückzahlung dieser Anleihen, wie viele andere
Anforderungen treten an die Staatscasse heran.   Die Flotte
musste von Grund aus neu geschaffen, das Arsenal und die
Schiffshäuser wieder hergestellt, die Befestigungen in Stand
gesetzt werden[6]).   Daneben erforderte die laufende Verwaltung
trotz der äussersten Sparsamkeit noch immer sehr bedeutende
Summen.   Es blieb nichts übrig, als auf die Eisphorá zurückzugreifen, oder zu dem verzweifelten Mittel seine Zuflucht zu

bulos' Stellung bei Beginn des korinthischen Krieges s. Xen. Hell. III
5, 16, und unten S. 116 f.
   1) Thuk. VII 27. 28 und Xen. Denkw. II 7.
   2) Lysias g. Euandros 22 ἐν εἰρήνῃ μὲν ὀγδοηκοντατάλαντος ἡμῶν
ὁ οἶκος ἐγένετο, εἰς δὲ τὴν τῆς πόλεως σωτηρίαν ἐν τῷ πολέμῳ ἅπας
ἀνηλώθη.   An den korinthischen Krieg wird Niemand denken wollen.
— Dem. g. Eubulides 45 S. 1313.   Die Stellen liessen sich häufen.
Vergl. Büchsenschütz, Besitz und Erwerb im griechischen Alterthum
S. 600.
   3) Xen. Denkw. II 8, 1 ἐπειδὴ δὲ ἀφῃρέθημεν τὰ ἐν τῇ ὑπερορίᾳ
κτήματα, ἐν δὲ τῇ Ἀττικῇ ὁ πατήρ μοι οὐδὲν κατέλιπεν, ἀναγκάζομαι
νῦν ἐπιδημήσας τῷ σώματι ἐργαζόμενος τὰ ἐπιτήδεια πορίζεσθαι.
   4) Isokr. Areop. 68 f., Dem. g. Lept. 11 f., Lysias g. Nikom. 22.
   5) Z. B. 5 Talente von Agelarchos (Dem. g. Lept. 149).   Auch die
2 Talente, die Athen nach Lysias g. Nikom. 22 wenige Jahre nach der
Anarchie den Boeotern schuldete, werden hierher gehören.   ·
   6) Lysias g. Nikom. 22 ὁρῶν τούς τε νεωσοίκους καὶ τὰ τείχη
περικαταρρέοντα.   Vergl. Isokr. Areop. 66, Lys. g. Eratosth. 99.

nehmen, durch Verurtheilungen und Confiscationen die Ebbe
in den Cassen zu füllen[1]). Dass es gelang, die Krisis zu
überwinden, dass Athen schon nach 8 Jahren im Stande war,
einen grossen Krieg zu führen, und der alte Wohlstand nach
einigen Jahrzehnten wiederhergestellt war, das ist eine Leistung, die den Ruhm so manchen Sieges aufwiegt, und Volk
wie Regierung gleichmässig zur Ehre gereicht.

Die grösste von Aussen drohende Gefahr, der Bestand
der Oligarchie in Eleusis, wurde allerdings mit der Eroberung
dieser Stadt bald aus dem Wege geräumt. Aber Athen blieb
darum nicht weniger unbedingt von Sparta abhängig, und
damit war der Regierung das grösste Entgegenkommen gegen
diese Macht, die grösste Loyalität in Erfüllung der übernommenen Verpflichtungen vorgezeichnet. Athenische Contingente kämpften in den peloponnesischen Bundesheeren[2]);
die von den Oligarchen in der Stadt aufgenommene Anleihe
wurde zurückgezahlt[3]); von einer selbständigen äusseren
Politik Athens in den nächsten Jahren nach dem Frieden kann
nicht die Rede sein.

Im Innern hatte die Amnestie wohl äusserlich die feindlichen Parteien versöhnt, aber die tiefe Spaltung, die durch
die letzten Ereignisse in die Bürgerschaft gerissen war, liess
sich so leicht nicht verwischen. Der Gegensatz zwischen den
„Bürgern aus der Stadt" und den „Bürgern aus dem Peiraeeus"
hat noch lange Jahre hindurch das politische Leben Athens
beherrscht, bis eine neue Generation herangewachsen war,
die an der Revolution keinen Antheil genommen hatte[4]). Die
Menge blickte nun einmal mit Misstrauen auf jene dreitausend

---

1) Demosth. g. Lept. 12 von der Rückzahlung der Schuld an die
Spartaner: φασὶ τὸν μὲν δῆμον συνεισενεγκεῖν αὐτὸν καὶ μετασχεῖν
τῆς δαπάνης. Lysias g. Nikom. 22 εἰδὼς δὲ ὅτι ἡ βουλὴ ἡ βουλεύουσα,
ὅταν μὲν ἔχῃ ἱκανὰ χρήματα εἰς διοίκησιν, οὐδὲν ἐξαμαρτάνει, ὅταν
δὲ εἰς ἀπορίαν καταστῇ, ἀναγκάζεται εἰσαγγελίας δέχεσθαι καὶ δημεύειν τὰ τῶν πολιτῶν καὶ τῶν ῥητόρων τοῖς τὰ πονηρότατα λέγουσι
πείθεσθαι. Bezeichnend ist der Gleichmuth, mit dem die Sache als
etwas ganz selbstverständliches erzählt wird. Vergl. Lys. 21 (ἀπολ.
δωροδ.) 13.

2) Xen. Hell. III 1, 4; 2, 25.

3) Oben S. 112 A. 4.

4) Lebendig erscheint er zum letzten Male in Lysias' Rede gegen
Euandros, die 382 gehalten ist.

Männer aus den ersten und wohlhabendsten Familien, die unter den Dreissig allein das active Bürgerrecht ausgeübt, und bis zuletzt mit den Waffen in der Hand der Rückkehr des Demos sich widersetzt hatten. Der Argwohn war sehr natürlich, wenn er auch, in der Hauptsache wenigstens, kaum gerechtfertigt war. Denn das Schreckensregiment der Dreissig hatte mehr für die Sache der Demokratie gewirkt, als all das Grosse, das die Volksherrschaft im Laufe eines Jahrhunderts geleistet hatte. Die weit überwiegende Mehrzahl der Besitzenden war von oligarchischen Anwandlungen jetzt gründlich geheilt[1]); durch achtzig Jahre ist kein Versuch mehr gemacht worden, die bestehende Staatsform umzustossen.

Die Regierung erkannte sehr wohl, wie viel davon abhing, dass der innere Friede wenigstens nicht offen gestört würde[2]). Es war ihre hauptsächlichste Sorge, jede Verletzung des Amnestievertrages zu verhindern. Die leitenden Männer selbst gingen mit gutem Beispiele voran. Thrasybulos und Anytos ertrugen ohne Murren den Verlust eines grossen Theils ihres Vermögens, und brauchten ihre Macht nicht dazu, Ersatz zu fordern von denen, die es ihnen während der Herrschaft der Dreissig geraubt[3]). Ein von Archinos beantragtes Gesetz gewährte Allen denen, die bei den Ereignissen der letzten Jahre compromittirt waren, neue und wirksame Garantien gegen gerichtliche Verfolgungen[4]). Durch diese Haltung wurde denn auch erreicht, dass die Regierung an den „Bürgern aus der Stadt“ eine feste Stütze gewann. Aber eben damit entfremdete sich Thrasybulos die

---

1) Lysias 25 (δήμου καταλ.) 22, Isokr. g. Kallim. 17, g. Euthyn. 12, Panegyr. 110—14, Areop. 65 f., v. Frieden 108; und die ganze Erzählung, die Xenophon von der Revolution giebt.

2) Lysias 25 (δήμου καταλ.) 28 σκοπεῖν δὲ χρή. ὅτι καὶ τῶν ἐκ Πειραιῶς οἱ μεγίστην δόξαν ἔχοντες καὶ μάλιστα κεκινδυνευκότες καὶ πλεῖστα ὑμᾶς ἀγαθὰ εἰργασμένοι πολλάκις ἤδη τῷ ὑμετέρῳ πλήθει διεκελεύσαντο τοῖς ὅρκοις καὶ ταῖς συνθήκαις ἐμμένειν κτλ.

3) Isokr. g. Kallim. 23 ὅτι Θρασύβουλος καὶ Ἄνυτος, μέγιστον μὲν δυνάμενοι ἐν τῇ πόλει, πολλῶν δ' ἀπεστερημένοι χρημάτων, εἰδότες δὲ τοὺς ἀπογράψαντας, ὅμως οὐ τολμῶσιν αὐτοῖς δίκας λαγχάνειν, οὐδὲ μνησικακεῖν, ἀλλ' εἰ καὶ περὶ τῶν ἄλλων μᾶλλον ἑτέρων δύνανται διαπράττεσθαι, ἀλλ' οὖν περί γε τῶν ἐν ταῖς συνθήκαις ἴσον ἔχειν τοῖς ἄλλοις ἀξιοῦσιν.

4) Isokr. g. Kallim. 2.

Heisssporne seiner eigenen Partei[1]). Die Demokratie, die im Kampfe gegen die Oligarchen wie ein Mann zusammengestanden hatte, spaltete sich von Neuem in einen gemässigten und in einen radicalen Flügel. Diesen extremen Demokraten fehlte jedes Verständniss für die Versöhnungspolitik der Regierung; ihr Ziel war Rache an dem besiegten Gegner, mochte auch der Staat darüber zu Grunde gehen. Unterstützung fand diese Partei bei zahlreichen Renegaten aus den Kreisen der „Bürger aus der Stadt" selbst, die ihre Bekehrung zur Demokratie nicht besser beweisen zu können glaubten, als durch Anfeindung ihrer früheren Gesinnungsgenossen[2]).

Vor Gericht allerdings blieben diese Angriffe, Dank dem Amnestiegesetze des Archinos, in der Regel ohne Erfolg. Dafür fand die Opposition ein ergiebiges Feld bei den Prüfungen der erwählten und erlosten Beamten. Hier konnte den „Bürgern aus der Stadt" ungescheut ihre politische Vergangenheit vorgehalten werden, und im Allgemeinen gelang es auch, sie von der Theilnahme am öffentlichen Leben zurückzudrängen. Ja die Regierung selbst konnte sich dieser Strömung nicht völlig entziehen, wie die scharfen Massregeln gegen diejenigen Mitglieder des Reitercorps zeigen, die für die Herrschaft der Dreissig gefochten hatten[3]).

Acht Jahre hatte Athen so an seiner inneren Wiedergeburt gearbeitet, als von Theben die Aufforderung kam, im Bunde mit Persien sich der Erhebung gegen die spartanische Hegemonie anzuschliessen. Wohl war es ein tollkühnes Wagniss, sich ohne Mauern und Schiffe in einen solchen Krieg zu stürzen, während Sparta noch unbestritten das Meer beherrschte, und seine Truppen in Asien die glänzendsten Er-

---

1) Es ist charakteristisch, mit welcher Wärme Xenophon, der „Mann aus der Stadt", für Thrasybulos eintritt (Hell. II 4, 40 ff., IV 8, 31), gegenüber den Invectiven des „Mannes aus dem Peiraeeus", Lysias.

2. Lysias 18 (g. Poliochos) 19 ὑπὸ τοιούτων πεισθέντες, οἳ ἐν ἄστει μείναντες ταύτην ὑμῖν οἴονται διδόναι πίστιν τῆς ἑαυτῶν εὐνοίας, ἑτέρους κακῶς ποιοῦντες.

3) Zurückforderung der κατάστασις: Lys. 16 (f. Mantith.) 6 f., vergl. 26 (g. Euandr.) 10. Zu Thibron's Heere in Asien stellten die Athener ein Contingent von 300 Reitern, τῶν ἐπὶ τῶν τριάκοντα ἱππευσάντων, νομίζοντες κέρδος τῷ δήμῳ, εἰ ἀποδημοῖεν καὶ ἐναπόλοιντο. (Xen. Hell. III 1, 4.)

folge errangen. Aber Athen empfand zu tief das Demüthigende
seiner gegenwärtigen Lage; zu lebhaft erfüllte alle Herzen
der Wunsch das zerstörte Reich wieder aufzurichten [1]), als dass
irgend ein Bedenken dagegen hätte aufkommen können. Wie
ein Mann stimmte die ganze Bürgerschaft für den Krieg;
Thrasybulos selbst war es, der den Abschluss des Bündnisses
mit Theben beantragte [2]).

Zwei Männer vor Allen waren neben Thrasybulos in dieser
Richtung thätig gewesen, Kephalos und Epikrates. Beiden
ist später vorgeworfen worden, dass sie durch persisches Geld
bestochen Athen in den Krieg gestürzt hätten [3]); und mag
der Vorwurf auch so unbegründet sein, als solche Anklagen es
in der Regel sind, dass er entstehen konnte, bleibt doch charakteristisch für ihre politische Haltung. Epikrates gehörte zu
denen, die sich in der Affectation lakonischen Wesens gefielen,
ähnlich wie Phormisios, der wenige Jahre später auf jener
verhängnissvollen Gesandtschaft zum Grosskönig sein College
war. Sein mächtiger Bart, der ihm wie ein Schild die Brust
deckte, war sprichwörtlich in Athen; von Schmutz starrend,
mit langem struppigen Haare, im kurzen spartanischen Mantel
schritt er durch die Strassen. Aber diese Schwäche that seiner
aufrichtig demokratischen Gesinnung keinen Eintrag. An
Thrasybulos' Seite hatte er die Revolution mitgemacht, und
das seinige zu ihrem glücklichen Erfolg beigetragen. Den
Krieg soll er zu eigener Bereicherung benutzt haben; und
jedenfalls war er nicht wählerisch in den Mitteln, wenn es
galt, der Ebbe in der Staatscasse abzuhelfen [4]).

1) Xen. Hell. III 5, 10 ὅτι μὲν, ὦ ἄνδρες Ἀθηναῖοι, βούλοισθ᾽ ἂν
τὴν ἀρχὴν ἣν πρότερον ἐκέκτησθε ἀναλαμβάνειν, πάντες ἐπιστάμεθα.
Andok. v. Fr. 25 ἀναμνήσθητε γάρ, ὦ Ἀθηναῖοι, τῆς ἡμέρας ἐκείνης,
ὅτε Βοιωτοῖς τὴν συμμαχίαν ἐποιούμεθα, τίνα γνώμην ἔχοντες ταῦτα
ἐπράττομεν; οὐχ ὡς ἱκανὴν οὖσαν τὴν Βοιωτῶν δύναμιν μεθ᾽ ἡμῶν
γενομένην κοινῇ πάντας ἀνθρώπους ἀμύνασθαι;
2) Xen. Hell. III 5, 16 τῶν δ᾽ Ἀθηναίων πάμπολλοι μὲν συνηγό-
ρευον, πάντες δ᾽ ἐψηφίσαντο βοηθεῖν αὐτοῖς. Θρασύβουλος δ᾽ ἀπο-
κρινάμενος τὸ ψήφισμα κτλ.
3) Paus. III 9, 8, dagegen schon Xenophon Hell. III 5, 1.
4) Arist. Ekkl. 71, Platon Πρέσβεις fr. 122 Kock ἄναξ ὑπήνης Ἐπί-
κρατες σακεσφόρε und fr. 124 χαίρεις, οἶμαι, μεταπεττεύσας αὐτὸν
διακλιμακίσας τε, | τὸν ὑπηνόβιον σπαρτιοχαίτην ῥυποκόνδυλον ἑλκετρί-
βωνα. Demosth. v. d. Ges. 277 Ἐπικράτης, ἀνὴρ ὡς ἐγὼ τῶν πρεσβυ-

Bedeutender war Kephalos von Kollytos, einer der ersten
Volksredner, die Athen hervorgebracht hat. Als Sohn eines
Töpfers stand er auf der extremen Seite der Demokratie; aber
die Besonnenheit seines politischen Urtheils, und seine tiefe
Kenntniss des Rechts hoben ihn weit hinaus über die Demagogen gewöhnlichen Schlages. Am Ende seiner Laufbahn
konnte er sich rühmen, niemals wegen eines gesetzwidrigen
Antrages verurtheilt worden zu sein, obgleich es unter den
Staatsmännern seiner Zeit keinen gab, der mehr Volksbeschlüsse redigirt hätte. Wie ernst es ihm mit der Beobachtung des Amnestievertrages war, zeigt seine Vertheidigung
des Andokides im Mysterienprozess, so wenig die Persönlichkeit des Angeklagten ihm sympathisch sein konnte. An der
Revolution hat er ohne Zweifel thätigen Antheil genommen;
während des Exils mag jene Hinneigung zu Theben bei ihm
sich gebildet haben, die ihn wie so viele seiner Schicksals-
genossen Zeit seines Lebens nicht verlassen hat[1]).

Die Leitung der Operationen fiel naturgemäss Thrasybulos
zu[2]). Der Anfang übertraf die Erwartungen; der Sieg bei
Haliartos befreite Boeotien von der feindlichen Invasion, bewog
Korinth zum Anschluss an die Verbündeten; das Bundesheer
konnte am Isthmos Stellung nehmen, wodurch Attika zunächst
gegen jede Gefahr eines feindlichen Einfalls gesichert war.
Dann aber wandte sich das Kriegsglück; Thrasybulos verlor

τέρων ἀκούω, σπουδαῖος καὶ πολλὰ χρήσιμος τῇ πόλει καὶ τῶν ἐκ
Πειραιῶς καταγαγόντων τὸν δῆμον καὶ ἄλλως δημοτικός. Lysias g.
Epikr. 9 οὗτοι μὲν γὰρ ἐν τῷ πολέμῳ ἐκ πενήτων πλούσιοι γεγόνασι
κτλ. Die Zweifel an der Identität sind ganz unbegründet; derselbe
Mann wird eben je nach der Verschiedenheit des politischen Stand-
punktes sehr verschieden beurtheilt werden.

1) Deinarch. g Demosth. 76, Arist. Ekkles. 248—51, wozu die
Scholien: ἦν δὲ κεραμέως πατρὸς ὁ Κέφαλος, mit der naiven Bemerkung δημαγωγὸς οὗτος ἕτερος, οὐχ ὃν λέγει Δημοσθένης, ἀλλὰ λοί-
δορος. Aesch. g Ktes. 191 Κέφαλος ὁ παλαιὸς ἐκεῖνος, ὁ δοκῶν δημοτικώτατος γεγονέναι. Platon fr. inc. 6 Βόσκει — nämlich ὁ δῆμος —
δυσώδη Κέφαλον, αἰσχίστην νόσον. Demosth. v. Kr. 219. 251. Andok.
v d. Myst. 115. 150 Vergl. Schaefer Demosth. I 127 f., Sievers Gr.
Gesch. S. 301 f.

2) Paus. III 5, 4. War aber Thrasybulos bei Haliartos Stratege,
so muss er es auch in der im selben attischen Jahre gelieferten Schlacht
am Nemeaflusse gewesen sein. Der Spott bei Lysias f. Mantitheos 15
erhält erst so seine rechte Pointe.

die blutige Schlacht am Nemeabach und wenige Wochen später
folgte bei Koroneia eine zweite Niederlage.

Inzwischen aber war zur See die Entscheidung gefallen. Konon war seit dem Tage von Aegospotamoi Athen
ferngeblieben. Er scheute, und mit gutem Grund, die Verantwortung für die zum Theil auch durch seine Schuld
herbeigeführte Niederlage[1]); mochte die Amnestie ihn vor
gerichtlicher Verfolgung sicher stellen, politisch wäre er
doch ein todter Mann gewesen. Wie einst für Alkibiades,
gab es auch für ihn eine Rückkehr nur dann, wenn es ihm
gelang, gut zu machen, was er verschuldet, Athens Seeherrschaft wieder herzustellen, wie sie vor dem Schlage im Hellespont gewesen war.

Die Gelegenheit dazu gab der Ausbruch des Krieges
zwischen Sparta und Persien. Mit Unterstützung seines Freundes Euagoras von Kypros und persischen Hülfsgeldern ging
Konon daran, die attische Flotte neu zu begründen, allerdings zunächst im eigenen Namen, da die politische Lage
eine offene Theilnahme Athens am Kriege noch nicht gestattete. Es waren diese Schiffe, die in Verbindung mit dem
kyprischen Geschwader des Euagoras und der phoenikischen
Flotte des Grosskönigs bei Knidos die Seeherrschaft der Spartaner vernichteten. Der Weg nach Athen lag Konon jetzt
offen; im folgenden Frühjahr (393) fuhr er in den Peiraeeus
ein, und begann sogleich die Wiederaufrichtung der langen
Mauern. Die von ihm auf eigene Hand gebildete Flotte trat
jetzt offen in den Dienst Athens; mit Persien wurde ein
Vertrag geschlossen, durch den der Grosskönig sich zur Zahlung von Subsidien verpflichtete. Die Wiederherstellung der
attischen Seeherrschaft schien nur noch eine Frage der Zeit.

Konon hatte so die Schmach glänzend getilgt, die seit
dem Unglückstage von Aegospotamoi auf ihm gelastet hatte.
Es wurden ihm Ehrenbezeugungen zu Theil, wie sie nie zuvor
einem Bürger bei Lebzeiten verliehen worden waren[2]). Thrasybulos' Verdienste verblassten vor dem frischen Lorbeer von
Knidos; es konnte nicht fehlen, dass Konon jetzt an der

---

1) Isokr. Euag. 52 Κόνωνα δὲ ... τίς οὐκ οἶδεν, ὅτι δυστυχήσας
ἐξ ἁπάντων ἐκλεξάμενος ὡς Εὐαγόραν ἦλθε, νομίσας καὶ τῷ σώματι
βεβαιοτάτην εἶναι τὴν παρ' ἐκείνῳ καταφυγήν κτλ.

2) Demosth. g. Lept. 70.

Spitze des Staates die Stellung einnahm, die der Befreier
bisher inne gehabt hatte. Politische Gegner waren sie von
jeher gewesen. Während Thrasybulos sich Alkibiades angeschlossen, und nach dessen Sturze bis zum Ende des Krieges
Staatsämter nicht mehr bekleidet hatte, war es Konon gewesen, der im Oberbefehl über die Flotte an Alkibiades'
Stelle getreten und bis zur letzten Katastrophe an ihrer Spitze
geblieben war. An ein Zusammengehen beider Männer war
unter diesen Umständen nicht zu denken [1]).

Es kam Konon zu statten, dass er gewissermassen über
den Parteien stand. Die zwölf Jahre seines freiwilligen Exils
hatten ihn dem öffentlichen Leben entfremdet. Er allein von
allen hervorragenden Staatsmännern Athens hatte an der
Revolution keinen Antheil genommen, weder die „Bürger
aus der Stadt", noch die „Bürger aus dem Peiraeeus" konnten
ihn als den Ihrigen in Anspruch nehmen. So schien er dazu
bestimmt, die alten Gegensätze zu versöhnen. Und wirklich
sehen wir, wie jetzt die „Bürger aus der Stadt" anfangen,
zum ersten Male seit der Restauration thätigen Antheil an
der Verwaltung des Staates zu nehmen [2]). So ist Kallias, der
Sohn des Hipponikos, in einem der nächsten Jahre zur
Strategie gelangt; seinen Bruder Hermogenes, Sokrates' Schüler, finden wir um dieselbe Zeit an Konon's Seite als Mitglied
einer Gesandtschaft [3]).

Seine hauptsächlichste Stütze jedoch fand Konon an der
Partei, deren Vertrauensmann er schon in den letzten Jahren
des peloponnesischen Krieges gewesen war, und die seit der
Restauration vergeblich versucht hatte, gegenüber dem Ein-
flusse Thrasybulos' zur Macht zu gelangen, der radicalen
Demokratie. Ihr Führer war jetzt Agyrrhios von Kollytos.
Die Anfänge seiner politischen Laufbahn fallen in die Zeit
kurz vor der Schlacht bei Aegospotamoi, wo er unter Kleophon

---

[1]) Vergl. Sievers, Comment. hist. ad Xen. Hell. n. 148.

[2]) Arist. Ekkl. 300. Ὅρα δ' ὅπως ὠθήσομεν | τούσδε τοὺς ἐξ
ἄστεως | ἥκοντας, ὅσοι πρὸ τοῦ | μὲν ἡνίκ' ἔδει λαβεῖν | ἐλθόντ' ὀβολὸν
μόνον, | καθῆντο λαλοῦντες | ἐν τοῖς στεφανώμασι · νυνὶ δ' ἐνοχλοῦσ'
ἄγαν. Wie die Worte καθῆντο λαλοῦντες ἐν τοῖς στεφανώμασι zeigen,
ist die Motivirung nur scherzhaft gemeint; οἱ ἐξ ἄστεως kann in
dieser Zeit nichts anderes bezeichnen als die Partei der ehemaligen
Oligarchen.

[3]) S. unten S. 122 A. 2.

in der Finanzverwaltung thätig gewesen war. Dass er zu
den „Bürgern aus dem Peiraeeus" gehörte, ist so gut wie
gewiss; im ersten Jahre der restaurirten Demokratie finden wir
ihn unter den Schreibern des Rathes. Unmittelbar darauf trat er
an die Spitze einer Gesellschaft zur Pachtung des Zolls im Peiraeeus; bei dieser Gelegenheit verfeindete er sich mit Andokides, der ihn im nächsten Jahre mit einem höheren Gebote
aus dem Felde schlug. Eine gründliche Kenntniss der Verwaltung, vor Allem ihres wichtigsten Zweiges, des Finanzwesens, konnte ihm bei einer solchen Laufbahn nicht fehlen;
sie ist es, worauf hauptsächlich seine politische Bedeutung
beruht[1]).

Konon's nächste Aufgabe musste es sein, die Herrschaft
Athens über die Inseln des aegaeischen Meeres aufs Neue zur
Geltung zu bringen. Die Prostasie über das delische Heiligthum und damit die Oberhoheit über die Kykladen wurde
wieder hergestellt, die Kleruchengemeinden auf Lemnos, Imbros und Skyros aufs Neue mit der Mutterstadt vereinigt.
Kythera, wo Konon seinen Freund Nikophemos zum Harmosten
eingesetzt hatte, war thatsächlich schon seit dem Frühjahr
393 im Besitz von Athen. Mit Chios, Mytilene, Rhodos wurden
Verbindungen angeknüpft. Wenn auch Athen die alte Grossmachtstellung noch nicht wieder einnahm, es war doch auf
dem besten Wege sie zu erringen.

Mit diesen Erfolgen der äusseren Politik gingen innere
Reformen Hand in Hand. Auf Agyrrhios' Antrag wurde der
Sold für die Ekklesie auf drei Obolen erhöht[2]) und zugleich
die Geldspenden an das Volk (θεωρικά) wieder aufgenommen[3]).

---

1) CIA. II 1 b. [Πανδ]ιονὶς ἐπρυτάνευε, Ἀγύρριος Κ[ολλυτεὺς
ἐγραμμάτευε]. Schol. Arist. Frösche 367 werden Agyrrhios und Archinos
προϊστάμενοι τῆς δημοσίας τραπέζης genannt. Vergl. Schol. Ekkl.
102. — Dem. g. Timokr. 134 Ἀγύρριον τὸν Κολλυτέα, ἄνδρα χρηστὸν
καὶ δημοτικὸν καὶ περὶ τὸ πλῆθος τὸ ὑμέτερον πολλὰ σπουδάσαντα.
Andok. v. d. Myst. 133 Ἀγύρριος γὰρ οὑτοσί, ὁ καλὸς κἀγαθός, ἀρχώνης
ἐγένετο τῆς πεντηκοστῆς τρίτον ἔτος. An der Identität des hier erwähnten Agyrrhios mit dem bekannten Volksmann zu zweifeln liegt
gar kein Grund vor.

2) Arist. Ekkl. 186, 307, Plut. 329 mit Schol. Ekkl. 102.

3) Harpokr. unter θεωρικά: ὧν πρῶτος ἤρξατο Ἀγύρριος ὁ δημαγωγός. Die δραχμὴ χαλαζῶσα ἐπὶ Διοφάντου (Suidas, Hesych. u. d.
Wort, Zenob. III 271) gehört aber keineswegs in das Jahr des Archon

Manche besonders drückende Abgabe, wie die Salzsteuer, wurde abgeschafft oder ermässigt[1]). Um die Bürger von der Last des stehenden Besatzungsdienstes in den Linien auf dem Isthmos zu befreien, wurde ein Söldnercorps angeworben, dessen Befehl ein junger Offizier, Iphikrates von Rhamnus, übernahm. Daneben wurde auch die Flotte auf einen achtunggebietenden Stand gebracht[2]). Allerdings waren es die persischen Hülfsgelder, die zunächst diese Reformen ermöglichten; aber die attischen Finanzen sind doch im Stande gewesen, auch nach deren Wegfall die daraus entspringende Mehrbelastung zu tragen. Ein sicheres Zeichen des Aufschwunges, den die Hülfsquellen des Staates unter Agyrrhios' und Konon's Leitung genommen hatten.

Freilich, den Interessen des Grosskönigs entsprach diese Verwendung der persischen Subsidien sehr wenig. Konon war sich denn auch von Anfang an darüber klar gewesen, dass das Bündniss zwischen Athen und Persien unmöglich von Dauer sein konnte. Nicht um Hellas den Barbaren zu Füssen zu legen, hatte er bei Knidos gesiegt. Und wenn nichts anderes, so mussten schon die Beziehungen zu Euagoras von Kypros einen Bruch mit Persien herbeiführen, denn Euagoras stand eben im Begriff sich gegen seinen Herrn, den Grosskönig, aufzulehnen. In diesem Falle hatte man an Aegypten einen stets bereiten Bundesgenossen; und die vereinten Kräfte der fünf Mächte Athen, Boeotien, Argos, Kypros, Aegypten waren aller Voraussicht nach vollständig genügend gegenüber Persien nicht nur, sondern vielleicht sogar gegenüber einer eventuellen Verbindung zwischen Sparta und Persien. Alles kam darauf an, welche Haltung die jetzt bedeutendste hellenische Seemacht dem Kampfe gegenüber einnehmen würde, das unter Dionysios' Scepter geeinigte Sicilien. Schon unmittelbar nach dem Siege von Knidos, noch ehe er selbst nach Athen kam, war Konon bemüht gewesen, eine Annäherung zwischen Athen und Syrakus zu Stande zu bringen. Auf

---

Diophantos 295 4, sondern in eine viel spätere Zeit, wie unten (Cap. XI) gezeigt werden wird.

1) Arist. Ekkl. 814.

2) [Plat.] Menex. 16 p. 245 B τειχισαμένη δὲ καὶ ναυπηγησαμένη (ἡ πόλις), und die maritimen Leistungen Athens in den letzten Kriegsjahren: Xen. Hell. IV 8, 24. 26. 31; V 1, 10.

Kinesias' Antrag wurden im Winter 394/3 Dionysios und
seinen Brüdern hohe Ehrenbezeugungen decretirt; im folgenden Jahre sandte Konon seine Freunde Eunomos und Aristophanes an den Hof des Tyrannen. Zwar liess Dionysios sich
nicht bestimmen, sein altes Verhältniss zu Sparta zu lösen,
und mit Athen und Euagoras in Bund zu treten; aber so viel
wurde doch erreicht, dass Sicilien zunächst in den hellenischen Händeln neutral blieb[1]).

In der That begannen schon zwei Jahre nach der Schlacht
bei Knidos die ersten Zeichen einer Entfremdung zwischen
Athen und Persien sich bemerkbar zu machen. Tiribazos, der
Satrap von Lydien, trat zunächst auf eigene Hand mit Sparta
in Unterhandlungen. In dem Bestreben, den Bruch so lange
als möglich hinauszuschieben, ging Konon an der Spitze einer
attischen Gesandtschaft nach Sardes; mit ihm waren Hermogenes, des reichen Hipponikos Sohn, Kallimedon, ein Verwandter des Agyrrhios, und Dion, einer der bedeutendsten
Volksredner[2]). Es wurde bald klar, dass an eine Verständigung nicht zu denken war. Allerdings scheute sich Tiribazos,
ohne königlichen Befehl mit Sparta abzuschliessen, aber er
hielt wenigstens die weitere Zahlung von Subsidien für die
attische Flotte zurück und liess Konon als Verräther an der
persischen Sache ins Gefängniss werfen. Nach Athen ist
Konon nie mehr zurückgekehrt.

Die politische Lage war so mit einem Schlage verändert.
Athen sah sich vor der Alternative, entweder auf eigene
Kosten eine starke Flotte in See zu halten, mit der Aussicht,
wieder wie vor 15 Jahren Sparta und Persien zugleich zu Gegnern
zu haben oder sich auf irgend welche Bedingungen hin mit
Sparta zu verständigen. Zum ersten Male wieder seit vier Jahren
erhob die Friedenspartei ihr Haupt. War doch der Kriegs-

_____

1) CIA. II 8, Lysias v. Arist. Verm. 19 f.

2) Xen. Hell. IV 8, 13 — Kallimedon, der „Krebs", der bekannte
Demagogo aus der ersten makedonischen Zeit, hatte einen Sohn Namens
Agyrrhios, wonach Sievers (Geschichte S. 110 A. 114) und Schaefer
(Dem. III 1, 335 A. 3) eine Verwandtschaft zwischen ihm und dem
gleichnamigen Staatsmann aus dem Anfang des Jahrhunderts vermuthen.
Beide gehören zu demselben Demos, Kollytos. CIA. II 111. 780. Ueber
Dion vergl. [Platon] Menex. S. 234 B. Lysias schrieb eine Rede gegen
ihn. Sonst wird er meines Wissens nicht wieder erwähnt. — Hermo-
genes ist doch offenbar der bekannte Sokratiker.

enthusiasmus der Bürgerschaft durch den langen Kampf zum grossen Theil abgekühlt, die Wohlhabenden weniger als je geneigt, weitere Opfer zu bringen, und, was die Hauptsache war, die Kriegspartei durch die Gefangenschaft Konon's ihres bedeutendsten Führers beraubt. So wurden Unterhandlungen angeknüpft und Andokides ging mit Vollmacht zum Abschluss des Friedens nach Sparta. Dort fand er das bereitwilligste Entgegenkommen; Agesilaos besonders musste jede Lösung erwünscht sein, die der Einmischung der Barbaren in Hellas ein Ende machte. Die natürliche Basis der Verständigung bildete der gegenwärtige Besitzstand; und darauf hin wurde denn der Präliminarvertrag abgeschlossen. Athen sollte Lemnos, Imbros, Skyros, seine langen Mauern und seine Flotte behalten; Orchomenos von Theben unabhängig bleiben, wie es in diesem Augenblicke war; nur Argos wurde das Opfer zugemuthet, seine Herrschaft über Korinth aufzugeben [1]). Dass man in Argos wenig geneigt war, sich solchen Bedingungen zu unterwerfen, ist sehr begreiflich; in Athen aber hätte man allen Grund gehabt mit dem Erreichten zufrieden zu sein. Es gehörte in der That ein sehr hoher Grad von Optimismus dazu, von der Fortführung des Krieges mehr zu erwarten; wohl aber konnte ein Wechsel des Kriegsglücks jeden Augenblick Alles in Frage stellen, was bisher errungen worden war.

Die Führer der Volkspartei aber sorgten wenig um diese Gefahr. Auch jetzt hielten sie ihr altes Programm aufrecht, in keinen Frieden zu willigen, der nicht Athens frühere Macht wieder herstellte. Mit dem Rufe, dass die Demokratie bedroht sei, wenn man sich mit Sparta verständige [2]), zogen sie die Menge auf ihre Seite. Namentlich Kephalos scheint in diesem Sinne thätig gewesen zu sein [3]). Dazu kam dann, dass Persien sich Athen wieder näherte. Die spartanerfreundliche Politik des Tiribazos hatte die Zustimmung des Grosskönigs nicht gefunden; Tiribazos selbst wurde abberufen und durch

---

1) S. Andokides Friedensrede.

2) Andok. v. Fried. 1 λέγουσι γὰρ ὡς ἔστι δεινότατον τῷ δήμῳ, γινομένης εἰρήνης, ἡ νῦν οὖσα πολιτεία μὴ καταλυθῇ. Vergl. Lysias 25 (δήμου καταλ.) 30, eine Stelle, die sich nur auf unsere Verhandlungen beziehen kann.

3) Eine Anspielung darauf sehe ich Arist. Ekkl. 354 ff.

Struthas ersetzt, der Athen mit allen Kräften unterstützte[1]).
So war der Hauptgrund weggefallen, weswegen Athen die
Verständigung mit Sparta gesucht hatte; und die Folge war,
dass das Volk den von Andokides geschlossenen Präliminarfrieden verwarf.

Jetzt wäre energische Weiterführung des Krieges, namentlich Aufstellung einer zahlreichen Flotte, geboten gewesen. Aber es fehlten die Mittel. Die Zahlung von Subsidien scheint auch Struthas nicht wieder aufgenommen zu
haben, und Athens eigene regelmässige Staatseinnahmen haben
zu keiner Zeit zur Unterhaltung einer bedeutenden Seemacht
ausgereicht. Wie viel weniger jetzt, wo die Kosten des Söldnercorps auf dem Isthmos schon schwer genug auf dem Staats-
schatze lasteten[2]). Es half sehr wenig, dass man die Zölle
im Peiraceus erhöhte[3]); auf die Länge blieb doch nichts übrig
als wieder auf die direkte Besteuerung zurückzugreifen. Und
dagegen erhoben sich die Grundbesitzer, die reichen Kaufleute
und Industriellen wie ein Mann[4]). Das Ergebniss war, wie
es nicht anders sein konnte; die Zeit verstrich und Athen
verharrte in Unthätigkeit, zufrieden, dass die Werke bei Korinth die lakedaemonische Landmacht an einem Einfall in
Attika hinderten.

Während in Athen die Parteien hin- und herstritten, hatte
Sparta gehandelt. Das Gebiet von Argos wurde verheert, die
Linien des Isthmos genommen, ein neues Heer nach Asien
geschickt und in den Gewässern von Rhodos eine neue Flotte
gebildet. Die Gefahr rückte Athen immer näher. Jetzt endlich raffte die Bürgerschaft sich auf, und der glänzende Sieg,
den Iphikrates im Sommer 390 vor Korinth errang, musste
mächtig dazu beitragen, den kriegerischen Enthusiasmus zu
beleben. Eine Flotte von 40 Trieren wurde ausgerüstet und

---

1) Xen. Hell. IV 8, 17 ὁ μέντοι Στρούθας ἰσχυρῶς τοῖς Ἀθηναίοις
καὶ τοῖς συμμάχοις τὴν γνώμην προσεῖχε.

2) Arist. Plutos 175 τὸ δ᾽ ἐν Κορίνθῳ ξενικὸν οὐχ οὗτος τρέφει;
nämlich ὁ πλοῦτος.

3) Ueber diese τετταρακοστὴ ἦν ἐπόρισ᾽ Εὐριπίδης (Arist. Ekkl.
823) s. Grote IX, Chap. 75, S. 206 f. und Rh. Mus. 39 (1884) S. 48.

4) Arist. Ekkl. 197 f. Ναῦς δεῖ καθέλκειν, τῷ πένητι μὲν δοκεῖ |
τοῖς πλουσίοις τε καὶ γεωργοῖς οὐ δοκεῖ. Ueberhaupt ist die ganze
Rede der Praxagora sehr charakteristisch für die damaligen Zustände
Athens.

an ihre Spitze der Mann gestellt, der allein von den ruhm-
gekrönten Heerführern aus dem peloponnesischen Kriege noch
übrig war, Thrasybulos von Steiria[1]).

So gewann der Befreier von Neuem entscheidenden
Einfluss auf die Leitung des Staates, nachdem er vier
Jahre lang erst durch Konon, dann durch Agyrrhios[2])
in den Hintergrund gedrängt worden war, und selbst Leute
wie Kallias, der bankerotte Sohn des Hipponikos, den
ersten Platz im Strategion eingenommen hatten[3]). Und
Thrasybulos rechtfertigte die Erwartungen seiner Mitbürger.
Im Frühjahr 389 begann er jenen Siegeszug durch die
thrakischen und hellespontischen Gewässer, der den Vergleich mit den schönsten Thaten des alten Athen nicht zu
scheuen braucht. Thasos, Samothrake, der Chersonnes,
Byzantion, Kalchedon wurden genommen, mit Seuthes von
Thrakien ein Bündniss geschlossen, die Beziehungen zu Chios
und Mytilene befestigt, die kleinen Städte auf Lesbos, Klazomenae, Halikarnassos erobert. Die Herrschaft Athens wurde
überall in den Formen wieder hergestellt, wie sie in den
letzten Jahren des peloponnesischen Krieges bestanden hatte;
die Hafenzölle in den einzelnen Städten und der Sundzoll
im Bosporos wurden wieder für athenische Rechnung erhoben, athenische Besatzungen in die wichtigsten Plätze gelegt[4]).

Aber während Thrasybulos mit solchem Erfolge daran
arbeitete, das Reich neu zu begründen, boten seine Gegner
in Athen alle Mittel auf, seine Stellung zu untergraben. Er
selbst hatte ihnen den Weg dazu gebahnt. Denn die kriegerische Politik, die er in der letzten Zeit eingeschlagen, und
der dadurch bis an die Grenze der Leistungsfähigkeit gesteigerte Steuerdruck[5]) mussten ihm die Sympathien der besitzen-

---

1) Xen. Hell. IV 8, 26.

2) Arist. Ekkl. 102 (aufgeführt im Frühjahr 390) Ἀγύρριος γοῦν
τὸν Προνόμου πώγων' ἔχων | λέληθε· καὶ γὰρ πρότερον ἦν οὗτος
γυνή· | νυνὶ δ', ὁρᾶς, πράττει τὰ μέγιστ' ἐν τῇ πόλει.

3) Xen. Hell IV 6, 13 Καλλίας τε ὁ Ἱππονίκου, τῶν Ἀθηναίων
ὁπλιτῶν στρατηγῶν.

4) S. unten Excurs VI: Die Reichspolitik Athens im korinthischen
Kriege.

5) Arist. Plutos 223 f. τοὺς ξυγγεωργοὺς κάλεσον, εὑρήσεις δ'
ἴσως | ἐν τοῖς ἀγροῖς αὐτοὺς ταλαιπωρουμένους. Die Stelle gehört der

den Klassen entfremden, ohne ihm doch andererseits in dem
niederen Volke eine sichere Stütze zu geben; denn die Menge
sah nun einmal mit Misstrauen auf den vornehmen Mann mit
dem hochfahrenden Benehmen[1]), der jetzt die Kriegsmacht des Staates befehligte. Es war ihm unvergessen,
dass er einst Alkibiades so nahe gestanden hatte; und wie es
Niemanden in Athen gab, der daran zweifelte, dass Alkibiades
bei längerer Dauer seiner politischen Laufbahn versucht haben
würde, sich zum unumschränkten Herrn des Staates aufzuwerfen, so fürchteten jetzt viele, Thrasybulos könnte dem
Beispiel des Freundes nacheifern, oder gaben doch wenigstens
vor es zu fürchten.

Nichts ist gewisser, als dass mit einem solchen Verdacht,
Thrasybulos bitteres Unrecht geschah; oder wenn man lieber
will, dass ihm damit viel zu viel Ehre angethan wurde. Der
Mann, der Athen zweimal von der Herrschaft der Oligarchen befreit, der so viel für seine demokratische Ueberzeugung
gelitten hatte, konnte jetzt, an der Schwelle des Alters, unmöglich seiner ganzen politischen Vergangenheit ins Gesicht
schlagen wollen. Und wenn er es auch gewollt hätte, die
Macht dazu hätte ihm gefehlt. Woran Alkibiades unter so
unendlich günstigeren Umständen gescheitert war, wie hätte
Thrasybulos auch nur daran denken können, es zu versuchen?
So urtheilten alle besonnenen Männer in Athen[2]); aber für den
grossen Haufen ist die Tyrannenfurcht zu allen Zeiten ein
Schreckgespenst gewesen, dem gegenüber eine ruhige Erwägung der Sachlage nicht aufkam. Und Thrasybulos' Gegner
verstanden es, von dieser Schwäche der Menge in ihrem per-

---

zweiten Bearbeitung des Plutos an (389 8), und ist also während
Thrasybulos' Zuge gedichtet, denn zur Zeit der ersten Aufführung des
Stückes (409 8) war das attische Landgebiet von seinen Bewohnern
verlassen. — S. auch Lysias g. Ergokl. 3, g. Philokr. 4, v. Arist. Verm
29 und 43; Isaeos 5, 37.

1) Lysias f. Mantith. 15 τοῦ σεμνοῦ Στειριέως. Strattis im Kinesias
(bei Schol. Arist. Plut. 550) nennt ihn ἀξιωματικὸς καὶ αὐθάδης. —
Schol. Arist. Ekkl. 203 giebt eine Blumenlese aus den Angriffen der
Komödie: οὗτος αὐθάδης, δωροδόκος, ὑπερόπτης τοῦ δήμου, ἠβούλετο
δι' αὐτοῦ πάντα πράττεσθαι.

2) Arist. Plut. 549 50 οὐκοῦν δήπου τῆς πτωχείας πενίαν φαμὲν
εἶναι ἀδελφήν; | ὑμεῖς χ' οἵπερ καὶ Θρασυβούλῳ Διονύσιον εἶναι
ὅμοιον. Der Dichter stellt das als Absurdität hin.

sönlichen Interesse Nutzen zu ziehen. Um Stoff zu Anklagen brauchten sie nicht verlegen zu sein[1]). Erfolge, wie sie Thrasybulos errungen, waren nur durch rücksichtsloses Daransetzen des Flottenmaterials zu erreichen gewesen, und zur Beschaffung der nöthigen Geldmittel hatte Bedrückung der Bundesgenossen sich nicht immer vermeiden lassen.

So kam das Frühjahr 388 und damit die Zeit der Strategenwahlen; selten sind die Wogen des Parteikampfes höher gegangen[2]). Thrasybulos unterlag; ein Volksbeschluss rief ihn und seine Mitfeldherren zur Rechenschaftsablage nach Athen zurück[3]). Den Befehl über die Flotte sollte Agyrrhios übernehmen[4]).

Es hält nicht schwer, sich auszumalen, welchen Eindruck diese Nachrichten im Hauptquartier auf Lesbos hervorbringen mussten. Wir glauben es gern, dass heftige Reden geführt wurden, dass einzelne unter den Offizieren ganz offen die Möglichkeit discutirten, mit Gewalt sich dem Beschlusse des Demos zu widersetzen[5]). Hatte nicht Thrasybulos selbst vor 23 Jahren an der Spitze der Flotte gegen die Regierung zu Athen sich aufgelehnt? Freilich lagen die Dinge jetzt ganz anders, und Thrasybulos wäre der letzte gewesen, im eigenen Interesse zu wiederholen, was er damals für die Sache der Freiheit gewagt hatte.

Doch Thrasybulos' Tod ersparte Athen das unwürdige Schauspiel, den Mann als Angeklagten vor dem Heliastengericht erscheinen zu sehen, der die Stadt zweimal von oligarchischer Missregierung gerettet hatte. Die radicale Partei mochte aufathmen, dass sie von ihrem gefährlichsten Gegner befreit war; aber die Gerechtigkeit gebietet uns anzuerkennen, dass auch bei ihr jetzt aller Hass zurücktrat gegenüber dem

---

1) S. Lysias' Rede gegen Ergokles.

2) Plut. v. d. Verw. d. Staates 4 (= Platon fr. 185 Kock) οἷα Πλάτων ὁ κωμικὸς τὸν δῆμον αὐτὸν λέγοντα ποιεῖ· λαβοῦ λαβοῦ τῆς χειρὸς ὡς τάχιστά μου· | μέλλω στρατηγὸν χειροτονεῖν Ἀγύρριον.

3) Lysias 28 g. Ergokl.) ὃ ἄλλως τε ἐπειδὴ τάχιστα ὑμεῖς ἐψηφίσασθε τὰ χρήματα ἀπογράψασθαι τὰ ἐκ τῶν πόλεων εἰλημμένα καὶ τοὺς ἄρχοντας τοὺς μετ' ἐκείνου καταπλεῖν εὐθύνας δώσοντας κτλ.

4) Xen. Hell. IV 8, 31 οἱ μέντοι Ἀθηναῖοι Θράσωνα ἀντ' αὐτοῦ Ἀγύρριον ἐπὶ τὰς ναῦς ἐξέπεμψαν.

5) Lysias g. Ergokl. 5 f.

Andenken an die Verdienste des Todten¹). Wie die Freunde
urtheilten, davon geben Xenophon's Worte beredtes Zeugniss²);
ein Nachruf, in seiner Art ebenso charakteristisch für Thrasybulos' Stellung im Parteileben, wie die Invectiven der
Redner, oder der gelegentliche Spott der Komödie.

Agyrrhios und seine Partei konnten nun ihren Sieg rücksichtslos ausbeuten. Zum ersten Male wieder seit der Anarchie
sah Athen eine Reihe von Feldherrnprozessen; man hätte
glauben mögen, die Zeiten Kleon's oder Kleophon's seien zurückgekehrt. Pamphilos von Keirades, der im vorigen Herbst
auf Aegina unglücklich gekämpft hatte, kam zuerst an die
Reihe; sein grosses Vermögen reichte nicht hin die Busse zu
decken, die der Spruch der Geschworenen ihm zuerkannte³).
Es folgten Prozesse gegen die Mitfeldherren Thrasybulos' auf
dem glorreichen Zuge nach dem Hellespont, Ergokles vor
Allem, der des Befreiers vertrautester Freund gewesen war.
Was nutzte es ihm, dass er zu den Siebzig von Phyle gehört,
dass er an allen Kämpfen der Revolution ruhmvollen Antheil
genommen hatte, dass die grossen Erfolge des letzten Jahres
zum Theil auch durch sein Verdienst errungen worden
waren? Das Urtheil lautete auf den Tod; Ergokles musste
den Schierlingsbecher leeren, und als die erwarteten Schätze
in seinem Nachlasse sich nicht vorfanden, wurden seine Freunde
und Angehörigen deswegen mit neuen Prozessen verfolgt⁴).

Auch in der äusseren Politik nahm Agyrrhios die Traditionen Kleophon's wieder auf. Der Bruch mit Persien, der
bereits seit fünf Jahren gedroht hatte, trat jetzt wirklich ein.
Es waren zum Theil die Beziehungen zu Euagoras von Kypros,
zum Theil die neue am Hellespont und an der kleinasiatischen
Küste gewonnene Machtstellung, die ihn herbeiführten. Schon
390 war ein athenisches Geschwader unter Philokrates Euagoras zur Hülfe gegen den Grosskönig gesandt worden, das

---

1) Lysias g. Ergokles 8. Θρασύβουλος μὲν οὖν, ὦ ἄνδρες Ἀθηναῖοι,
καλῶς ἐποίησεν οὕτως τελευτήσας τὸν βίον· οὐ γὰρ ἔδει αὐτὸν οὔτε
ζῆν τοιούτοις ἔργοις ἐπιβουλεύοντα, οὔθ' ὑφ' ὑμῶν ἀποθανεῖν ἤδη
τι δοκοῦντα ὑμᾶς ἀγαθὸν πεποιηκέναι.

2) Xen. Hell. IV 8, 31 καὶ Θρασύβουλος μὲν δὴ μάλα δοκῶν ἀνὴρ
ἀγαθὸς εἶναι οὕτως ἐτελεύτησεν.

3) S. unten den biographischen Anhang zur Strategenliste.

4) S. Lysias' Reden gegen Ergokles und Philokrates.

freilich seinen Bestimmungsort nicht erreicht hatte[1]); wenig
später wurde ein Bündniss mit Aegypten geschlossen[2]).
Trotzdem war es Thrasybulos gelungen, die freundschaftlichen
Beziehungen zu den Satrapen in Kleinasien aufrecht zu erhalten[3]). Jetzt liess man jede Rücksicht fallen; offen schrieb
Athen die Unabhängigkeit der asiatischen Griechen auf seine
Fahne[4]); neue Verstärkungen wurden unter Chabrias nach
Kypros gesandt; es schien, als ob man es förmlich darauf
anlegte, den Grosskönig den Spartanern in die Arme zu
treiben. Die Verständigung zwischen beiden Mächten erfolgte
denn auch ohne Schwierigkeit: der Coalition schloss Dionysios von Syrakus sich an, der eben seine Feinde im Westen
niedergeworfen hatte und es nun an der Zeit hielt, endlich
aus seiner Neutralität herauszutreten. Den beiden ersten See-
mächten im Verein mit der ersten Landmacht der Welt gegenüber war jeder Widerstand von vorn herein aussichtslos; und
die Ereignisse im Hellespont während des Sommers 387 gaben
den handgreiflichen Beweis dafür, was bei einem Kampfe
gegen so ungleiche Kräfte herauskam. Die Lage war jetzt
ganz ähnlich wie am Ende des peloponnesischen Krieges; und
wie damals wird es auch jetzt nicht in Athen an solchen
gefehlt haben, die den Krieg bis aufs Messer predigten. Aber
für die grosse Masse der Bürgerschaft war die bittere Erfahrung des Jahres 405,4 nicht vergebens gewesen[5]). Noch war
es Zeit, den Frieden auf leidliche Bedingungen zu erhalten,
und Athen stiess die gebotene Hand nicht zurück. Wenigstens
die hauptsächlichsten Errungenschaften des Krieges wurden
nicht angetastet: Athen behielt seine langen Mauern, seine
Flotte und seine überseeischen Besitzungen; ja unter gewissen
Einschränkungen selbst seine Oberhoheit über einen Theil
der verbündeten Inseln und Seestädte. Auf die Wiederherstellung des alten Reiches freilich musste verzichtet werden.

---

1) Xen. Hell. IV 8, 24.

2) Arist. Plutos 178.

3) Xen. Hell. IV 8, 27 ἐχόντων δὲ τούτων τε καλῶς καὶ τῶν ἐν
τῇ Ἀσίᾳ πόλεων διά τε τὸ βασιλέα φίλον αὐτοῖς εἶναι.

4) Platon Menex. 17 S. 245 C., Aristeid III 227 Dind. mit den Schol.

5) Xen. Hell. V 1, 29 οἱ μὲν οὖν Ἀθηναῖοι, ὁρῶντες μὲν πολλὰς
τὰς πολεμίας ναῦς, φοβούμενοι δὲ μὴ ὡς πρότερον καταπολεμηθείησαν ...
ἰσχυρῶς ἐπιθύμουν τῆς εἰρήνης.

Die Klausel von der Autonomie aller hellenischen Gemeinden
litt keine auf Unterthänigkeit beruhende Bundesgenossenschaft,
und sie ist stark genug gewesen, auch für die Folgezeit eine
solche Staatsbildung zu verhindern.

Der Rückschlag auf die Lage im Innern konnte nicht
ausbleiben. In wie glänzendes Licht traten jetzt die Erfolge
Thrasybulos' gegenüber dem politischen Fiasco der Männer,
die ihm in der Leitung des Staates gefolgt waren. Unter
der Last der eigenen Verantwortlichkeit brach die Regierung
zusammen. Agyrrhios wurde vor Gericht gestellt und zu einer
hohen Geldbusse verurtheilt; da sein Vermögen nicht aus-
reichte, sie zu zahlen, wurde er ins Gefängniss geworfen, wo
er Jahre lang gesessen hat[1]). Zu politischem Einfluss ist er
nie wieder gelangt. Von seinen Mitfeldherren wurde Thra-
sybul von Kollytos, dessen Ungeschick zum Theil die Niederlage im Hellespont verschuldet hatte, gleichfalls ins Gefängniss
geworfen, woraus er freilich bald wieder befreit worden ist[2]);
Dionysios wurde wegen Hochverrath hingerichtet[3]). Ebenso
erging es Konon's Freund Nikophemos und dessen Sohne
Aristophanes, die bei Chabrias' Heer auf Kypros standen[4]);
und auch Epikrates und Phormisios ereilte dasselbe Geschick.
Beide waren als Gesandte zum Könige gegangen zu der Zeit,
als Antalkidas über den Frieden verhandelte; jetzt hatten
sie es zu büssen, dass sie nicht im Stande gewesen waren,
bessere Bedingungen für Athen zu erreichen[5]).

---

1) Demosth. g. Timokr. 134 ἔπειτα Ἀγύρριον τὸν Κολλυτέα, ἄνδρα
χρηστὸν καὶ δημοτικὸν καὶ περὶ τὸ πλῆθος τὸ ὑμέτερον πολλὰ σπουδάσαντα. ἀλλ' ὅμως τοὺς νόμους ᾤετο δεῖν καὶ αὐτὸς ἐκεῖνος ὁμοίως,
ὥσπερ ἐπὶ τοῖς ἀδυνάτοις, οὕτω καὶ ἐφ' ἑαυτῷ ἰσχύειν, καὶ ἐγένετο
ἐν τῷ οἰκήματι τούτῳ (dem Gefängnisse) πολλὰ ἔτη, ἕως τὰ χρήματα
ἀπέτισεν ἃ ἔδοξε τῆς πόλεως ἔχειν. Bereits Schaefer Dem. 1 S. 12
bezieht diese Verurtheilung des Agyrrhios auf die Zeit des Antalkidasfriedens.

2) Dem. g. Timokr. 134 πρῶτον μὲν Θρασύβουλον τὸν Κολλυτέα
πάντες μέμνησθε δὶς δεθέντα καὶ κριθέντα ἀμφοτέρας τὰς κρίσεις
ἐν τῷ δήμῳ. Lysias g. Euandros 23 wirft ihm vor ὅτι τὰς ναῦς προΰ-
δωκε καὶ τὴν πόλιν περὶ σωτηρίας βουλεύεσθαι πεποίηκεν.

3) Demosth. v. d. Ges. 180. Verurtheilt διὰ τὸ Θρᾴκην καὶ τὰ
τείχη προέσθαι.

4) Lysias v. Arist. Verm.

5) S. die Fragmente von Platon's Πρέσβεις (119—121 Kock) und
Dem. v. d. Ges. 277. Dass der Prozess in diese Zeit gehört, beweist

So hatte der Königsfrieden sein blutiges Nachspiel, bedeutsam als Symptom der Stimmung, die in Athen herrschte, so wenig auch sonst bei diesen Prozessen herauskam. Aber wie tief die Enttäuschung über die fehlgeschlagenen Hoffnungen empfunden werden mochte, wer frei von den Leidenschaften des Augenblicks auf die Zeit vor dem Kriege zurückblickte und die jetzige Lage des Staates mit der von damals verglich, der durfte wohl freudige Genugthuung empfinden über das Grosse, das erreicht worden war. So leichtsinnig der Krieg angefangen, so elend er zum Theil geführt worden war, so viele politische Fehler man begangen hatte, die Götter hatten mit sichtbarer Huld über Athen gewaltet und Alles zum Besten gelenkt. Wer freilich auf einen höheren Standpunkt sich stellte, wer nicht in Athen, sondern in Hellas sein Vaterland sah, der mochte trauern über die Schmach, die der innere Hader über Griechenland gebracht hatte [1]), dem mochte die Schamröthe ins Gesicht steigen, wenn er sich erinnerte, dass Athen zuerst es gewesen war, das seiner selbstsüchtigen Zwecke wegen mit den Barbaren den Bund geschlossen und damit die Brüder jenseits des Meeres der Fremdherrschaft preisgegeben hatte. Aber wie viele gab es denn in Athen, die so gross dachten, die Selbsterkenntniss genug hatten, die Schuld an allem Unheil, das geschehen war, nicht in Sparta zu suchen, sondern da wo sie wirklich lag, in der eigenen Vaterstadt?

Cap. VIII.

Athen nach dem Königsfrieden.

Es war ein Sieg der besitzenden Klassen gewesen, dass Athen, ohne es zum Aeussersten kommen zu lassen, sich den Bedingungen des Königs gefügt hatte. Aber die Lei-

---

die ganze politische Lage; erst nach dem Bruch mit Persien konnte Epikrates verurtheilt werden. Auch ist es Schol. Arist. Panath. 300 Dind. bezeugt. Dass Lysias' 27. Rede auf einen anderen Prozess geht, zeigt Thalheim Jahrb. 117 (1878, S. 553—61. Nur ist ganz unglaublich, dass Epikrates zweimal παραπρεσβείας angeklagt worden sein sollte; auch ergiebt sich aus der Rede selbst deutlich das Gegentheil.

1) S. Lysias' olympische Rede, Isokr Panegyr. 119, [Lysias] Epitaph. 59.

9 *

tung des Staates dauernd in der Hand zu behalten, war diese
Partei nicht im Stande. Zum grossen Theil war das ihre
eigene Schuld. Zwar die Spaltung, welche die Ereignisse der
Jahre 404 und 403 in die besitzenden Kreise gerissen hatten,
fing an zu vernarben, seit eine neue Generation herangewachsen war. Aber dafür begannen gerade die besten Männer
aus den gebildeten und wohlhabenden Schichten der Bürgerschaft sich überhaupt vom politischen Leben zurückzuziehen,
angewidert von einer Verfassung, welche die Stimmen zählte,
statt sie zu wägen, und die Entscheidung der wichtigsten
Fragen dem urtheilslosen Pöbel in die Hände gab[1]). Von
den alten Führern der Partei war Niemand mehr übrig, und
unter dem jungen Nachwuchs keiner, der befähigt gewesen
wäre, den leergewordenen Platz einzunehmen. Den nächsten
Anspruch darauf hätte Konon's Sohn Timotheos gehabt, durch
seinen grossen Reichthum ebenso wie durch die vom Vater
ererbten Verbindungen; aber er war ein politischer Anfänger,
dem bisher die Gelegenheit gefehlt hatte, seine Talente zur
Geltung zu bringen. Und überhaupt lag seine Begabung mehr
auf der militärischen, als auf der politischen Seite; feingebildet, von exclusiv-vornehmem Auftreten, fehlte ihm die Fähigkeit, bei der grossen Menge Popularität zu erwerben und die
Volksversammlung zu leiten[2]). — Von anderen Männern dieser
Richtung waren Diotimos und sein Bruder Autokles von
Euonymia zwar durch das Ansehn ihrer altadligen reichen
Familie von Einfluss, auch als Offiziere recht tüchtig, und
Autokles selbst als Redner nicht ohne Gewandtheit[3]); aber
als Parteiführer haben sie niemals hervorragende Bedeutung
erlangt. Bedeutender war Leodamas von Acharnae, einer der
ersten Volksredner die Athen hervorgebracht hat[4]); aber seine
oligarchische Vergangenheit stand ihm im Wege, und es hat
lange gedauert, bis die Erinnerung daran soweit verblasst

---

1) So z. B. Platon (Briefe VI S. 325 f.), und über diese φυγαρχία
überhaupt Bernays zu Arist. Polit. IV 11, Hermes VI S. 122 ff.

2) S. die Charakteristik bei Isokr. Antid. 130—9.

3) Xen. Hell. VI 3, 7 μάλα δοκῶν ἐπιστρεφὴς εἶναι ῥήτωρ.

4) Dem. g. Lept. 146 καὶ μάλισθ᾽ οἱ δεινοὶ λέγειν ἄνδρες, Λεωδάμας Ἀχαρνεύς κτλ. Aesch. g. Ktes. 139 Λεωδάμας ὁ Ἀχαρνεύς, οὐχ
ἧττον Δημοσθένους λέγειν δυνάμενος, ἀλλ᾽ ἔμοιγε καὶ ἡδίων. Leben
der X Redner 837 D.

war, dass er Einfluss auf die Leitung des Staates gewinnen konnte[1]).

Dem gegenüber war es den Führern der extremen Demokratie nicht schwer, das auf einen Augenblick verlorene Uebergewicht zurückzugewinnen. Allen voran stand hier Kephalos von Kollytos[2]). Aufrichtiger Anhänger des persischen Bündnisses, hatte er keinen Antheil gehabt an der letzten unheilvollen Wendung der attischen Politik, als der von Agyrrhios geleitete Staat gegen Sparta und den Grosskönig gleichzeitig Front machte[3]). Kurze Zeit später finden wir ihn an der Spitze einer Gesandtschaft nach Chios, um das Bundesverhältniss zu dieser Stadt auf der Basis des Antalkidasfriedens neu zu befestigen[4]). Er war es, auf dessen Antrieb 378 das Bündniss mit Theben geschlossen wurde.

Neben Kephalos finden wir seinen Gaugenossen Thrasybulos. Von der Anklage wegen des Verlustes seines Geschwaders, die ihn um die Zeit des Antalkidasfriedens getroffen hatte, muss er freigesprochen worden sein, wie denn in der That auch nach Xenophon's Darstellung nicht ihn, sondern seine Collegen vor Abydos die Verantwortung für diesen Un-

1) Arist. Rhet. I 7, 13, S. 1364, Lysias g. Euandros 13 f. Sauppe Epist. Critica S. 21 und Blass I 472 stellen die Identität des von Lysias erwähnten Leodamas mit dem berühmten Redner in Abrede, weil dieser im Jahre 355 als Rechtsbeistand des Leptines erwähnt wird, also unter den Dreissig noch keine politische Rolle gespielt haben könne. Dabei ist übersehen, dass unter den συνήγοροι des leptineischen Gesetzes auch Aristophon sich befindet, der spätestens um 430 geboren ist; warum soll Leodamas jünger gewesen sein? Ferner fällt der Prozess gegen Euandros in 382, Leodamas' des Redners Anklage gegen Chabrias 376; sollen wir annehmen, dass es in Athen gleichzeitig zwei einflussreiche Staatsmänner Namens Leodamas gegeben hat?

2) Demosth. v. Kr. 219 πολλοὶ παρ' ὑμῖν, ὦ ἄνδρες Ἀθηναῖοι, γεγόνασι ῥήτορες ἔνδοξοι καὶ μεγάλοι πρὸ ἐμοῦ, Καλλίστρατος ἐκεῖνος, Ἀριστοφῶν, Κέφαλος, Θρασύβουλος, ἕτεροι μυρίοι. — Aesch. g. Ktes. 191 Κέφαλος ὁ παλαιὸς ἐκεῖνος, ὁ δοκῶν δημοτικώτατος γεγονέναι.

3) Vergl. das von Kephalos beantragte Psephisma für Phanokritos von Parion CIA. II 38, dessen Beziehung auf die Ereignisse des Jahres 387 Foucart nachgewiesen hat (Revue Archéol. XVIII (1877) S. 399 ff.). Die Motivirung enthält ein starkes Misstrauensvotum gegen die Strategen des Jahres.

4) Koehler, Mittheil. 1877 S. 138, Duplicat zu CIA. II 15. Die Gesandten sind Κέφαλο[ς Κολλυτεύς, . . . Ἀ]λωπεκῆθεν, Αἴσιμο[ς . . ., . . .]ς Φρεάρριος, Δημοκλε[ίδης . . .].

fall trifft. Welch' hervorragende Stellung er nach dem Frieden einnahm, zeigen Lysias' Anklagen gegen ihn, so unbegründet sie auch theilweise sein mögen[1]). Denn wer möchte
glauben, dass Thrasybulos, der wie kein zweiter in Athen das
Vertrauen der boeotischen Demokratie besass[2]), der als Gesandter 378 den Eintritt Thebens in den attischen Seebund
bewirkt hat, dass dieser Mann die Einrichtung der Oligarchie
in Theben 383 befördert habe?

Diesen beiden Veteranen von Phyle[3]) zur Seite tritt ein
jüngerer Mann, Kallistratos von Aphidna. Als Schwestersohn
des Agyrrhios[4]) war er der natürliche Erbe von dessen politischem Einfluss, und in der That ist er später vielfach dieselben Bahnen gewandelt. Selbst ein so strenger Richter wie
Theopompos lobt die Gewissenhaftigkeit, mit der er der Verwaltung des Staates sich hingab, mochte sein Privatleben
immerhin von Ausschweifungen nicht frei sein[5]). Ueber seine
Grösse als Redner ist nur eine Stimme unter seinen Freunden
und Gegnern[6]); nur in Perikles und Demades hat er vielleicht
seines Gleichen gehabt, und wie jene Männer hat auch er es
verschmäht, seine Reden für die Nachwelt aufzuzeichnen.
Als Finanzgenie stand er hinter seinem Oheim Agyrrhios
nicht zurück; nicht nur an der Spitze Athens, selbst als Verbannter in Makedonien hat er Bewundernswürdiges in dieser
Richtung geleistet[7]). Zu politischem Einfluss muss er etwa
um die Zeit des Antalkidasfriedens gelangt sein. Wenigstens
rühmt Demosthenes von ihm, dass er seine Macht nicht dazu

---

1) Lysias 26 (g. Euandros) 13. 23f.

2) Aeschin. g. Ktes. 138 Θρασύβουλος ὁ Κολλυτεύς, ἀνὴρ ἐν Θήβαις
πιστευθεὶς ὡς οὐδεὶς ἕτερος.

3) Ueber Thrasybulos s. Demosth. g. Timokr. 134, über Kephalos
Suidas' Angabe γέγονεν ἐπὶ τῆς ἀναρχίας, was doch nur heissen kann,
dass er damals zuerst politisch hervorgetreten ist, denn seine Geburt
fällt natürlich viel früher. S. auch oben S. 117.

4) Demosth. g. Timokr. 135.

5) Theopomp. fr. 95 Καλλίστρατος ὁ Καλλικράτους δημαγωγὸς καὶ
αὐτὸς πρὸς μὲν τὰς ἡδονὰς ἦν ἀκρατής, τῶν δὲ πολιτικῶν πραγμάτων
ἦν ἐπιμελής.

6) Aesch. v. d. Ges. 124, Demosth. v. d. Ges. 297 v. Kr. 219 etc.

7) Aristot. Oekon. 2, S. 1350 A, Isokr. v. Frieden 24, und die dazu
von Schaefer Dem. I 120 angeführten Stellen. S. auch Böckh Staatsh.
I 430 und 322 b.

missbraucht habe, Agyrrhios aus dem Schuldgefängniss zu befreien[1]); und mit einem angeblichen Schreiben von ihm führten sich 379 die verschworenen Demokraten in Theben bei dem Polemarchen Leontiadas ein[2]).

Das sind die Männer, die berufen waren den Staat in den ersten Jahren nach dem Frieden zu leiten. Ueber ihre Thätigkeit nach innen lässt unsere Ueberlieferung uns so gut wie ganz ohne Nachricht; klarer sehen wir in der äusseren Politik. Hier beginnt mit dem Königsfrieden eine neue Epoche. Die Erfahrung von zwei Kriegen hatte gezeigt, dass Athen nicht im Stande war, gegen Sparta und Persien zugleich anzukämpfen; dass es eine unabweisbare Nothwendigkeit war, an eine dieser beiden Mächte sich anzulehnen. Welche das sein musste, konnte für den, der noch einen Funken von Nationalgefühl besass, keinen Augenblick zweifelhaft sein. Aber Kephalos und seine radicalen Freunde waren weit davon entfernt, die Dinge von einem panhellenischen Standpunkte zu betrachten[3]). Sie sahen in Sparta nur den Feind der Demokratie; ihnen war es aus der Seele gesprochen, was Philokrates einmal gesagt hat, es gäbe nur eine Möglichkeit der Versöhnung mit den Spartanern, die nämlich, dass ihnen die Macht zu schaden genommen sei[4]). Bei solchen Gesinnungen blieb denn freilich nichts anderes übrig, als Anschluss an Persien; die Politik, die Kephalos schon seit Anfang des korinthischen Krieges vertreten hatte. Wir sehen denn auch die attische Regierung auf's Eifrigste bemüht, die Beziehungen zum Grosskönig wieder anzuknüpfen, und immer intimer zu gestalten. So wurde Chabrias, der nach dem Frieden auf eigene Hand bei Euagoras Dienste genommen, und in Kypros und Aegypten ruhmvoll für die Sache der hellenischen Frei-

1) Demosth. g. Timokr. 135.
2) Plut. v. Daemon. d. Sokr. 32 S. 597 A.
3) S. Isokr. Panegyr. 170 θαυμάζω δὲ τῶν δυναστευόντων ἐν ταῖς πόλεσιν, εἰ προσήκειν αὑτοῖς ἡγοῦνται μέγα φρονεῖν, μηδὲν πώποθ' ὑπὲρ τηλικούτων πραγμάτων μήτ' εἰπεῖν μήτ' ἐνθυμηθῆναι δυνηθέντες. ἐχρῆν γὰρ αὐτοῖς, εἴπερ ἦσαν ἄξιοι τῆς παρούσης δόξης, ἁπάντων ἀφεμένους τῶν ἄλλων περὶ τοῦ πολέμου τοῦ πρὸς τοὺς βαρβάρους εἰσηγεῖσθαι καὶ συμβουλεύειν κτλ.
4) Demosth. g. Aristokr. 117 ὅτι πίστιν ἂν οἴεται γενέσθαι μόνην, εἰ δείξειεν ὅπως, ἂν ἀδικεῖν βούλωνται, μὴ δυνήσονται, ἐπεὶ ὅ τι γ' ἀεὶ βουλήσονται εὖ εἰδέναι.

heit gekämpft hatte, durch Volksbeschluss zurückgerufen
und dafür Iphikrates dem König zu Hülfe geschickt[1]). Ebenso bemerkenswerth ist die ängstliche Rücksicht, die man
einige Jahre später bei Constituirung des neuen Seebundes
auf die Ansprüche Persiens nahm[2]); ein Verfahren, das sonderbar contrastirt mit den Phrasen von hellenischer Freiheit, die
man bei dieser Gelegenheit für gut fand der Welt zu verkündigen. Athen verzichtete freiwillig auf die nationale Mission,
in deren Erfüllung es einst seine Grösse begründet hatte, und
dieser Verzicht hat schliesslich mehr als alles andere den
Untergang des Staates herbeigeführt.

Aber auch Sparta gegenüber war die Regierung gezwungen,
so schwer es ihr ankommen mochte, wenigstens äusserlich ein
leidliches Einvernehmen aufrecht zu halten. Sparta stand in
solcher Machtfülle da, und Athen war so vollständig isolirt[3]),
dass es Wahnsinn gewesen wäre, einen Conflict jetzt vom
Zaune zu brechen. Ja selbst als Sparta mit offener Verletzung des Königsfriedens die Kadmeia besetzt hatte, erhob
Athen keinen Einspruch; sodass die Opposition der Regierung
geradezu vorwerfen konnte, die oligarchische Reaction in
Boeotien sei mit ihrem Wissen und Willen erfolgt[4]). Und
allerdings gab der Erwerb von Oropos, die Wiederherstellung
von Plataeae[5]) Athen eine gewisse Compensation gegenüber
dem Machtzuwachs, den Sparta gewonnen hatte; der Vorwurf
war nicht so unberechtigt, dass Athen sich seinen Antheil an
der Beute genommen habe.

Im Geheimen freilich hörte man nicht auf, gegen Sparta
zu intriguiren. Athen wurde das Hauptquartier der boeotischen Emigranten; von hier aus wurde die Befreiung Thebens
ins Werk gesetzt, und die attische Regierung trug kein Bedenken, dem Unternehmen ihre Unterstützung zu leihen. Es
ist doch kein Zufall, dass ein Truppencorps zur rechten Zeit

---

1) Nepos Iphicr. 2, Diod. XV 29. 41.
2) CIA. II 17.
3) Xen. Hell. V 3, 27 Ἀθηναίους δὲ ἠρημῶσθαι.
4) Lysias g. Euandros 23.
5) Beides muss zwischen dem Antalkidasfrieden und der Erhebung
Thebens, also zwischen 386 und 379 geschehen sein; das Jahr ist nicht
überliefert, aber es scheint kaum denkbar diese Ereignisse vor die Occupation der Kadmeia zu setzen.

an der Grenze concentrirt stand, und sofort auf die Nachricht
von dem Gelingen des Aufstandes in Boeotien einrücken
konnte. Es kann kaum ein Zweifel sein, dass Kephalos und
Thrasybulos hier die Hände im Spiele hatten. Mussten doch
gerade sie, die einst selbst in ähnlicher Lage ein gleiches
Wagniss unternommen hatten, am lebhaftesten mit den Plänen
der boeotischen Demokratie sympathisiren; und Kephalos war
es, auf dessen Antrag wenige Monate später das Bündniss
mit Theben zu Stande kam.

Natürlich hatte die Regierung dabei auf eigene Verantwortung handeln müssen. Zu einem Unternehmen, für dessen
Gelingen strengste Geheimhaltung erstes Erforderniss war,
konnte die Genehmigung der Volksversammlung vorher unmöglich eingeholt werden; und später blieb zu solchen constitutionellen Förmlichkeiten keine Zeit[1]). Ein Verfassungs-
bruch nach Innen, ein schreiender Friedensbruch nach Aussen,
das war der Preis, um den die Regierung die Befreiung
Thebens erkauft hatte. Es war nicht das erste und leider
auch nicht das letzte Mal, dass die radicale Partei in Athen
sich über alle Rücksichten hinwegsetzte, und ohne die Folgen
zu erwägen, den Staat in unabsehbare Verwicklungen hin-
einriss. Man wird lebhaft erinnert an die Frivolität, mit
der Demosthenes den letzten Krieg gegen Philippos begonnen oder Theben zum Aufstande gegen Alexander getrieben hat.

Die Majorität der Volksversammlung sah denn auch mit
sehr gemischten Gefühlen auf das, was geschehen war. Wie
die Sachen lagen, blieb nur die Wahl zwischen zwei fast
gleich schweren Uebeln. Gab die Versammlung dem Vorgehen der Regierung nachträglich ihre Billigung und nahm

---

1) Dass Xenophon (Hell. V 4, 12 f.) die richtige Darstellung dieser
Ereignisse liefert, und die abweichenden Angaben bei Diodor (XV 25 f.)
und Deinarch (g. Dem. 38) nicht in Betracht kommen, hat Grote
·IX ch. 77 p. 306 f.) unwiderleglich bewiesen. Vergl. Schaefer Dem.
I S. 15.) Grote irrt nur darin, dass er das attische Hülfscorps aus
einem „*body of volunteers or corps francs*" bestehen lässt (IX 304·,
während doch eine Anwerbung von Freiwilligen in grossem Maasstabe
die Machthaber in Theben von dem bevorstehenden Schlage in Kenntniss gesetzt haben würde. Auch würde ein Freicorps nicht von den
offiziellen Strategen befehligt worden sein.

sie damit die Verantwortlichkeit für den Friedensbruch auf
sich selbst, so wurde der Krieg mit Sparta unvermeidlich.
Wohl war ein solcher Kampf, seit Konon die langen Mauern
wieder hergestellt hatte, nicht mehr das verzweifelte Wagniss
wie vor 15 Jahren, als das erste Bündniss mit Theben geschlossen worden war; zur See wenigstens war Athen jetzt
Sparta mindestens ebenbürtig. Zu Lande aber war Attika
schutzlos einer feindlichen Invasion preisgegeben; die Grundbesitzer sahen zum zweiten Male ihren Ruin vor Augen,
nachdem sie kaum angefangen hatten die Folgen des peloponnesischen Krieges zu überwinden. Vermeiden aber liess
sich der Krieg nur um den Preis einer Demüthigung Athens;
man musste das Vorgehen der Regierung missbilligen, und
Sparta die schuldige Genugthuung gewähren.

Es ist keine Frage, Kephalos hatte sehr geschickt operirt,
wenn er die Volksversammlung in diese Zwangslage brachte.
Bei dem lebhaften Selbstgefühl das, berechtigt oder nicht,
im attischen Volke lebendig war, schien es mindestens unwahrscheinlich, dass die Versammlung in eine Demüthigung vor
Sparta willigen würde, auch ganz abgesehen von der Sympathie, mit der fast alle Schichten der Bevölkerung die Erhebung der boeotischen Demokratie betrachteten. Der peloponnesische Krieg und der zweite Krieg gegen Philipp hätten
sich durch Nachgiebigkeit in Fragen von unendlich geringerer
Bedeutung vermeiden oder wenigstens hinausschieben lassen;
und doch haben Perikles und Demosthenes das Volk zur
Kriegserklärung zu bestimmen vermocht. Und Kephalos selbst,
so tief er auch unter Perikles und in gewissem Sinne selbst
unter Demosthenes stehen mochte, war doch im Stande gewesen, Athen zur Theilnahme am korinthischen Kriege zu
veranlassen. Diesmal aber schlug die Berechnung fehl. Das
an der attischen Grenze concentrirte peloponnesische Bundesheer that seine Wirkung. Gegenüber der Gefahr der drohenden Invasion rafften die besitzenden Klassen sich auf; und
es zeigte sich wieder, wie vor acht Jahren, dass die Besitzenden, wenn sie nur wollten, sehr wohl im Stande waren auf
die Leitung des Staates entscheidenden Einfluss zu üben.
Sparta erhielt die verlangte Genugthuung; die beiden unglücklichen Strategen, die an der boeotischen Grenze com-
mandirt hatten, wurden vor Gericht gestellt und zum Tode

verurtheilt [1]); die eigentlichen Schuldigen gingen wie gewöhnlich straflos aus.

Aber das Misstrauen der leitenden Kreise in Sparta gegen die attische Politik, dem die letzten Ereignisse neue Nahrung gegeben hatten, war nicht so leicht zu beschwichtigen. Und man kann nicht sagen, dass dieses Gefühl ohne Berechtigung war. Solange Athen von Kephalos und Thrasybulos geleitet wurde, war eine wohlwollende Neutralität gegen Theben das Wenigste, dessen man sich von dort versehen konnte. Und wer bürgte denn dafür, dass es Kephalos nicht schliesslich doch noch gelang, seinen Staat zur thätigen Theilnahme am Kriege zu bestimmen? War es nicht besser, der Gefahr zuvorzukommen? Freilich involvirte das einen Friedensbruch; aber die attische Regierung hatte ja selbst soeben das Beispiel gegeben; ihr am wenigsten kam es zu, sich zu beklagen, wenn ihr jetzt Gleiches mit Gleichem vergolten wurde.

Das waren die Erwägungen, die Sphodrias, den lakedaemonischen Harmosten von Thespiae, im Frühjahr 378 zu seinem Unternehmen gegen den Peiraeeus bestimmten; eine jener Thaten, die nur der Erfolg zu rechtfertigen im Stande ist. Gelang der Anschlag, dann war voraussichtlich die spartanische Hegemonie in Hellas auf lange befestigt; dass er nicht gelang, hat den ersten Anstoss zu Spartas Fall gegeben.

Eine glänzendere Rechtfertigung seiner Politik hätte Kephalos sich nicht wünschen können. Jetzt lag es klar vor Aller Augen, was bei der Nachgiebigkeit gegen Sparta herauskam. Und als Sphodrias vollends von dem spartanischen Gerichte freigesprochen wurde, und damit der Friedensbruch gleichsam die offizielle Sanction erhielt, da blieb Athen keine Wahl; man musste zum Kriege schreiten, wenn man überhaupt noch den Anspruch erhob, als selbständige Macht neben Sparta zu

---

1) Xen. Hell. V 4, 19 οἱ μὲν Ἀθηναῖοι, ὁρῶντες τὴν τῶν Λακεδαιμονίων ῥώμην, καὶ ὅτι πόλεμος ἐν Κορίνθῳ οὐκέτι ἦν, ἀλλ᾽ ἤδη παριόντες τὴν Ἀττικὴν οἱ Λακεδαιμόνιοι εἰς τὰς Θήβας ἐνέβαλλον, οὕτως ἐφοβοῦντο ὥστε καὶ τὼ δύο στρατηγώ, ὣ συνηπιστάσθην τὴν τοῦ Μέλωνος ἐπὶ τοὺς περὶ Λεοντιάδην ἐπανάστασιν, κρίναντες τὸν μὲν ἀπέκτειναν, τὸν δὲ, ἐπεὶ οὐχ ὑπέμεινεν, ἐφυγάδευσαν. Dass die Bewegung von den besitzenden Klassen ausging, liegt in der Natur der Sache; was hätte der städtische Demos von einer Invasion zu fürchten gehabt?

gelten [1]). So nahm Athen jetzt offen Partei für die thebaeische Demokratie; und als Agesilaos im folgenden Sommer mit einem peloponnesischen Heere in Boeotien einrückte, zog auf Kephalos' Antrag das gesammte attische Aufgebot unter Demophon und Chabrias der bedrohten Stadt zu Hülfe [2]).

Athen stand also von Neuem vor einem grossen Kriege, kaum acht Jahre, nachdem der Frieden des Antalkidas ihm die so dringend nothwendige Ruhe gegeben hatte. Aber die Regierung zeigte sich der Lage gewachsen. Nach Innen wie nach Aussen entfaltete sie die lebhafteste Thätigkeit. Das veraltete solonische Steuersystem wurde durch eine zeitgemässe Organisation ersetzt, und so die Möglichkeit geschaffen, ohne allzu schwere Belastung der Bürgerschaft direkte Steuern in sehr bedeutendem Betrage zu erheben. Man hatte den Muth, mit den Traditionen der Reichspolitik aus dem fünften Jahrhundert zu brechen. Mit voller Loyalität stellte sich Athen auf den Boden der vollendeten Thatsachen; es verzichtete auf alle Ansprüche auf den früheren Colonialbesitz, die doch nicht mehr zu realisiren waren, und auf die Hoheitsrechte über die Bundesgenossen, die mit den Bestimmungen des Königsfriedens in Widerspruch standen. Die volle Autonomie der einzelnen Staaten nach Innen, das Stimmrecht jedes Mitgliedes in den allgemeinen Angelegenheiten bildeten die Grundlagen der neuen Bundesverfassung [3]). Der Traum einer Wiederaufrichtung des alten Reiches war damit unwiederbringlich dahin; für Tausende von Bürgern schwand die letzte Hoffnung, wieder zu ihrem Grundeigenthume zu gelangen, das sie durch die Katastrophe des Jahres 404 verloren hatten. Aber das Opfer, so schwer es dem Volke ankommen mochte, ist nicht vergeblich gebracht worden; ihm vor Allem verdankte es Athen, wenn es noch einmal Sparta als ebenbürtige Macht gegenübertreten konnte.

Alle Parteien hatten gewetteifert, das Reformwerk zu fördern. Das Hauptverdienst gebührt wohl Kephalos und

---

1) Xen. Hell. V 4, 34 τῶν μέντοι Ἀθηναίων οἱ βοιωτιάζοντες ἐδίδασκον τὸν δῆμον ὡς οἱ Λακεδαιμόνιοι οὐχ ὅπως τιμωρήσαιντο, ἀλλὰ καὶ ἐπαινέσειαν τὸν Σφοδρίαν, ὅτι ἐπεβούλευσε ταῖς Ἀθήναις.

2) Deinarch. g. Dem. 39. — Diod. XV 26 verwechselt diesen Hülfszug mit dem Angriffe auf die Kadmeia.

3) CIA. II 17.

Thrasybulos, die den Anschluss Thebens an Athen bewirkt und überhaupt der Politik des Staates ihre Richtung gegeben hatten [1]). Aber auch Timotheos, Chabrias und Kallistratos, die im Stiftungsjahre des Bundes die Strategie bekleideten, waren in hervorragender Weise bei der Organisation des neuen Staatswesens betheiligt, Kallistratos mehr nach der finanziellen [2]), seine beiden Collegen mehr nach der militärischen Seite hin. Indess diese durch den Enthusiasmus des Augenblicks bewirkte Einigkeit konnte unmöglich von Dauer sein. Timotheos namentlich passte schlecht an die Seite seiner radicalen Collegen. Persönliche Misshelligkeiten thaten das Uebrige, vor Allem die Eifersucht gegen den älteren und berühmteren Chabrias, und der Wunsch, selbst mit dem Oberbefehl betraut zu werden. Schon nach Chabrias' Siege bei Naxos kam diese Rivalität zum offenen Ausbruch. Leodamas, der Feind des Thrasybulos und Kallistratos, und Timotheos durch die gemeinsamen Beziehungen zu Isokrates nahestehend, erhob vor Gericht Einspruch gegen die Chabrias vom Volke zuerkannten Ehren [3]); und wenn die Klage auch ohne unmittelbaren Erfolg blieb, so viel wenigstens wurde doch erreicht, dass Chabrias fortan sich mit einem untergeordneten Commando begnügen musste, während der Befehl über die grosse Operationsflotte Timotheos zufiel. Der Sieg bei Alyzia, der Anschluss von Korkyra, Epeiros, Akarnanien, Kephallenia an den attischen Bund gab den Beweis, dass das Volk in seinem Vertrauen auf Konon's Sohn sich nicht getäuscht hatte; die gleichen Ehrenbezeugungen, wie sie im vorigen Jahre Chabrias erhalten hatte, wurden jetzt Timotheos zuerkannt.

Trotz aller Erfolge aber konnte eine rechte Begeisterung für diesen Krieg in Athen nicht aufkommen. Der militärischen Ehre

---

1) CIA. II 17, 17b., 19. Als Gesandte nach Theben werden Thrasybulos von Kollytos, Pyrrhandros von Anaphlystos, Aristoteles von Marathon genannt, letzterer der Antragsteller der Bundesurkunde CIA. II 17. Vergl. Diodor XV 28 Ἀθηναῖοι δὲ τοὺς ἀξιολογωτάτους τῶν παρ' αὑτοῖς ἐξέπεμψαν ἐπὶ τὰς ὑπὸ τοὺς Λακεδαιμονίους τεταγμένας πόλεις.

2) So rührt die Bezeichnung der Matricularbeiträge als συντάξεις statt des verhassten φόροι von Kallistratos her (Harpokr. unter σύνταξις nach Theopomp. fr. 97).

3) Demosth. g. Lept. 84 6, 146; vergl. Schaefer I 37 A. 1.

war Genüge geleistet, Athens Uebergewicht zur See wieder hergestellt; welchem Zweck hatte es noch weitere Opfer zu
bringen? Litt doch die Bürgerschaft schon jetzt schwer genug
unter dem Steuerdruck, den der Seekrieg nothwendig machte[1]).
Und auch in Sparta theilte man diesen Wunsch nach Frieden
vollständig. Ja man hatte hier schon während des Krieges
mit ängstlicher Sorgfalt alles vermieden, was im Stande sein
konnte, dem alten Hasse Athens neue Nahrung zu geben.
Trotz der entschiedenen Ueberlegenheit der peloponnesischen
Landmacht über das attisch-bocotische Heer war Attika als
neutrales Gebiet respectirt worden, gleichsam um zu beweisen,
dass der Einfall des Sphodrias gegen den Willen der lakedaemonischen Regierung erfolgt war. Selbst zur Blokade der
attischen Küsten im Sommer 376 hat Sparta sich erst auf
Andrängen seiner Bundesgenossen entschlossen[2]).

Unter diesen Umständen konnte die Verständigung der
beiden kriegführenden Mächte keine Schwierigkeiten bieten.
Im Sommer 374 ging eine athenische Gesandtschaft nach
Sparta, an ihrer Spitze Kallias von Melite, der als lakedae-
monischer Proxenos vor Allen zur Führung dieser Verhandlungen berufen war, an seiner Seite ohne Zweifel Kallistratos[3]). Athen und Sparta erkannten gegenseitig ihre Stellung
an der Spitze des Seebundes und des Peloponnes an; im
Uebrigen wurden die Bestimmungen des Königsfriedens bestätigt und namentlich Thebens Ansprüche auf die Herrschaft
über die bocotischen Kleinstädte nicht anerkannt[4]).

---

1) Xen. Hell. V 4, 66 ὁ δὲ Τιμόθεος ... χρήματα μετεπέμπετο
Ἀθήνηθεν· πολλῶν γὰρ ἐδεῖτο, ἅτε πολλὰς ναῦς ἔχων, VI 2, 1: οἱ δ'
Ἀθηναῖοι αὐξανομένους μὲν ὁρῶντες διὰ σφᾶς τοὺς Θηβαίους, χρήματά
τε οὐ συμβαλλομένους εἰς τὸ ναυτικόν, αὐτοὶ δὲ ἀποκναιόμενοι καὶ
χρημάτων εἰσφοραῖς καὶ λῃστείαις κτλ.

2) Xen. Hell. V 4, 60.

3) Xen. Hell. VI 3, 4 sagt Kallias bei den Friedensverhandlungen
des Jahres 371, er habe schon zweimal den Frieden zwischen Athen
und Sparta vermittelt; das kann nur 386 und 374 gewesen sein, denn
sonst hat Athen mit Sparta seit der Anarchie keinen Frieden geschlossen.
Vergl. Rehdantz Iphikrates S. 71 A. 80. — Diodor XV 38 nennt Kallistratos ausdrücklich unter den Gesandten, doch liegt unzweifelhaft
eine Verwechslung mit den Verhandlungen des Jahres 371 vor, s.
Busolt Zweiter attischer Bund S. 772 ff. Kallistratos' Theilnahme an der
Gesandtschaft bleibt trotzdem sehr wahrscheinlich.

4) Nepos Timoth. 2.

Aber immerhin gab es eine **grosse Partei** in Athen, die mit dem geschlossenen Frieden keineswegs einverstanden war; und zu dieser Partei gehörte leider der Mann, der die Operationsflotte im ionischen Meere befehligte. Welche Motive es waren, die Timotheos bestimmten, ob Rücksichten auf Theben[1]) oder der Wunsch noch weitere Lorbeeren zu erwerben, wer möchte es entscheiden; genug, dass er entschlossen war, den Krieg fortzuführen. Das Beispiel war ja gegeben; warum sollte nicht auch er es versuchen, eine vollendete Thatsache zu schaffen, wie Kephalos oder Sphodrias? So trug Timotheos kein Bedenken, den Frieden durch eine Intervention auf Zakynthos zu Gunsten der demokratischen Partei zu verletzen; und sein Einfluss in Athen war stark genug, bei der Volksversammlung die Billigung der getroffenen Massregel durchzusetzen.

Man hatte also aufs Neue Krieg gegen Sparta, wenn auch zunächst nur im Westen. Ein spartanisches Geschwader ging sofort nach Zakynthos in See, und bald war auch Korkyra vom Feinde bedroht. Es war unumgänglich nothwendig, wieder eine attische Flotte zum Schutze der Bundesgenossen nach dem ionischen Meere zu senden, und bei der Stellung, die Timotheos jetzt in Athen einnahm, war es selbstverständlich, dass ihm die Leitung der Operationen anvertraut wurde. Inzwischen wurde ein kleines Corps unter Stesikles nach Zakynthos vorausgeschickt.

Im Frühjahr 373 ging Timotheos an der Spitze der grossen Flotte in See. Aber es fehlte viel, dass die Schiffe kampffähig gewesen wären. Timotheos wagte es nicht, die Steuerkraft der Bürger für den Krieg in Anspruch zu nehmen, den er eigenmächtig provocirt hatte, und der Versuch, die fehlenden Mittel durch Contributionen bei den Bundesstädten aufzubringen, blieb ohne Erfolg. Der Sommer verging mit zwecklosem Kreuzen im aegaeischen Meere; am Ende blieb die Flotte, unfähig zu weiteren Operationen, in Kalaureia liegen.

Die Lakedaemonier hatten die ihnen so unerwartet geschenkte Frist zu benutzen gewusst. Im Spätsommer ging der Nauarch Mnasippos mit 60 Schiffen nach Korkyra,

1) Ueber Timotheos' Stellung zu Theben s. Plutarch v. Sokr. Daemon. 1, S. 575.

und begann sofort die Belagerung. Die Tage waren jetzt
kostbar; denn wenn die attische Flotte nicht noch vor den
Winterstürmen Cap Malea umschiffte, war an Entsatz vor dem
Frühjahr überhaupt nicht zu denken, und bis dahin Korkyra
aller Voraussicht nach in den Händen der Spartaner.

Bei dieser Lage der Dinge hatten Timotheos' Gegner in
Athen leichtes Spiel. Mochte immerhin die Schuld an der
langen Zögerung hauptsächlich in den Verhältnissen zu suchen
sein, die Verantwortung dafür lastete nun einmal auf dem
Feldherrn, der den Oberbefehl übernommen hatte. Mangel an
Energie war das Mindeste, was ihm zum Vorwurf gemacht
werden konnte; Iphikrates hat später gezeigt, dass mit den
vorhandenen Mitteln ganz anderes sich leisten liess. Es war
vollkommen gerechtfertigt, wenn Timotheos durch Volksbeschluss des Commandos enthoben, und statt seiner Iphikrates
an die Spitze der Flotte gestellt wurde.

Den gestürzten Feldherrn zogen Kallistratos und Iphikrates vor Gericht[1]). Einen Prozess wie diesen hat Athen
weder vorher noch nachher zum zweiten Male gesehen; König
Alketas von Epeiros und Iason, der Herrscher Thessaliens
verschmähten es nicht persönlich für ihren Freund Timotheos
Zeugniss abzulegen. Was die Anklage selbst angeht, so war
sie juristisch ohne Zweifel ebensowenig begründet, wie sie
politisch gerechtfertigt war. Timotheos persönlicher Vortheil
war viel zu eng mit dem des Staates verbunden, als dass
wir sein Verhalten im Sommer 373 seinem Mangel an gutem
Willen zuschreiben dürften; hören wir doch aus der unver-
dächtigsten Quelle, aus dem Munde seiner Ankläger selbst,
dass er das eigene Vermögen erschöpfte, um nur die Flotte
zusammenzuhalten[2]). Das aber ist nicht in Abrede zu stellen,
dass er es gewesen war, der durch seinen leichtsinnigen
Friedensbruch im vorigen Jahre, und durch das Vertrödeln
des ganzen laufenden Sommers Athen auf den Punkt gebracht
hatte, alle Errungenschaften eines fünfjährigen Krieges in
Frage gestellt zu sehen[3]). Indess, Schuld oder Unschuld des
Angeklagten war keineswegs das, worum es bei diesem Pro-

---

1) R. g. Timoth. 9, S. 1187 ἐφειστήκει δ' αὐτῷ Καλλίστρατος καὶ
Ἰφικράτης, τῷ τε πράττειν καὶ εἰπεῖν δυνάμενοι.
2) R. g. Timoth. 11, S. 1187.
3) R. g. Timoth. 13, S. 1188.

zesse zunächst sich handelte. Es war etwas grösseres worüber die Stimmen der Richter zu entscheiden hatten, die Frage, ob die attische Politik in den nächsten Jahren von Timotheos geleitet werden sollte, oder von Kallistratos, und damit zugleich die Frage ob Krieg oder Frieden.

Allerdings wurde Timotheos freigesprochen; aber es war ein trauriger Sieg, den er hauptsächlich der Verwendung seiner königlichen Freunde zu danken hatte. Wie die Richter wirklich gesinnt waren, zeigt die Verurtheilung seines ergebenen Anhängers Antimachos, der auf der Flotte die Kriegscasse unter sich gehabt hatte; er wurde hingerichtet, und sein Vermögen durch Kallistratos[1]) für den Staat eingezogen. Selbstverständlich blieb auch Timotheos' Amtsentsetzung in Kraft; und so wandte der gestürzte Feldherr der Vaterstadt den Rücken, um in persischen Diensten neuen Kriegsruhm zu gewinnen, und zugleich seinen zerrütteten Vermögensumständen wieder aufzuhelfen[2]).

Cap. IX.

Kallistratos von Aphidna.

Nach seinem Siege über Timotheos war Kallistratos ohne Frage der bei weitem einflussreichste Staatsmann Athens. Kephalos und Thrasybulos, noch vor 5 Jahren zur Zeit der Befreiung Thebens die anerkannten Führer der Volkspartei, waren vom politischen Schauplatze abgetreten[3]). Iphikrates und Chabrias waren viel zu ausschliesslich Soldaten, als dass sie vermocht hätten, die Volksversammlung dauernd zu beherrschen; so schneidig auch Iphikrates, wenn es galt, die Rede zu handhaben wusste: Unter den übrigen Rednern war keiner, der Kallistratos auch nur entfernt gewachsen war.

Kallistratos aber war nicht derselbe mehr, der vor jetzt 14 Jahren als Erbe des politischen Einflusses seines Oheims Agyrrhios die staatsmännische Laufbahn betreten hatte. Wie einst für Perikles, dem er überhaupt in so vielen Stücken verwandt ist, war auch für ihn der Anschluss an die extreme

---

1) R. g. Timoth. 47, S. 1198.

2) S. unten Excurs VIII: Timotheos' Amtsentsetzung.

3) Mindestens werden sie von jetzt an nicht mehr genannt.

Demokratie nur ein Mittel, sich im Staate zur Geltung zu
bringen. So wie er zur Macht gelangt war, warf er die
demagogische Hülle bei Seite. Was der Sieg über Thukydides
für Perikles gewesen war, das wurde der Sieg über Timotheos
für Kallistratos. Von jetzt an sucht er seine Stütze nicht
mehr in dem besitzlosen Demos, sondern in jenen breiten
Mittelschichten der Bürgerschaft, die der radicalen Demokratie wie den oligarchischen Bestrebungen gleichmässig ab-
geneigt, einst die hauptsächlichsten Träger des perikleischen
Regiments gewesen waren. Damit musste er sich freilich den
extremen Flügel seiner eigenen Partei entfremden; wie er
denn zuletzt, auch hierin Perikles ähnlich, einer Coalition der
beiden äussersten Parteien erlegen ist.

Werfen wir zunächst einen Blick auf die Männer, die in
den nun folgenden Jahren Kallistratos in der Leitung des
Staates zur Seite standen. Da ist vor Allem Chabrias, der
feingebildete Schüler Platon's und väterliche Freund Phokion's; solange Kallistratos Athen regierte, fast jedes Jahr
an der Spitze des Heeres, und zuletzt mit ihm zugleich in
der oropischen Sache auf den Tod angeklagt. Ferner Iphikrates, Kallistratos' Verbündeter in dem Prozesse gegen Timotheos. Weiter der Redner Diophantos von Sphettos und sein
Freund und Gesinnungsgenosse Eubulos von Probalinthos[1]).
Auch Periandros von Cholargos, der Urheber des Gesetzes
über die trierarchischen Symmorien, hat wenigstens die äussere
Politik des Kallistratos unterstützt[2]). Ja selbst ein Mann
wie Melanopos, Laches' Sohn, der Enkel jenes Laches, der
im peloponnesischen Kriege an Nikias' Seite die Partei der
Besitzenden leitete, und der seinen ganzen Familientraditionen
nach dem radicalen Demagogen Kallistratos keineswegs freund-
lich gesinnt sein konnte, auch er trat jetzt offen auf die
Seite seines früheren Gegners — freilich erzählte man sich,
dass bei dieser Bekehrung noch ganz besondere Ursachen
mitgewirkt hätten[3]).

Es war ein kritischer Augenblick, in dem Kallistratos an
die Spitze des Staates trat. Die militärische Lage vor Korkyra

---

1) S. unten Cap. XI.

2) CIA. II 57b. 112.

3) Anaxandrides Protesilaos fr. 2 Bothe ᾧ νῦν ἀλείφει τοὺς πόδας
Καλλιστράτου und Plut. Demosth. 13.

war verzweifelt, und das schlimmste war, dass bei der vorgerückten Jahreszeit es zunächst keine Möglichkeit gab für die bedrängten Bundesgenossen etwas zu thun. Auch war die Flotte in einer Weise desorganisirt, dass nothwendig eine gewisse Zeit hingehen musste, ehe sie überhaupt wieder fähig wurde, mit einiger Aussicht auf Erfolg in See zu gehen. So blieb denn fürs erste nichts übrig, als Stesikles, den Befehlshaber des attischen Corps auf Zakynthos, den Korkyraeern zu Hülfe zu senden; aber die Aussichten waren sehr gering, dass das tollkühne Wagniss gelingen würde, durch die peloponnesische Blokadeflotte hindurch in die belagerte Stadt zu gelangen. — Es macht dem Patriotismus des Kallistratos und Iphikrates hohe Ehre, dass sie trotz der fast sicheren Gewissheit ihre Regierung mit einer militärischen Niederlage beginnen zu müssen, schon im Herbst 373 gegen Timotheos vorgingen, statt zu warten bis mit dem Fall von Korkyra sich die Lage geklärt hätte, und sie nicht mehr gezwungen gewesen wären, für fremde Fehler die Verantwortung zu übernehmen.

Der Winter verging über den Rüstungen, die Iphikrates mit rücksichtsloser Energie betrieb[1]); die Erhebung einer Eisphorá gewährte die nöthigen Geldmittel[2]). Mit Beginn der guten Jahreszeit konnten 70 Trieren in See gehen, befehligt von Iphikrates, Kallistratos, Chabrias. Inzwischen aber war bei Korkyra die Entscheidung gefallen. Stesikles hatte die feindlichen Linien durchbrochen, die Peloponnesier zur Aufhebung der Belagerung genöthigt; auf die Nachricht von Iphikrates' Annäherung zog sich die feindliche Flotte nach Leukas zurück.

Fast ohne ihr Zuthun war der Regierung der Erfolg in den Schooss gefallen. Was Timotheos verdorben hatte war wieder gut gemacht, Athens Uebergewicht auch im westlichen Meere aufs Neue hergestellt. Jetzt war es Zeit die Friedenspolitik wieder aufzunehmen, die vor 2 Jahren Timotheos' eigenmächtige Intervention auf Zakynthos durchkreuzt hatte. Dieselben Gründe wie damals sprachen jetzt, und in noch höherem Maasse für eine Verständigung zwischen den beiden Grossstaaten. Theben war in der That die einzige Macht,

1) Xen. Hell. VI 2, 14.
2) R. g. Timoth. 23, S. 1191, Polyaen. III 9, 30 mit Rehdantz Iphikr. S. 92 f. und Schaefer Demosth. I S. 57 A. 3.

die, von der Fortsetzung des Krieges wirklichen Vortheil gehabt hatte. Was es so lange vergeblich erstrebt hatte, die
vollständige Unterwerfung der boeotischen Landstädte, das
war jetzt erreicht; und die barbarische Härte, mit der Theben
das Werk der Einigung der Landschaft betrieb, war ganz
geeignet, die Sympathien erkalten zu machen, die ein grosser
Theil der Bürgerschaft Athens noch immer für die verbündete Demokratie jenseits des Kithaeron empfand[1]). Es war
namentlich die Zerstörung von Plataeae, die in Athen aufs
Tiefste verletzt hatte; ohne es zu wollen, leistete Theben damit der attischen Friedenspartei den grössten Dienst. Die
schonungslose Strenge, mit der Iphikrates die Aushebung für
die Flotte betrieb, hatte gleichfalls das ihrige dazu beigetragen,
die Kriegslust der Menge zu dämpfen. So fand Kallistratos
bei seiner Rückkehr im Herbst 372 das Terrain nach Wunsch
vorbereitet. Die Volksversammlung beschloss die Wiederaufnahme der Friedensverhandlungen, und im folgenden Frühjahr ging zu diesem Zwecke eine Gesandtschaft nach Sparta.
An ihrer Spitze stand auch diesmal der lakedaemonische
Proxenos Kallias; unter ihm Autokles, Demostratos, Aristokles,
Kephisodotos, Melanopos, Lykaethos, und die Seele des Ganzen,
Kallistratos selbst[2]).

Die Verständigung zwischen den Grossmächten bot keine
Schwierigkeiten. Hatte man doch auch in Sparta nur wider-
willig sich zur Erneuerung der Feindseligkeiten entschlossen;
und Athen forderte jetzt nichts anderes, als was schon vor
3 Jahren bewilligt worden war. Der Perserkönig und Dionysios von Syrakus warfen gleichfalls ihren Einfluss in die
Waagschale zu Gunsten des Friedens. Am 14. Skirophorion
371 wurde in Sparta der Vertrag beschworen, der Hellas endlich die so lange ersehnte Ruhe zu verbürgen schien.

Es sollte nicht sein. Theben wagte es auf eigene Hand
sich dem geschlossenen Frieden zu widersetzen, und die
Schlacht bei Leuktra bewies, dass es seiner Kraft nicht zu
viel zugetraut hatte. Sparta's Macht sank in Trümmer, und
die demokratische Bewegung ergriff den Peloponnes, der so
lange Jahrhunderte hindurch die feste Burg der conservativen

---

1) Xen. Hell. VI 3, 1 und Isokrates' plataeische Rede.
2) Xen. Hell. VI 3, 2 f.

Interessen gewesen war [1]). Athen musste Stellung nehmen gegenüber der Revolution, die alles Bestehende hinwegzuspülen drohte. Es konnte versuchen, die Bewegung seinen eigenen Zwecken dienstbar zu machen, dadurch dass es sich selbst an ihre Spitze stellte, und ihr soweit als möglich die Bahn vorzeichnete. Galt doch Athen noch immer als die natürliche Führerin der hellenischen Demokratie, und in der That ist von Theben ebenso wie von den peloponnesischen Staaten das Anerbieten gemacht worden, sich dem attischen Bunde anzuschliessen [2]). Es war eine gewaltige Perspective, die sich da öffnete; noch einmal bot sich Athen die Gelegenheit, die leitende Stellung in ganz Hellas einzunehmen. Aber es war zugleich eine Politik, deren Consequenzen Niemand ermessen konnte. Dass sie den Staat in unabsehbare kriegerische Verwickelungen stürzen musste, war noch das wenigste; wenn auch mit Anstrengung, die Mittel dafür wären zu finden gewesen. Viel bedenklicher war der Rückschlag, den der Sieg der radicalen Demokratie auf die inneren Verhältnisse Athens ausüben musste, wenn Athen nicht bei Zeiten und mit aller Macht den Ausschreitungen der Revolution entgegen trat. Zündstoff genug lag ja auch in Athen aufgehäuft. Wenn der Pöbel in Argos die Wohlhabenden zu Hunderten wie tolle Hunde mit Knütteln niederschlug, wenn ähnliche Greuel den Sieg der Demokratie überall begleiteten [3]), dann mochten die leitenden Männer in Athen mit Recht nachdenklich werden, und davor zurückschrecken, was immer der Preis sein mochte, sich zu Mitschuldigen solcher Verbrechen zu machen.

Kallistratos war denn auch keinen Augenblick zweifelhaft über die Haltung, die Athen zu verfolgen habe. Das Hülfsgesuch der Thebaeer nach der Schlacht bei Leuktra wurde zurückgewiesen [4]); so sehr auch die Opposition all ihren Ein

---

1) Isokr. Archid. 64 f. ἀπολέσαντες γὰρ αὐτῶν τοὺς βελτίστους ἐπὶ τοῖς χειρίστοις τῶν πολιτῶν γεγόνασιν ... καὶ τὰς στάσεις ... ὁρῶσι ... τὸν παρ' αὐτοῖς ὀλίγου δεῖν καθ' ἑκάστην ἡμέραν γιγνομένας. — Diod. XV 40. 69; Xen. Hell. VI 5, 6—9.

2) Xen. Hell. VI 4, 19; 5, 1—3.

3) Diod. XV 69.

4) Xen. Hell. VI 4, 19 ἐπεὶ δὲ ἤκουσαν τὸ γεγενημένον ὅτι μὲν σφόδρα ἡνιάθησαν πᾶσι δῆλον ἐγένετο· οὔτε γὰρ ἐπὶ ξένια τὸν κήρυκα ἐκάλεσαν, περί τε τῆς βοηθείας οὐδὲν ἀπεκρίναντο· κτλ.

Iluss aufbieten mochte um Athen in das Fahrwasser der demokratischen Bewegung hinüberzuleiten. Für uns sind die Kämpfe
verschollen, die damals in der Volksversammlung und vor
Gericht die Parteien sich lieferten; nur eine dunkle Kunde
ist zu uns gedrungen von der Anklage, die um diese Zeit
Harmodios von Aphidna, ein Nachkomme des Tyrannenmörders,
gegen Iphikrates anstrengte, um die gesetzliche Gültigkeit der
Ehrenbezeugungen anzufechten, die dem Feldherrn zum Lohne
für die Befreiung Korkyra's vom Volke bewilligt waren. Der
Versuch blieb so erfolglos wie alles, was die Opposition in
diesem Jahre unternommen hat[1]).

Auf die Länge freilich war es mit der blossen Neutralität
nicht genug. Als Epameinondas in den Peloponnes einrückte
und Sparta's Untergang fast unabwendbar schien, sah Athen
sich gezwungen thätig für die Rettung seiner alten Neben-
buhlerin einzutreten. Es war die nothwendige Consequenz
des Gegensatzes, in den Athen während der letzten Jahre zu
Theben getreten war; und wenn auch andere Motive namentlich bei den Gebildeten mitwirken mochten — Leptines sprach
damals das schöne Wort, Athen dürfe nicht dulden, dass
Hellas des einen seiner beiden Augen beraubt würde[2]) — so
ist es doch hauptsächlich das eigene Interesse gewesen, was
Athen zum Bunde mit Sparta bestimmt hat; oder wenn wir
lieber wollen, das Interesse der besitzenden Klassen. Wieder
war es Kallistratos der den Beschluss der Hülfsleistung durchsetzte[3]); und Iphikrates übernahm den Befehl des nach dem
Peloponnes gesandten Truppencorps.

Ein Jahr später erfolgte der Abschluss eines förmlichen
Schutz- und Trutzbündnisses zwischen Athen und Sparta.
Der Entwurf des Vertrages, wie er von dem Rathe in Athen
mit den spartanischen Gesandten vereinbart war, enthielt die
Bestimmung, dass die Führung zur See den Athenern, die zu
Lande den Lakedaemoniern zustehen solle. Dagegen trat
Kephisodotos auf mit der Behauptung, Athen würde durch

_____

1) Von der Rede, die Iphikrates in diesem Prozesse hielt, sind
uns bekanntlich einige Fragmente enthalten. Vergl. Rehdantz, Iphikrates
S. 170 f.

2) Arist. Rhet. III 10, S. 1411.

3) Xen. Hell. VI 5, 49, Diod. XV 65, R. g. Neaera 27, S. 1353 ὅτι
γὰρ Λακεδαιμονίους ἐσώσατε πεισθέντες ὑπὸ Καλλιστράτου.

diese Bestimmung benachtheiligt; solle das Bündniss wirklich ein gleiches sein, so müsse der Oberbefehl zu Lande wie zur See alle 5 Tage zwischen Athen und Sparta wechseln. Kaum lässt sich etwas Widersinnigeres denken; und wir fragen uns immer aufs Neue, ob denn Kephisodotos seinen Antrag wirklich in gutem Glauben gestellt hat, oder nicht vielmehr zu dem Zwecke, den Lakedaemoniern das ganze Bündniss zu verleiden. Wenn das der Fall war, so war seine Mühe umsonst; denn in Sparta legte man viel zu grossen Werth auf die Befestigung des guten Einvernehmens mit Athen, um an einer solchen Etiquettenfrage die Verhandlungen scheitern zu lassen [1]).

Die Folge des Bundes mit Sparta war der Abschluss eines ähnlichen Vertrages mit dem Sparta so eng befreundeten Herrscher Siciliens, ein Bündniss, das schon vor 25 Jahren Konon vergebens versucht hatte, zu Stande zu bringen [2]). Die drei alten hellenischen Grossmächte, die sich im peloponnesischen und noch im korinthischen Kriege auf Tod und Leben bekämpft hatten, waren damit endlich versöhnt; leider genügte diese Tripelallianz jetzt nicht mehr, um Hellas den Frieden zu sichern, oder auch nur dem beständigen Umsichgreifen Boeotiens Einhalt zu thun.

Theben seinerseits suchte eine Stütze bei der einzigen noch übrigen Grossmacht, bei Persien. Das war nicht schön; aber Athen und Sparta hatten am wenigsten das Recht, Theben dieses Verfahren zum Vorwurf zu machen. Seit durch den Antalkidasfrieden der politische Besitzstand in Hellas unter die Garantie des Grosskönigs gestellt war, hatte die öffentliche Meinung immer mehr sich gewöhnt, die Entscheidung aller schwebenden Fragen in letzter Instanz von Susa her zu erwarten. Theben aber hatte um so mehr Grund sich mit Persien auseinanderzusetzen, als es seine Machtstellung im offenen Gegensatz zu den Bestimmungen des letzten unter persischer Vermittelung geschlossenen Friedens sich erkämpft hatte; es galt jetzt für die vollendeten Thatsachen, die boeotische und arkadische Einheit, die Selbständigkeit Messene's, die Anerkennung des Grosskönigs zu erlangen.

1) Xen. Hell VII 1, 1—14.
2) Die Urkunde des Vertrages CIA. II 52.

So ging Pelopidas selbst nach Susa, und seine Mission
hatte den vollständigsten Erfolg. Nicht nur die Modificationen
des Königsfriedens im Sinne Thebens setzte er durch, sondern auch einen Artikel, der Athen zum Verzicht auf Amphipolis und zur Abrüstung seiner Flotte verpflichtete. Allerdings mit dem Zusatz, dass es Athen frei stehen sollte, beim
Könige eine Amendirung dieses Vertrages zu beantragen [1]).

In Athen gab es nur eine Stimme der Entrüstung, als
diese Dinge bekannt wurden. Das also war das Resultat von
Kallistratos' Politik, dass Athen jetzt den Halt verlor, den
sein enger Anschluss an Persien ihm seit 20 Jahren gewährt
hatte. Ein Krieg gegen den König und gegen Theben zugleich schien in den Bereich der nächsten Möglichkeit gerückt; und Niemand konnte verkennen, welch' ungeheure
Gefahr für Athen in einer solchen Verbindung lag.

Wie immer in ähnlichen Fällen richtete sich der Unwille
des Volkes zunächst gegen die Gesandten, die nicht im Stande
gewesen waren, den König zu einer für Athen günstigeren
Entscheidung zu bestimmen. Athen war bei den Verhandlungen in Susa durch Leon und Timagoras vertreten gewesen.
Jetzt trat Leon offen mit der Beschuldigung des Verrathes
gegen seinen Mitgesandten hervor; Timagoras sollte vom
Könige mit 40 Talenten erkauft worden sein, und die Interessen Thebens eifriger als die Athens wahrgenommen haben.
Ueber den Grund oder Ungrund dieser Beschuldigungen gestattet das Wenige, was wir über diese Verhandlungen wissen,
kein Urtheil; es erweckt gerade keine günstige Meinung für
Leon, dass er selbst es war, der seinen Collegen vor Gericht
zog, und überhaupt ist schwer zu verstehen, wie die Haltung
der attischen Gesandten die Annäherung zwischen Persien
und Theben hätte verhindern können, die in der ganzen politischen Lage begründet war. Unwillkürlich drängt sich die
Parallele auf mit einem anderen Gesandtschaftsprozess 20 Jahre
später, wo gleichfalls der eine College als Ankläger des andern
auftrat, und diesem die Schuld aufzubürden suchte für alle
Fehler, welche die Regierung begangen, für alle Unglücks-
schläge, die Athen seit Jahren betroffen hatten. Was Aeschines
damals in seiner Vertheidigungsrede den Richtern zurief:

---

1) Xen. Hell. VII 1, 33—38, Schaefer Dem. I 84.

„Die Gesandten müsst Ihr wegen ihrer Reden zur Rechenschaft ziehen, denn das Reden allein steht in ihrer Macht; nicht aber wegen Eurer Thaten, denn darüber sind sie nicht Herr", das hätte auch Timagoras zu seiner Vertheidigung anführen können.

Indess, schuldig oder nicht, Timagoras wurde verurtheilt und hingerichtet[1]). Es war das zugleich eine Demonstration gegen Persien, ein Bruch mit der seit 20 Jahren befolgten Politik, die Athen zum Vasallen des Grosskönigs erniedrigt hatte. Weitere Schritte in dieser Richtung folgten. Der Königsfrieden wurde einfach als nichtig behandelt, und die militärischen Operationen gegen Amphipolis unter Iphikrates' Leitung fortgesetzt. Athen trat in Verbindung mit Ariobarzanes, dem Satrapen von Phrygien, der die Fahne der Empörung gegen den König aufgepflanzt hatte. Eine Flotte von 30 Trieren wurde ihm zu Hülfe geschickt, den Befehl darüber erhielt Timotheos, der jetzt, sechs Jahre nach seinem Prozesse, zum ersten Male wieder im öffentlichen Dienste verwendet wurde. Es war nichts als eine leere Form, wenn der Volksbeschluss, der die Absendung des Geschwaders anordnete, Timotheos anwies, den Frieden mit dem Könige nicht zu verletzen; die Aufgabe, den Pelz zu waschen, ohne ihn nass zu machen, war eben auch für einen Timotheos nicht zu lösen. Gleichzeitig ging auch ein spartanisches Truppencorps unter König Agesilaos nach Asien, denn Sparta konnte natürlich noch weniger, als Athen einem Frieden zustimmen, in dem die Anerkennung der Unabhängigkeit von Messene einen der wesentlichsten Punkte bildete[2]).

War Kallistratos' Stellung schon durch diese Ereignisse aufs Stärkste erschüttert, so trug die Wendung, die der Krieg in Hellas genommen, nicht dazu bei sie zu festigen. In Thessalien und Makedonien trat der boeotische Einfluss immer mehr an Stelle des athenischen; im Peloponnes errang Epameinondas bei seinem dritten Einfall die entscheidendsten Erfolge, und was das schlimmste war, es war Kallistratos' eigener Schwager Timomachos, dessen strategische Unfähigkeit

---

1) Xen. Hell. VII 1, 33—38, Dem. v. d. Ges. 31. 137. 196, Plut. Pelop. 30, Artax. 22.

2) Dem. Rhod. 9, g. Aristokr. 111. 202, Xen. Ages. II 25, Nepos Tim. 1. Vergl. Rehdantz Iphikrates S. 120 f.

hauptsächlich diese Erfolge möglich gemacht hatte [1]), oder
dem doch wenigstens die öffentliche Meinung die Verantwortung dafür zuschob.   Und zu dem allen kam jetzt der Abfall
von Oropos, das mit Hülfe des Tyrannen von Eretria, The-
mison, die athenische Herrschaft abschüttelte. Es war vergebens, dass das gesammte attische Bürgerheer ins Feld
rückte; schon lag eine thebaeische Besatzung in der Stadt,
und einem offenen Kriege gegen die seit dem Tage von Leuktra
anerkannt erste Landmacht in Hellas fühlte sich Athen doch
nicht gewachsen [2]).

Jetzt war das Mass voll. Der Unwille gegen die Männer,
die seit sieben Jahren die Politik des Staates geleitet, kam
zum offenen Ausbruch; Kallistratos und Chabrias wurden ihrer
Aemter entsetzt und unter der Anklage des Hochverraths vor
Gericht gestellt. Es war die Antwort auf den Prozess des
Timotheos im Herbst 373. Alle die Elemente, die durch das
herrschende System bei Seite gedrängt worden waren, der
äusserste Flügel der Gemässigten ebenso wie der äusserste
Flügel der Radicalen vereinigten sich zu dem Ansturm auf
die Regierung. Der Hauptankläger war Leodamas von Acharnae, derselbe, der Chabrias schon nach seinem Siege bei Naxos
vor Gericht gezogen hatte, bei Weitem der beste Redner,
über den die Opposition verfügte [3]), so wenig er auch einem
Kallistratos gewachsen war. Neben ihm Philostratos von Kolonos, einst mit Lysias aufs Engste befreundet [4]), und Hegesippos, ein Radicaler vom reinsten Wasser, der später zum
Unheil Athens entscheidenden Einfluss auf die Regierung erlangen sollte [5]).

Kein Zweifel, dass die politische Verantwortlichkeit für
den Verlust von Oropos wie für die übrigen Unglücksfälle
der letzten Jahre auf Kallistratos lastete; die militärische,
zum grossen Theil wenigstens, auf Chabrias. Aber es war
einfach lächerlich, von einem Verrathe von Oropos an die

---

1) Xen. Hell. VII 1, 41.

2) Xen. Hell. VII 4, 1, Diod. XV 76, Dem. v. Kr. 99, Schol. Aesch.
g. Ktes. 85.

3) Arist. Rhetor. I 7, S. 1364, Aesch. g. Ktes. 138 f.

4) Dem. g. Meid. 64, R. g. Neaera 22 f., S. 1352.

5) Diogenes v. Laerte III 23 f., Κρωβύλος ist der bekannte Spitz-
name des Hegesippos.

Thebaeer zu sprechen; Kallistratos' und Chabrias' eigenes
Interesse war in dieser Frage viel zu eng mit dem des Staates
verknüpft. Konnte man denn aber von einem attischen Geschworenengericht verlangen, dass es die politische und juri-
stische Verantwortlichkeit auseinander hielt?

Indess obgleich die Anklage nichts unversucht liess, ob
sie selbst vor der Terrorisirung der Gegner nicht zurück-
schreckte[1]), Kallistratos und Chabrias wurden freigesprochen;
ein Sieg den Kallistratos in erster Linie seiner hinreissenden
Beredsamkeit zu verdanken hatte[2]). Aber wenn auch im
Prozess Sieger, er war deswegen doch weit entfernt, seinen
alten Einfluss auf die Regierung wieder erlangt zu haben.
Timotheos blieb nach wie vor an der Spitze der Flotte in den
kleinasiatischen Gewässern; und die grossen Erfolge, die er
dort errang, mussten mächtig dazu beitragen, seine Stellung
immer mehr zu befestigen. Nach der Eroberung von Samos,
im Frühjahr 364, wurde ihm sogar das Commando in Thrakien
übertragen[3]), und sein alter Gegner Iphikrates, der seit vier
Jahren vergeblich gegen Amphipolis operirte, von dort zurückgerufen. Iphikrates empfand diese Zurücksetzung schwer; er
löste sein Heer auf und setzte die in seiner Hand befindlichen
Geiseln der Amphipoliten in Freiheit. Nach Athen kehrte
er nicht zurück; während der nächsten Jahre blieb er bei
seinem Schwiegervater Kotys in Thrakien[4]).

Auch in der äusseren Politik Athens macht sich in diesen Jahren eine Wandlung bemerklich. Unter dem Eindrucke
des Verlustes von Oropos wurde ein Schutz- und Trutzbünd-
niss mit Arkadien abgeschlossen, und dadurch, wenn nicht
formell, so doch der Sache nach die Tripelallianz mit Sparta
und Syrakus aufgelöst; denn da Arkadien sich mit Sparta im
Kriege befand, konnte Athen gegebenen Fals in die Lage
kommen, gegen seinen alten Verbündeten zum Schutze Arkadiens das Schwert ziehen zu müssen. Wir hören denn auch,
dass der Bundesvertrag in der Volksversammlung nicht ohne

---

1) Diog. v. Laerte a. a. O., eine Angabe, die freilich von sehr
zweifelhafter Authenticität ist, vergl. Zeller Philos. II³, 1, 366 A.

2) Plut. Dem. 5, Hermippos fr. 61 bei Gellius N. A. III 13 (Müller,
fr. hist. gr. III 49.

3) Isokr. Antid. 111 f., Dem. Rhod. 9.

4) Dem. g. Aristokr. 119.

lebhafte Opposition durchging[1]). — Auch Persien und Theben
näherten sich Athen wieder. Der Grosskönig erkannte die
Rechte Athens auf Amphipolis ausdrücklich an[2]), und liess
die Bestimmung fallen, die Athen zur Abrüstung seiner Flotte
verpflichtete; als Gegenleistung löste Athen seine Beziehungen
zu dem aufständischen Satrapen Ariobarzanes von Phrygien.
Die Unternehmung des Timotheos gegen Samos, wo eine persische Besatzung lag, war keine Verletzung des Friedens, da
der Grosskönig vertragsmässig nur die Herrschaft über das
asiatische Festland in Anspruch nehmen konnte. Da Athen
so dem von Pelopidas geschlossenen Vertrage beitrat, hörten
auch die Feindseligkeiten gegen Theben auf; Oropos freilich
blieb trotz aller Proteste für Athen verloren.

Noch folgenschwerer war der Bruch mit der bisher befolgten Bundespolitik. Als 377 der neue Seebund begründet
wurde, hatte Athen für sich wie für jeden einzelnen seiner
Bürger auf alle auswärtigen Besitzungen verzichtet, um so
das tiefe Misstrauen zu beseitigen, das noch von den Zeiten
des ersten athenischen Reiches her in den Seestaaten gegen
Athen lebendig war. Jetzt glaubte man sich stark genug,
über diese Rücksichten hinwegsehen zu können; die alten
Traditionen wurden wieder aufgenommen und zuerst nach
Samos, bald auch nach Potidaea und dem Chersonnes Kleruchien attischer Bürger geführt. Freilich, das formelle Recht
wurde durch diese Massregeln nicht verletzt, denn weder
Samos, noch Potidaea, noch der Chersonnes waren Glieder des
Seebundes, und nur für diese konnte der Natur der Sache
nach der Verzicht Athen's auf seine alten auswärtigen Besitzungen Geltung haben[3]). Doch darauf kam politisch sehr
wenig an; auch im fünften Jahrhundert hatte Athen ja das
formelle Recht in der Regel beobachtet und doch seine Bundes-
hoheit über die Seestädte nach und nach in eine absolute
Herrschaft zu verwandeln gewusst. Welche Garantie hatten
denn die verbündeten Staaten, dass Athen nicht auf der be-
tretenen Bahn weiter schreiten würde, bis auch der zweite
Seebund in ein attisches Reich verwandelt war? Gewiss war

---

1) Xen. Hell. VII 4, 2.
2) Dem. v. d. Ges. 137.
3) Vergl. Busolt, der zweite athen. Bund S. 805 f.

das Streben an sich nur berechtigt, die Centralgewalt des Bundes zu stärken; hat doch jeder lebensfähige Bundesstaat die Tendenz, sich nach und nach zum Einheitsstaat auszubilden; aber der Augenblick für den Wechsel des Systems war keineswegs glücklich gewählt. Seit Sparta's Macht gebrochen und damit der ursprüngliche Zweck des Bundes erreicht war, hatte sich das Band zwischen Athen und seinen Verbündeten merklich gelockert. Schon hatte eine Reihe der mächtigsten Mitglieder: Theben, Euboea, die Chalkidier in Thrake sich vom Bunde getrennt; jeder Versuch von Seiten des Vororts, die Zügel straffer anzuziehen, musste auch die übrigen Staaten auf die gleiche Bahn treiben. Aber die glänzenden Erfolge, die Timotheos fast spielend errungen hatte, täuschten die Menge über die wahre Sachlage hinweg. Vergebens erhoben sich in der Volksversammlung Stimmen der Warnung[1]); die besitzlose Masse war zu direkt bei der erwarteten Landvertheilung interessirt, um irgend welchen Bedenken Raum zu geben. Auf Euripides' Antrag — ob desselben der schon im korinthischen Kriege in der Finanzverwaltung thätig gewesen war? — wurde die Aussendung der Kleruchie nach Samos beschlossen[2]).

Die Folgen sollten sich bald genug zeigen. Die mächtigeren Bundesstaaten Byzanz, Chios, Rhodos knüpften mit Theben Verbindungen an; als Epameinondas an der Spitze einer boeotischen Flotte in den kleinasiatischen Gewässern erschien, wurde er überall mit offenen Armen empfangen. Hätten nicht dringendere Aufgaben und schliesslich sein unzeitiger Tod den grossen Staatsmann Theben's an der Verfolgung der begonnenen Politik gehindert, kein Zweifel, der attische Seebund würde schon jetzt zusammengebrochen sein.

Es waren diese Erfolge des Epameinondas, die Kallistratos noch einmal an die Spitze des Staates führten. Hatte er doch von vorn herein erkannt, was jetzt auch dem Blödesten klar war, dass die neue boeotische Grossmacht für Athen ein gefährlicherer Feind sein würde als Sparta jemals gewesen war, und dass es Thorheit wäre, an die Herstellung eines dauernden Einvernehmens zwischen den zwei benach-

---

1) Arist. Rhet. II 6, S. 1384 B.
2) Herakleid Pont. X 7.

barten Demokratien zu glauben. Timotheos wurde jetzt vom
thrakischen Commando abberufen und an seine Stelle nach
Makedonien Kallisthenes, nach dem Chersonnes Ergophilos
gesandt (363/2), letzterer im folgenden Jahre durch Autokles
ersetzt, während gleichzeitig Leosthenes den Befehl über das
gegen Alexander von Pherae bestimmte Geschwader erhielt.
Auch Chabrias wurde in dieser Zeit (363/2) zum ersten Male
wieder seit seinem Prozess im öffentlichen Dienste verwendet.
Kallistratos selbst finden wir im Winter 362/1 als Gesandten
im Peloponnes, um dem Einflusse Theben's entgegenzuwirken[1]).
Allerdings blieb der Versuch vergeblich, Megalopolis und
Messene zu Athen herüberzuziehen; aber mit Elis, Achaia,
Phlius und dem arkadischen Sonderbunde kam ein Vertrag
zu Stande, der dann auf Periandros' Antrag von der
Volksversammlung ratificirt wurde[2]). Der Zug des attischen
Bürgeraufgebots unter Hegesileos im folgenden Sommer in
den Peloponnes und die Theilnahme dieses Corps an der
Schlacht bei Mantineia war die unmittelbare Folge des ge-
schlossenen Bündnisses.

Kallistratos hatte es vermocht, Athen in einen neuen Krieg
gegen Theben zu stürzen; den Krieg erfolgreich zu führen,
lag nicht in seiner Macht. Zwar zu Lande hatte das athenische
Heer, wenn auch ohne besonderes Glück, so doch mit Ehren
gefochten. Um so erbärmlicher waren die Resultate des Seekrieges. In Thrakien wurde nach Timotheos' Abberufung nicht
das Geringste mehr ausgerichtet, und gegen Alexander von
Pherae erlitt Leosthenes bei Peparethos eine Niederlage, die
es dem Feinde möglich machte, durch einen kühnen Ueberfall
des Peiraeeus Athen selbst in Schrecken zu setzen[3]). War es
ein Wunder, dass die Bürgerschaft eines Krieges müde wurde,
der trotz aller Opfer nichts als Misserfolge gebracht hatte?
So kam es bald nach der Schlacht bei Mantineia zum Frieden,
auf der Grundlage des gegenwärtigen Besitzstandes[4]). Athen
hatte nichts erreicht von alle dem, wofür es zum Schwerte

---

1) Nepos Epamin. 6, Plut. Regeln f. d. Staatsm. 14, S. 810 f.,
Apophth. Epamin. 15, S. 193 C., Arist. Rhet. III 17, S. 1418 B. Vergl.
Schaefer S. 113 A.
    2) CJA. II 57 b. 112.
    3) Diod. XV 95. Polyaen. VI 2.
    4) Diod. XV 89, 95, Polyb. IV 33, Plut. Ages. 35.

gegriffen; Oropos und Byzantion blieben in der Hand der Thebaeer; welch' folgenschwere Aenderung der politischen Lage Epameinondas' Fall hervorbringen würde, konnte in diesem Augenblicke noch Niemand ermessen.

Die öffentliche Meinung wendete sich jetzt entschieden gegen die Männer, die den Staat in den letzten Jahren geleitet hatten. Ein Prozesssturm brach aus, wie einst nach dem Frieden des Antalkidas. Zuerst — noch vor der Schlacht bei Mantineia — wurden die Strategen Ergophilos und Kallisthenes wegen Hochverraths vor Gericht gestellt; Kallisthenes zum Tode, Ergophilos zu schwerer Geldstrafe verurtheilt[1]). Dann kam die Reihe an Leosthenes; in sicherer Voraussicht des Ausgangs wartete er den Spruch des Gerichtes nicht ab, sondern ging nach Makedonien in selbstgewählte Verbannung[2]). Um dieselbe Zeit wurde Kephisodotos durch Volksbeschluss seines Feldherrnamtes entsetzt und zu einer Busse von fünf Talenten verurtheilt; mit knapper Noth entging er der Todesstrafe[3]). Aristophon, der auf Keos befehligt hatte, hätte um ein Haar dasselbe Schicksal gehabt: nur mit zwei Stimmen Majorität wurde er freigesprochen[4]). Jetzt endlich wagte man sich an Kallistratos. Die Anklage gründete sich auf jenen Kautschukparagraphen des attischen Strafrechts, wonach jeder Redner in der Ekklesie, der dem Volke nicht „das Beste" gerathen hätte, zur Verantwortung gezogen werden konnte. Das Gesetz fügte freilich hinzu: „wenn er sich hat bestechen lassen das zu thun"; aber bei der Leichtfertigkeit, mit der die Redner aller Parteien dem Gegner Bestechlichkeit vorzuwerfen pflegten, war dieser Zusatz kaum mehr als eine leere Form. Es ist charakteristisch für die herrschende Stimmung, dass Kallistratos, ebenso wie Leosthenes, die beiden gewaltigsten Redner, die Athen damals hatte, ihre Sache von vorn herein verloren gaben, und durch freiwillige Verbannung

---

1) Aesch. v. d. Ges. 30, Dem. v. d. Ges. 180, Arist. Rhet. II 3, S. 1280 B.

2) Diod. XV 95, Aesch. v. d. Ges. 124, Hypereid. f. Euxen. 18.

3) Androt. fr. 17, Demosth. g. Aristokr. 167.

4) Schol. Aesch. g. Tim. 64, Hypereid. f. Euxen. 38, Köhler, Mittheil. 1877, S. 153. Dass die Anklage des Hypereides sich auf diese Strategie Aristophon's bezog, geht aus den Fragmenten der Anklagerede unwiderleglich hervor.

dem Spruch der Geschworenen zuvorkamen. Dieser Spruch
lautete denn auch auf den Tod[1]).

Der Prozesssturm ging indess weiter. Timomachos von
Acharnae befehligte die Flotte in den thrakischen Gewässern
zur Zeit, als sein Schwager Kallistratos gestürzt wurde; bei
seiner Rückkehr wurde auch er des Hochverraths angeklagt,
und entzog sich nur durch die Flucht der Hinrichtung[2]).
Autokles und Menon, die vor Timomachos den Befehl in
Thrakien geführt hatten, wurden in die Anklage verwickelt[3]),
aber, wie es scheint, freigesprochen, wenigstens finden wir
Menon nach einigen Jahren von Neuem als Strategen.

Von welcher Seite diese Prozesse ausgingen, kann nicht
zweifelhaft sein. Wie vor fünf Jahren nach dem Verlust von
Oropos, war es auch jetzt eine Coalition der beiden extremen
Parteien, der Kallistratos und seine Freunde erlagen. Unter
den Anklägern treten hervor Hypereides von Kollytos, ein
junger Advocat, der sich jetzt die ersten politischen Sporen
verdiente[4]), und Hegesandros von Sunion, der unter Timomachos Kriegszahlmeister gewesen war, ein Mann von keineswegs fleckenlosem Rufe[5]), den wir später, ebenso wie Hypereides, unter den hervorragendsten Führern der Volkspartei
wiederfinden werden. Derselben Richtung gehörte auch Apol·
lodoros an, der Sohn des Bankiers Pasion, der das reiche
Erbe seines Vaters mit möglichster Geschwindigkeit unter die
Leute gebracht hatte, und jetzt sich ein Geschäft daraus machte,
an allen Staatsprozessen als Ankläger Theil zu nehmen[6]). Dass
Timotheos und seine Freunde nicht auf der Seite ihres alten
Gegners Kallistratos stehen konnten, ist selbstverständlich;

---

1) Hypereid. f. Euxen. 18, 23, Lykurg. g. Leokr. 93. — Aus der
Rede g. Polykles 48, S. 1221 ergiebt sich, dass Kallistratos bereits im
Winter 361 0 in der Verbannung lebte; sein Prozess muss also un-
mittelbar nach der Schlacht bei Mantineia erfolgt sein. Ueber die
Zeit dieser Schlacht (Skiroph. 362 1) siehe unten den chronol. Anhang
zur Strategenliste.

2) Hypereid. f. Euxen. 18, Aeschin. g. Tim. 55 f.

3) Dem. f. Phorm. 53, S. 960, g. Aristokr. 104, vergl. Schaefer
Demosth. 1 S. 140 A. 5.

4) Reden κατὰ Ἀριστοφῶντος παρανόμων (fr. 43—47), und κατ'
Αὐτοκλέους προδοσίας (fr. 58—68).

5) Aesch. g. Tim. 55 ff.

6) Dem. f. Phorm. 53, S. 960.

es folgt zur Evidenz daraus, dass von jetzt ab Timotheos wieder
entscheidenden Einfluss auf die Leitung der öffentlichen Angelegenheiten gewinnt.

Der Sturz des Kallistratos und seiner Partei macht
Epoche in der inneren Geschichte Athens. Seit 40 Jahren
war der Parteikampf nicht mehr mit solcher Heftigkeit geführt, der Sieg nicht mehr in solch' rücksichtsloser Weise
benutzt worden. Die bitteren Erfahrungen, die man einst
nach dem peloponnesischen Kriege gemacht hatte, fingen an
vergessen zu werden. Wieder hatte Athen eine zahlreiche
Emigration [1]), und als natürliche Folge davon blieben auch die
Versuche nicht aus, die Verbannten auf gewaltsame Weise
zurückzuführen. Schon den ersten Winter nach seiner Verbannung soll Kallistratos den Plan gefasst haben, im Ein-
verständniss mit seinem Schwager Timomachos, dem Strategen
des attischen Geschwaders in den thrakischen Gewässern,
nach Thasos herüberzukommen, um dann, auf die Flotte gestützt, seine Heimkehr nach Athen zu erzwingen [2]). Damals
allerdings zerschlug sich die Sache, oder ist vielleicht überhaupt nicht ernstlich in Angriff genommen worden; aber
wenige Jahre später führte Kallistratos seinen Plan wirklich
aus. Allerdings in anderer Weise; allein, als Schutzflehender,
kam er nach Athen und suchte Zuflucht an dem Altar der
zwölf Götter. Dass er es wagen konnte, ist bezeichnend
für die Zustände in Athen während der nächsten Jahre nach
der Schlacht bei Mantineia. Aber es ging Kallistratos wie
es Verbannten so oft geht; in der Ferne verlor er den richtigen Masstab für die Beurtheilung der Dinge daheim. Die
Umwälzung, auf die er gehofft haben muss, erfolgte nicht;
sein Anhang erwies sich als ohnmächtig gegenüber der Regierung. Diese aber ergriff die Gelegenheit, sich des noch
immer gefährlichen Gegners zu entledigen; die Gerechtigkeit
nahm ihren Lauf, und das gefällte Todesurtheil wurde an dem
grossen Staatsmann vollstreckt. So war in Erfüllung gegangen, was der lepphische Gott Kallistratos geweissagt hatte:

---

1) *Seneca de benef.* VI 37 *Callistratum aiunt, ita certe Hecaton
auctor est, cum in exilium iret, in quod multos simul cum illo seditiosa
civitas et intemperanter libera expuleret, optante quodam ut Atheniensi-
bus necessitas restituendi exules esset, abominatum talem reditum*

2) R. g. Polykles 46 52, S 1220—22.

Beloch, die attische Politik. 11

wenn er nach Athen zurückkehre, werde ihm geschehen was
Rechtens sei[1]). Aber war nicht auch hier das formelle Recht
in Wahrheit das schreiendste Unrecht? Seit Theramenes
hatte kein hervorragender Staatsmann Athens ein so tragisches
Ende gehabt; aber während Theramenes sein Geschick durch
die eigenen Fehler herbeigeführt hat, ist Kallistratos den
Intriguen seiner Gegner zum Opfer gefallen.

Cap. X.

Der Bundesgenossenkrieg.

Kallistratos' Sturz hatte das Uebergewicht der besitzenden
Klassen nicht zu brechen vermocht. Ja es war diese Partei,
oder wenn wir lieber wollen, es war die Coterie der Grossgrundbesitzer, Grosshändler und Grossindustriellen, die den
hauptsächlichsten Vortheil von der letzten Krise gehabt hatte.
Timotheos, der Mann mit den schlechtverhehlten oligarchischen
Sympathien, gelangte jetzt von Neuem zu leitendem Einfluss.
Und man zögerte nicht, die Macht im eigenen Interesse zu
gebrauchen. Die schwerste Leistung von allen, die der Staat
seinen Bürgern auferlegte, die Trierarchie, hatte bisher ausschliesslich auf den Reichen gelastet; jetzt ging man daran,
die Bürde zu erleichtern[2]). Wie man bei der Steuerreform
des Jahres 378/7 zum Zwecke der Erhebung der Eisphorá
die Pflichtigen in eine Anzahl von Steuerverbänden — Symmorien — getheilt hatte, so wurden nun auch für die Leistung
der Trierarchie Symmorien gebildet, von denen jede im
Kriegsfalle ein oder mehrere Schiffe auszurüsten hatte. Die
Trierarchie als bürgerliches Ehrenamt war damit thatsächlich
abgeschafft, und, für die weitaus grosse Mehrzahl der Pflichtigen wenigstens, eine direkte Steuer an deren Stelle getreten.
Ohne Zweifel war das in finanzpolitischer Hinsicht ein Fort-
schritt, da jeder Einzelne nur mit einem Bruchtheil des bisherigen Betrages in Anspruch genommen wurde, und manche
unnütze persönliche Belästigung fortfiel. Aber allerdings wurde
das nur möglich, indem man den Kreis der Pflichtigen sehr be-

---

1) Lykurgos g. Leokr. 93.
2) Ueber das trierarchische Gesetz des Periandros Böckh Staatsh.
I 721 ff., Seew. S. 177 ff., R. g. Euerg. u. Mnesib. 21, S. 1145.

trächtlich erweiterte, sodass nunmehr 1200 Bürger zur Trierarchie herangezogen wurden, und zwar alle in gleichem
Masse, ohne Rücksicht auf die Höhe ihres Vermögens.
Während also die grossen Besitzer entlastet wurden, bewirkte
das Gesetz eine sehr bedeutende Mehrbelastung des höheren
Mittelstandes[1]. Freilich wurde den reichsten Bürgern — es
waren 300 — aus denen die Vorstände der Symmorien gebildet wurden, damit neue und mit schwerer Verantwortlichkeit verbundene Pflichten auferlegt, aber zugleich ein sehr
weitgehender Einfluss in ihre Hände gegeben, der sich auch
politisch trefflich ausbeuten liess. Der Ring der Dreihundert
wurde bald eine Macht im Staate, wie es die oligarchischen
Hetaerien im fünften Jahrhundert gewesen waren; nur war
die neue Organisation um so viel mächtiger, als sie das
Licht nicht zu scheuen brauchte, und nicht mehr die politischen, sondern die materiellen Interessen im Vordergrund
standen[2].

Periandros von Cholargos, der Urheber dieser Reform,
gehörte selbst den Kreisen an, zu deren Nutz und Frommen
das Gesetz gegeben war[3]. Sein Vater Polyaratos hatte im
dekeleischen Kriege ein hohes Finanzamt bekleidet; seine
Schwester war mit Mantias von Thorikos vermählt, einem
reichen Aristokraten, der mehrfach zur Strategie gelangt war.
Periandros selbst konnte gleichfalls auf eine lange politische
Vergangenheit zurückblicken; es ist ein Zeichen seiner conservativen Gesinnung, dass er es war, auf dessen Antrag 362
jenes Bündniss mit den oligarchischen Staaten des Peloponnes
geschlossen wurde, das Athen zur Theilnahme an der Schlacht
bei Mantineia geführt hat[4].

Auch nach Aussen hin entfaltete die Regierung eine
lebhafte und erfolgreiche Thätigkeit. Auf Timotheos' Be-

---

1 Hypereid. g. Pasikles fr. 137 bei Harpokr. u. συμμορία. Dem.
ν Kr. 102 ὁρῶν γάρ . . . τὸ ναυτικὸν ὑμῶν καταλυόμενον, καὶ τοὺς
μὲν πλουσίους ἀτελεῖς ἀπὸ μικρῶν ἀναλωμάτων γεγονότας, τοὺς δὲ
μέτρια ἢ μικρὰ κεκτημένους τῶν πολιτῶν τὰ ὄντα ἀπολλύντας κτλ.

2. Demosth. Olynth. II 29 πρότερον μὲν γὰρ, ὦ ἄ. Ἀ., εἰσεφέρετε
κατὰ συμμορίας, νυνὶ δὲ πολιτεύεσθε κατὰ συμμορίας. ῥήτωρ ἡγεμὼν
ἑκατέρων, καὶ στρατηγὸς ὑπὸ τούτου, καὶ οἱ βοησόμενοι τριακόσιοι·
οἱ δ' ἄλλοι προσνενίμησθε

3. Ueber Periandros' Familie: Schaefer Demosth. III 2, S. 218.

4. CIA. II 57 b.

trieb[1]) wurde ein Zug nach Euboea unternommen und der
athenische Einfluss auf der Insel wieder hergestellt; der thrakische Chersonnes, so lange schon der Zielpunkt der attischen
Politik, wurde erobert und mit Kleruchen besetzt. Dass die
Intervention in den makedonischen Thronstreitigkeiten missglückte, konnte solchen Erfolgen gegenüber kaum in Betracht
kommen; ja selbst die Besetzung von Amphipolis durch
Philipp, so schwer die athenischen Interessen dadurch geschädigt
wurden, war doch kein eigentlicher Verlust für Athen, das
seit 60 Jahren nicht im Stande gewesen war, seine Ansprüche
auf den Besitz der Stadt zur Geltung zu bringen.

In den Bundesstaaten begünstigte die Regierung offen
die besitzenden Klassen. Ja als in Korkyra die Wohlhabenden gegen die herrschende Demokratie sich erhoben, ging
man so weit, ihnen ein Geschwader unter Chares zu Hülfe
zu senden, mit dessen Hülfe eine oligarchische Verfassung
dort eingeführt wurde[2]). Mag eine solche Politik vom Standpunkte der jetzt in Athen herrschenden Partei verständlich
sein, den wahren Interessen des Staates entsprach sie keineswegs. Die gemeinsame demokratische Verfassung bildete
immer noch das festeste Band zwischen Athen und seinen
Bundesgemeinden[3]). Und gerade jetzt hätte man allen Grund
gehabt, zu vermeiden was irgend dazu beitragen konnte die
Beziehungen zu den Bundesstaaten zu lockern. Das gute Einvernehmen zwischen Athen und den mächtigsten Gliedern des
Seebundes war schon seit Jahren gestört[4]). Mit berechtigter
Sorge blickte man in Chios und Rhodos auf die beständigen
Fortschritte der Präsidialmacht; und als Chares jetzt auch
den Chersonnes für Athen gesichert hatte, schien längeres
Zögern nicht mehr möglich zu sein. Ohnehin war der Augenblick günstig, da Athen durch den Krieg mit Philipp und
den Chalkidiern wegen Amphipolis beschäftigt war. Der Ein-

---

1) Demosth. Chers. 74 f. ἴστε γὰρ δήπου τοῦθ', ὅτι Τιμόθεός
ποτ' ἐκεῖνος ἐν ὑμῖν ἐδημηγόρησεν ὡς δεῖ βοηθεῖν καὶ τοὺς Εὐβοέας
σώζειν κτλ.

2) Diod. XV 95, Aeneias d. Takt. 11, 7; vergl. Demosth. g.
Timokr. 202.

3) Dem. Rhod. 18 ὥστ' ἔγωγ' οὐκ ἂν ὀκνήσαιμι εἰπεῖν μᾶλλον
ἡγεῖσθαι συμφέρειν δημοκρατουμένους τοὺς Ἕλληνας ἅπαντας πολεμεῖν ὑμῖν, ἢ ὀλιγαρχουμένους φίλους εἶναι.

4) S. oben S. 156 f.

fluss des karischen Satrapen Maussollos that das Uebrige, und so erklärten zu Anfang 356 Chios, Rhodos und Kos ihren Austritt aus dem vor 21 Jahren mit Athen geschlossenen Bunde.

Für Athen war es eine Lebensfrage, die separatistische Bewegung mit dem Aufgebot aller Mittel in kürzester Zeit niederzuwerfen; blieb der Aufstand erfolgreich, dann war es voraussichtlich vorbei mit der Grossmachtstellung des Staates. Und Volk und Regierung zeigten sich den Anforderungen der Lage gewachsen. Eine Flotte wurde aufgestellt, wie sie Athen seit dem Tage von Aegospotamoi nicht mehr gesehen hatte[1]); die Steuerkraft der Besitzenden in bisher unerhörtem Masse angespannt[2]). Aber die Hoffnung ging fehl, den Krieg durch einige rasche Schläge zu beenden. Bei dem vergeblichen Angriff auf Chios fand Chabrias seinen Tod; sein Mitfeldherr Chares war nicht einmal im Stande die attischen Kleruchien und die treugebliebenen Bundesstaaten gegen die Flotte der Aufständischen zu vertheidigen. Jetzt übernahm Timotheos selbst das Commando; neben ihm Iphikrates — die alten Gegner hatten sich eben versöhnt[3]) — und dessen Sohn Menestheus, dem Timotheos die Tochter zur Frau gegeben. Den von ihnen herangeführten Verstärkungen gelang es, das Gleichgewicht zur See wieder herzustellen; irgend entscheidende Vortheile wurden auch jetzt nicht erreicht.

Es war überhaupt klar, dass ein Erfolg nicht zu erringen war, solange der Hauptgegner Maussollos für die attischen Strategen ein *noli me tangere* blieb. Ein Angriff auf Karien aber war ein Entschluss, der die unberechenbarsten Folgen nach sich ziehen konnte, selbst angenommen dass man über die dazu erforderlichen Mittel verfügte. Denn hinter Maussollos stand die Macht seines Herrn, des Grosskönigs, und es war keine Frage, dass dieser jede Verletzung des asiatischen Festlandes durch athenische Truppen als Kriegsfall betrachten würde, wie sie ja in der That ein Bruch des Antalkidasfriedens gewesen wäre. Was aber ein Krieg mit Persien zu bedeuten hatte, das hatten die Ereignisse am Ende des fünften und am Anfang des laufenden

1) Im Ganzen 120 Trieren, s. Diodor. XVI 21.
2) Isokr. Areop. 9, Symm. 127 f.
3) R. g. Timoth. 66, S. 1201.

Jahrhunderts für jeden der sehen wollte mit furchtbarer Deut-
lichkeit gezeigt[1]). Isolirt, mit seinen Nachbarn verfeindet,
wie Athen in diesem Augenblick in Griechenland dastand[2]),
hätte ein solcher Krieg zu nichts anderem führen können,
als zum völligen Ruine des Staates.

Aber blieb denn wirklich keine Wahl als Krieg mit dem
Grosskönig, oder bedingungslose Annahme der Forderungen
der Bundesgenossen? Lag denn jede Verständigung mit Chios
und Rhodos auf Grund der alten Verträge so ganz ausser
dem Bereich der Möglichkeit? Wenn irgend Jemand, war
Timotheos der Mann dazu, eine solche Annäherung anzubahnen,
er der seine Erfolge in viel höherem Grade seiner gewinnen-
den Persönlichkeit, seiner Ueberredungsgabe und der erprobten
Rechtschaffenheit seines Charakters zu verdanken hatte, als
seinen Siegen im Felde. Von seinem Vater Konon her und
aus seiner früheren politischen und militärischen Laufbahn
besass er die ausgedehntesten Verbindungen in den Städten
des Sonderbundes; und so versöhnlich war noch die Stimmung
in Chios, dass die Ehrenbezeugungen, die das Volk in früherer
Zeit an attische Feldherrn verliehen hatte, auch jetzt unge-
schmälert in Kraft blieben[3]). Freilich war zur Durchführung
einer solchen Politik nothwendig, dass alles vermieden
wurde, was geeignet war, den Riss zwischen Athen und
den abgefallenen Staaten zu vertiefen. Demgemäss wurden
die Operationen sistirt; die Flotte beschränkte sich darauf,
die attischen Besitzungen zu schützen, und selbst als sich
Gelegenheit bot, einen grossen Schlag gegen den Feind zu
führen, liessen Iphikrates und Timotheos sie ungenützt vorübergehen[4]).

1) Vergl. Isokr. Areog. 8 καὶ τῆς ἔχθρας τῆς πρὸς βασιλέα πάλιν
ἀνακεκαινισμένης, ἃ τότε κατεπολέμησεν ἡμᾶς.

2) Demosth. v. d. Symm. 4 f.

3) Demosth. g. Lept. 81.

4) Unsere dürftige Ueberlieferung schweigt freilich von diesen Verhandlungen. Aber die Unthätigkeit der Flotte während Timotheos'
und Iphikrates' Strategie ist nur so zu erklären, und Timotheos'
Charakter war eine solche Politik durchaus gemäss. Sein Freund Isokrates vertritt in dem Συμμαχικός ganz dieselben Anschauungen. Und
endlich muss doch die Anklage χρήματ' αὐτὸν παρὰ Χίων εἰληφέναι
καὶ Ῥοδίων (Deinarch. g. Dem. 14) irgend einen Untergrund gehabt
haben; solche Verhandlungen konnten ihn am leichtesten bieten.

Allerdings, es konnte nicht fehlen, dass die Art, wie Timotheos und Iphikrates den Krieg betrieben, den lebhaftesten Widerspruch hervorrief, auf der Flotte ebenso wie in Athen. Je höher die Erwartungen gespannt gewesen waren, mit denen man das Aussegeln der gewaltigen Seerüstung unter den ersten Feldherren der Zeit begleitet hatte, um so grösser musste die Enttäuschung sein, als Monat um Monat verstrich, ohne dass die Entscheidung gefallen wäre. Wie immer in solchen Fällen, sprach man auch jetzt von Verrath; und die Gegner der Regierung säumten nicht, ihren Vortheil aus dieser Stimmung zu ziehen.

An die Spitze der Opposition trat Aristophon von Azenia, ein Sohn jenes Demostratos, des Buzygen, der einst ein Hauptbeförderer des sicilischen Unternehmens gewesen war[1]). Die Anfänge von Aristophon's politischer Laufbahn fallen in die Zeit der demokratischen Restauration[2]); er war vielleicht der einzige Veteran aus jenen Kämpfen, der noch jetzt im öffentlichen Leben stand. So konnte er zurückblicken auf ein halbes Jahrhundert politischer Thätigkeit; und wie lebhaft er sich an den Geschäften des Rathes und der Volksversammlung betheiligt hatte, zeigen die 75 Prozesse, die er wegen angeblich gesetzwidriger Anträge zu bestehen gehabt[3]). Wie sein Vater, gehörte auch er der Volkspartei an, ohne doch deswegen in das gemeine Demagogenthum herabzusinken; wir finden ihn im Gegensatz ebensowohl zu den Führern der Partei der Grossgrundbesitzer und Grossindustriellen, Timotheos und Eubulos, wie zu Radicalen vom Schlage eines Hegesandros[4]) und Hypereides[5]). So begegnete er sich in mancher Hinsicht mit Kallistratos; und in der That hat er der Politik dieses Staatsmannes bis zu dessen Sturze seine Unterstützung geliehen. Sein Sohn Demostratos nahm Theil an der Gesandtschaft, die unter Kallistratos' Leitung im Ski-

---

1) Nach der Vermuthung von Ruhnken *Hist. crit.* S. 46, der Schaefer Dem. I S. 131 beistimmt. Aristophon's Sohn heisst Demostratos (Xen. Hell. VI 3, 2) und also wohl auch sein Vater

2) Karystios bei Athen. XIII S. 577 B, Dem. g. Lept. 148 f.

3) Aeschin. g. Ktes. 194.

4) Aeschin. g. Timarch. 64 ὡς δὲ παρῄει ἐπὶ τὸ βῆμα τὸ ὑμέτερον ὁ Ἡγήσανδρος, ὅτε καὶ προσεπολέμει Ἀριστοφῶντι τῷ Ἀζηνιεῖ κτλ.

5) S. oben S. 159.

rophorion 371 den Frieden mit Sparta abschloss[1]); er selbst
hat kurz vor der Schlacht bei Mantineia die Strategie bekleidet und für die Kriegsrüstungen lebhafte Thätigkeit entwickelt[2]). In den Prozesssturm, der bald darauf gegen Kallistratos und seine politischen Freunde sich entlud, ist
auch er hereingezogen worden; und wenn er auch unversehrt
daraus hervorging, so war seine Freisprechung mit nur zwei
Stimmen Majorität doch eine schwere moralische Niederlage[3]),
die ihn zwang, während der nächsten Jahre von der Leitung
des Staates sich fern zu halten. Jetzt, im hohen Alter, sollte
er noch einmal zur Macht kommen und einen Einfluss gewinnen wie nie zuvor in seiner langen politischen Laufbahn[4]).

In engem Bündniss mit Aristophon finden wir den Feldherrn Chares von Angele. Er war ein tapferer Soldat von
herculischem Körperbau, der gern die empfangenen Narben
zur Schau stellte[5]), ganz der Mann dazu, den Miethtruppen im
Lager, wie dem Pöbel in Athen zu imponiren. Aber ihm
fehlte das strategische Genie, das Iphikrates so hoch über
den grossen Haufen der Condottieri seines Schlages em-
porhob; und noch mehr fehlte ihm jedes Verständniss für
die Politik der Versöhnung, der Timotheos seine grossen Erfolge verdankte. Chares griff überall rücksichtslos durch; in
den Mitteln, sich Geld für seine Truppen zu verschaffen, war
er nicht wählerisch, es kam ihm nicht darauf an, von Neutralen Contribution zu erheben oder selbst die Bundesgenossen
zu brandschatzen. Dass er dabei den eigenen Vorteil nicht
vergass, war am Ende kein Wunder; neu war nur die Offen-
heit, mit der er sich vor aller Welt dazu bekannte[6]). Auch

---

1) Xen. Hell. VI 2, 3, s. oben S. 148.

2) Rg. Polykles 4—6, S. 1207. Ueber die Chronologie s. unten den
Anhang zur Strategenliste zum Jahre 362 1.

3) S. oben S. 159.

4) Schaefer Demosth. I S. 122—164 hat Aristophon's Bedeutung
sehr überschätzt (vergl. das Eingeständniss auf S. 151); stereotype
Advokatenphrasen wie Hypereides fr. 44 haben doch keine Beweiskraft. Auch der Gegensatz, in den Schaefer Aristophon zu Kallistratos
bringt, ist ohne Begründung, sobald wir uns einmal von dem Glauben
an die „bocotische Partei" emancipirt haben.

5) Plut. an seni gerenda resp. 8 S. 788 D., Pelop. 2 u. Isokr. Antid. 116.

6) Arist. Rhet. I, 15, S. 1376 Εὔβουλος ἐν τοῖς δικαστηρίοις ἐχρή-
σατο κατὰ Χάρητος ὁ Πλάτων εἶπε πρὸς Ἀρχίβιον (Ἀγύρριον Meineke),
ὅτι ἐπιδέδωκεν ἐν τῇ πόλει τὸ ὁμολογεῖν πονηροὺς εἶναι.

in der Sittenlosigkeit seines Privatlebens war er eine echte Landsknechtsnatur. [1]). Immerhin liess sich ihm militärische Begabung nicht absprechen; er hat in schwierigen Verhältnissen Hervorragendes geleistet, im Peloponnes gegen die Thebaeer, in Thrakien gegen Kersobleptes, in Kleinasien gegen die Satrapen des Königs; freilich die Probe gegen einen Feldherrn ersten Ranges wie Philipp hat er nicht bestanden, und die Zuchtlosigkeit seiner Banden hat Athens Ansehen Nachtheile zugefügt, die alle militärischen Erfolge weit aufwogen [2]). — Dass ein solcher Mann seiner ganzen Denkart nach zu den Demagogen der Gasse sich hingezogen fühlen musste, liegt in der Natur der Sache; Chares war der geborene Feldherr der radicalen Demokratie, die ihm bis zuletzt unbegrenztes Vertrauen bewiesen hat [3]). Selbst ein Mann wie Aristophon war im Vergleich mit ihm eine vornehme Natur, so sehr, dass die öffentliche Meinung die plötzliche Freundschaft zwischen beiden nur aus einer Bestechung des Rhetors durch den Strategen erklären zu können meinte [1]). Dessen bedurfte es nun allerdings wohl kaum. Wie die Dinge lagen, gab nur der rückhaltlose Anschluss an Chares Aristophon die Möglichkeit wieder zu politischem Einfluss zu gelangen; auch verband beide die Feindschaft gegen den gemeinsamen Gegner Timotheos.

Es war Chares, der den Angriff eröffnete. Er hatte es versucht, gegen den Willen der Majorität des Kriegsrathes eine Schlacht zu erzwingen, war ohne Unterstützung geblieben und genöthigt worden, den schon begonnenen Kampf mit Verlust abzubrechen. Darauf hin beschuldigte er in seinem offiziellen Rapporte Iphikrates und Timotheos des Verrathes [5]).

Der lange aufgehäufte Zündstoff kam jetzt zum Brennen. Es zeigte sich, welch' gewaltiger Umschwung in der Stimmung

1) Theopomp. fr. 238 bei Athen. XII S. 532 B. C.
2) Demosth. Philipp. I 24. 45.
3) Demosth. v. d. Ges. 332 ὅτι μὲν πάντα τρόπον κρινόμενος Χάρης εὕρηται πιστῶς καὶ εὐνοϊκῶς, ὅσον ἦν ἐπ' ἐκείνῳ, πράττων ὑπὲρ ὑμῶν, διὰ δὲ τοὺς ἐπὶ χρήμασι λυμαινομένους τοῖς πράγμασι πολλῶν ὑστερῶν.
4) Schol. Aesch. g. Tim. 64 κεκομῴδηται ὁ Ἀριστοφῶν ὡς ὑπὲρ Χάρητος μισθοῦ λέγων.
5) Polyaen. III 9, 29, vergl. die Fragmente von Iphikrates' Rede gegen Aristophon.

des Volkes sich vollzogen hatte, seit an den letzten Archaeresien Timotheos und Iphikrates zu Strategen gewählt worden
waren. Beide wurden nebst Menestheus ihrer Stellen entsetzt
und zur Rechenschaft nach Athen zurückgerufen; der unge-
theilte Oberbefehl über die Flotte wurde in Chares' Hände
gelegt[1]).

So hatte Athen wieder das Schauspiel eines Strategen-
prozesses im grossen Stil[2]). Aristophon führte die Anklage[3]);
der Ausgang war von vorn herein zu berechnen. Timotheos
wurde der Bestechung durch die Chier für schuldig erkannt,
und in eine Geldbusse von 100 Talenten verurtheilt; er ging
nach Chalkis in die Verbannung, wo er bald darauf gebro-
chenen Herzens gestorben ist[4]). Der Demos hatte sein Opfer
gehabt; dass die beiden anderen Feldherren freigesprochen
wurden, daran lag politisch sehr wenig. Iphikrates hat nie
wieder, Menestheus erst nach Jahren öffentliche Aemter bekleidet[5]).

Die Volkspartei war damit Herrin der Lage, und sie zögerte nicht, ihren Sieg auszubeuten. Neben Aristophon und
Chares waren es besonders die beiden Brüder Hegesandros
und Hegesippos von Sunion, die unter den leitenden Männern
dieser Richtung hervorragten[6]), einst Aristophon's Gegner,
jetzt aber zur Erreichung gemeinsamer Ziele mit ihm vereint.
Die Anfänge ihrer Laufbahn fallen in die Zeit der Verwaltung
des Kallistratos; durch die Opposition gegen das damals herrschende System hatten sie sich zuerst einen Namen gemacht.
Und in der That war Hegesippos ein entschiedenes oratori-
sches Talent, wenn ihn auch seine ungezügelte Leidenschaft
oft über alles Mass fortriss. Es war diese Leidenschaft, die ihn
hinderte, ein Staatsmann im höheren Sinne des Wortes zu
werden, trotz aller Hingebung, die er der Sache seines Staates
gezeigt hat; er war, wenn es gestattet ist ein modernes Wort

---

1) Diod. XVI 21, Nepos Timoth. 3.
2) Ueber die Zeit des Prozesses und der folgenden Ereignisse s.
unten Excurs IX: Zur Chronologie des Bundesgenossenkrieges.
3) Plut. R. f. d. Staatsm. 5, S. 801 f., v. d. Verb. 15, S. 605 E. F,
Arist. Rhet. II 23, S. 1398, Deinarch. g. Dem. 14, g. Philokles 17, Ael.
verm. Gesch. 14, 3, Isokr. Antid. 129.
4) Deinarch. g. Dem. 14, Nep. Tim. 3.
5) Isokr. Antid. 129, Polyaen. III 9, 15. 29, Nep. Iphicr. 3.
6) Von ihnen beantragte Volksbeschlüsse aus 357/6 CIA. 63. 65.

anzuwenden, ein Chauvinist durch und durch, ganz unfähig, die Machtmittel Athens und die seiner Gegner unparteiisch gegen einander abzuwägen [1]).

Was von solchen Männern zu erwarten war, geschah. Athen trat aus seiner bisherigen Reserve Persien gegenüber heraus; Chares schloss ein Bündniss mit Artabazos, dem aufständischen Satrapen von Phrygien, und beide vereint kämpften gegen die Heere des Königs. Ob Chares diesen Schritt wirklich auf eigene Verantwortung gethan hat, wie später die offizielle Lesart lautete, mag dahingestellt bleiben; Athen hatte in den nächsten Jahren nur zu vielen Grund, das Vorgehen seines Feldherrn zu desavouiren. Aber wie dem auch sei, jedenfalls haben Regierung und Volk nachträglich dem Vorgehen Chares' ihre Zustimmung nicht versagt, und damit auch selbst die Verantwortung für die Folgen dieser Politik übernommen. Und in der That war das, was Chares gethan hatte, nur die nothwendige Consequenz des Entschlusses, den Krieg mit Energie weiterzuführen. Um Maussollos mit Erfolg zu bekämpfen, war es durchaus nöthig, auf dem asiatischen Festlande Fuss zu fassen; wir können nicht zweifeln, dass auch die Truppen des Satrapen von Karien bei dem königlichen Heere sich befanden, und Chares' Siege über dieses Heer waren damit zugleich Siege über jenen gefährlichsten unter Athens Gegnern. Ueberhaupt war es bei der völligen Erschöpfung der Finanzen des Staates nur durch Artabazos' Subsidien und die asiatische Kriegsbeute möglich, Heer und Flotte zu unterhalten. Dass man darüber mit Persien in Krieg gekommen war, ohne recht zu wissen wie und warum, war an sich noch kein Unglück; es kam nur darauf an, ob Athen sich die Kraft zutraute, einen solchen Krieg im Bunde mit Aegypten und Artabazos erfolgreich zu führen.

Dass indessen in Thrakien eine Stadt nach der andern an Philippos verloren ging, war unter diesen Umständen nicht zu ändern, und hatte auch nicht so viel zu bedeuten gegenüber den grossen Interessen, die in Kleinasien auf dem Spiele standen. Aber ob es zweckmässig war, durch Abschluss eines Bündnisses mit Phokis die schon so schwierige Lage noch mehr zu verwickeln, ist mindestens zweifelhaft; eine Verstän-

1 Man lese die Rede über Halonnesos.

digung mit der boeotischen Demokratie wurde dadurch vor
der Hand völlig unmöglich gemacht. Auch diente das Bündniss
mit den Tempelräubern keineswegs dazu, Athen in der öffentlichen Meinung von Hellas neue Sympathien zu erwerben.
Es ist Hegesippos, auf dessen Veranlassung Athen diesen
Schritt that[1]); Aristophon wird ihn bei seinen Sympathien
für Boeotien schwerlich gebilligt haben[2]).

Indess umwölkte sich der Horizont im Osten mehr und
mehr. Man spielt nicht ungestraft mit dem Feuer. Wenn
Chares in seinen Bulletins seine kleinasiatischen Siege mit
dem Tage von Marathon verglichen hatte, so schien es, als
sollte Athen jetzt in eine Lage kommen, aus der nur ein
zweites Salamis Rettung zu bringen im Stande war. Denn
der Grosskönig zog in Syrien und Kilikien eine Land- und
Seemacht zusammen, wie sie Persien seit Xerxes' Zeiten nicht
mehr aufgestellt hatte. Wer vermochte zu sagen, ob diese
Streitmacht gegen Phoenikien und Aegypten, oder gegen Kleinasien und Hellas in Bewegung gesetzt werden würde? Die
Gefahr war furchtbar, Niemand konnte sich verhehlen, dass
es einen Kampf der Verzweiflung gelte, wenn wirklich dieses
Heer sich gegen Hellas heranwälzte. Die Männer, die Athens
Geschicke jetzt leiteten, schreckten auch vor dieser Even-
tualität nicht zurück; sie waren bereit, dem Angriff durch
eine kräftige Offensive zuvorzukommen, und zu diesem Zweck
alle hellenischen Staaten zum Kampfe gegen den Erbfeind
der Nation aufzufordern[3]). Ein Beschluss in diesem Sinne
wurde wirklich durchgesetzt; selbst mit Philippos war man
bereit, sich um diesen Preis zu vertragen[4]). Aber die Majorität des Volkes war keineswegs geneigt, der Regierung in
eine solche Politik der Abenteuer zu folgen. Schon jetzt
waren die finanziellen Kräfte des Staates erschöpft; es half
sehr wenig, dass Satyros und Androtion mit aller Härte die

---

1) Aesch. g. Ktes. 118, Dem. v. d. Ges. 72—74, Schol. Aesch.
g. Tim. 71.

2) Aesch. g. Ktes. 139 πλεῖστον χρόνον τὴν τοῦ βοιωτιάζειν ὑπο-
μείνας αἰτίαν. Dem. v. Kr. 162.

3) Dem. v. d. Symm. 1. 8. 35. 41.

4) Philipp's Brief 6 πρὸ γὰρ τοῦ λαβεῖν αὐτὸν (βασιλέα) Αἴγυπτον
καὶ Φοινίκην ἐψηφίσασθε, ἂν ἐκεῖνός τι νεωτερίζῃ, παρακαλεῖν ὁμοίως
ἐμὲ καὶ τοὺς ἄλλους Ἕλληνας ἅπαντας ἐπ' αὐτόν.

rückständigen Steuerreste eintrieben, und Leptines von Koele ein Gesetz durchbrachte, das alle Befreiungen von Leiturgien aufhob. Unter solchen Umständen sich in einen Krieg mit Persien zu stürzen, wäre sicheres Verderben gewesen.

Hätte die herrschende Partei einen Staatsmann besessen, wie einst Kleon oder später Demosthenes, die sich klar waren über das Ziel und die Mittel es zu erreichen, vielleicht wäre sie der Opposition Herr geworden. Aber die Politik Chares' und Aristophon's, die nur an das Heute dachte, ohne das Morgen in Erwägung zu ziehen, brach bei der ersten ernsteren Schwierigkeit haltlos zusammen. Die abgebrauchte Parteiphrase, dass jeder, der zum Frieden riethe, ein Oligarch sei, verfing nicht mehr[1]). Als der Grosskönig nach Vollendung seiner Rüstungen in Athen das Ultimatum stellen liess, entweder Chares aus Asien zurückzurufen oder Krieg zu gewärtigen, gewann die friedliche Stimmung in der Volksversammlung das Uebergewicht. Die Mässigung der Forderungen des Königs, der, um gegen Aegypten freie Hand zu behalten, es vermied, irgend welche demüthigende Genugthuung von Athen für das Vorgefallene zu verlangen, that das Uebrige. Athen rief seine Truppen zurück, und gewährte als nothwendige Consequenz dieses Schrittes den abtrünnigen Bundesgenossen den Frieden und die Entlassung aus dem athenischen Bundesverbande[2]). Die korkyräische Oligarchie hatte schon früher eigenmächtig das Band gelöst, das sie noch an Athen kettete[3]). Der Seebund blieb fortan beschränkt auf die kleineren Inseln des aegaeischen Meeres; Athen hatte selbst anerkannt, dass es mit seiner Grossmachtstellung vorüber war.

- -

Cap. XI.

Eubulos' Verwaltung.

Die Missregierung der letzten Jahre hatte unter den gebildeten und besitzenden Klassen Athens eine tiefe Verstimmung erzeugt. Zum ersten Male seit einem halben Jahrhun-

---

1) Isokr. Symm. 51 πρὸς μὲν τοὺς τῆς εἰρήνης ἐπιθυμοῦντας ὡς πρὸς ὀλιγαρχικοὺς ὄντας δυσκόλως ἔχομεν, τοὺς δὲ τὸν πόλεμον ποιοῦντας ὡς τῆς δημοκρατίας κηδομένους εὔνους εἶναι νομίζομεν.

2) Diod. XVI 22.

3 Diod. XV 95, Dem. g. Timokr. 202.

dert erscholl der Ruf nach Verfassungs-änderung, nach Beschränkung der ungebundenen demokratischen Freiheit. Wieder
war die Parole: Rückkehr zur Verfassung des Solon und
Kleisthenes [1]), wie einst zu Theramenes' Zeit; und kein Geringerer als Isokrates war es, der den Muth hatte, sich zum Wort-
führer dieser Reform aufzuwerfen. Freilich, die Zeit der Erfüllung für diese Bestrebungen war noch nicht da, und Isokrates ist es nicht vergönnt gewesen, die Verwirklichung seiner
Ideale zu schauen. Aber kaum war ein Menschenalter verflossen seit der Veröffentlichung der areopagitischen Rede,
als Antipatros und Phokion Punkt für Punkt ausführten, was
Isokrates in jener Flugschrift befürwortet hatte.

Indess wenn auch zunächst keine Aussicht war, auf ver-
fassungsmässige Weise den Einfluss der conservativen Elemente im Staate zu stärken, so liess dasselbe Ziel sich doch
vielleicht auf indirektem Wege durch weniger gewaltsame
Mittel erreichen. Wenn je, so war jetzt dazu der günstige
Augenblick, wo die radicale Demagogie so gründlich abge-
wirthschaftet und den Staat politisch wie ökonomisch an den
Rand des Verderbens geführt hatte.

Es war Eubulos von Probalinthos [2]), der das unternahm.
Das eigentliche Feld seiner Thätigkeit war das Finanzwesen;
und seine von Freund und Feind anerkannte Integrität, seine
ausgedehnte Geschäftskenntniss, seine unermüdliche Arbeits-
kraft [3]) und nicht zum Wenigsten die schonungslose Energie,
mit der er die Aufdeckung und Bestrafung von Unregelmässigkeiten aller Art in der Verwaltung betrieb [4]), hatten

---

1) Isokr. Areop. 16 εὑρίσκω γὰρ ταύτην μόνην ἂν γενομένην καὶ
τῶν μελλόντων κινδύνων ἀποτροπὴν καὶ τῶν παρόντων κακῶν ἀπαλ-
λαγήν, ἢν ἐθελήσωμεν ἐκείνην τὴν δημοκρατίαν ἀναλαβεῖν ἣν Σόλων
μὲν ... ἐνομοθέτησε, Κλεισθένης δὲ ... πάλιν ἐξ ἀρχῆς κατέστησεν.

2) Εὔβουλος Σπινθάρου Προβαλίσιος Leb. d. X Red. S. 840 B.
Auch in der Rede g. Neaera 48, S 1361 wird Εὔβουλος Προβαλίσιος
als Zeuge aufgerufen. Ueber andere Mitglieder dieser Familie Schaefer
I S. 190, 2. Als Anaphlystier wird Eubulos in dem gefälschten Acten-
stück Dem. v. Kr. 29 bezeichnet, und daraus bei Plut. Regeln f. d.
Staatsm. 15, S. 812 E.

3) Theop. fr. 95 δημαγωγὸς ἦν ἐπιφανέστατος, ἐπιμελής τε καὶ
φιλόπονος.

4) Demosth. g. Meid. 207 εἴη ἂν καὶ τοῦτο σημεῖον τῆς ἐμῆς ἐπι-
εικείας, εἰ τοὺς ἄλλους ῥᾳδίως κρίνων ἐμὲ μηδὲν ἔχεις ἐφ᾽ ὅτῳ τοῦτο
ποιήσεις. v. d. Ges. 293.

seinen Namen geachtet und gefürchtet gemacht. Seine politische Richtung charakterisirt es, dass er es war, auf dessen
Antrag der alte Philolakone Xenophon vor der Schlacht bei
Mantineia aus der Verbannung zurückgerufen wurde[1]); wir
sehen, dass Eubulos damals die Politik des Kallistratos unterstützte[2]), wie denn sein Neffe Hegesileos[3]) die attischen
Truppen bei Mantineia befehligt hat. Während des Bundesgenossenkrieges war Eubulos nach Kräften bemüht, durch
Beseitigung eingerissener Missbräuche der Ebbe in der Staatscasse abzuhelfen[4]), so wenig er die Weiterführung des aussichtslosen Kampfes billigen konnte. Darüber kam er in offenen Conflikt mit Chares und Aristophon[5]); aber er blieb
Sieger, und sein Werk vor Allem war es, wenn Athen den
Forderungen des Grosskönigs nachkam, und die Unabhängigkeit der aufständischen Bundesgenossen anerkannte[6]). Seitdem steht er an der Spitze des Staates.

Eubulos war nicht der Mann, sich über die Lage Illusionen zu machen. Der letzte Krieg hatte es klar gelegt für
jeden, der sehen wollte, dass Athen nicht mehr im Stande
war, eine Politik im grossen Stile zu treiben. Ein drei-
jähriger Kampf gegen Mächte zweiten Ranges hatte hinge-
reicht, die finanziellen und militärischen Hülfsquellen Athens
zu erschöpfen und den Staat an den Rand des Unterganges
zu führen. Die Friedensrede des Isokrates, die Schrift Xenophon's „von den Einkünften"[7]) zeigen uns, wie diese Er-

---

1) Istros fr. 24 bei Diog. v. Laerte II 59, Schaefer Dem. I S. 170. —
Eubulos' Bestreben nach Annäherung an Theben fällt in spätere Zeit
(Dem. v. Kr. 162).

2 Dem. f. Megal. 12 οἱ γὰρ ταῦτα λέγοντες (das Hülfsgesuch von
Megalopolis zurückzuweisen) ἔπεισαν ὑμᾶς, πάντων Πελοποννησίων
ἐλθόντων ὡς ὑμᾶς καὶ μεθ' ὑμῶν ἀξιούντων ἐπὶ τοὺς Λακεδαιμονίους
ἰέναι, τοὺς μὲν μὴ προσδέξασθαι, ... ὑπὲρ δὲ τῆς Λακεδαιμονίων
σωτηρίας καὶ χρήματ' εἰσφέρειν καὶ τοῖς σώμασι κινδυνεύειν. Es ist
kein Zweifel, dass hier vor Allem Eubulos gemeint ist, s. unten S. 183.

3) Dem. v. d. Ges. 290, Schaefer Dem I 171, II 79.

4) So war er unter den Vertheidigern des leptineischen Gesetzes:
Dem. g. Lept. 137.

5) Dem. v. d. Ges. 291, v. Kr. 162, Arist. Rhet. I 15, S. 1376.

6) Schol. Dem. Ol. III 28 τοῦ δὲ τοιαύτην γενέσθαι τὴν εἰρήνην
αἴτιος Εὔβουλος οὕτω διοικῶν τὰ πράγματα.

7 Den kürzlich von Holzapfel gemachten Versuch, die Abfassung
dieser Schrift in 347/6 zu verlegen, halte ich für verfehlt.

kenntniss anfing, in immer weiteren Kreisen Eingang zu finden;
Eubulos hat das Verdienst, der erste gewesen zu sein, der
die Consequenzen für die Leitung des Staates daraus zog.
Er hatte die patriotische Resignation, endgültig mit den Traditionen der grossen Vergangenheit zu brechen, den leeren
Ansprüchen auf die Hegemonie in Griechenland, auf die aus-
schliessliche Seeherrschaft zu entsagen. Eubulos ist vielleicht
der erste Staatsmann, der das Prinzip der Nicht-Intervention
zur Richtschnur seines politischen Handelns gemacht, die
Pflege der materiellen Interessen als seine hauptsächlichste
Aufgabe angesehen hat[1]).

Es ist leicht, eine solche Politik zu verurtheilen, sie als
unmännlich, als Athens unwürdig zu brandmarken; Vorwürfe,
die in alter und neuer Zeit bis zum Uebermass wiederholt
worden sind. Eubulos sah weiter. Er erkannte, dass nur ein
innerlich starkes Athen im Stande sein konnte, wenn es galt, mit
Nachdruck für den Schutz der eigenen Interessen einzustehen;
und wie die Dinge lagen, war eine blühende Finanz dazu das
erste Erforderniss. So sehr Eubulos aller nutzlosen Zersplit-
terung der Kräfte entgegen war, er hat doch niemals gezögert,
mit allen Mitteln für die Vertheidigung der wahren Grundlagen von Athens Macht einzutreten. Die Strasse nach dem
Pontos und die sie beherrschenden Positionen Imbros, Lemnos
und der Chersonnes; die Thermopylen und die attische Su-
prematie auf Euboea: zur Behauptung dieser Punkte war
Eubulos jedes Opfer zu bringen bereit. Ebenso hat er keine
Kosten gescheut, die Flotte auf einen achtunggebietenden
Stand zu bringen und die Arsenale zu füllen[2]). Es sind die
von Eubulos gesammelten Machtmittel, die es Demosthenes

---

1) Plut. Reg. f. d. Staatsm. 15 S. 812 f. ἐπαινοῦσι δὲ καὶ τὸν Ἀνα-
φλύστιον Εὔβουλον, ὅτι πίστιν ἔχων ἐν τοῖς μάλιστα καὶ δύναμιν οὐδὲν τῶν Ἑλληνικῶν ἔπραξεν οὐδ᾽ ἐπὶ στρατηγίαν ἦλθεν, ἀλλ᾽ ἐπὶ τὰ
χρήματα τάξας ἑαυτὸν ηὔξησε τὰς κοινὰς προσόδους· καὶ μεγάλα τὴν
πόλιν ἀπὸ τούτων ὠφέλησεν. Vergl. Dem. Phil. IV 46.

2) Deinarch. g. Dem. 96 ποῖαι γὰρ τριήρεις εἰσὶ κατεσκευασμέναι
διὰ τοῦτον, ὥσπερ ἐπὶ Εὐβούλου, τῇ πόλει; ἢ ποῖοι νεώσοικοι τούτου
πολιτευομένου γεγόνασι; ποτὲ οὗτος ἢ διὰ ψηφίσματος ἢ νόμου ἐπηνώρ-
θωσε τὸ ἱππικόν; τίνα κατεσκεύασε δύναμιν ... ἢ πεζὴν ἢ ναυτικήν;
τίς ἀνενήνεκται κόσμος τῇ θεῷ εἰς ἀκρόπολιν ὑπὸ τούτου; τί κατε-
σκεύακεν οἰκοδόμημα Δημοσθένης ἐν τῷ ἐμπορίῳ ἢ ἄλλοθί που τῆς
χώρας;

später ermöglicht haben, jene Kriegspolitik zu treiben, die den Staat nach Chaeronea geführt hat.

Wenn wir erwägen, in welchem Zustande Eubulos bei seiner Uebernahme der Verwaltung den Schatz und die Flotte vorgefunden hat, und seine Leistungen dagegen halten, werden wir kein Bedenken tragen, ihn den ersten Finanzgenies aller Zeiten beizuzählen. Am Ende des Bundesgenossenkrieges war kaum eine Drachme in den Staatscassen, die Steuerfähigkeit der Bürger erschöpft, die Flotte auf 200 Trieren herabgekommen. Als Eubulos von der Verwaltung zurücktrat, zählte die Flotte den doppelten Bestand, Hunderte von Schiffshäusern erhoben sich am Hafen, an zwei Arsenalen wurde eifrig gebaut[1]), grosse Summen waren für die Feste und den Cultus aufgewendet; und doch hatte das Budget fast jedes Jahres mit namhaften Ueberschüssen abgeschlossen, ohne dass es nöthig gewesen wäre, zur Erhebung direkter Auflagen zu schreiten[2]), und obgleich der Staat in dieser Zeit mehrere kostspielige Kriege geführt hatte. Das sind Resultate, denen sich in der Finanzgeschichte Athen's höchstens die Ergebnisse der Verwaltung Demetrios' von Phaleron zur Seite stellen lassen; aber wir dürfen nicht vergessen, dass Demetrios in ganz anderer Weise von den äusseren Umständen begünstigt war.

Die Hauptschwierigkeit für Eubulos lag in der Unsicherheit seiner Stellung. Wohl war für den Augenblick die Gegenpartei discreditirt, und in keiner Weise regierungsfähig; aber wer bürgte dafür, dass nicht bei nächster Gelegenheit in der öffentlichen Meinung ein Umschwung eintrat? Seine natürliche Stütze hatte Eubulos in der besitzenden Klasse, auf deren Vortheil sein System zunächst berechnet war; aber in einer unbeschränkten Demokratie konnte eine Regierung unmöglich Dauer haben, die nur auf den Beistand dieser Klasse zu zählen vermochte. Die Erfahrungen die Nikias,

---

1) Demosthenes (Ol. III 29) spricht als Oppositionsmann von diesen öffentlichen Bauten natürlich mit grosser Verachtung: καὶ τί ἂν εἰπεῖν τις ἔχοι; τὰς ἐπάλξεις ἃς κονιῶμεν, καὶ τὰς ὁδοὺς ἃς ἐπισκευάζομεν, καὶ κρήνας Wasserleitungen) καὶ λήρους;

2) Selbst in der Krisis des olynthisch-euboeischen Krieges ist, mindestens zu Anfang, keine εἰσφορά erhoben worden; Dem. Ol. I 15. II 24. 29.

Theramenes, Thrasybulos und noch ganz kürzlich Timotheos in
dieser Beziehung gemacht hatten, sprachen deutlich genug.
Alles kam für Eubulos darauf an, sein System auch bei der
grossen, besitzlosen Masse populär zu machen, und die Möglichkeit dazu gewährten ihm die glänzenden Resultate seiner Finanzverwaltung. Wie in den Rittern des Aristophanes der Wurst-
händler den Paphlagonen dadurch aus dem Felde schlägt,
dass er ihn in Aufmerksamkeiten gegen den Demos überbietet,
so bekämpfte Eubulos die radicalen Demagogen mit ihren eigenen, nur geschickter gehandhabten Waffen. Seit Perikles' Zeit
war es ein Hauptpunkt im Programme der extremen Demokratie gewesen, einen Theil der Staatseinnahmen als Fest-
gelder unter das Volk zu vertheilen; eine Verschleuderung,
die mehr als alles Andere den Unwillen der besitzenden Klassen
erregte, die doch in letzter Linie die Kosten dafür aufzubringen hatten. Eubulos zeigte sich auch hier als Realpoli-
tiker. Gewiss war die Vertheilung des Theorikon ein Unwesen;
aber sie bestand nun einmal zu Recht, und war überhaupt
von der bestehenden Verfassung unzertrennlich[1]). Es galt
also der schlimmen Sache die beste Seite abzugewinnen, gute
Miene zu machen zum bösen Spiel. Eubulos feierte die Feste
mit grösserem Aufwand, vertheilte das Theorikon öfter und
reichlicher als irgend Jemand vor ihm[2]), und erwarb
sich dafür in dem grossen Haufen eine zuverlässige Stütze
seiner Politik. Das Theorikon unter Eubulos war eine Art
Assecuranzprämie, welche die Wohlhabenden dafür zahlten,
dass die Masse des Volkes ihnen die Leitung des Staates
überliess. Freilich war das ein gefährliches Mittel; denn der
Pöbel steigert naturgemäss beständig seine Ansprüche, und
auf die Dauer konnte kein Budget der daraus entstehenden
Belastung genügen[3]). Aber Eubulos hatte keine andere

---

1) κόλλαν τῆς δημοκρατίας nannte sie bekanntlich Demades.

2) Theop. fr. 95. 96 ἀργύριόν τε συχνὸν πορίζων τοῖς Ἀθηναίοις
διένειμε. Iust. VI 9 in dies festos apparatusque ludorum reditus publicos
effundunt. Schol. Aesch. g. Ktes. 24. Harpokr. u. θεωρικά: Φιλῖνος
δὲ ἐν τῇ πρὸς Σοφοκλέους καὶ Εὐριπίδου εἰκόνας περὶ Εὐβούλου
λέγων φησίν· ἐκλήθη δὲ θεωρικόν, ὅτι τῶν Διονυσίων ὑπογύων
ὄντων διένειμεν Εὔβουλος εἰς τὴν θυσίαν, ἵνα πάντες ἑορτάζωσι καὶ
τῆς θεωρίας μηδεὶς ἀπολείπηται δι' ἀσθένειαν τῶν ἰδίων.

3) Arist. Polit. II 4, 11, S. 1267 B.

Wahl; und es war schon sehr viel gewonnen, wenn es nur gelang, wenigstens für eine Reihe von Jahren dem Staate Ruhe zu schaffen [1]).

Auch zur äusseren Befestigung seiner Stellung bot ihm das Theorikon eine bequeme Handhabe. Eubulos ist der erste unter den leitenden Staatsmännern Athens, der es verschmäht hat, sich zum Strategen wählen zu lassen. Um so mehr war er gezwungen, für seine Macht eine andere Grundlage sich zu schaffen. Eine solche konnte der Natur der Sache nach nur ein Finanzamt gewähren, und zwar ein Amt, das auf die Vertheilung des Theorikon direkten Einfluss gab. Und da von den bestehenden Finanzbehörden keine die erforderliche Macht-vollkommenheit besass, so setzte Eubulos es durch, dass eigens für ihn ein Amt mit der nöthigen umfassenden Competenz geschaffen wurde. Der „Vorsteher der Theorikencasse" erhielt die Controlle über die gesammte Finanzverwaltung, selbst die öffentlichen Bauten und die Kriegsrüstungen wurden seinem Ressort unterstellt; die Collegialität war ausgeschlossen, und die Continuirung gestattet [2]).

Unter den Parteigenossen Eubulos' nimmt Diophantos

---

1) Dass diese Auffassung die richtige ist, und Eubulos nicht etwa mit Kleophon oder Agyrrhios in eine Linie gestellt werden darf, zeigt schon eine oberflächliche Betrachtung der attischen Politik während der Jahre, wo Eubulos den Staat leitete. Jetzt ist das auch allgemein anerkannt. Wer einen weiteren Beweis will, lese die Rede gegen Eubulos' vertrauten Freund Meidias. So § 112: εἰ γὰρ εἰπεῖν τι καὶ περὶ τούτων ἤδη δεῖ, οὐ μέτεστι τῶν ἴσων οὐδὲ τῶν ὁμοίων, ὦ ἄ. Ἀ., πρὸς τοὺς πλουσίους τοῖς λοιποῖς ἡμῶν, οὐ μέτεστιν, οὐ. κτλ. 123 f. 138. 208-215. Rhod. 33 χρὴ τοίνυν καὶ τοὺς τὴν ὑπὸ τῶν προγόνων τάξιν ἐν τῇ πολιτείᾳ παραδεδομένην λείποντας καὶ πολιτευομένους ὀλιγαρχικῶς ἀτίμους τοῦ συμβουλεύειν ὑμῖν αὐτοῖς ποιεῖσθαι; auch hier zielt Demosthenes auf Eubulos und seine Nicht-Interventionspolitik. Vergl. v. d. Ges. 295, S. 436. 2 mit dem Scholion.

2) Aesch. g. Ktes. 67 διὰ δὲ τὴν πρὸς Εὔβουλον γενομένην πίστιν ὑμῖν οἱ ἐπὶ τὸ θεωρικὸν κεχειροτονημένοι ἦρχον μὲν ... τὴν τοῦ ἀντι-γραφέως ἀρχήν, ἦρχον δὲ τὴν τῶν ἀποδεκτῶν, καὶ νεώριον καὶ σκευο-θήκην ᾠκοδόμουν, ἦσαν δὲ καὶ ὁδοποιοὶ καὶ σχεδὸν τὴν ὅλην διοίκησιν εἶχον τῆς πόλεως. — Der Ausschluss der Collegialität würde aus CIA. II 111 folgen, wenn es sicher wäre, dass der dort als ἐπὶ τὸ θεωρικὸν genannte Κηφισοφῶν Κεφαλίωνος Ἀφιδναῖος wirklich der Finanzbe-amte, und nicht etwa nur ein Commissar des Rathes gewesen ist. Doch ist nach der Analogie der übrigen hohen Finanzämter dieser Zeit der Ausschluss der Collegialität auch hier sehr wahrscheinlich.

von Sphettos die erste Stelle ein [1]). Wie Eubulos selbst und
wie sein Schwager [2]) Melanopos von Aexone hatte auch er
einst die Politik des Kallistratos unterstützt, wenigstens besitzen wir ein von ihm beantragtes Proxeniedecret für den
Spartaner Koroebos aus dem Jahr 368/7 [3]). Zu grösserem Einfluss aber ist Diophantos erst nach dem Bundesgenossenkriege
gelangt. Er hat damals das Amt eines Vorstehers der Theorikenkasse bekleidet, und die Spenden, die er als solcher
unter das Volk vertheilen liess, sind lange im Gedächtniss
der Menge geblieben [4]). Er war es auch, auf dessen Antrag
352 die Expedition nach den Thermopylen ausgesandt wurde,
die Phokis nach Onomarchos' Tode vor der Eroberung durch
Philipp rettete [5]). Nach dem Falle Olynths finden wir Diophantos als Gesandten in Arkadien. Auch den Gesandtschaftsprozess des Aeschines hat er noch erlebt; Demosthenes machte
damals vergeblich den Versuch, ihn zum Zeugniss zu bewegen [6]).
Seitdem verschwindet er aus dem öffentlichen Leben.

Die bedeutendste militärische Capacität der Partei war
Phokion. In der Schlacht bei Naxos unter Chabrias' Führung
hatte er die erste Probe seiner Tüchtigkeit gegeben; seitdem
war er wiederholt zum Strategen erwählt worden, ohne doch
jemals mit einem wichtigen Commando betraut zu werden.
Freilich ein Feldherr von dem Genie eines Iphikrates oder
Timotheos war Phokion nicht; ja selbst einem Chares konnte
er sich als Taktiker kaum vergleichen. Aber er besass dafür
etwas, was nicht nur Chares vollkommen abging, sondern
überhaupt unter den hervorragenden Politikern in Athen
immer seltener wurde, eine über allen Zweifel erhabene Integrität des Charakters. Ein Schüler Platon's, machte er die

---

1) Dem. v. d. Ges. 297 ἔτι τοίνυν πολλοὶ παρ' ὑμῖν ἐπὶ καιρῶν
γεγόνασιν ἰσχυροί, Καλλίστρατος, αὖθις Ἀριστοφῶν, Διόφαντος, τούτων ἕτεροι πρότεροι. Die Angabe ist nicht ganz unverdächtig, da
Demosthenes Diophantos zum Zeugniss gegen Aeschines bewegen
möchte: v. d. Ges. 198.

2) Harpokration unter Μελάνωπος, vergl. R. g. Lakrit. 6, S. 924.

3) CIA. II 50.

4) Schol. Aesch. g. Ktes. 24 τὰ μὲν Διοφάντου, τὰ δ' Εὐβούλου
διανείμαντος. Hierher gehört offenbar auch die sprichwörtlich ge-
wordene δραχμὴ ἐπὶ Διοφάντου bei Zenob. u. δραχμὴ χαλαζῶσα.

5) Dem. v. d. Ges. 86 mit dem Schol.

6) Dem. v. d. Ges. 198.

Vorschriften der Akademie zur Richtschnur seines Privatlebens
nicht nur, sondern auch seines politischen Handelns[1]). Die
bestehende Staatsform, mit der Corruption und dem Cliquen-
wesen, das ihr anhaftete, konnte ihm bei solchen Grundsätzen
unmöglich sympathisch sein; er ist sich keinen Augenblick
darüber unklar gewesen, dass die Zeit von Athens Grösse un-
widerbringlich dahin war. Aber er war weit entfernt, sich
deswegen vom öffentlichen Leben zurückzuziehen. Nie hat
er dem Volke geschmeichelt oder aus seiner Abneigung gegen
die Demokratie ein Hehl gemacht, nie hat er sich um Ehrenstellen beworben; aber wenn das Vertrauen seiner Mitbürger
ihn zu einem Amte berief, hat er seine Kräfte niemals versagt. Und dieses Vertrauen ist ihm zu Theil geworden, in
einem Masse, wie kaum einem zweiten Bürger vor oder nach
ihm; mochten seine politischen Freunde die Macht haben
oder seine Gegner, es war fast unerhört, dass Phokion bei
den Strategenwahlen unterlag. Zu leitendem Einfluss ist er
erst im höheren Alter gelangt; aber auch so ist ihm vergönnt
gewesen, seiner Vaterstadt in schwierigen Lagen die wichtigsten Dienste zu leisten, und am Ende seiner Laufbahn
einen Theil seiner politischen Ideale in Erfüllung gehen
zu sehen.

Näher als Diophantos und Phokion stand Eubulos ein
jüngerer Redner, Aeschines von Kothokidae. Sein Vater
Atrometos war im peloponnesischen Kriege verarmt und die
drei Söhne mussten sich durch eigene Kraft emporarbeiten.
Der älteste, Philochares, wählte die militärische Laufbahn,
und gelangte um 350 zur Strategie, die er durch eine Reihe
von Jahren bekleidet hat; der jüngste, Aphobetos, wandte sich
der Beamtenlaufbahn zu, und hat unter Eubulos eine an-
gesehene Stellung in der Finanzverwaltung eingenommen[2]).
Aeschines selbst trat wie sein Bruder in den Verwaltungs-
dienst; schon Aristophon wusste die Talente des jungen Beamten zu schätzen und zu verwenden, aber erst als Eubulos
an die Spitze des Staates getreten war, fand Aeschines sich
an seinem richtigen Platze[3]). Das Zeug zu einem grossen

1) Bernays, Phokion (Berl. 1882) S. 47 ff.
2) Dem. v. d. Ges. 237 f. 249, Aesch. v. d. Ges. 149.
3) Dem. v. d. Ges. 291, v. Kr. 162 Ἀριστοφῶντα καὶ πάλιν Κύβου-
λον, οὓς σὺ ζῶντας μὲν, ὦ κίναδος, κολακεύων παρηκολούθεις.

Staatsmanne hatte er nicht; er war eine zu friedfertige Natur,
und es fehlte ihm jene Leidenschaft, die allein im Stande ist,
die Massen zu entflammen und mit sich fortzureissen. Aber
seine feine Bildung, sein volltönendes Organ, seine glänzende
oratorische Begabung befähigten ihn in hervorragender Weise
dazu, in einem freien Staate wie Athen eine politische Rolle
zu spielen. Mit Eubulos verband ihn die Gemeinsamkeit der
politischen Ziele; das vulgäre Demagogenthum war seiner
vornehmen Natur[1] verhasst, und er hat nie zu denen gehört, deren Patriotismus an den Grenzen von Attika endete.
Die Neugestaltung der Dinge in Hellas, wie Philippos und
Alexandros sie durchführten, hat in ihm einen der eifrigsten
Förderer gehabt; und das Schicksal ist ihm denn auch nicht
erspart worden, von der sog. „Patriotenpartei" als Verräther
verschrieen zu werden. Aber aller Schmutz, mit dem ihn seine
Gegner beworfen haben, hat auf die Reinheit seines Charakters keinen Makel zu heften vermocht; für den wenigstens,
der zu unterscheiden weiss zwischen leeren Schmähungen,
und juristisch begründeten Beweisen. Giebt es ein besseres
Zeugniss dafür, als dass Aeschines, so viel persönliche Feinde
er hatte, und in einer Stadt die von Sykophanten wimmelte,
während seiner ganzen politischen Laufbahn nur einmal angeklagt worden ist, und dass dieses eine Mal das Gericht ihn
freisprach, trotzdem der erste Redner und populärste Mann
Athen's die Anklage führte?

Aber auch die Opposition verfügte über bedeutende Kräfte.
Zwar Aristophon war nach dem Bundesgenossenkriege, als
seine Politik so gründlich Schiffbruch gelitten hatte, ins
Privatleben zurückgetreten; sein hohes Alter gab dafür den
passenden Vorwand[2]. Aber es blieb Hegesippos, bei all
seinen Schwächen gar kein zu verachtender Gegner; es blieb
Chares, dessen Dienste als Feldherr nun einmal nicht ent-
behrt werden konnten. Dazu kam eine Anzahl jüngerer
Männer, die in der Opposition gegen das herrschende System
den besten Weg sahen, zu politischer Geltung zu kommen,

---

1) Man vergleiche den Ton der aeschineïschen Reden mit dem der
demosthenischen Gerichtsreden.

2) Leben d. X Red. S. 844 D. Ἀριστοφῶντος δὲ ἤδη τὴν προστασίαν
διὰ τὸ γῆρας ἀπολιπόντος καὶ χορηγὸς ἐγένετο (es ist von Demosthenes
die Rede).

allen voran die Advokaten Hypereides von Kollytos und Demosthenes von Paeania.

Demosthenes gehörte keineswegs den Kreisen an, aus denen die Demagogen der extremen Partei sich zu recrutiren pflegen. Sein Vater war einer der reichsten Grossindustriellen Athen's, befreundet mit den ersten Männern des Staates; und der Sohn hat diesen seinen Ursprung nie zu verleugnen vermocht. Es war die Gewalt der Verhältnisse, die ihn in Gegensatz zur Regierungspartei brachte, der er doch seiner ganzen Sinnesart nach angehörte. Durch die sorglose, oder betrügerische Verwaltung seiner Vormünder hatte er einen Theil seines väterlichen Vermögens eingebüsst, und diese Vormünder waren Männer, die den persönlichen Freunden Eubulos' sehr nahe standen. Freilich war zu der Zeit, als Eubulos die Leitung des Staates übernahm, schon Gras über diesen Dingen gewachsen; Demosthenes hatte den Verlust verschmerzt, und war auf dem besten Wege, sich durch eigene Kraft ein neues Vermögen zu sammeln. Aber die bitteren Erfahrungen seiner Jugend hatten nun einmal seinem Charakter unauslöschlich ihren Stempel aufgeprägt; und später hat die verschiedene Auffassung der äusseren Politik den Riss unheilbar gemacht, der ihn von der Partei der Besitzenden trennte.

Und gerade in den auswärtigen Verhältnissen lag für Eubulos die hauptsächlichste Schwierigkeit. Zwar der Friede mit den Bundesgenossen, und die — wenigstens äusserliche — Herstellung des guten Einvernehmens mit Persien hatten die ärgste Verlegenheit beseitigt, und Eubulos sorgte dafür, dass der Staat neuen Verwickelungen aus dem Wege ging. So wurde 353.2 das Hülfsgesuch der Megalopoliten zurückgewiesen, die, von Theben im Stich gelassen, in Athen einen Rückhalt suchten. Denn diese Verbindung hätte nothwendig zum Bruche mit Sparta geführt, und Eubulos war mit vollem Recht der Ansicht, das bestehende Bündniss mit Sparta, das Athen keinerlei Verpflichtungen auferlegte, sei viel werthvoller als ein Bund mit Megalopolis, das zur Vertheidigung seines eigenen Gebietes nicht im Stande war, und Athen sofort in die peloponnesischen Wirren verwickelt haben würde[1]). Ebenso wies

---

[1] S. Demosthenes' Rede für Megalopolis.

Eubulos zwei Jahre später die Versuchung von sich, auf
Rhodos zu Gunsten der demokratischen Partei zu interveniren,
so verlockend auch die Aussicht sein mochte, auf diese Weise
vielleicht einen Theil der im Bundesgenossenkriege verlorenen
Macht wiederzugewinnen. Konnte doch die Besetzung von
Rhodos die Gefahr eines Krieges mit Persien von Neuem
heraufbeschwören [1]).

Um so ernster war der Krieg mit Philippos, jenes ver-
derblichste Stück in der Erbschaft, die Eubulos von der
gestürzten Regierung übernommen hatte, und woran er
schliesslich Schiffbruch gelitten hat. Als Eubulos an die
Spitze des Staates trat, war der König von Makedonien bereits Herr fast aller Besitzungen Athen's an der thrakischen
Küste; der letzte attische Posten, Methone, fiel 353 in seine
Hand. Eine unmittelbare Gefahr für Athen war jetzt von
dieser Seite nicht mehr zu fürchten, denn die Inseln waren
durch die Flotte geschützt, und der Chersonnes lag für den
Augenblick ausserhalb des Machtbereichs Philipp's. Ihn auch
für die Zukunft zu sichern, wurde ein Bündniss mit dem
mächtigsten Fürsten in Thrakien, Kersobleptes, geschlossen [2]);
beide Theile vergassen die alte Feindschaft, um gemeinsam
den neuen Gegner zu bekämpfen, der beider Interessen gleichmässig bedrohte. Dass Eubulos auch hierbei mit einer kurz-
sichtigen Opposition zu kämpfen hatte, wie bei allen anderen
Massregeln seiner Politik, bedarf keiner Bemerkung [3]).

Eine besondere militärische Kraftentfaltung Philipp gegenüber war wie die Dinge lagen ganz überflüssig. Zu einer
erfolgreichen Invasion in Makedonien wären mindestens
20 000 Mann erforderlich gewesen, ein Heer, das Athen allein
niemals hätte aufbringen können, ganz abgesehen davon,

---

1) Demosthenes' Rhodische Rede.

2) Dem. v. Kr. 27, Aesch. v. d. Ges. 9, g. Ktes. 61. Demgemäss
legtd Chares in die thrakischen Küstenplätze Besatzungen: Dem. g.
Phil. III 15. Schaefer (II S. 167 A. 3) hätte also an dem Bestehen
eines förmlichen Bündnissvertrages nicht zweifeln sollen. S. auch Diod.
XVI 34.

3) S. Demosthenes' Rede gegen Aristokrates. Uebrigens hat Demosthenes einige Jahre später, als er zur Regierung gelangt war, die
dort empfohlene Politik desavouirt, so sehr, dass eine der hauptsächlichsten Anklagen, die er im Gesandtschaftsprozess gegen Aeschines
schleudert, gerade die ist, er habe Kersobleptes verrathen!

dass seit Verlust der Küstenfestungen in Thrakien jede Operationsbasis für ein solches Unternehmen mangelte. Zu einer Blokade der makedonischen Küsten aber, und zu gelegentlicher Beunruhigung des feindlichen Gebiets war auch ein kleineres Geschwader ausreichend, wie es schon seit lange in den thrakischen Gewässern stationirt war.

Unter diesen Umständen war offenbar das einzig Gebotene, statt den aussichtslosen Krieg weiter gehen zu lassen, auf jede irgend annehmbare Bedingung hin mit Philipp Frieden zu schliessen. Aber freilich, soviel war klar, dass der Friede nur auf Grund des gegenwärtigen Besitzstandes zu haben war, und dass namentlich ein definitiver Verzicht auf Amphipolis von Athen gefordert werden würde. Mochte nun auch Eubulos selbst zu dieser Concession bereit sein, er wusste zu gut, dass er seine ganze Popularität aufs Spiel gesetzt haben würde, wenn er gewagt hätte, etwas derartiges zu beantragen und was noch mehr war, er musste sich sagen, dass er einen solchen Antrag unmöglich durchgesetzt haben würde. Es blieb also nichts übrig, als die Dinge gehen zu lassen wie sie eben wollten, sich auf die strikte Defensive zu beschränken und jede unnütze Kräftevergeudung zu vermeiden, alle wesentlichen Positionen aber mit Aufgebot der gesammten Macht zu vertheidigen. So wurden die Thermopylen im Sommer 352, als Philippos nach den Siegen in Thessalien gegen Phokis vorrückte, durch ein attisches Heer unter Nausikles besetzt, und damit Philipp's Eindringen in das eigentliche Hellas verhindert. Und ebenso wurde die Absendung einer starken Flotte beschlossen, als der König kurze Zeit später Heraeon Teichos an der Propontis belagerte; freilich machte die plötzliche Erkrankung Philipp's die attische Intervention hier überflüssig[1]).

Ohne Zweifel war dies der wundeste Punkt in Eubulos' ganzem System; und die Opposition ist denn auch nicht müde geworden, gerade hierher ihre Angriffe zu richten. Das Schlimme war nur, dass auch die Opposition nicht zu sagen wusste, wie denn die Sache besser zu machen sei. Freilich, es gab Helden der Tribüne, die ganz im Ernste die

Aufstellung eines Söldnercorps von 10 000 oder 20 000 Mann
forderten[1]). Dass eine solche Forderung einfach lächerlich
war, erkannten die verständigen Elemente in der Opposition
selbst; aber was sie an die Stelle setzen wollten, waren auch
nur halbe Massregeln, die im besten Falle darauf hinausliefen,
die Menge glauben zu machen, dass etwas geschehe. So wenn
Demosthenes vorschlug, ein Corps von 2000 Mann und 10
Kriegsschiffen aufzustellen[2]). Zur Offensive waren so geringe
Kräfte viel zu schwach, andererseits zur Vertheidigung der
attischen Besitzungen die Flotte vollkommen ausreichend.
Der ganze Vorschlag lief also auf eine unnütze Belastung
der Staatscasse hinaus; glücklicher Weise ist er nicht durchgegangen.

Nur eine Möglichkeit gab es, den Krieg mit Philippos
zu einem vortheilhaften Abschluss zu bringen: wenn sich ein
Bundesgenosse fand, der besass was Athen fehlte, eine tüchtige Landmacht. Seit Onomarchos' Niederlage in Thessalien
war von Phokis in dieser Richtung nichts mehr zu erwarten.
Mit Boeotien war Athen so gründlich zerfallen, dass eine
Verständigung zunächst in keiner Weise zu hoffen war[3]), so
sehr Eubulos sie wünschte und anstrebte[4]). Das verbündete
Sparta war ganz und gar von den peloponnesischen Wirren
in Anspruch genommen. So blieb nur. Olynth; noch eben
Athen's erbittertste Feindin, aber jetzt durch die Besorgniss
vor Philipp's wachsender Macht zur Annäherung an dieses
gedrängt. Gleich nach den thessalischen Siegen des Königs
kam ein Separatfrieden zwischen den beiden Städten zu
Stande[5]), im geraden Widerspruche mit dem Wortlaute des
Bundesvertrages zwischen Olynth und Philippos[6]); Athen
verzichtete auf Potidaea, Olynth auf Amphipolis[7]), und so

---

1) Dem. g. Phil. I 19 μή μοι μυρίους μηδὲ διαμυρίους ξένους, μηδὲ
τὰς ἐπιστολιμαίους ταύτας δυνάμεις κτλ.

2) In der ersten Rede gegen Philippos 21 ff. Vergl. Weidner, Philologus 36 (1877) S. 246.

3) Dem. Ol. I 26, III 8; vergl. v. Kr. 18.

4) Dem. v. Kr. 162 εἰδὼς Ἀριστοφῶντα καὶ πάλιν Εὔβουλον
πάντα τὸν χρόνον βουλομένους πρᾶξαι ταύτην τὴν φιλίαν, καὶ περὶ
τῶν ἄλλων πολλάκις ἀντιλέγοντας ἑαυτοῖς τοῦθ' ὁμογνωμονοῦντας ἀεί.

5) Dem. g. Arist. 109, Olynth III 7.

6) Libanios in der Einleitung zu den olynthischen Reden.

7) Der Verzicht Athen's auf Potidaea folgt daraus, dass die attische

war denn endlich die Fehde geschlichtet, die beinahe ein Jahrhundert Athen und die thrakischen Chalkidier entzweit hatte.

Olynth hatte so mit Philippos gebrochen; zwei Jahre später gerieth es mit ihm in offenen Krieg, und trug nun in Athen sein Bündniss an. Dass man dort die gebotene Hand nicht zurückstiess, war selbstverständlich, und ebenso war darüber nur eine Stimme, dass jetzt der Augenblick gekommen sei, entscheidende Schläge gegen Makedonien zu führen. Sämmtliche disponible Truppen und Geschwader wurden nach Olynth beordert, zusammen 10 000 Mann und 50 Trieren unter Charidemos; ein Corps attischer Bürgertruppen sollte unter Chares nachfolgen [1]).

Aber eben jetzt trat eine Verwickelung ein, die Athen's Kräfte nach anderer Richtung hin in Anspruch nahm. Euboea erhob sich gegen die athenische Herrschaft [2]); und Eubulos war mit vollem Recht der Ansicht, dass es nothwendig sei, vor Allem diese wichtigste aller auswärtigen Besitzungen des

Kleruchie trotz des Friedensschlusses nicht wieder hergestellt wird. Andererseits wissen wir aus der Geschichte der Unterhandlungen zwischen Athen und Philipp, dass Athen noch 347/6 an den Ansprüchen auf Amphipolis festhielt; es kann also darauf nicht 352 Olynth gegenüber verzichtet haben. Hätte Athen das gewollt, so hätte es ebenso gut gleich mit Philipp Frieden schliessen können. Das wird durch die Ueberschrift der erhaltenen Friedensurkunde mit Olynth (CIA. II 105) bestätigt: |τοῖς Χαλ]κι[δ]έων τῶ[ν] ἐπὶ Θρᾴκη]ς ἑ[σ]περίοις, wo der Zusatz ἑσπερίοις keinen anderen Zweck haben kann, als Amphipolis auszuschliessen. Was Unger Sitzungsber. der Münchener Akad. 1880 S. 318 f. darüber sagt, scheint mir ganz verfehlt. Vergl. übrigens Arist. Pol. VIII (V) 1303 B. 1306 A.

1) Philochoros fr. 132, Dem. v. d. Ges. 266.

2) Ich folge der Chronologie Weil's (Harangues de Démosthène, 2. Aufl. S. 161—172), wonach der euboeische Krieg mit dem olynthischen gleichzeitig ist, und in den Winter 349/8 gehört. Vergl. R. g. Neaera 3 f., S. 1346 συμβάντος τῇ πόλει καιροῦ τοιούτου καὶ πολέμου, ἐν ᾧ ἦν ἢ κρατήσασιν ὑμῖν μεγίστοις τῶν Ἑλλήνων εἶναι καὶ ἀναμφισβήτως τά τε ὑμέτερα αὐτῶν κεκομίσθαι καὶ καταπεπολεμηκέναι Φίλιππον, ... καὶ μελλόντων στρατεύεσθαι ὑμῶν πανδημεὶ εἴς τε Εὔβοιαν καὶ Ὄλυνθον κτλ. Was Unger dagegen vorbringt (Zeitfolge der vier ersten Dem. Reden a. a. O. S. 273—329) sind unbegründete Hypothesen. — Auch Hartel Dem. Stud. I S. 24 ff. erkennt die Gleichzeitigkeit des olynthischen und euboeischen Krieges ausdrücklich an, und das ist der Punkt worauf es hier allein ankommt.

Staates zu sichern. Demosthenes hat sich später gerühmt,
der Einzige gewesen zu sein, der von der Unternehmung ab-
gerathen habe [1]); aber obgleich der Erfolg ihm recht gegeben
hat, werden wir schwerlich geneigt sein, seinen Standpunkt
in dieser Frage zu theilen. Der Fanatismus gegen Philippos,
der ihn nun einmal beherrschte, machte ihn blind gegen alle
anderen Interessen Athen's; und doch kam unendlich mehr
auf den Besitz Euboea's an als auf die Vertheidigung der
chalkidischen Städte. Das Hemd ist eben Jedem näher als
der Rock; und darauf lief Eubulos' Auffassung der Lage
hinaus [2]). Aber Phokion, dem die Leitung der Expedition
anvertraut wurde, zeigte sich wohl als tapferer Soldat, aber
keineswegs als General seiner Aufgabe gewachsen; und so
hat die ganze Unternehmung nur zu einer schimpflichen
Niederlage geführt. Die Unterstützung Olynth's gerieth darüber ins Stocken; und als endlich Chares mit 2000 Bürger-
hopliten nach Thrakien abging, war es zu spät; Olynthos war
bereits in der Hand Philipp's.

So hatte denn auch Eubulos in seiner äusseren Politik
gründlich Fiasco gemacht. Der Rückschlag auf die innere
Lage sollte nicht fehlen. Die Opposition machte die Männer,
die das euboeische Unternehmen gefördert hatten, für den
Ausgang verantwortlich. Der Stratege Hegesileos, Eubulos'
eigener Neffe, der Sieger von Mantineia, wurde vor Gericht
gestellt und verurtheilt; ebenso sein College Thrasybulos, der
Sohn des Befreiers, und gleichfalls mit Eubulos verwandt [3]).
Aber an die Häupter der Partei, Phokion und Eubulos selbst,
wagten sich die Angriffe nicht heran, um so mehr, als Eubulos
in richtiger Erkenntniss der herrschenden Stimmung es vermied, in irgend einer Weise für seine compromittirten Verwandten und Anhänger sich zu engagiren [4]). So blieb sein
Einfluss, wenn auch erschüttert, doch auch jetzt noch im
Staate massgebend [5]), und er war im Stande, in wichtigen

---

1) v. Frieden 5.

2) g. Meid. 110. 200.

3) Dem. v. d. Ges. 290 mit dem Schol. Ob Thrasybulos' Prozess
hierher gehört bleibt allerdings zweifelhaft, s. Dem. a. a. O. 280.
Uebrigens vergl. Aeschin g. Timarch. 113.

4) Dem. v. d. Ges. 290.

5) Dem. g. Meid. 207 (die Rede ist 347 geschrieben, s. Weil

Fragen über die Opposition den Sieg davon zu tragen.
Während der letzten Krisis hatte Demosthenes die Forderung
erhoben, die Fonds der Theorikencasse für die Kriegführung
zu verwenden[1]), und Apollodoros, der damals im Rathe sass,·
hatte einen Volksbeschluss in diesem Sinne durchgesetzt.
Aber Stephanos von Erocadae, ein früherer Anhänger des
Kallistratos[2]), und jetzt des Eubulos, erhob vor Gericht Einspruch gegen diesen Beschluss, und es gelang die Cassirung
von Apollodoros' Decret zu erlangen[3]). Ebensowenig war
Demosthenes im Stande, vor Gericht Genugthuung zu erhalten für eine thätliche Beleidigung, die ihm Eubulos' Freund
Meidias von Anagyrus an den Dionysien 348 zugefügt hatte.
Der Einfluss des Angeklagten war gross genug, die Verhand-
lung von Termin zu Termin zu verschleppen.

Indess alle diese inneren Streitigkeiten traten zurück
gegenüber den Gefahren der äusseren Lage. Mit dem Falle
Olynth's war die letzte Hoffnung geschwunden, durch eine
kräftige Offensive Philippos zur Herausgabe von Amphipolis zu
nöthigen, wohl aber waren jetzt auch die noch übrigen Besitzungen Athen's im Norden, der thrakische Chersonnes vor
Allem, aufs Ernstlichste durch den König bedroht. Es blieb
noch ein letztes Mittel, und Eubulos hat es versucht, wenn
er auch von vorn herein von seiner Erfolglosigkeit überzeugt
sein mochte. Auf seinen Antrag[4]) wurden Gesandtschaften
an die bedeutenderen unter den unabhängigen Staaten Griechenlands abgeschickt, um ganz Hellas zum Nationalkrieg gegen

---

Harangues a. a. O. und Blass III 1, 287 f.) μὴ γάρ ἔστω μηδεὶς ἐν
δημοκρατίᾳ τηλικοῦτος ὥστε συνειπὼν τὸν μὲν ὑβρίσθαι, τὸν δὲ μὴ
δοῦναι δίκην ποιῆσαι. ἀλλ' εἰ κακῶς ἐμὲ βούλει ποιεῖν, Εὔβουλε, ὡς
ἔγωγε μὰ τοὺς θεοὺς οὐκ οἶδ' ἀνθ' ὅτου (!), δύνασαι μὲν καὶ πολι-
τεύει κτλ.

1) Dem. Ol. I 19 f., III 10—13.
2 R. g. Neaera 43, S. 1359.
3. R. g. Neaera 2—8, S. 1346—8. Die Angabe des Schol. Dem.
Ol. I 1, Eubulos habe bei dieser Gelegenheit ein Gesetz gegeben,
wodurch auf jeden Antrag die Theorika für Kriegszwecke zu verwenden die Todesstrafe gesetzt wurde, ist doch offenbar herausge-
sponnen aus Dem. Ol. III 12 μὴ σκοπεῖτε, τίς εἰπὼν τὰ βέλτιστα
ὑπὲρ ὑμῶν ὑφ' ὑμῶν ἀπολέσθαι βουλήσεται, Worte, die der Scholiast
im grob-materiellen Sinne genommen hat.
4) Dem. v. d. Ges. 304 οὐχ ὁ μὲν γράφων τὸ ψήφισμα Εὔβουλος
ἦν, ὁ δὲ πρεσβεύων εἰς Πελοπόννησον Αἰσχίνης οὑτοσί;

Philippos aufzurufen[1]); aber trotz des erschütternden Eindrucks,
den der Fall Olynth's überall hervorgebracht hatte, trotz
aller Künste der Beredsamkeit, die namentlich Aeschines
aufwandte, regte sich nirgends eine Hand zu Gunsten
Athen's[2]). So war denn noch einmal der Beweis geliefert,
dass Athen vollkommen isolirt dastand, und für die Beendigung seines Streites mit Philippos nur auf die eigene
Kraft rechnen durfte.

Selbst die Opposition begann jetzt einzusehen, dass eine
Verständigung mit Philippos eine Nothwendigkeit war, und
sei es auch auf der Basis des gegenwärtigen Besitzstandes.
Demosthenes allen voran; so sehr er bisher zum Kriege
gegen den König gehetzt hatte, so eifrig war er jetzt für die
Sache des Friedens thätig[3]), eine Wandlung, die mehr als
alles Andere die politische Lage kennzeichnet. Man hätte
glauben mögen, Demosthenes sei mit Sack und Pack ins Lager
der Regierungspartei hinübergegangen, so ganz ist er ein Herz
und eine Seele mit Eubulos und Aeschines. Selbst seinen
alten Streit mit Meidias liess er jetzt fallen; er, der noch
soeben nach dem Blute des Gegners verlangt hatte, stand für
die elende Entschädigung eines halben Talentes von seiner
Klage ab[4]).

Demosthenes' Anschluss an die Regierung war um so
wichtiger, als er gerade jetzt im Rathe sass (347/6)[5]), und
diese Körperschaft zusammen mit seinen Freunden Timarchos[6])
und Philokrates unbedingt leitete[7]). Die Regierung erhielt da-

---

1) Diod. XVI 54, Dem. v. d. Ges. 10 f. 302 ff. 311, Aesch. v. d.
Ges. 164.

2) Aesch. v. d. Ges. 79, Dem. v. Kr. 20.

3) Hartel Demosth. Studien II S. 380 „Der philokratische Friede
trüge, was wenigstens die Zahl der Psephismen betrifft, durch die er
vorbereitet wurde, nicht mit Unrecht den Namen des Demosthenes".
S. Aesch. g. Ktes. 60 f. τὸν Δημοσθένην πλείω μὲν γεγραφότα ψηφίσματα Φιλοκράτους περὶ τὴν ἐξ ἀρχῆς εἰρήνης καὶ συμμαχίας, καθ'
ὑπερβολὴν δ' αἰσχύνης κεκολακευκότα Φίλιππον καὶ τοὺς παρ' ἐκείνου
πρέσβεις, αἴτιον δὲ γεγονότα τῷ δήμῳ τοῦ μὴ μετὰ κοινοῦ συνεδρίου
τῶν Ἑλλήνων ποιήσασθαι τὴν εἰρήνην κτλ.

4) Aesch. g. Ktes. 52. 212, Plut. Dem. 12, Hartel, Dem. Stud. II S. 385.

5) Aesch. g. Ktes. 62, und öfter in den Reden des Demosthenes
und Aeschines.

6) Aesch. g. Tim. 80, Dem. v. d. Ges. 286 f.

7) „Sein Ansehn stand bereits so hoch, dass er das ganze Jahr

durch wieder, zum ersten Male seit der Niederlage in Euboea, eine zuverlässige Majorität, ja eigentlich, es war gar keine Opposition mehr vorhanden, denn dass einige Schreier von der Gasse, von jenen, die beständig die Thaten der Vorfahren im Munde führten, auch jetzt noch den Krieg bis aufs Messer predigten [1]), hatte politisch nicht viel zu bedeuten.

Die Unterhandlungen mit Philippos wurden jetzt durch Demosthenes und Philokrates eingeleitet; bald war man so weit, dass es möglich war, die offiziellen Beziehungen mit Makedonien wieder aufzunehmen [2]). Auf Philokrates' Antrag, den Eubulos unterstützte [3]), wurde eine Gesandtschaft nach Pella geschickt, an ihrer Spitze Demosthenes; unter seinen Collegen waren Aeschines und Philokrates die bedeutendsten [4]).

So entgegenkommend Philippos auch die Gesandten empfing, so wenig liess er sie von vorn herein im Zweifel, dass von einer Rückgabe von Amphipolis keine Rede sein könne [5]). Und die Gesandten nahmen diese Basis der Unterhandlungen an [6]); es wurde festgesetzt, dass Philippos Bevollmächtigte

hindurch einen leitenden Einfluss in dieser Behörde übte." (Schaefer Dem. II S. 166.) S. auch Hartel Dem. Stud. II S. 380.

1) Aesch. v. d. Ges. 74 ἀνιστάμενοι δὲ οἱ συντεταγμένοι ῥήτορες περὶ μὲν τῆς σωτηρίας τῆς πόλεως οὐδὲν ἐνεχείρουν λέγειν, ἀποβλέπειν δὲ εἰς τὰ προπύλαια τῆς ἀκροπόλεως ἐκέλευον ἡμᾶς καὶ τῆς ἐν Σαλαμῖνι πρὸς τὸν Πέρσην ναυμαχίας μεμνῆσθαι καὶ τῶν τάφων τῶν προγόνων καὶ τῶν τροπαίων.

2) Aesch. v. d. Ges. 13—17. Demosthenes weiss auf die Darstellung seines Gegners nichts zu erwidern.

3) Aesch. v. d. Ges. 18, Dem. v. Kr. 21 ὁ δ' ἐκδεξάμενος καὶ γράψας ... Φιλοκράτης ὁ Ἁγνούσιος ... οἱ δὲ συνειπόντες ὅτου δήποτε ἕνεκα ... Εὔβουλος καὶ Κηφισοφῶν.

4) Die Namen in der zweiten Hypothesis zu Demosthenes' Rede von der Gesandtschaft S. 336; näheres bei Schaefer II S. 182 A. 2. Dass Demosthenes der Führer der Gesandtschaft war, schliesst Hartel Dem. Stud. II S. 461 mit Recht aus dem Umstande, dass er, obwohl der jüngste unter seinen Collegen, doch den Anspruch erheben konnte zuerst zu reden (Aesch. v. d. Ges. 108). S. auch Schaefer II S. 241.

5) Das giebt auch Schaefer II S. 192 ausdrücklich zu, mit Hinweis auf Dem. Phil. II S. 17 und Philostr. Leben d. Soph. II 1, 14 κἀκεῖνος μὲν (Δημοσθένης) ἥκων Ἀθήναζε τιμὰς προσήτει καὶ στεφάνους ἀπολωλυίας Ἀθηναίοις Ἀμφιπόλεως.

6) Sonst hätten sie die Verhandlungen abbrechen müssen.

zum Abschluss des Friedens nach Athen senden würde, inzwischen aber ein Waffenstillstand vereinbart, wobei der König
sich ausdrücklich verpflichtete, das attische Gebiet auf dem
thrakischen Chersonnes während der Dauer der Verhandlungen
nicht zu verletzen [1]).

Demosthenes war durchaus befriedigt von dem was in
Pella erreicht worden war; so sehr, dass er in eigener Person
im Rathe den Antrag stellte, der Gesandtschaft — d. h. in
erster Linie sich selbst — den üblichen Ehrenkranz zu ertheilen [2]). Zugleich beantragte er für die makedonischen Gesandten freies Geleit [3]); bei ihrer Ankunft bewirthete er sie
mit einem prächtigen Gastmahl, und wies ihnen am Feste der
Dionysien im Theater den Ehrenplatz an, wie er sie auch
später, nach Abschluss des Friedens, in Person bis an die
attische Grenze begleitete [4]). Es war, als ob Demosthenes es
förmlich darauf anlegte, recht mit Ostentation zur Schau zu
stellen, dass dieser Friede eigentlich sein Werk sei.

Aber freilich, es war viel leichter, sich mit Philippos über
die Bedingungen des Friedens zu verständigen, als die Volksversammlung in Athen zur Annahme dieser Bedingungen zu
bewegen. Welches Verständniss für die Fragen der grossen
Politik liess sich von dem besitz- und bildungslosen Pöbel
erwarten, dem die Verfassung die letzte Entscheidung aller
öffentlichen Angelegenheiten in die Hand gab? Dafür aber
war dieser Pöbel aufs Tiefste durchdrungen von seiner eigenen
Vortrefflichkeit. Wie hätte er es auch nicht sein sollen?
Hallten doch Markt und Gerichtssäle täglich wieder von dem
Preise der grossen Thaten der Vorfahren; wurden doch die
Redner aller Parteien nicht müde zu verkündigen, dass Athen
die Herrschaft über Hellenen und Barbaren gebühre. Jeder
kleinste militärische Erfolg wurde zu einem grossen Siege
aufgebauscht, bei jeder Niederlage die Beschuldigung des Verrathes erhoben. Wozu also auf Amphipolis, Potidaea, Pydna

---

1) Aesch. v. d. Ges. 82.
2) Aesch. v. d. Ges. 45 f., Dem. v. d. Ges. 234. Zu seiner Ent-
schuldigung setzt er hinzu τὸ νόμιμον ἔθος ποιῶν. Aber der zweiten
Gesandtschaft hat er ja den Kranz verweigert!
3) Aesch. v. d. Ges. 52 f. 65 f., g. Ktes. 63
4) Dem. v. d. Ges. 235, v. Kr. 28, Aesch. v. d. Ges. 55. 110,
g. Ktes. 76.

verzichten, wenn Athen wirklich Sieger geblieben war, wenn Philippos wirklich des Friedens so dringend bedürfte, wie die Sprecher der Opposition sich nicht scheuten beständig zu wiederholen [1])?

Wenn unter diesen Umständen das Friedenswerk nicht scheitern sollte, blieb nichts übrig, als dem Volke die Wahrheit absichtlich zu verschleiern, oder mindestens doch die bittere Pille nach Möglichkeit zu verzuckern [2]). Das Friedensinstrument wurde mit der grössten Vorsicht redigirt; der Hauptpunkt, der Verzicht auf Amphipolis, mit keinem Worte erwähnt, und statt dessen nur festgesetzt, dass jeder behalten solle was er besitze, was freilich der Sache nach auf dasselbe herauskam [3]). In ähnlicher Weise wurde bestimmt, dass der Frieden gültig sein solle für Philippos, die Athener und ihre beiderseitigen Bundesgenossen, ohne ein Wort der Erklärung, wer unter diesen Bundesgenossen zu verstehen sei [4]). Freilich, ein Zweifel über die Tragweite dieser Klausel konnte auch hier nicht aufkommen. Athen war befugt, einen gültigen Vertrag abzuschliessen nur für die Staaten, die in staatsrechtlicher Verbindung mit ihm standen, d. h. für die noch übrigen Glieder des Seebundes; souveräne Mächte aber wie Phokis und Thrakien, die nur augenblicklich zur Erreichung eines ganz bestimmten Zweckes mit Athen verbunden waren, in den Vertrag einzuschliessen, war die Ekklesie in keiner Weise competent. Und überhaupt war das Bündniss mit Phokis seit einigen Jahren thatsächlich aufgelöst. Um aber jeden Zweifel auszuschliessen, waren zum Ueberfluss die Phokier und die Bürger von Halos in Thessalien ausdrücklich ausgenommen. Endlich zur Garantie des Friedens wurde auch noch ein Bündniss zwischen Athen und Philippos vereinbart, und die Ge-

---

1) Dem. v. d. Ges. 160 (Φίλιππος) οὐκ ἐβούλετο τοῦτον ὀμωμοκέναι τὸν ὅρκον οὐδένα τῶν αὑτοῦ συμμάχων ... οὐδὲ μάρτυρας γενέσθαι τῶν ὑποσχέσεων, ἐφ' αἷς εὑρίσκετο τὴν εἰρήνην. οὐδὲ τοῦτο δειχθῆναι πᾶσιν, ὅτι οὐκ ἄρ' ἡ πόλις ἡ τῶν Ἀθηναίων ἡττᾶτο τῷ πολέμῳ, ἀλλὰ Φίλιππός ἐστιν ὁ τῆς εἰρήνης ἐπιθυμῶν, καὶ ὁ πολλὰ ὑπισχνούμενος τοῖς Ἀθηναίοις, ἂν τύχῃ τῆς εἰρήνης.

2) Weidner Philol. 37, S. 233, mit Berufung auf Andok. v. Fried. 33 ὡς οὐδεὶς πώποτε τὸν δῆμον τῶν Ἀθηναίων ἐκ τοῦ φανεροῦ πείσας ἔασεν, ἀλλὰ δεῖ λαθόντας ἢ ἐξαπατήσοντας αὐτὸν εὖ ποιῆσαι.

3) R. üb. Halonn. 24—27, Dem. v. Fr. 25, v. d. Ges. 22. 263.

4) Dem. v. d. Ges. 159. 278.

sandten erzählten von weitgehenden geheimen Versprechungen, die der König den Athenern gemacht habe [1]).

Im Rathe ging denn auch der von Philokrates einge- brachte Vertragsentwurf ohne Schwierigkeit durch. Um so lebhafteren Widerspruch fand er in der Volksversammlung [2]). Aber Eubulos und Aeschines traten mit dem ganzen Gewicht ihres Einflusses für die Annahme des Rathsbeschlusses ein [3]), und Demosthenes sprach wenigstens nicht gegen den Frieden. Wohl hätte er eine Amendirung gewünscht; er beantragte, dass allen neutralen hellenischen Staaten binnen drei Monaten der Beitritt zum Frieden offen stehen sollte, und auch das Bündniss mit Philippos wies er zurück. Als aber des Königs Gesandten fest blieben, gab auch Demosthenes seinen Wider- stand auf, wie er vorher im Rathe dem Antrage des Philo- krates nicht opponirt hatte [4]). Es wäre in der That der Gipfel des Unverstandes gewesen, wegen Phokis den Krieg weiter zu führen, jetzt wo der Raubstaat eben an seiner eigenen Fäulniss zusammenbrach. Um so mehr, als Phalaekos nicht die geringste Lust zeigte, sich von den Athenern retten zu lassen. Demosthenes war denn auch so sehr von der Noth- wendigkeit des Friedens überzeugt, dass er für den Fall der Ablehnung von Philokrates' Psephisma durch das Volk einen im Sinne durchaus identischen Antrag, mit seinem eigenen Namen an der Spitze, in Bereitschaft hielt [5]). Die Vorsicht war überflüssig. Alles, was die Opposition erreichte, war die

---

1) Aesch. v. d. Ges. 39, Dem. v. d. Ges. 20 f. 40 f. 321 f., R. über Halonn. 33.

2) Aesch. v. d. Ges. 74, Dem. v. d. Ges. 15.

3) Aesch. v. d. Ges. 75—77, Dem. v. d. Ges. 291.

4) Dem. v. d. Ges. 144. — Von seiner Opposition im Rathe sagt Demosthenes kein Wort, auch würde bei dem leitenden Einfluss, den er in dieser Körperschaft übte, der Antrag des Philokrates gegen De- mosthenes' Widerspruch kaum durchgegangen sein. S. auch Grote XI chap. 89, S. 204 ff. Dagegen Hartel Dem. Stud. II S. 455. Aber Hartel selbst giebt zu, dass die Fortführung des Krieges für Athen unter den ob- waltenden Umständen unmöglich war (S. 457); es ist also ein sehr schlechtes Compliment für Demosthenes, wenn er ihm die Absicht des Widerstandes bis aufs Messer imputirt.

5) Aesch. v. d. Ges. 67 f. mit Berufung auf das Zeugniss Amyntor's von Herchia. Selbst Schaefer findet die Angabe nicht unglaublich (Dem. II S. 224); sie passt in der That zu allem was wir sonst über Demosthenes' Haltung bei diesen Verhandlungen wissen.

Tilgung des Zusatzes, der Phokis und Halos von dem Frieden ausschloss; in der Sache war damit gar nichts gewonnen. Mit dieser bloss redactionellen Aenderung wurde der Friedensvertrag am 19. Elaphebolion 347/6 vom Volke angenommen, und in den nächsten Tagen von den Behörden Athens und den Beisitzern des Bundesrathes beschworen. Der Versuch, bei dieser Gelegenheit Kersobleptes von Thrakien unter die athenischen Bundesgenossen einzuschwärzen, wurde von Demosthenes selbst zurückgewiesen; in der That wäre dadurch das ganze Friedenswerk in Frage gestellt worden [1]). Am 3. Munychion ging dieselbe Gesandtschaft, die den Präliminarfrieden abgeschlossen hatte, nach Pella ab, um den Eid des Königs und seiner Verbündeten auf den Vertrag entgegen zu nehmen. Die Hoffnung, jetzt noch weitere Concessionen erlangen zu können, war natürlich vergeblich; Philippos blieb fest auf dem Boden des geschlossenen Vertrages. Wohl aber wiederholte der König die früher gemachten Versprechungen für den Fall, dass Athen das eben geschlossene Bündniss ehrlich erfüllen wollte [2]). Diese Abmachungen mussten denn freilich geheim bleiben [3]). Aber soweit es möglich war, zeigte der König schon jetzt das grösste Entgegenkommen. Er erklärte sich bereit, die athenischen Gefangenen ohne Lösegeld zurückzugeben [4]), und rief die Vermittelung der attischen Gesandten zur Beilegung seines Krieges mit Halos an, wodurch einer der wesentlichsten Differenzpunkte erledigt wurde.

In Athen erwiederte man das Entgegenkommen des Königs. Bei der Rückkehr der Gesandtschaft aus Makedonien wurde auf Philokrates' Antrag ein Volksbeschluss zu Ehren

1. Aesch. v. d. Ges. 81 f., g. Ktes. 73 f.
2) Dem v. d. Ges. 36 f.
3) Was natürlich Demosthenes nicht abhält (v. d. Ges. 38 f.) voll sittlicher Entrüstung Philipp's offizielles Schreiben in der Volksversammlung verlesen zu lassen, zum Beweise, solche Abmachungen hätten überhaupt nicht existirt. Das ist ganz in der Ordnung; was soll man aber dazu sagen, dass Neuere ihm das nachschreiben?
4) Es ist charakteristisch, dass Demosthenes (v. d. Ges. 39 f.) seinem Gegner Aeschines auch daraus einen Vorwurf zu machen weiss. Hieraus lässt sich abnehmen, wie es mit Demosthenes' Angaben über das Schicksal von Halos auf sich hat. Ungefähr dasselbe, wie mit seinen Declamationen über das Schicksal der Chalkidier und Phokier. Doch darüber ein anderes Mal.

Philipp's erlassen, und gleichzeitig die Phokier aufgefordert, den delphischen Tempel den Amphiktyonen zu übergeben; wenn nicht, sollte ein attisches Contingent sich dem Execu- tionsheere anschliessen. Das Einvernehmen zwischen den bei- den ersten hellenischen Mächten schien in der That her- gestellt[1]).

Cap. XII.·

Demosthenes' erste Regierungsjahre.

Demosthenes hatte mehr als irgend ein Anderer für das Zustandekommen des Friedens gewirkt. Aber um die Her- stellung eines dauernden Einvernehmens mit Philippos war es ihm durchaus nicht zu thun. Ihm war dieser Frieden nichts als ein Waffenstillstand, um Kräfte zu sammeln für den grossen Entscheidungskampf, den er um jeden Preis herbeizuführen entschlossen war. Darum löste Demosthenes jetzt, wo das gemeinsame Ziel erreicht war, seinen Bund mit der Partei des Eubulos. Und er war ein viel zu guter politischer Tak- tiker, um nicht zu erkennen, welch' unvergleichlich günstige Gelegenheit zum Sturze seiner Gegner die Lage ihm bot. War doch das Votum vom 19. Elaphebolion nur dadurch zu er- langen gewesen, dass man dem Volke den wirklichen Stand der Dinge verhüllt hatte. Wenn jetzt die Wahrheit an den Tag kam, musste ein Sturm des Unwillens losbrechen gegen die Männer, die zum Frieden gerathen. Es galt für Demo- sthenes, sich an die Spitze dieser Bewegung zu stellen, und sie seinen Zwecken dienstbar zu machen.

Schon während seiner zweiten Gesandtschaft hatte er die Schwenkung vorbereitet. Auf der Reise hielt er sich soviel es anging, von seinen Mitgesandten entfernt[2]); geflissentlich

---

1) Die beste neuere Darstellung dieser Verhandlungen, der ich fast in jedem Punkte beistimmen kann, ist die von Rohrmoser, „Ueber den philokratischen Frieden", Zeitschrift f. österreichische Gymnasien 25 (1874) S. 789—815. Weidner „Die Staatsreden des Demosthenes" (Philol. 36, S. 216—268, 37, S. 228—254) hat kaum etwas anderes ge- than, als die von Spengel und Rohrmoser geltend gemachten Gesichts- punkte zu wiederholen; dabei aber durch die Masslosigkeit seiner An- griffe gegen Demosthenes der von ihm vertretenen Sache mehr geschadet als genützt.

2) Aeschines (v. d. Ges. 97) stellt die Sache allerdings so dar, als ob die anderen Gesandten Demosthenes gemieden hätten.

trug er seinen patriotischen Eifer zur Schau in dem Antrage,
die Gesandten sollten nach dem Hellespont fahren, statt nach
Pella, um Philipp's weitere Fortschritte in Thrakien zu verhindern [1]), obgleich doch dort seit Kersobleptes' Capitulation
in Hieron Oros am 23. Elaphebolion alles vorüber war [2]),
und Philippos sich ausdrücklich verpflichtet hatte, die attischen
Besitzungen während der Friedensverhandlungen nicht zu
verletzen [3]). Mit Ostentation liess er sich ein Talent Silber
nachtragen, zur Auslösung attischer Kriegsgefangener, trotz
Philipp's Versprechen, selbst dafür Sorge tragen zu wollen,
und trotz des lächerlichen Missverhältnisses dieser elenden
Summe zu dem wirklichen Erforderniss [4]). In Pella verhinderte er es, dass die Gesandten sich über ein gemeinschaft-
liches Verhalten verständigten; er brachte es dahin, dass es
vor dem Könige zu gegenseitigen Recriminationen zwischen
den attischen Bevollmächtigten kam, ein Schauspiel, über
das die Feinde Athen's ihre Freude kaum verbergen konnten,
und das natürlich die Erlangung jeder weiteren Concession
von Philippos von vorn herein abschnitt [5]).

Nach der Rückkehr aus Thessalien ging Demosthenes entschiedener vor. Sein Bericht im Rath gestaltete sich zu einer
offenen Anklage seiner Mitgesandten; und da die Majorität
des Rathes Demosthenes unbedingt zur Verfügung stand, wurde
der Gesandtschaft die übliche Bekränzung verweigert [6]). Weniger glücklich war er in der Volksversammlung; er vermochte
nicht zu verhindern, dass Philokrates' Ehrendecret für Philippos
zur Annahme kam [7]). Um so wichtiger war es, zu bewirken,
dass Athen wenigstens an der Execution gegen Phokis nicht
Theil nahm, wozu der König in einem offiziellen Schreiben
jetzt aufforderte. Hier hatten Demosthenes und seine Freunde
leichteres Spiel. Die Abneigung der Bürgerschaft gegen persönlichen Felddienst, die gänzliche Erschöpfung der Finanzen

1) Dem. v. d. Ges. 150—7.
2) Aesch. v. d. Ges. 80—93, Hartel Dem. Stud. II S. 475.
3) Aesch. v. d. Ges. 82.
4) Dem. v. d. Ges. 166—73, Aesch. v. d. Ges. 100, Hartel Dem. Stud. II S. 479.
5) Aesch. v. d. Ges. 109 ff.
6) Dem. v. d. Ges. 17 f. 31 f.
7) Dem. v. d. Ges. 47 ff.

waren mächtigere Bundesgenossen, als selbst die Gewalt seiner
Beredsamkeit. Die abgeschmackte Insinuation, Philippos wolle
das attische Hülfscorps gefangen nehmen und als Geisel in
der Hand behalten, that das Uebrige[1]). Im Angesicht der
sicheren Niederlage wagten selbst Eubulos und seine Parteigenossen keinen ernstlichen Widerspruch[2]). Athen begnügte
sich mit Absendung einer Gesandtschaft[3]), und gab damit.
jeden Anspruch aus der Hand, bei der Neuordnung der Dinge
in Phokis gehört zu werden[4]).

Die Entscheidung war indess rascher erfolgt, als Freund
und Feind gehofft oder gefürchtet hatten. Phalaekos hatte
am 23. Skirophorion capitulirt[5]); ohne Schwertstreich besetzte
Philippos die ganze Landschaft. Zum ersten Male wieder seit
zehn Jahren wurden die Amphiktyonen nach Delphi berufen;
zunächst um zu berathen, wie der errungene Sieg zu benutzen sei.

Die attische Gesandtschaft hatte in Chalkis die Wendung
der Dinge erfahren und war sogleich zur Einholung neuer
Instructionen nach Athen zurückgekehrt. Hier hatte die Nachricht von Philipp's Erfolgen wie ein Donnerschlag gewirkt;
in der ersten Bestürzung wurde beschlossen, das Land in
Vertheidigungszustand zu setzen[6]). Gegen die vollendeten

---

1) Aesch. v. d. Ges. 137 οἱ δὲ νῦν πολεμικοὶ καὶ τὴν εἰρήνην
ἀνανδρίαν καλοῦντες οὐ διεκώλυσαν ὑμᾶς ἐξελθεῖν εἰρήνης καὶ συμμαχίας ὑμῖν γεγενημένης, δεδιέναι φάσκοντες μὴ τοὺς στρατιώτας ὑμῶν
ὁμήρους λάβῃ Φίλιππος; Mag es immerhin Hegesippos sein, auf den
Aeschines hier in erster Linie anspielt (Schaefer Dem. II S. 260 A. 3),
so ist doch kein Zweifel, dass Demosthenes ganz derselben Ansicht
war, s. v. d. Ges. 52. 140.

2) Dem. v. d. Ges. 52.

3) Dem. v. d. Ges. 121 f.

4) Aesch. v. d. Ges. 140 f. τοιγάρτοι Θηβαίων μὲν παρακαθημένων
καὶ δεομένων, τῆς δ' ἡμετέρας πόλεως διὰ σὲ (Δημόσθενες) τεθορυ-
βημένης καὶ τῶν Ἀθηναίων ὁπλιτῶν οὐ παρόντων, ... τότε ἀπώλοντο
αἱ πράξεις οὐ δι' ἐμέ, ἀλλὰ διὰ τὴν σὴν προδοσίαν καὶ τὴν πρὸς
Θηβαίους προξενίαν.

5) Demosthenes sagt, in Folge des am 16. des Monats angenommenen Psephisma des Philokrates (v. d. Ges. 53 f.). Aber post hoc
ist nicht immer propter hoc, und selbst wenn die Athener am 16. beschlossen hätten, Phokis gegen Philippos zu vertheidigen, hätte die Hülfe
unmöglich zur rechten Zeit eintreffen können.

6) Dem. v. d. Ges. 86 f., v. Kr. 36—38, Aesch. g. Ktes. 80, v. d.
Ges. 139.

Thatsachen war freilich sonst nichts zu machen; und es blieb nichts übrig, als die schon erwählte Gesandtschaft noch einmal an den König zu schicken. An ihrer Spitze stand Aeschines [1]).

Es zeigte sich bald, dass ein Grund zur Besorgniss gar nicht vorhanden war. Philippos empfing die Gesandten mit Auszeichnung; er verhinderte, dass in der Versammlung der Amphiktyonen ein Beschluss gegen Athen gefasst wurde, obgleich doch Athen die Phokier im letzten Kriege kräftiger unterstützt hatte, als irgend ein anderer Staat [2]). Auch in der beispiellos milden Behandlung der Besiegten zeigte der König seine Rücksicht auf Athen und die beim Abschluss des Friedens gemachten Versprechungen [3]). Natürlich nahmen die Gesandten als Gäste Philipp's denn auch Theil an dem Sieges- und Freudenfest, das in Delphi gefeiert wurde; wäre es doch eine politische Demonstration von den unberechenbarsten Folgen gewesen, hätten sie sich fern halten wollen [4]).

In Athen aber blieb die Stimmung nach wie vor Philippos feindlich, und Demosthenes wurde nicht müde in dieser Richtung zu wirken. Als der Spätsommer kam, und damit die Zeit der pythischen Spiele, unterliess Athen es zum ersten Male, die gewohnte Festgesandtschaft nach Delphi zu schicken [5]). Es war ein Protest in aller Form gegen die beschlossene Neuordnung des Amphiktyonenbundes, um so verletzender, als Philippos diesmal persönlich bei den Spielen den Vorsitz führte. Eine solche Demonstration hatte Sinn, wenn Athen entschlossen war, eine Kriegserklärung darauf folgen zu lassen; wenn nicht, setzte man den Staat damit nur unnützer Weise einer neuen Demüthigung oder Schlimmerem aus. Denn die öffentliche Meinung in Hellas war ohnedies gegen Athen aufs Tiefste erregt; die Hülfe, die es den Phokiern geleistet hatte, war noch in frischem Andenken in Boeotien und Thessalien;

---

1) Aesch. v. d. Ges. 95, Dem. v. d. Ges. 125 ff.

2) Schaefer Demosth. II S. 271 f.

3. Aesch. v. d. Ges. 142 f. — Gewiss hatte Phokis auch so schwer zu leiden, wie Dem. v. d. Ges. 64 f. hervorhebt; aber wir sollen nicht vergessen, welches Schicksal die Phokier als Tempelräuber nach hellenischer Anschauung verdient hatten.

4 Aesch. v. d. Ges. 162 f. Dem. v. d. Ges. 128 ff.

5) Dem. v. d. Ges. 128.

die Argeier, Megalopoliten, Messenier hassten Athen als alten
Verbündeten Sparta's. Es kostete Philippos nur einen Wink,
den heiligen Krieg gegen Athen zu entzünden und an der
Spitze eines amphiktyonischen Heeres in Attika einzurücken [1]).
Aber der makedonische König dachte grösser als sein Gegner
Demosthenes. Nicht Athen vernichten wollte er; ihm war
es ernst mit dem Plane, ein aufrichtiges Einvernehmen zwischen der ersten Seemacht und der ersten Landmacht in Hellas
ins Werk zu setzen. Wer möchte ihn tadeln, dass er Un-
mögliches wollte; dass er eine Gelegenheit zur Demüthigung
Athen's ungenützt verstreichen liess, die ihm vielleicht Chaeronea erspart hätte. Statt mit Heeresmacht den Kithaeron
zu überschreiten, schickte er Gesandte mit der Forderung um
Genugthuung [2]).

In Athen gab es auch jetzt wie immer Leute genug, die
entschlossen waren, in gänzlicher Verkennung der politischen
Lage die Dinge zum Aeussersten zu treiben. Die öffentliche
Meinung neigte entschieden nach dieser Seite; die Besitzenden
hatten allen Einfluss verloren, und als ihr erster Redner
Aeschines in der Ekklesie das Wort ergriff, musste er unter
dem Lärm der Versammlung die Tribüne verlassen [3]). Die von
Demosthenes seit dem Frühjahr eingeschlagene Taktik hatte
vollen Erfolg gehabt; die Gegenpartei war vollkommen discreditirt, er selbst der einzige Mann, der noch in gewissem
Sinne die Volksversammlung beherrschte.

Aber Demosthenes war Staatsmann genug, um zu be-
greifen, dass er in seiner Agitation zu weit gegangen war.
Athen stand am Rande des Abgrunds; vielleicht war es zur
Rettung noch nicht zu spät. In der Rede „vom Frieden"
schlägt Demosthenes der von ihm in den letzten Monaten befolgten Politik ins Gesicht, vertritt er denselben Standpunkt,
den Aeschines und Eubulos beständig geltend gemacht hatten.
Seiner Beredsamkeit, seiner Popularität gelingt das unmöglich
Geglaubte; die Stimmung des Volkes schlägt um, Philippos
erhält die verlangte Genugthuung [4]).

So hatte Athen freilich eine diplomatische Niederlage

1) Dem. v. Frieden 14 ff.
2) Dem. v. d. Ges. 111, Liban. Hypoth. zu Dem. R. v. Fr. .
3) Dem. v. d. Ges. 111—113, Dem. v. Fr. 1—3.
4) Schaefer Dem. II S. 284.

erlitten, und das ganz unnützer Weise. Aber das war noch bei Weitem das Schlimmste nicht. Viel übler war es, dass das gute Einvernehmen mit König Philippos, das für einen Augenblick erreicht schien, durch diesen Zwischenfall wieder in unabsehbare Ferne gerückt wurde. Und die Partei des Demosthenes sorgte dafür, dass der Riss, der damit aufs Neue geöffnet war, immer unheilbarer wurde. Vor Allem galt es jetzt, die Gewalt zu behaupten, die eine glückliche Fügung der Umstände Demosthenes in die Hände gegeben hatte. Die Gegenpartei war geschlagen; sie sollte für immer vernichtet werden. Was in der Volksversammlung und im Rathe begonnen war, sollten die Gerichte vollenden. Der Prozesskrieg begann.

Der erste Angriff richtete sich naturgemäss gegen die Männer, die in hervorragender Weise beim Zustandekommen des Friedens betheiligt gewesen waren, Aeschines und Philokrates. Seit seiner zweiten Rückkehr aus Pella war Demosthenes nicht müde geworden, sie der öffentlichen Meinung als Vaterlandsverräther zu denunciren; die Rechenschaftsablage nach der Gesandtschaft bot den bequemen Vorwand für eine Anklage. In Gemeinschaft mit Timarchos von Sphettos, der im vorigen Jahre (347/6) mit ihm zusammen im Rathe gesessen hatte, zog Demosthenes Aeschines vor Gericht. Freilich war er sein Amtsgenosse bei der Gesandtschaft gewesen, und in Athen wie anderwärts hat es niemals einen besonders guten Eindruck gemacht, wenn ein College den andern vor Gericht angriff; aber Demosthenes konnte wenigstens Präcedenzfälle für sein Verfahren anführen. Hatte nicht vor 20 Jahren Leon seinen Mitgesandten Timagoras auf den Tod angeklagt, und seine Verurtheilung durchgesetzt [1])?

Aeschines' Lage war furchtbar. Was half es ihm, dass seine Ankläger auch nicht den Schatten eines Beweises gegen ihn vorbringen konnten? Was nützte ihm selbst die Vertheidigung der ersten Männer des Staates, wie Eubulos und Phokion? Wie die attischen Geschworenengerichte zusammengesetzt waren, blieb die Entscheidung eines politischen Prozesses nach sachlichen Gründen fast eine Unmöglichkeit. Was verstand auch der grosse Haufe der Heliasten von politischen

---

1) Dem. v. d. Ges. 168 ff. S. oben S. 152 f.

Fragen? Bei der jetzt in Athen herrschenden Stimmung konnte
Aeschines seiner Verurtheilung mit Sicherheit entgegensehen;
hat doch selbst drei Jahre später, als die Hitze der Leidenschaften verraucht war, seine Freisprechung nur an einem
Haare gehangen.

Doch Aeschines erkannte mit scharfem Blick den schwachen
Punkt in der Stellung der Gegner. Der Hauptankläger Timarchos hatte seit 15 Jahren hervorragenden Antheil am politischen Leben genommen; er hatte mehrmals im Rathe gesessen und alle möglichen Aemter bekleidet[1]); aber wie so
mancher seiner Parteigenossen war er ein Mann, dessen Vergangenheit das Licht des Tages zu scheuen hatte. Dass er
bei dem euboeischen Feldzuge 348 Staatsgelder unterschlagen
hatte, mochte noch hingehen[2]); man war jetzt in Athen so
weit, dass dergleichen einen Mann nicht politisch unmöglich
machte. Aber Timarchos hatte in seiner Jugend ein höchst
unsittliches Leben geführt. Es war stadtbekannt, dass er
sich um Geld preisgegeben; und sein späteres Verhalten hatte
diese Vergangenheit nicht Lügen gestraft. Freilich war seitdem Gras über diesen Dingen gewachsen, und Timarchos mochte
hoffen, dass alles vergessen sei. Juristisch aber kam nicht
das geringste darauf an, denn dergleichen ist selbstverständlich unverjährbar.

Diese Sachlage benutzte Aeschines zur Einreichung einer
Gegenklage. Die Verhandlung seines eigenen Prozesses blieb
dadurch vorläufig suspendirt; und wenn auch vorauszusehen
war, dass Demosthenes in jedem Falle seine Klage durchführen würde, so war doch schon viel gewonnen, wenn nur
Zeit gewonnen ward[3]).

Es war ein Skandalprozess der pikantesten Art, der sich
jetzt abspielte; kein Wunder, dass für den Augenblick jedes
andere Interesse dagegen in den Hintergrund trat. Von nah
und fern strömte alles zu der Verhandlung[4]). Und die Er-

---

1) Erste Hypoth. zu Aesch. g. Timarchos, Aesch. g. Tim. 106 f.,
Dem. v. d. Ges. 286 ff.

2) Aesch. g. Tim. 109—112.

3) Dem. v. d. Ges. 3 καὶ τὸ χρόνον γεγενῆσθαι μετὰ τὴν πρε-
σβείαν πολὺν δέδοικα, μή τινα λήθην ἢ συνήθειαν τῶν ἀδικημάτων
ὑμῖν ἐμπεποιήκῃ.

4) Aesch. g. Tim. 117 ὁρῶ δὲ πολλοὺς μὲν τῶν νεωτέρων προσεστη-

wartungen wurden nicht getäuscht: Aeschines' Enthüllungen
waren für den Angeklagten vernichtend, seine Rede ein ora-
torisches Meisterwerk. Die Richter, die Zuhörer, der Ange-
klagte selbst waren wie betäubt unter der Wucht der Schläge,
die der Ankläger führte. Timarchos wagte nicht einmal eine
Vertheidigung; widerstandslos ergab er sich in den Verlust
der politischen Rechte, die der verurtheilende Spruch der
Richter zur Folge hatte. Auch Demosthenes, der doch sonst
durch nichts so leicht sich aus der Fassung bringen liess,
hatte kein Wort der Fürsprache für den Freund[1]). Schlimm
genug, dass die Partei auch so schon schwer compromittirt
war. Mochte sie jetzt jede Gemeinschaft mit einem Menschen
wie Timarchos weit von sich weisen, der Makel blieb an
Demosthenes, Hegesippos, Hegesandros, Diopeithes haften,
dass sie so lange seine Genossen gewesen waren. Anständige
Leute zogen sich jetzt von dieser Gesellschaft zurück[2]). Aeschines aber genoss des verdienten Triumphes; ja, im Vollgefühl
des Sieges konnte er es wagen, sich selbst und Philokrates
als Urheber des Friedens zu rühmen, und sich offen als Anhänger der makedonischen Allianz zu bekennen[3]).

Aber trotz dieser Niederlage im Gerichtssaal behielt Demosthenes die Leitung der äusseren Politik in der Hand. Hier
galt es ihm vor Allem, gegen Philippos zu hetzen, den geschlossenen Frieden zu discreditiren, Athen als den übervor-
theilten Theil darzustellen, in einem Worte, die öffentliche
Meinung nicht zur Ruhe kommen zu lassen. So wurden die
diplomatischen Verhandlungen wieder aufgenommen, um eine
Amendirung des Vertrages in Athen günstigem Sinne zu erlangen. Freilich wusste Demosthenes so gut als nur einer,
dass ein praktisches Resultat dabei unmöglich herauskommen
konnte; aber eben weil der König nicht in der Lage war,
irgend welche wesentliche Concessionen zu machen, erhielt
Demosthenes den besten Anlass, Philippos als Feind Athens

κύτας πρὸς τῷ δικαστηρίῳ, πολλοὺς δὲ τῶν πρεσβυτέρων, οὐκ ὀλίγους
δὲ ἐκ τῆς ἄλλης Ἑλλάδος συνειλεγμένους ἐπὶ τὴν ἀκρόασιν.

1) Schaefer Dem. II S. 321 und die dort angeführten Stellen,
namentlich aus Demosthenes' Gesandtschaftsrede.

2) So Pythokles der Sohn des Pythodoros von Kedoi: Dem. v. d.
Ges. 225. Demosthenes schiebt ihm natürlich andere Motive unter.

3) Aesch. g. Tim. 169. 171.

und Friedenstörer, seine früheren Versprechungen als eitel
Lug und Trug hinzustellen.

Da die phokische Frage seit dem Herbst 346 definitiv
erledigt war, musste jetzt Kersobleptes den Vorwand für die
Unterhandlungen abgeben [1]). Eine Gesandtschaft ging nach
Makedonien mit der Forderung, den thrakischen König noch
nachträglich in den Vertrag aufzunehmen und damit natürlich
die nach dem 19. Elaphebolion eroberten Plätze herauszugeben [2]). Dass Philippos auf ein so naives Verlangen nicht
eingehen konnte, war selbstverständlich. Aber er kleidete die
bestimmte Ablehnung in die versöhnlichste Form [3]); noch
gab er die Hoffnung nicht auf, dass ein politischer Umschwung in Athen die Partei ans Ruder bringen könnte, der
aufrichtig an einem guten Einvernehmen mit Makedonien gelegen war.

Er fand bald Gelegenheit, sein Wohlwollen auch durch die
That zu beweisen. Die Bürger von Delos machten den Versuch, durch einen Spruch des Rathes der Amphiktyonen die
Befreiung von der attischen Oberherrschaft zu erlangen [4]). In
dieser Versammlung verfügte Philippos, der Herr von Makedonien und Thessalien, jetzt unbedingt über die Mehrheit der
Stimmen; in seiner Hand also lag es, dem Ansehen Athen's
einen neuen, und vielleicht den schwersten Schlag beizubringen. Denn nachdem die Amphiktyonen die Klage einmal angenommen hatten, konnte Athen die Competenz des Schiedsgerichts füglich nicht weiter bestreiten; ein amphiktyonischer
Krieg war auch jetzt noch, wie vor einem Jahre, das Furcht-
barste, was Athen treffen konnte. Da also die Entscheidung
der Sache bei Philippos stand, so war es für Athen das
Klügste, die Vertretung seiner Ansprüche in Delphi einem
Manne zu übertragen, der am makedonischen Hofe *persona
grata* war; und in richtiger Erkenntniss der Lage wählte die

---

1) Dem. v. d. Ges. 181.
2) Dem. v. d. Ges. 162, und wegen der Zeit Schaefer Dem. II
S. 326 A. 2.
3) Dem. Philipp II 30.
4) Nach Schaefer Dem. II S. 349 f. im Jahre 344 3, richtiger wohl
schon im Jahre vorher, da die Delier kaum so lange mit der Einreichung ihrer Klage gewartet haben werden. Dem. v. d. Ges. 209 wider-
spricht dieser Annahme nicht.

Volksversammlung Aeschines zu dem Amte. Indess die letzte Entscheidung wurde dem Areopag übertragen, und diese Körperschaft, die in ihrer Mehrheit ganz demosthenisch gesinnt war, cassirte die geschehene Wahl, und übertrug dem radicalen, antimakedonischen Advokaten Hypereides die Vertretung Athen's in der delischen Sache[1]).

Philippos hätte allen Grund gehabt, diese Ernennung als eine feindliche Demonstration aufzufassen. Aber er war ein viel zu guter Diplomat, um empfindlich zu sein. Die Herrschaft über Delos wurde den Athenern durch den Spruch der Amphiktyonen bestätigt; ein Erfolg, den Hypereides natürlich seiner Beredsamkeit zuschrieb.

Doch seine Nachgiebigkeit trug dem König keine Frucht. Demosthenes' Einfluss blieb nach wie vor in Athen massgebend. Auf seinen Betrieb wurde auf Thasos, der makedonischen Küste gegenüber, ein Söldnercorps unter Chares aufgestellt und eine Flottenstation eingerichtet; eine Demonstration, deren Bedeutung Niemand verkennen konnte[2]). Und auf das Gerücht hin, dass ein gewisser Antiphon sich an Philippos erboten habe, das Arsenal am Hafen in Brand zu stecken, nahm Demosthenes den unglücklichen Mann persönlich im Peiraeeus fest und bewirkte später seine Hinrichtung[3]).

Vor Allem aber richtete Demosthenes seine Anstrengungen darauf, Athen aus der Isolirung herauszubringen, in die es durch seine Politik während des phokischen Krieges gerathen war. Vor acht Jahren hatte er vergeblich ein Bündniss mit der antispartanischen Partei im Peloponnes befürwortet; jetzt sollte der Versuch gemacht werden, das damals Versäumte wieder gut zu machen. Aber wenn im Jahre 352 Megalopolis es gewesen war, das bei Athen Anschluss gesucht hatte, so war jetzt die Lage verschoben; die peloponnesischen Staaten hatten in Philippos einen mächtigen Bundesgenossen gefunden, und die Athener erschienen als Bittende. Unter diesen Umständen war der Erfolg der Gesandtschaft von vorn herein

---

1) Dem. v. Kr. 134 f. und die Fragmente der delischen Rede des Hypereides.

2. Leben d. X Redn. 845 E. καὶ συνεβούλευσε τῷ δήμῳ ξενικὸν ἐν Θάσῳ τρέφειν καὶ ἐπὶ τούτῳ τριηράρχης ἐξέπλευσεν, und Schaefer II S. 475.

3. Dem. v. Kr. 132 f., Deinarch. g. Dem. 63, Plut. Dem. 14.

sehr zweifelhaft, die auf Demosthenes' Antrag und von ihm
selbst geleitet im Jahre 344 in den Peloponnes geschickt
wurde[1]). Wohl rief die Volksgemeinde in Messene Demosthenes Beifall zu, als er mit allem Feuer seiner Beredsamkeit
von der Tribüne gegen Philippos donnerte; aber der Beifall
galt der Form der Rede, nicht ihrem Inhalt[2]). Wäre es doch
ein politischer Selbstmord gewesen, die Freundschaft der ersten
Grossmacht in Hellas gegen die Freundschaft Athen's aufzugeben, das seine eigenen Besitzungen kaum vertheidigen konnte,
und nicht einmal bereit war, sein Bündniss mit Sparta zu
lösen. Der ganze Erfolg der mit so grossem Aufwand an
Worten in Scene gesetzten Demonstration war eine neue diplomatische Niederlage. Denn Philippos war keineswegs gewillt, die beleidigende Sprache ungerügt hingehen zu lassen,
welche die athenischen Gesandten in Argos, Megalopolis,
Messene über ihn geführt hatten. Im Laufe des Jahres 344/3
kam eine makedonisch-peloponnesische Gesandtschaft nach
Athen, um über die materielle und moralische Unterstützung
Beschwerde zu führen, die Athen fortwährend Sparta zu Theil
werden liess, zugleich aber die Geneigtheit des Königs zur
gütlichen Ausgleichung der schwebenden Differenzen zu betonen[3]).

Demosthenes hielt es an der Zeit einzulenken; die Antwort, die er den Gesandten Philipp's gab, ist in den ge-
mässigtsten Ausdrücken abgefasst. Anders der Heisssporn der
Partei, Hegesippos. Auf Grund von Philipp's Anerbieten
den Friedensvertrag zu amendiren, beantragte er nichts weniger als die Klausel „jeder Theil solle behalten, was er besitze"
in „was ihm rechtmässig gebühre" zu ändern, ferner allen hellenischen Staaten den Beitritt zum Frieden offen zu halten.
Wir haben Mühe zu glauben, dass Hegesippos wirklich so
völlig sich über die Lage täuschen konnte, um im Ernste zu
hoffen, der König könnte auf eine Forderung eingehen, welche
die ganze Grundlage des Friedens in Frage stellte, und ihn

1) Dem. v. Kr. 79, Phil. II 19—26.   .
2) Dem. Phil. II 26.
3) Hypoth. zu Demosthenes' zweiter Philippika. Mit Wieniewski
S. 140, Vömel Proleg. zu Dem. Phil. II S. 20 halte ich diese Gesandtschaft für identisch mit der Dem. v. Kr. 136, R. über Halonnesos 20 ff.
erwähnten, an deren Spitze Python stand.

verpflichtet hätte, Amphipolis an Athen herauszugeben. Aber mochte auch Hegesippos sein Amendement stellen mit der vollen Absicht, den Bruch unheilbar zu machen, und die Dinge zum Kriege zu treiben, das athenische Volk nahm im guten Glauben den Vorschlag an, und wählte den Antragsteller selbst zum Haupt der Gesandtschaft, die das neueste Meisterstück attischer Diplomatie in Pella vorlegen sollte [1]).

Bei Philippos fand die Gesandtschaft den verdienten Empfang. War es doch schon an sich eine Taktlosigkeit, Hegesippos mit einer derartigen Mission zu betrauen, den Mann mit dem stutzerhaft aufgekämmten Haar [2]) und dem hohlen Schädel, den würdigen Genossen seines sauberen Bruders Hegesandros [3]) und des soeben wegen Unzucht verurtheilten Timarchos; ihn, den nichts auszeichnete, als seine masslosen Ausfälle gegen den makedonischen König. Und nun vollends solch' wahnwitzige Forderungen! War es ein Wunder, dass Philippos einem Menschen dieser Art gegenüber selbst die Formen der gewöhnlichen Höflichkeit ausser Acht liess, und sich weigerte, die Gesandten als seine Gäste zu empfangen? Ja, der attische Dichter Xenokleides wurde aus Makedonien ausgewiesen, weil er seine Mitbürger bei sich aufgenommen hatte [4]).

Dass unter diesen Umständen von einer Unterhandlung auf Grund der athenischen Vorschläge nicht die Rede sein konnte, versteht sich von selbst. Wohl aber war Philippos auch jetzt noch bereit zu jeder vernünftigen Concession. Namentlich die kleine Insel Halonnesos, die von Seeräubern besetzt, und schliesslich während des letzten Krieges von Philipp's Flotte erobert worden war, erbot er sich den Athenern zu überlassen. Hegesippos aber wies das Anerbieten mit Entrüstung zurück; nicht abtreten, nein, zurückgeben müsse der König die Insel, und damit das Recht Athen's ausdrücklich anerkennen [5]). Demosthenes hat sich bei den späteren Verhandlungen über diese Frage ganz auf den Standpunkt des

---

1) R. über Halonnesos 18—32, s. Spengel, Δημηγορίαι I S. 91—101.

2) ὁ Κρωβύλος, Aesch. g. Tim. 64. 71. 110. 118 mit den Schol. und Harpokr. unter Ἡγήσιππος und Κρωβύλος.

3) Aesch. g. Tim. 64.

4) Dem. v. d. Ges. 331.

5) Rede über Halonnesos 2, Philipp's Brief 13 ff.

Freundes gestellt, ein Doctrinarismus, den die Komödie wie
die politische Opposition mit dem verdienten Spotte gegeisselt
hat[1]). So zerschlugen sich die Verhandlungen, und Hegesippos kehrte zurück, ohne das Geringste ausgerichtet zu haben;
Philippos aber brach für den Augenblick alle diplomatische
Verbindung mit Athen ab. Es schien, als ob die Dinge schon
jetzt sich zum Kriege zuspitzen sollten.

In Athen hatten sich indess die Parteien wohl auf der
Rednerbühne befehdet, aber der Prozesskrieg hatte seit Timarchos',Verurtheilung geruht. Zuerst in Folge von Aeschines'
unerwartetem Siege; später, weil die herrschende Partei, solange die Unterhandlungen mit Philippos schwebten, unmöglich
die Gastfreunde des Königs vor Gericht ziehen konnte[2]).
Jetzt fielen diese Rücksichten hinweg, und Demosthenes und
seine Freunde konnten den Plan wieder aufnehmen, der vor
drei Jahren misslungen war.

Diesmal fing man die Sache geschickter an. Hatte man
früher versucht, den Stier bei den Hörnern zu packen, und
mit der Anklage gegen Aeschines begonnen, so wurde jetzt
dieser einflussreichste und redegewandteste Gegner bis zuletzt
aufgespart. Hypereides, von Demosthenes unterstützt, eröffnete
die Action mit einer Anklage gegen Philokrates den Hagnusier,
den Mann, dessen Name an der Spitze der Friedensurkunde
stand[3]). Wie die Stimmung in Athen jetzt war, konnte es kaum
Jemand geben, der unpopulärer gewesen wäre als er; seine Sache
war von vorn herein aussichtslos, mochte auch ein Redner wie
Aeschines ihm als Anwalt zur Seite stehen. Ob er unschuldig
war, oder ob er sich wirklich von Philippos hatte bestechen
lassen, that dabei gar nichts zur Sache; es ist müssig, mit
unserem heutigen Material die Frage entscheiden zu wollen.
Als das Urtheil gesprochen war, hat Demosthenes seinen alten
Freund und Collegen mit den gemeinsten Schmähungen über-
häuft; aber die Verlogenheit der Advokaten im damaligen

---

1) Aesch. g. Ktes. 83 Ἁλόννησον ἐδίδου (Φίλιππος) ὁ δ' ἀπηγόρευε
μὴ λαμβάνειν, εἰ δίδωσιν, ἀλλὰ μὴ ἀποδίδωσι, περὶ συλλαβῶν διαφερό-
μενος. Alexis im Στρατιώτης bei Athen. VI S. 223 E, Antiphanes Νεοτ-
τίς fr. 2 bei Athen. a. a. O., Anaxilas Εὐανδρία bei Athen. VI S.
224 A., Plut. Dem. 9.

2) Vergl. Dem. v. d. Ges. 134.

3) Hypereid. f. Euxenippos 39 f., Dem. v. d. Ges. 116.

Athen ist zu bodenlos, als dass wir das Geringste auf dergleichen unbewiesene Anschuldigungen zu geben hätten. Dass aber auch Aeschines in seiner eigenen Vertheidigungsrede kein Wort für Philokrates einlegt, hat seinen guten Grund; das Verdikt der Jury galt eben in Athen wie noch heute bei uns als unfehlbar. In richtiger Erkenntniss der Sachlage wartete denn auch Philokrates den Spruch des Gerichtes nicht ab, sondern ging in freiwillige Verbannung.

Um dieselbe Zeit etwa liess Demosthenes durch den Areopag den Strategen Proxenos ins Gefängniss setzen, den Feldherrn, der in den letzten Jahren des Krieges die attischen Trieren im Sunde von Euboea befehligt hatte[1]). Worauf die Anklage fusste, und wie der Prozess ausging, erfahren wir nicht; nur das ist sicher, dass Proxenos noch lange Jahre als wohlhabender Mann in Athen lebte[2]). Von der öffentlichen Thätigkeit scheint er sich seitdem allerdings zurückgezogen zu haben.

Nachdem so das Terrain vorbereitet war, ging Demosthenes zum Angriff auf Aeschines vor. Die Sache war nicht leicht; denn Demosthenes hatte auch nicht den Schatten eines Beweises dafür in den Händen, dass Aeschines von Philippos bestochen war. Was er darüber in seiner Anklage vorbringt, sind allgemeine Beschuldigungen, die ganz in der Luft schweben, grösstentheils schon bei dem Prozess des Philokrates vorgebracht sind, und jetzt ohne Weiteres auf Aeschines angewandt werden. Wozu auch Beweise? Stand es doch für Demosthenes von vorn herein fest, dass jeder Anhänger Philipp's ein erkaufter Verräther war[3]). Gastgeschenke freilich hat Aeschines angenommen; aber das haben auch seine Mitgesandten gethan, Demosthenes allein vielleicht ausgenommen, und es lag darin nach griechischer Anschauung keine Pflichtverletzung, im Gegentheil, es war eine Forderung der gewöhnlichsten diplomatischen Etiquette. Der Vorwurf aber, den Demosthenes seinem Gegner beiläufig macht, er besitze „im Gebiet der unglücklichen Bundesgenossen" Grundstücke

1) Deinarch. g. Dem. 63, Dem. v. d. Ges. 280 f.
2) Böckh. Seeurk. X h. 60.
3) Schon Polybios (XVIII 14) macht dem gegenüber den richtigen Standpunkt geltend, was freilich manche unserer modernen Historiker nicht hindert, Demosthenes' Urtheil kritiklos nachzusprechen.

mit dem Ertrage von einem halben Talente, und wofür er
das Zeugniss einiger olynthischen Flüchtlinge beibringt,
trägt das Gepräge tendenziöser Erfindung deutlich an der
Stirn[1]). War die Sache wahr, dann musste Demosthenes sie
in ganz anderer Weise betonen, sie zum Mittelpunkte der
ganzen Anklage machen, die Richter immer wieder darauf zurückführen; er hätte dann nicht nöthig gehabt, sich in
ermüdender Breite in politischen Erörterungen zu ergehen,
nach indirekten Schuldbeweisen zu suchen, zu offenbaren
Lügen seine Zuflucht zu nehmen, wie die Geschichte von der
olynthischen Frau, die selbst den Richtern zu arg war[2]). So
aber geht Demosthenes über diesen seinen stärksten Beweis
mit ganz auffallender Flüchtigkeit hinweg; ja er sagt uns
gar nicht einmal, wo denn diese Güter des Aeschines lagen,
und wie er in ihren Besitz gekommen war.

War es demnach mit dem juristischen Fundament der
Anklage sehr übel bestellt, so waren die politischen Deduc-
tionen nicht besser. Es war einfach lächerlich, Aeschines,
und Aeschines allein, verantwortlich zu machen für die Erfolge Philipp's in Phokis und Thrakien. Denn Kersobleptes
hatte capitulirt als die Gesandtschaft noch kaum gewählt war,
und lange ehe sie von Athen abreiste[3]); mit Phokis aber
ging es unaufhaltsam zu Ende, seit die delphischen Tempel-
schätze verbraucht waren[4]). Aller Voraussicht nach hätte
auch ein energisches Eintreten Athens für den Raubstaat des
Phalaekos gegenüber den verbündeten Heeren Philipp's und

----

1) Dem. v. d. Ges. 145. Dieselbe Beschuldigung in anderer Form
kehrt in der Rede vom Kranz wieder (41); da soll Aeschines im Gebiet des zerstörten Theben Grundbesitz haben. Man sieht, die Phrase
gehört zu dem stereotypen Lügenvorrath des Demosthenes.

2) Dem. v. d. Ges. 192—200 und Aeschines v. d. Ges. 4 ἥσθην
δέ, ὅτ' αὐτὸν ἐπὶ τῆς αἰτίας ὄντα ταύτης ἐξεβάλλετε, καὶ τῶν σεσω-
φρονημένων ἐν τῷ βίῳ μοι χάριν ἀπειληφέναι νομίζω.

3) Aesch. v. d. Ges. 88 ff. liefert dafür den urkundlichen Beweis.

4) Aesch. v. d. Ges. 131 τὰ δ' ἐν Φωκεῦσι διεφθάρη πράγματα
πρῶτον μὲν διὰ τὴν τύχην, ἣ πάντων ἐστὶ κυρία, ἔπειτα διὰ τὸ μῆκος
τοῦ χρόνου καὶ τὸν δεκαετῆ πόλεμον. τὸ γὰρ αὐτὸ ηὔξησέ τε τῶν ἐν
Φωκεῦσι τυράννων τὰ πράγματα καὶ καθεῖλε· κατέστησαν μὲν γὰρ
εἰς τὴν ἀρχὴν τολμήσαντες τῶν ἱερῶν χρημάτων ἅψασθαι καὶ διὰ
ξένων τὰς πολιτείας μετέστησαν, κατελύθησαν δ' ἀπορίᾳ χρημάτων,
ἐπειδὴ κατεμισθοφόρησαν τὰ ὑπάρχοντα. Die Vertheidigung ist unwiderleglich.

der Thebaeer daran nichts zu ändern vermocht. An einen Feldzug nach Phokis aber dachte im Frühjahr 346 kein verständiger Mensch in Athen. Von vorn herein hatte Philippos erklärt, dass er die Phokier nicht in den Frieden einschliessen würde; noch bei den letzten Verhandlungen hatten seine Gesandten das ausdrücklich wiederholt; und doch hatte Athen den Frieden angenommen, und Demosthenes selbst hatte in erster Linie dafür gewirkt. Wo bleibt da die Schuld der Gesandten? Dafür aber, dass Philippos seine Versprechungen zu Gunsten Athen's nicht erfüllt hatte, war doch wahrlich nicht Aeschines verantwortlich, sondern die Männer, die im entscheidenden Augenblicke den Staat verhindert hatten, an dem phokischen Feldzuge Theil zu nehmen, und damit den König gezwungen, sich Theben in die Arme zu werfen[1]).

Der Ausgang des Prozesses ist bezeichnend für die herrschende Stimmung. So zweifellos die Unschuld des Angeklagten auch war, so glänzend er sich selbst vertheidigte, und trotzdem Männer wie Eubulos und Phokion ihm als Fürsprecher zur Seite standen[2]), es hing nur an einem Haare und Aeschines wäre verurtheilt worden. Die freisprechende Majorität betrug nur 30 Stimmen[3]); so gross war Demosthenes' Einfluss, und so tief die Erbitterung gegen Philippos.

Hatte Demosthenes im Gerichtssaal eine Niederlage erlitten, so war er dafür in der äusseren Politik um so erfolgreicher. Allerdings nicht so sehr durch eigenes Verdienst. Es waren die beständigen Fortschritte Philipp's, wodurch die kleineren Staaten Mittelgriechenlands bewogen wurden, aus ihrer bisherigen Passivität herauszutreten. Korinth und seine Colonien Leukas und Ambrakia, Korkyra, Akarnanien, Achaia, Megara, Chalkis traten mit Athen in Bündniss[4]). Athen

---

1) Dem. v. d. Ges. 187 ἔστι τοίνυν τις πρόχειρος λόγος πᾶσι τοῖς ἐξαπατᾶν ὑμᾶς βουλομένοις, „οἱ ταράττοντες τὴν πόλιν, οἱ διακωλύοντες Φίλιππον εὖ ποιῆσαι τὴν πόλιν".

2) Aesch. v. d. Ges. 184, Dem. v. d. Ges. 290.

3) Idomeneus bei Plut. Dem. 15, Leben d. X Red. S. 810 B. C. Hypoth. zu Aesch. v. d. Ges. Die Zweifel, ob die Verhandlung wirklich statt gefunden hat, sind von Schaefer widerlegt (Dem. II 387 ff.).

4) Aesch. g. Ktes. 95. 97 f., Dem. v. Kr. 237, Plut. Dem. 17, Leben d. X Redner S. 815 A und der Volksbeschluss daselbst S. 851 A. Ueber die Chronologie s. unten Excurs X: Demosthenes' hellenischer Bund.

14 *

wurde als Vorort anerkannt und erhielt die Führung im
Kriege; in allen inneren Angelegenheiten blieben die theil-
nehmenden Staaten völlig autonom. Die eventuell aufzu-
bringende Kriegsmacht war berechnet auf 100 Trieren, 10 000
Söldner zu Fuss und 1000 zu Pferde; dazu die Bürgeraüf-
gebote der einzelnen Mitglieder. Für die finanziellen Leistungen
wurde ein Maximum nicht festgesetzt, denn, wie Hegesippos
in 'seiner drastischen Weise es ausdrückte: „Der Krieg lässt
sich sein Futter nicht zumessen"[1]).

Demosthenes selbst, begleitet von den Koryphäen seiner
Partei, Hegesippos, Polyeuktos, Lykurgos, Kleitomachos hatte
als Gesandter im Peloponnes die einleitenden Verhandluungen
geführt[2]). Er war es auch gewesen, der seine Mitbürger
vermocht hatte, den alten Ansprüchen auf die Herrschaft in
Euboea zu entsagen, und zuzugeben, dass die Städte der
Insel sich zu einem Bunde um Chalkis zusammenschlossen,
der dann als Ganzes in den neuen hellenischen Bund eintrat[3]). So gelang es, den Tyrannen Kleitarchos von Eretria
von der Verbindung mit Philippos abzuziehen; Oreos freilich
hielt an dem makedonischen Bündniss fest.

Es war ein Erfolg ersten Ranges, den Demosthenes mit
diesen Unterhandlungen erreicht hatte. Was seit dem Falle
Olynth's das beständige Ziel der attischen Politik gewesen
war, was erst Eubulos, und dann er selbst bisher immer vergeblich erstrebt hatten, es war ihm fast ohne sein Zuthun
in den Schooss gefallen. Wohl war auch das Erreichte nur
erst ein vielversprechender Anfang, und Demosthenes war der
Letzte, der sich darüber Illusionen gemacht hätte[4]); aber, wie
das griechische Sprüchwort sagt, der Anfang ist die Hälfte
des Ganzen. Der Erfolg hat gezeigt, dass Demosthenes' Hoffnungen keine leeren Träume gewesen sind, dass auch das
höchste Ziel seiner Politik jetzt erreichbar war, der Bund
zwischen Athen und Boeotien, der einen Widerstand gegen
Philippos in offener Feldschlacht erst möglich machte.

Der König war überrascht von dieser unerwarteten
Energie seines Gegners. Aber er blieb auch jetzt fest ent-

---

1) Theophrast bei Plut. Dem. 17 ὡς οὐ τεταγμένα σιτεῖται πόλεμος.
2) Dem. Phil. III 72; Lykurgos und Kleitomachos fehlen in Σ.
3) Aesch. g. Ktes. 89 ff.
4) Phil. III 23.

schlossen, den Bruch so lange als irgend möglich hinauszuschieben. So nahm er im Frühjahr 342 die abgebrochenen diplomatischen Beziehungen zu Athen wieder auf. Und dass es ihm wirklich ernst war mit der Wiederherstellung eines guten Einvernehmens, zeigen die weitgehenden Concessionen, die er anbieten liess: Abtretung von Halonnesos, Ausdehnung des Friedensvertrages auf alle hellenischen Staaten und Garantie ihrer Freiheit und Unabhängigkeit, Austrag aller schwebenden Streitigkeiten durch ein Schiedsgericht[1]). Athen hätte allen Grund gehabt, mit dem Gebotenen zufrieden zu sein. Es war lächerlich, wegen einer blossen Formfrage die Abtretung von Halonnesos zurückzuweisen; und wenn Athen hier und in den übrigen Punkten in seinem Rechte zu sein glaubte, so bot ja Philippos selbst den Ausweg des Schiedsgerichts an. Die Behauptung, es gäbe keinen hinreichend unparteiischen Staat, um ihm die Entscheidung anzuvertrauen, war doch eine Phrase; Syrakus oder Kyrene z. B. waren bei der ganzen Sache nicht interessirt, und hätten eventuell viel eher Athen als Philippos begünstigt. Aber Demosthenes und Hegesippos wollten eben keine Verständigung; mit voller Absicht trieben sie die Dinge dem Kriege zu. Wer zum Frieden rieth, ward in gewohnter Weise als Verräther verdächtigt, das Schiedsgericht als Athen's unwürdig abgelehnt, mit aller Schroffheit an der Forderung des rechtmässigen Besitzstandes festgehalten, von Halonnesos endlich nicht die Abtretung, sondern die Zurückgabe verlangt. Selbst der Handelsvertrag, den der König mit Athen abschliessen wollte, wurde verweigert[2]). Jede Möglichkeit eines friedlichen Ausgleichs war damit abgeschnitten. Noch war der Krieg nicht erklärt, noch zögerten beide Theile den letzten Schritt zu thun, dessen Folgen Niemand ermessen konnte. Aber der Ausbruch des Entscheidungskampfes war nur noch eine Folge der Zeit.

1) S. das unter Demosthenes' Werken überlieferte Schreiben Philipp's selbst. Ueber die Echtheit Weil, *Harangues de Démosthène* 2. Aufl. S. 403, Blass III 1, S. 348—352.

2) S. Hegesippos' bei dieser Gelegenheit gehaltene Rede über Halonnesos. Dass Demosthenes zustimmte, zeigt seine spätere Politik: ist doch auch die Rede über Halonnesos unter seinem Namen überliefert.

Demosthenes dürfte mit hoher Befriedigung auf die letzten
vier Jahre zurückblicken. Die Taktik, die er gleich nach
dem Frieden des Philokrates eingeschlagen, hatte vollen Erfolg gehabt; Schritt für Schritt waren die Gegner zurückgedrängt worden. Mochte Eubulos noch für einige Jahre
das Finanzwesen leiten, mochte Phokion seinen gewohnten
Platz im Strategion auch jetzt behaupten[1]), es war vorbei
mit dem massgebenden Einfluss, den diese Männer so lange
besessen hatten. Namentlich die Leitung der auswärtigen
Politik liegt seit Philipp's Einmarsch in Phokis unbedingt
in den Händen des Demosthenes und seiner Freunde von
der Volkspartei.

Cap. XIII.

Der zweite Krieg gegen Philippos.

Zum letzten Mal hatte Philippos Athen die Hand zur Versöhnung geboten. Die Hand war zurückgewiesen worden;
in feierlicher Form hatte Demosthenes es erklärt, dass nur
das Schwert noch die schwebenden Differenzen entscheiden
könne. Man dürfte begierig sein, was für Thaten nun auf
die grossen Worte folgen würden.

Aber wie die Dinge in Athen lagen, war bis zum
Beginn des wirklichen Krieges noch ein weiter Schritt. Der
souveräne Pöbel war bereit genug, den mehr oder weniger
feurigen Reden Beifall zu rufen, von denen täglich die Tribüne
wiederhallte; das alte Thema von den Thaten und Tugenden
der Vorfahren war immer seiner Wirkung gewiss. Aber als
es nun Ernst werden sollte, als es galt, für die Grossmachts-
stellung auch mit der That einzutreten, als der Krieg in Sicht

---

1) Dem. v. d. Ges. 289 spricht von τινὲς τῶν ὑφ' ὑμῶν πεπιστευ-
μένων, die Aeschines im Gesandtschaftsprozess zur Seite stehen würden,
mit unverkennbarer Anspielung auf Eubulos und Phokion. Letzterer
bekleidete in diesem Jahr die Strategie, wie Aeschines v. d. Ges. 184
angiebt; es ist also sehr wahrscheinlich, dass auch Eubulos noch eine
öffentliche Stellung inne hatte, d. h. ἐπὶ τὸ θεωρικὸν war. Wenn es
richtig ist, was auf Grund eines freilich nicht entscheidenden Zeug-
nisses (CIA. II 270) gewöhnlich angenommen wird, dass der Bau des
Arsenales 347/6 begonnen habe, so müsste nach Aeschines g. Ktes. 25
Eubulos noch einige Jahre nach dieser Zeit das Finanzwesen geleitet
haben.

kam, da änderte sich mit einem Male die Stimmung. In einer
Handels- und Industriestadt wie Athen wird bei der besitzenden
Klasse der Krieg nie populär sein, solange der Frieden sich
irgend mit Ehren erhalten lässt. Aber auch wer nichts zu
verlieren hatte, wer in Opferschmäusen und Festgeldern, im
Richter- und Ekklesiastensold die höchste Befriedigung irdi-
scher Glückseligkeit sah, auch der musste sich sagen, dass
alle diese schönen Dinge im Frieden weit sicherer und reichlicher zu haben waren, als selbst während des glücklichsten
Krieges. Und wer seinen Blick weiter richtete, wem jede
Sorge um das persönliche Interesse fern lag, konnte den Bruch
mit Philippos nicht leichten Herzens herankommen sehen. Hatte
doch der letzte Krieg die gewaltige militärische Ueberlegenheit des Königs unwiderleglich bewiesen; und wenn auch
Athen jetzt viel stärker dastand, als vor vier Jahren, so
hatten sich die Hülfsquellen Makedoniens in der Zwischenzeit in noch höherem Masse entwickelt. Der Krieg blieb ein
unverantwortliches Abenteuer, wenn nicht eine zweite Grossmacht sich mit Athen gegen Philippos verband, der Grosskönig
oder Theben oder noch besser beide zugleich. Aber eine Verständigung mit Theben zu hoffen schien wie die Dinge lagen
eine Utopie[1]); und gegen die Allianz mit dem Grosskönig
musste sich sträuben wer nur einen Funken Nationalgefühl
in der Brust hatte. Dass es unter diesen Umständen mit
dem Kriegsenthusiasmus in Athen sehr übel bestellt war, kann
wirklich nicht Wunder nehmen.

Ja, wenn Philippos Athen den Krieg erklärt, wenn er den
Colonialbesitz des Staates in Thrakien angegriffen hätte, die
Bürgerschaft würde wie ein Mann sich zur Abwehr erhoben
haben. Das attische Volk hat später oft genug bewiesen,
welchen Heroismus' in solchen Lagen es fähig war. Aber
Philippos hütete sich sehr wohl, Demosthenes den Gefallen
zu thun, zuerst zum Angriff zu schreiten. Mit der pein-
lichsten Gewissenhaftigkeit respektirte er das Gebiet Athens
und der attischen Bundesgenossen; Demosthenes, soviel er
darum gegeben hätte, kann ihm keine einzige formelle Verletzung des Friedens vorwerfen. Was die Redner der Volkspartei nicht müde werden in der Ekklesie immer von Neuem

1) Dem. v. Kr. 163—68.

hervorzuheben, sind die Fortschritte der makedonischen Macht
in innerer Consolidirung und Einfluss nach Aussen; aber wenn
Philippos in dieser Richtung rastlos thätig war, so übte er damit nur die Rechte, die jedem souveräuen Herrscher zustehen.
Gewiss, in diesen steten Fortschritten Philipp's lag eine furchtbare Gefahr für Athen; aber war denn etwa das Bündniss
Athen's mit Megara, mit Euboea, mit Korinth keine Gefahr
für Makedonien? Was dem Einen recht ist, ist dem Andern
doch billig; und wenn man auch von Demosthenes oder Hegesippos natürlich eine so objective Auffassung der Lage nicht
erwarten kann, die Geschichtsschreibung wenigstens sollte sich
nicht von Parteiphrasen blenden lassen.

Gegenüber dieser Strömung der öffentlichen Meinung
hatte Demosthenes mit seiner Kriegspolitik einen schweren
Stand; all' sein Einfluss war zunächst machtlos, dem Volke
eine Kriegserklärung abzuringen. Aber als Haupt der Regierung hatte er Mittel genug, auf Umwegen das zu erreichen,
was ihm auf dem geraden Wege zu erreichen versagt blieb.
Wenn die offene Kriegserklärung nicht durchzusetzen war,
so liessen sich die Feindseligkeiten auch ohne Kriegserklärung
beginnen; die vollendeten Thatsachen sorgten dann für
den Rest.

Der thrakische Chersonnes hatte von jeher als die wichtigste unter Athen's auswärtigen Besitzungen gegolten; es
war geradezu eine Lebensfrage für den Staat, zu verhindern,
dass sich am Hellesponte eine fremde Macht festsetzte. Doppelt wichtig aber war dieser Besitz, seit Thrakien in Abhängig-
keit von Philippos gerathen war; war doch hier jetzt der einzige Punkt, wo attisches und makedonisches Gebiet unmittelbar aneinander grenzten. Wie die Dinge lagen, war also
das Commando auf dem Chersonnes eine der verantwortungs-
vollsten Stellungen im ganzen attischen Reiche; es ist natürlich, dass Demosthenes Sorge trug, dieses Commando einem
zuverlässigen Offizier anzuvertrauen.

Seit dem Sommer 343 finden wir als Befehlshaber im
Chersonnes Diopeithes von Sunion [1]), einen Mann, eng befreundet mit seinem Gaugenossen Hegesandros [2]), und dadurch

1) Dem. Phil. III 15, Philochor. fr. 134, s. Schaefer Dem. II S. 421 f.

2) Aesch. g. Tim. 63 Διοπείθει τῷ Σουνιεῖ, δημότῃ τ' ὄντι τῷ
Ἡγησάνδρῳ καὶ ἤδη ποτὲ καὶ χρησαμένῳ.

auch Demosthenes nahestehend. Freilich hatte der Strat
im Chersonnes zunächst mehr mit administrativen, als mit
militärischen Geschäften zu thun; denn bei dem herrschenden
Frieden hielt man es in Athen für überflüssig, ein stehendes
Truppencorps zum Schutz der Colonie zu unterhalten[1]), und
Diopeithes' ganze Macht beschränkte sich auf die wenigen
Trieren, die bei Sestos in Station lagen.

Was ihm seine Regierung verweigert hatte, beschloss
Diopeithes sich selbst zu verschaffen; war er doch auf alle
Fälle sicher, an Demosthenes einen mächtigen Rückhalt zu
finden. Die Grenzstreitigkeiten mit Kardia boten den Vorwand zur Anwerbung eines Söldnercorps. Die Mittel dazu
gab die Freibeuterei auf dem Hellespont; jedes neutrale Kauf-
fahrteischiff wurde angehalten, wenn es sich nicht durch
Zahlung einer Geldsumme auslöste. Es war ein Verfahren,
das leider nicht ohne Präcedenz in den Annalen Athen's dastand. Und als Philippos seinen angegriffenen Bundesgenossen,
den Kardianern, Hülfstruppen schickte, nahm Diopeithes keinen
Anstand mehr, die makedonische Grenze zu überschreiten,
und die nächsten Distrikte zu verheeren[2]).

Frivoler ist nie ein Krieg angefangen worden, als dieser
angebliche Befreiungskampf der Hellenen von der makedonischen „Barbarenherrschaft“. Es war recht, als ob die Radicalen Athen's der Welt zeigen wollten, wie so gar nichts
ihnen an göttlichem und menschlichem Rechte gelegen war[3]).
Wenn Demosthenes den Krieg für nothwendig, oder für vor-
theilhaft hielt, so war ja gar nichts dagegen zu sagen, dass
er ihn erklärte; dass er den Krieg aber in einer so perfiden
und hinterlistigen Weise vom Zaune brach, lässt sich wohl
verstehen, aber nimmermehr entschuldigen.

Philippos stand mit seinem grossen und kriegsgeübten
Heere nur wenige Tagemärsche von der Grenze des attischen
Chersonnes; nichts hätte ihn gehindert, der Gewalt mit Gewalt zu begegnen, und die attischen Besitzungen in Thrakien
militärisch zu occupiren. Aber so sehr auch das gute Recht
auf seiner Seite stand, er hielt auch jetzt an sich, und be-

1) Dem. v. Chers. 26.
2) Schaefer Dem. II S. 422 f.
3) Spengel, Δημηγορίαι I S. 112, II S. 282.

gnügte sich, auf diplomatischem Wege für Diopeithes' Grenz-
verletzung Genugthuung zu verlangen [1]).

In Rath und Volksversammlung in Athen folgten jetzt
sehr erregte Verhandlungen [2]). Jeder wusste, dass Krieg oder
Frieden an der Entscheidung hing. An der Schuld des Diopeithes konnte kein Zweifel sein; wer ohne Weisung durch
Volksbeschluss eine befreundete Macht mit Krieg überzog,
der war des Hochverraths schuldig, und hatte den Tod verdient. So war es einst den Strategen ergangen, die eigenmächtig den Angriff der Thebaeer auf die Kadmeia unterstützt hatten; und eben dasselbe, oder doch mindestens die
Amtsentsetzung forderte die Opposition jetzt gegen Diopeithes [3]). Die ganze doppelzüngige Politik des Demosthenes
wurde aufs Schärfste angegriffen [4]); und wir können nicht
sagen, dass die Opposition im Unrecht war, wenn sie entweder eine Politik ehrlichen Krieges, oder eine Politik ehrlichen Friedens verlangte [5]).

Demosthenes spielte ein gefährliches Spiel; eine einzige
Abstimmung konnte alles vernichten, was er in vierjähriger
Arbeit geschaffen hatte. Hätte Diopeithes, ehe er das Gebiet
Philipp's verletzte, die Autorisation dazu durch einen Volksbeschluss nachgesucht, kein Zweifel, er würde sie niemals
erhalten haben. Jetzt aber stand die Bürgerschaft vor den
vollendeten Thatsachen; jetzt hatte man nur noch die Wahl
entweder das Geschehene zu billigen, und alle Folgen davon
auf den Staat zu nehmen, oder sich vor Philippos zu demüthigen,
und einen tapferen Offizier aufzuopfern. So gering der Kriegsenthusiasmus der meisten Athener war, dazu konnten sie sich
doch nicht entschliessen. Demosthenes' hinreissende Beredsamkeit, seine grosse Popularität that das Uebrige [6]); Philipp's

----

1) Dem. Chers. 16 und die übrigen von Schaefer II 424 A. 1 angeführten Stellen.

2) Dem. Chers. 2 ff.

3) Dem. Chers. 28 εἰς τὸν Ἑλλήσποντον εἰσπέμπειν ἕτερον στρατηγόν, natürlich nicht, wie die Ausleger wollen, „um Diopeithes zu
wehren" (Schaefer II S. 425), sondern um ihn im Befehl zu ersetzen.

4) Dem. Chers. 52—57 διαρπάξειν τινὲς τὰ χρήματα βούλονται ...
βούλονται πόλεμόν τινες ποιῆσαι παρ' ὑμῖν.

5) A. a. O. 4 ἢ πολεμεῖν ἁπλῶς ἢ τὴν εἰρήνην ἄγειν συμβουλεύειν.

6) Bekanntlich ist die Rede vom Chersonnes bei dieser Verhandlung gehalten.

Forderungen wurden zurückgewiesen, für Diopeithes Verstärkungen bewilligt[1]).

Demosthenes war endlich am Ziele. Was er trotz all' seines Einflusses so lange Jahre nicht hatte erreichen können, die Zustimmung · des Volkes zu seiner Kriegspolitik, jetzt hatte er es durchgesetzt. Die Kraft der Opposition war nach der letzten Niederlage gebrochen, ungehindert konnte Demosthenes der Politik des Staates die Richtung geben.

In seiner gewaltigen Kriegsrede, der dritten Philippika, entwickelt er sein Programm: umfassende Rüstungen zur See und zu Lande, politische Propaganda in den neutralen Staaten. Es ist charakteristisch, dass die Abschaffung der Theorika mit keinem Worte erwähnt wird, vielmehr die erforderlichen Mittel durchaus durch direkte Besteuerung aufgebracht werden sollen. Wenn Demosthenes hier seiner eigenen politischen Vergangenheit ins Gesicht schlägt, so ist das ein neuer Beweis für die alte Erfahrung, dass gewisse Dinge vom Tisch der Regierung aus sich ganz anders ansehen, als von den Bänken der Opposition[2]).

Dass Demosthenes' Anträge angenommen wurden, liegt in der Natur der Sache, und wird bestätigt durch den Verlauf der folgenden Ereignisse. Athen's militärische Leistungen während der nächsten Jahre sind derart, dass sie kaum Jemand dem Staat noch zugetraut hätte. Weniger glänzend waren die Resultate der politischen Propaganda. Allerdings die durch Philippos zunächst bedrohten Städte am Hellespont: Abydos, Byzantion und die davon abhängigen Orte traten in Bund mit Athen[3]); in Rhodos und Chios aber war das alte Misstrauen gegen Athen noch zu lebhaft, als dass hier etwas Anderes hätte erreicht werden können, als das Versprechen einer Hülfsflotte für Byzantion[4]).

Leider aber hat Demosthenes sich nicht darauf beschränkt,

---

1) Dem. Phil. III 15, Philipp's Brief 3.

2) Vergl. die Ausführung über das Theorikon in der IV. Philippika 35—45. Die Echtheit vertheidigt, wenn auch zweifelnd, Weil *Harangues* 2. Aufl. S. 365. Es liegt in der That in dem Inhalte des Stückes kein Grund, es Demosthenes abzusprechen.

3) Dem. v. Kr. 302.

4) Schaefer II S. 452. 1.

hellenische Staaten gegen Philippos aufzurufen. Auf seinen
Antrag ging eine Gesandtschaft unter Ephialtes zum Grosskönig, um eine persische Intervention zu Gunsten Athen's zu
veranlassen[1]). Es war zwar keineswegs etwas Unerhörtes,
was Demosthenes damit that. Seit zuerst die Spartaner das
athenische Reich mit persischer Hülfe gestürzt, seit Athen
dann durch dasselbe Mittel sich von der spartanischen Herrschaft befreit hatte, war bei allen wichtigen internationalen
Verhandlungen in Griechenland der Stimme des Grosskönigs
ein hervorragender Einfluss zugestanden worden. Aber eine
bewaffnete Intervention Persiens in die hellenischen Angelegenheiten war doch seit der Schlacht bei Knidos nicht mehr
vorgekommen, und auch um persische Subsidien zu betteln
hatte seitdem nur das stets antinational gesinnte Theben die
Schamlosigkeit gehabt. Es war traurig, dass man in Athen
nun auch soweit gekommen war; und durch die Schuld des
Mannes, der bei jeder Gelegenheit die Phrasen von der Freiheit und Unabhängigkeit der Hellenen im Munde führte.
Und doppelt schimpflich für Athen, sich mit dem Erbfeind
des griechischen Namens zu verbinden gegen Philippos, der
die Befreiung der asiatischen Hellenen vom Barbarenjoch auf
seine Fahne geschrieben hatte. Aber ganz abgesehen von
alle dem, es war auch eine falsche Politik, die Athen die
wenigen Sympathien vollends entfremden musste, die es noch
im übrigen Hellas besass. Philipp's Pläne sind hierdurch weit
mehr gefördert worden, als eine oberflächliche Geschichtsschreibung zugeben will.

Einen wirklichen Nutzen hat Athen von dieser Anknüpfung der Beziehungen zu Persien nicht gehabt. Subsidien
an den attischen Staat wurden in beleidigender Sprache
verweigert[2]); dagegen erhielten einzelne der einflussreichsten
Mitglieder der Regierungspartei grössere Summen; so Diopeithes[3]) und wie es hiess, auch Demosthenes selbst[4]). Jedenfalls galt er seitdem für den hauptsächlichsten Agenten
des Perserkönigs in Hellas.

---

1) Dem. Phil. III 71, Philipp's Brief 6.
2) Aesch. g. Ktes. 238 ἐγὼ ὑμῖν χρυσίον οὐ δώσω, schrieb der
König, μή με αἰτεῖτε· οὐ γὰρ λήψεσθε.
3) Arist. Rhet. II 8 S. 1386.
4) Leben d. X Redner S. 847 F. 848 E.

Die Anfang 341 ins Werk gesetzte politische Propaganda hatte also im Ganzen recht klägliche Resultate geliefert. Es galt zu versuchen, ob mit den Waffen in der Hand sich mehr erreichen liess. Vor Allem war es nothwendig, sich Euboea's ganz zu versichern. Denn der vorm Jahre mit Kallias von Chalkis geschlossene Vertrag war nur zum Theil zur Ausführung gekommen; Kleitarchos von Eretria war in den neuen euboeischen Bund eingetreten, aber in Oreos behauptete sich nach wie vor der Parteigänger Philipp's Philistides. Gegen ihn ging im Juni 341 eine Expedition unter dem Strategen Kephisophon von Aphidna in See. Kallias und die Truppen von Chalkis schlossen sich an; Oreos wurde genommen und musste in den euboeischen Bund eintreten[1]).

Ein formeller Friedensbruch war diese Expedition nicht; denn bei Abschluss des Vertrages von 346 war Oreos noch nicht mit Philippos verbündet. Auch hat es der König verschmäht, später in seinem Kriegsmanifest Athen aus dieser Sache einen Vorwurf zu machen. Aber eine frivole Rechtsverletzung in Diopeithes' Art war es, wenn Kallias von Athen aus leere Kriegsschiffe überlassen wurden, mit denen er die kleinen Städte am Pagasischen Meerbusen in seine Gewalt brachte; oder wenn die Bürger der attischen Bundesstadt Peparethos das nahe Halonnesos überfielen, und die makedonische Besatzung gefangen nahmen. Dass Kephisophon inzwischen ruhig bei Skiathos liegen blieb, und das thätliche Vorgehen den Bundesgenossen überliess, machte die Sache nicht besser; die Verantwortung für den Friedensbruch fiel schliesslich doch auf Athen zurück[2]).

Um dieselbe Zeit etwa liess Demosthenes einen Courier Philipp's aufgreifen; die Depeschen die er bei sich hatte wurden erbrochen, und von der Rednerbühne verlesen[3]). Noch schlimmer erging es einem gewissen Anaxinos aus Oreos, den Demosthenes in Athen als Agenten Philipp's verhaften und hinrichten liess[4]). Dass Demosthenes das möglichste Capital gegen seine politischen Gegner aus diesem Zwischenfalle zu schlagen wusste, war selbstverständlich. So sollte Aeschines

1) Schol. Aesch. g. Ktes. 85.
2) Philipp's Brief 6. 12 f., Aesch. g. Ktes. 83, Dem. v. Kr. 70.
3) Philipp's Brief 2.
4) Aesch. g. Ktes. 223 ff.

heimlich mit Anaxinos zusammengekommen sein; Grund genug
ihn des Einverständnisses mit Philippos zu beschuldigen[1]). Es
wurde alles darangesetzt, eine Verschwörung zum Sturz der
bestehenden Verfassung zu entdecken, bei der Aeschines die
Hauptrolle spielen sollte; gefälschte Correspondenzen, Verhaftung angeblicher Spione, Tortur gegen die Verhafteten.
Doch alles vergebens[2]); die Anklage fiel durch ihre eigene Absurdität zusammen. Aber das wenigstens erreichte Demosthenes,
dass die Gegenpartei gründlich terrorisirt wurde, dass keines von
ihren Mitgliedern mehr sich auf die Rednerbühne wagte, oder
vor Gericht gegen Demosthenes und seine Freunde einschritt[3]).

Philippos hatte indessen, unbeirrt durch das Treiben der
Gegner, die Unterwerfung Thrakiens zu Ende geführt. Im
Sommer 340 war endlich aller Widerstand im inneren Lande
gebrochen, mit den meisten Griechenstädten an der Küste
Verträge geschlossen. Nur Byzantion und Perinthos wei-
gerten noch der Oberherrschaft des Königs die Anerkennung.
Sollte nicht alles Errungene in Frage gestellt werden, so
galt es auch diesen letzten Widerstand niederzuwerfen.

Freilich, es war klar, dass der Angriff auf Byzantion
den so lange drohenden Kampf mit Athen zum Ausbruch bringen musste. Aber wie die Sachen lagen, war dieser Krieg
doch unvermeidlich. Hatte der König bisher, trotz aller Uebergriffe der Athener, den Frieden mit scrupulösester Genauigkeit
beobachtet, so hielt er sich jetzt für berechtigt, auch seinerseits dem Gegner Gleiches mit Gleichem zu vergelten. Um
seiner Flotte die Einfahrt in den Hellespont zu ermöglichen,
liess er seine Truppen in den Chersonnes einrücken, ohne
im Uebrigen den Versuch zu machen, die festen Plätze der
Halbinsel in seine Gewalt zu bringen, oder das Eigenthum
der attischen Kleruchen zu schädigen[4]). Nur die Handelschiffe

---

1) Dem. v. Kr. 137.

2) Aesch. a a. O. 225 *ἐπιστολὰς δὲ σιγῶ ψευδεῖς καὶ κατασκόπων
συλλήψεις καὶ βασάνους ἐπ' αἰτίαις ἀγεννήτοις, ὡς ἐμοῦ μετά τινων
ἐν τῇ πόλει νεωτερίζειν βουλομένου.* Wäre dabei irgend etwas gegen
Aeschines herausgekommen, Demosthenes würde nicht versäumt haben
ihm den Prozess zu machen.

3) Aesch. g. Ktes. 223 *οὕτω δὲ ταῖς αἰτίαις ἐνέφραξας τὰς κατὰ
σαυτοῦ τιμωρίας, ὥστε τὸν κίνδυνον εἶναι μὴ σοὶ τῷ ἀδικήσαντι, ἀλλὰ
τοῖς ἐπεξιοῦσι.*

4) Philipp's Brief 16, Dem. v. Kr. 139.

der Athener und ihrer Verbündeten liess er in der Propontis als Prisen aufbringen [1]). Zugleich richtete er sein Kriegsmanifest an die Regierung Athens [2]).

Demosthenes' Antwort war die Niederreissung der Stele des philokratischen Friedens [3]). Chares erhielt Befehl, mit seinen 40 Schiffen von Thasos nach dem Hellespont abzugehen [4]); eine zweite Flotte, zu der auch Kephisophon's Geschwader zu stossen bestimmt war, wurde im Peiraeeus ausgerüstet, zum Theil, auf Hypereides' Antrag, aus freiwilligen Beisteuern der Bürger [5]). Ehe aber Phokion mit diesem Geschwader nach Byzanz abgehen konnte, gab es in der Nähe zu thun. In Eretria regierte noch immer der Tyrann Kleitarchos. Freilich hatte er sich den Umständen gefügt, und war dem euboeischen Synedrion beigetreten. Aber im Herzen misstraute ihm Demosthenes immer noch; auch war es jetzt doppelt wichtig, keinen heimlichen Feind im Rücken zu lassen. So erhielt Phokion den Befehl, Kleitarchos aus Eretria zu vertreiben, keine schwere Aufgabe bei der grossen Macht, über die man verfügte [6]). Und ebenso gelang es, Philippos zum Aufheben der Belagerung von Byzantion und Perinthos zu nöthigen.

Unterdessen war der König bemüht gewesen, während er selbst im Hellespont beschäftigt war, den Athenern einen Krieg in Griechenland zu erregen, und vor Allem zu hindern, was er am Meisten fürchtete, eine Annäherung zwischen Athen und Boeotien. Eine Ungeschicklichkeit der früheren attischen Regierung selbst bot ihm die Handhabe. Man hatte während des phokischen Krieges alte Beutestücke von Plataeae restauriren lassen, die in Delphi geweiht und laut der Aufschrift „von den Medern und Thebaern" gewonnen waren. Vom Standpunkte der orthodoxen Mitglieder des Amphiktyonenbundes konnte das allerdings als religiöser Frevel, als

1) Dem. v. Kr. 73, 139, Schaefer II S. 471. 6.

2) Die als XII. Stück der demosthenischen Redensammlung überlieferte Ἐπιστολὴ Φιλίππου. Ueber die Echtheit Weil, *Harangues de Démosthène* 2. Aufl. S. 402 f. und Blass III 1, S. 348 f.

3) Philochoros fr. 135, Aesch. g. Ktes. 55, Diod. XVI 77.

4) Plut. Phok. 14, Schaefer II S. 475.

5) Leben d. X Redner S. 850 f., Schaefer II S. 468. 1, 480.

6) Schaefer Dem. II S. 463, Schol. Aeschin. g. Ktes. 103.

Theilnahme an der Asebie der Phokier ausgelegt werden; denn
erst die Entsühnung des Tempels nach der Einnahme von
Delphi durch Philippos hatte der heiligen Stätte ihre Weihe
wiedergegeben. So traten denn die Lokrer von Amphissa auf,
und beantragten in der Amphiktyonenversammlung vom Herbst
340 gegen Athen eine Busse von 50 Talenten [1]).

Es war eine sehr ernste Gefahr, die Athen von hier
drohte. Die Stimmung der grossen Mehrzahl der Amphiktyonen, der thessalischen Völker besonders, war alles eher als
athenerfreundlich; und Theben musste mit seinem ganzen
Einfluss die Anklage unterstützen. Unter diesen Umständen war eine Verurtheilung Athen's fast mit Sicherheit vorauszusehen; und ebenso sicher war es, dass Athen sich dem
Spruche nicht fügen würde. Gelang es dann den makedonischen Gesandten, die Lage geschickt auszunutzen, so kam
vielleicht ein amphiktyonischer Krieg gegen Athen zu Stande.
wie er vor vier Jahren gedroht hatte; wenn es aber auch nicht
so weit kam, so war doch der Ausschluss Athen's von den
Versammlungen in Delphi gewiss, und vor Allem jede Verständigung zwischen Athen und Theben auf lange hinaus unmöglich gemacht.

Glücklicherweise hatte Athen diesmal den rechten Mann
an der rechten Stelle. Die letzten Wahlen für die Festgesandtschaft nach Delphi hatten zu einer Niederlage der demosthenischen Partei geführt; neben Meidias von Anagyrus, Eubulos' Freunde und Demosthenes' altem Gegner, und Thrasykles
von Lekkon war Aeschines zum Pylagoren gewählt worden [2]).
Wie eine solche Wahl damals möglich war, ist schwer zu verstehen; vielleicht erkannte das Volk mit richtigem Takte, dass
in Delphi Männer gemässigter Richtung am Platze wären,
besonders aber eine Autorität auf dem Gebiete des Amphik-
tyonenrechts wie Aeschines.

Und Aeschines wusste, wie der Schlag zu pariren war.
Statt sich auf eine Widerlegung der Beschuldigungen einzulassen, die den klaren Thatsachen gegenüber doch unmöglich
war, schleuderte er seinerseits noch schwerere Anklagen gegen
die Amphisser. Seine Taktik hatte den vollsten Erfolg; die

---

1) Aesch. g. Ktes. 116—18.
2) Aesch. g. Ktes. 115, Dem. v. Kr. 149.

Amphiktyonen beschlossen sogleich die Expedition gegen Amphissa, und da die Lokrer der Gewalt mit Gewalt begegneten, wurde der heilige Krieg gegen Amphissa proklamirt. Die Anklage gegen Athen war vergessen[1]).

Wohl hatte Aeschines Grund, mit Stolz auf das Erreichte zu blicken; die Art, wie er zehn Jahre später im Prozess gegen Demosthenes die Hauptstellen seiner delphischen Rede wiederholt, zeigt, wie sehr er sich dessen bewusst war. Es war der Höhepunkt seiner politischen Laufbahn. Durch sein Verdienst war die Gefahr eines amphiktyonischen Krieges von der Vaterstadt abgewendet, waren die Folgen des perfiden Anschlages gegen Athen auf seine eigenen Urheber zurückgefallen. Aber das war nur das Geringste. Welche Aussicht, wenn Athen die neugeschaffene Lage benutzte, wenn es den Muth hatte, sich an die Spitze des Kriegszuges gegen Lokris zu stellen, wie ihm seinen Traditionen nach zukam! Auf der Basis der gemeinsamen Verehrung gegen das delphische Heiligthum und durch Vermittelung der Thessaler hätte sich dann der Krieg gegen Philippos leicht beilegen lassen; der König hätte nichts Besseres gewünscht[2]). Dann konnten beide, Makedonier und Athener, ihre Waffen gegen Theben wenden, jene Burg des Perserkönigs in Hellas, die Philippos zu seinen Füssen sehen musste, ehe er an die Verwirklichung seiner nationalen Pläne ging.

Hätte Aeschines jetzt in seiner Vaterstadt denselben Einfluss besessen, den seine Beredsamkeit ihm soeben in Delphi verschafft hatte, wie anders würde sich die Geschichte von Athen und Hellas gestaltet haben! Und in der That, einen Augenblick schien es, als ob besonnene Erwägungen bei der attischen Bürgerschaft den Sieg davontragen würden über die künstlich erregte Parteileidenschaft[3]). Das eben musste Demosthenes mit allen Kräften verhindern; war es doch klar,

---

1) Aesch. g. Ktes. 118—124.

2) So auch Schaefer (II 503) „Aber irre ich nicht, waren die Absichten, welche Philippos beim Amphiktyonenrathe verfolgte, unmittelbarer gegen Theben als gegen Athen gerichtet". Einem Kriege Philipp's gegen Theben musste natürlich die Versöhnung mit Athen vorhergehen; der König konnte nicht ohne Noth gegen beide Grossmächte gleichzeitig kämpfen wollen.

3) Aesch. g. Ktes. 125 τὰς πράξεις ἡμῶν ἀποδεξαμένου τοῦ δήμου καὶ τῆς πόλεως πάσης προαιρουμένης εὐσεβεῖν.

dass die Theilnahme Athen's am Kriege gegen Amphissa der
erste Schritt war zur Aussöhnung mit Philippos, und damit
zum Sturze der Partei, die seit fünf Jahren den Staat leitete.
Wir staunen über die Kühnheit, mit der Demosthenes es fertig
brachte, aus Aeschines' Verdiensten um Athen Anklagen wider
seinen Gegner zu schmieden. Was war klarer, als dass Aeschines durch sein energisches Auftreten in Delphi Athen vor
der Gefahr eines amphiktyonischen Krieges bewahrt hatte?
Und doch hat Demosthenes den Muth, seinem Gegner vorzuwerfen, er habe in Delphi im Auftrage Philipp's gehandelt,
dem Könige den Weg nach Griechenland gebahnt, amphiktyonischen Krieg gegen Athen entzündet[1]). Die Ereignisse
der nächsten Jahre, wie sie als logische Folge der Politik des Demosthenes sich entwickelt haben, haben diesen
Anschuldigungen allerdings einen gewissen Schein von Berechtigung gegeben, aber einen Schein, der nur den trügen
kann, dessen Urtheil an der Oberfläche der Dinge haften bleibt.
Was wäre denn geschehen, wenn Aeschines zur Anklage der
Amphisser geschwiegen hätte, wenn in Folge dessen der am-
phiktyonische Krieg gegen Athen in Delphi beschlossen worden wäre? Dann hätte ja Philippos einen viel besseren Vorwand gehabt, gegen Athen zu marschiren, und vor Allem,
er hätte dann Theben auf seiner Seite gehabt, jenes selbe
Theben, das er tödtlich verletzte, wenn er die Execution gegen
Amphissa übernahm. Und vor Allem, brauchte denn Philippos
überhaupt einen Vorwand zum Feldzuge gegen Athen? Er
war ja mit Athen in erklärtem Kriege, war das denn nicht
Vorwand genug? Und wer hätte ihn denn hindern sollen?
Die Thessaler, seine ergebenen Bundesgenossen, oder die Peloponnesier, die die Zeit nicht erwarten konnten, dass Philippos
auf der Halbinsel erschien? Oder die Thebaeer? Aber die
haben ja im Entscheidungskampfe so wie so gegen ihn gestanden. Wir sehen, dieser angebliche Verrath des Aeschines
wäre nicht nur ganz zwecklos gewesen, sondern er hätte
Philipp's Interessen nur Nachtheil gebracht. In den erregten
Debatten der athenischen Volksversammlung waren Demosthenes' Anklagen ganz am Platze; für den Pöbel von Athen war
das Märchen von dem Barbarenkönig, der sich scheute, den

1) Dem. v. Kr. 143, Aesch. g. Ktes. 125 f.

geheiligten Boden von Hellas zu betreten, gerade gut genug. Aber muss denn die „Geschichtsschreibung" solche Dinge noch heute wiederholen?

Demosthenes setzte es durch, dass die athenischen Gesandten der ausserordentlichen Amphiktyonenversammlung fern blieben, die über den Krieg gegen Amphissa berathen sollte[1]). Damit war ausgesprochen, dass Athen an dem Kriege überhaupt keinen Theil nehmen würde. Die natürliche Folge dieser Abstensionspolitik musste denn sein, dass Philippos der Oberbefehl übertragen wurde, sobald er von seinem skythischen Feldzuge zurückgekehrt war. Wenn dann Athen, der „gottesfürchtigste Staat in Hellas", wieder einmal Lust hatte, mit den Tempelschändern gemeinsame Sache zu machen, so fand es an den Lokrern von Amphissa bereite Verbündete; nur Schade, dass diese neuen Bundesgenossen selbst des Schutzes viel mehr bedürftig waren, als im Stande, Athen zu Hülfe zu kommen.

Indessen, wie die Lage sich jetzt gestaltete, lag ein viel grösserer Erfolg im Bereiche der Möglichkeit. War Theben schon seit dem Ende des phokischen Krieges gegen Philippos verstimmt, weil es nicht alles erhalten hatte, worauf es Anspruch zu haben glaubte[2]), so musste der Angriff auf Amphissa diese Verstimmung bedeutend erhöhen. Denn Amphissa war seit langer Zeit eine treue Verbündete Theben's; und dass die boeotischen Gesandten ebenso wie die athenischen sich von jener letzten ausserordentlichen Amphiktyonenversammlung fern gehalten hatten[3]), war ein bedeutsames Vorzeichen der kommenden Dinge.

So war die Stimmung in Theben, als Philippos im Sommer 339 Elateia besetzte. Den Eindruck, den dieses Ereigniss in Athen hervorbrachte, hat uns Demosthenes in einer der ergreifendsten Stellen seiner Reden geschildert; wir dürfen sicher sein, dass man in Theben nicht minder tief das Entscheidungsvolle des Moments empfand. Aber während Athen sein Verhalten von den Umständen selbst vorgezeichnet war, hatte Boeotien noch volle Actionsfreiheit; und aller menschlichen

---

1) Aesch. g. Ktes. 126.

2) Dem. Phil. III 34, g. Phil. Brief 4, Aesch. g. Ktes. 140, v. d. Ges. 111.

3) Aesch. g. Ktes. 128.

Voraussicht nach hing an seiner Entscheidung der Ausgang
des Krieges. Darum sehen wir Philippos ebenso wie Demosthenes bemüht, Theben auf ihre Seite hinüberzuziehen; beide
Theile überboten sich in Versprechungen[1]). Aber es war nun
einmal das Verhängniss Theben's, in jeder grossen Krisis im
Leben der Nation auf Seiten derer zu stehen, deren Ziel es
war, die Einheit und Freiheit der Nation zu hindern oder
zu zerstören. So hatte Theben einst bei Plataeae an der Seite
der Meder gegen Hellas gekämpft; so nach dem Ende des
peloponnesischen Krieges kein Bedenken getragen, persische
Hülfe gegen Sparta herbeizurufen. Selbst zur Zeit seiner
grössten Machtentfaltung hatte der von Epameinondas und
Pelopidas geleitete Staat sich nicht gescheut, die Hegemonie
in Griechenland sich von der Gnade des Grosskönigs übertragen zu lassen, und damit das offene Geständniss abgelegt,
dass Theben eigentlich nichts weiter sei, als ein Vasallen-
staat Persiens. Wie war es möglich, dass ein so im inner-
sten Grunde antinational gesinnter Staat sich mit dem König
verband, dessen letztes Ziel der Nationalkrieg gegen Persien
war? Ein unnatürlicheres Bündniss wäre nicht zu denken
gewesen. Aber es gab auch sonst Gründe genug, die eine
Allianz Boeotien's mit Philippos zur Unmöglichkeit machten.
Was konnte der König als Preis dafür anbieten? Ein Stück
von Attika, Euboea vielleicht, höchstens noch Megara; nimmermehr aber Herstellung der thebacischen Hegemonie, wie
sie vor dem phokischen Kriege gewesen war. Neben Makedonien stand Theben, wie es einst im peloponnesischen Kriege
neben Sparta gestanden hatte, als Hülfsmacht zweiten Ranges;
und siegte Philippos, dann blieb Theben gar keine andere
Wahl, als dem Fahrwasser der makedonischen Politik blind-
lings zu folgen.

Wie anders dagegen, wenn Theben auf die Vorschläge
des Demosthenes einging. Als Rival zu Lande war Athen
nicht zu fürchten, und unterlag Philippos, dann war die Wiederherstellung des boeotischen Einflusses in Phokis und Thessalien der Siegespreis. Dann war Theben mit einem Schlage
wieder eine Grossmacht, wie einst in Pelopidas' und Epameinondas' Zeit. Um den Ausgang aber wird man in Theben

1) Dem. v. Kr. 213 f.

noch viel weniger besorgt gewesen sein, als in Athen. Umgab doch der Nimbus von Leuktra noch immer die boeotische Phalanx; und hier noch mehr wie sonst war man gewohnt, die eigenen Kräfte zu überschätzen.

Unter diesen Umständen konnte die Entscheidung nicht zweifelhaft sein. Das Bündniss mit Athen wurde abgeschlossen, und die thebaeischen Staatsmänner benutzten die Zwangslage, in der Athen sich befand, ihre Hülfe sich so theuer als möglich bezahlen zu lassen. Demosthenes war es zufrieden, wenn er nur die ersehnte Allianz um welchen Preis immer erhalten konnte. Zum ersten Male erkannte Athen jetzt die Oberherrschaft Theben's in Boeotien an; verzichtete damit auf die Wiederherstellung seiner alten Bundesstädte Plataeae und Thespiae; auch Oropos wurde als boeotischer Besitz anerkannt. Der Oberbefehl zu Lande wurde, thatsächlich wenigstens, an Theben überlassen, der zur See sollte von beiden Theilen gemeinsam geführt werden; die Kriegskosten dagegen Athen zu $2/_3$, Theben nur zu $1/_3$ tragen[1]). Es waren Bedingungen, die vielen in Athen unwürdig schienen, und Demosthenes' Feinden reichen Stoff zu Anklagen boten[2]); aber wie die Dinge lagen, war das thebaeische Bündniss immer noch billig erkauft.

In der That, es war ein grosser Erfolg, den Demosthenes errungen hatte, und der Stolz berechtigt, mit dem er sein ganzes Leben lang darauf zurückblickte. Wohl ist es kindlich, zu meinen, die schönen Worte, die Demosthenes in der Volksversammlung zu Theben sprach, hätten Boeotien auf die attische Seite herübergezogen. Solche Wunder wirkt die Beredsamkeit nicht. Es war vielmehr die ganze politische Lage, die Theben's Entscheidung gebieterisch bestimmte, die ihm eigentlich gar keine andere Wahl liess, als das attische Bündniss. Aber Demosthenes' Verdienst bleibt es, das Eintreten dieser Lage vorhergesehen[3]), und seit Jahren alles darauf vorbereitet zu haben, dass im entscheidenden Augenblicke in wenigen Stunden eine Verständigung möglich war. Hat sich Demosthenes sonst nicht immer als einen

---

1) Aesch. g. Ktes. 142, Dem. v. Kr. 238.

2) Aesch. g. Ktes. 106 αἰσχρὰν καὶ οὐδαμῶς ἴσην τὴν πρὸς Θηβαίους συμμαχίαν γράψας.

3) Vergl. schon v. Fried. 16.

weitschauenden Staatsmann bewährt, hier verdient er den
Namen.

Auch nach Innen befestigte sich seine Stellung immer
mehr. Schon während des byzantischen Krieges war er zum
ausserordentlichen Commissar für die Marine (ἐπιστάτης τοῦ
ναυτικοῦ) erwählt worden[1]), und hatte als solcher eine Reform
der Trierarchie bewirkt, wodurch der höhere Mittelstand entlastet, die Reichen aber in viel stärkerem Masse zu der Leistung herangezogen wurden[2]). Der Ring der „Dreihundert"
hatte alles aufgeboten, das Zustandekommen des Gesetzes zu
hindern; vergebens[3]). Auch die Anfechtung vor Gericht gestaltete sich nur zu einem neuen Triumph für Demosthenes;
der Ankläger erhielt nicht einmal ⅕ der Stimmen[4]). Jetzt
konnte Demosthenes den letzten Schritt thun, und sein altes
finanzpolitisches Ideal verwirklichen, die Suspendirung der
Zahlung des Theorikon für die Kriegsdauer[5]). Die Verwaltung
der mit diesen Geldern neugebildeten Kriegscasse wurde Ha-
bron von Bate übertragen, dem Schwager von Demosthenes'
vertrautem Freunde Lykurgos[6]); an die Spitze der gesammten
Finanzverwaltung des Staates aber trat Lykurgos selbst. Nichts
ist vielleicht charakteristischer für die herrschende Stimmung,
als dass Phokion, der so lange Zeit jahraus jahrein im Strategion gesessen hatte, mochte nun Eubulos oder Demosthenes
den leitenden Einfluss besitzen, jetzt bei der Wahl für 339/8
unterlag[7]). An den grossen Panathenäen des folgenden Jahres
wurde auf Hypereides' Antrag Demosthenes mit dem goldenen
Kranze geehrt; so verdient die Auszeichnung war, sie war
etwas voreilig[8]).

---

1) Aesch. g. Ktes. 222.

2) S. das nähere Böckh Seewesen Cap. XII, Schaefer II S. 490 f.

3) Dem. v. Kr. 107, Deinarch. g. Dem. 42.

4) Dem. v. Kr. 103.

5) Philochoros fr. 135 Λυσιμαχίδης Ἀχαρνεύς· ἐπὶ τούτου τὰ μὲν
ἔργα τὰ περὶ τοὺς νεωσοίκους καὶ τὴν σκευοθήκην ἀνεβάλοντο διὰ τὸν
πόλεμον πρὸς Φίλιππον· τὰ δὲ χρήματ' ἐψηφίσαντο πάντ' εἶναι στρα-
τιωτικά, Δημοσθένους γράψαντος.

6) Leben d. X Redner S. 842 f.

7) Plut. Phok. 16. Da Phokion 341/0 (Schol. Aesch. g. Ktes. 103),
und 340 39 (Plut. Phok. 14 und die Seeurkunden) die Strategie bekleidet hat, so kann sich die Angabe nur auf die Wahl für 339 8
beziehen.

8) Dem. v. Kr. 222 f., Leben d. X Reder S. 846 A. 848 E.

Wenige Tage später fiel bei Chaeroneia die Entscheidung.
Das stolze Gebäude des hellenischen Bundes, das Demosthenes
gegen Philippos aufgeführt hatte, brach jählings zusammen.
Ohne Widerstand öffnete Theben die Thore, und eine makedonische Besatzung zog in die Kadmeia ein; nichts hinderte
Philippos die attische Grenze zu überschreiten, und die Belagerung der Stadt zu beginnen.

Indess die herrschende Partei in Athen gab ihre Sache
auch jetzt nicht verloren. Noch stand die Regierungs-
maschine ihr unbedingt zur Verfügung[1]). Wie einst nach
der Schlacht bei Aegospotamoi wurde die Parole: Krieg bis
aufs Messer ausgegeben, Attika in Vertheidigungszustand gesetzt; die Bevölkerung mit ihrer werthvollsten Habe strömte
nach den festen Plätzen zusammen[2]). Lykurg sorgte für die
Beschaffung der nöthigen Geldmittel, von allen Seiten flossen
ihm freiwillige Beiträge zu[3]). Alle Bürger bis zu 60 Jahren
wurden zu den Waffen gerufen[4]). Und nicht genug damit,
beantragte Hypereides die weitgehendsten Beschlüsse: jedem
Schutzverwandten sollte das Bürgerrecht, jedem Sklaven die
Freiheit gegeben werden; die Atimen sollten in ihren Rechten hergestellt, die Verbannten zurückgerufen werden. So
hoffte Hypereides über 150 000 Mann zur Vertheidigung Athen's
zusammenzubringen[5]); was verschlug es, wenn darüber alle
staatliche Ordnung in Stücke ging?

Für die Leitung der Vertheidigung war Charidemos von
Acharnae in Aussicht genommen[6]), ein Offizier, der ganz der
Mann war für den Widerstand bis zum Aeussersten. In einem
wüsten Söldnerleben hatte er reiche kriegerische Erfahrung
gesammelt; seine Verdienste hatten ihm, dem Fremden, das
attische Bürgerrecht eingetragen; Philippos, der ihn selbst
besiegt, der seinen Schwiegervater Kersobleptes entthront

---

1) Deinarch. g.Dem. 78, Dem. v. Kr. 247 f.
2) Lykurg. g. Leokr. 16. 44, Dem. v. Kr. 247 f.
3) Deinarch. g. Dem. 80, Dem. v. Kr. 114. 171, Leben d. X Redner
S. 851 A. und das Ehrendecret für Lykurgos.
4) Lykurg. g. Leokr. 39.
5) Hypereides g. Aristog. fr. 31—33 Blass, Leben d. X R. S. 849 A,
Lykurg. g. Leokr. 41.
6) Plut. Phok. 16 τῶν θορυβοποιῶν καὶ νεωτεριστῶν ἐν ἄστει τὸν
Χαρίδημον ἑλκόντων ἐπὶ τὸ βῆμα καὶ στρατηγεῖν ἀξιούντων.

hatte, hasste er mit der ganzen Glut seiner Seele. Solange
der Oberbefehl in seinen Händen lag, konnte von Frieden
keine Rede sein [1]). Aber jetzt zeigte es sich, welch' tödtlicher
Schlag die Schlacht bei Chaeroneia für die Partei der Unversöhnlichen gewesen war. Wie ein Mann erhoben sich die
besitzenden Klassen; der Areiopag trat auf ihre Seite, Charidemos' Wahl wurde cassirt, und Phokion das Commando in
Attika anvertraut [2]). Demosthenes selbst verlor jetzt den Muth;
wie er bei Chaeroneia seinen Schild fortgeworfen hatte, so
brannte ihm nun in Athen der Boden unter den Füssen.
Er nahm ein Kriegsschiff und segelte aus dem Peiraeeus, um
Geld von den Bundesgenossen einzutreiben, und für die Verproviantirung der Stadt zu sorgen [3]). So entging er der
Nothwendigkeit, zum zweiten Mal der Bürgerschaft den Frieden mit Philippos empfehlen zu müssen.

Cap. XIV.

Demosthenes und Demades.

Philippos hatte von Anfang an die Herstellung eines
guten Einvernehmens mit Athen als das höchste Ziel seiner
Politik angesehen. Was er schon nach Beendigung des phokischen Krieges offiziös hatte erklären lassen, nicht Athen
betrachte er als seinen Feind, sondern Theben, dafür konnte
er jetzt durch die That den Beweis geben. Statt nach der
Besetzung der Kadmeia sogleich in Attika einzurücken, hielt
er seine Truppen an der Grenze zurück. Er, der Sieger, war
es, der die ersten Vorschläge zum Frieden that.

Unter den Gefangenen von Chaeroneia befand sich Demades von Paeania. Eines Führmanns Sohn, hatte ihm in
seiner Jugend die Gelegenheit zu rhetorischen und philoso-
phischen Studien gefehlt; was er war, verdankte er der eigenen Kraft und der Schule der Volksversammlung [4]). Die Gabe

---

1) Schaefer Dem. III S. 7 f.
2) Plut. Phok. 16 ἐφοβήθησαν οἱ βέλτιστοι· καὶ τὴν ἐξ Ἀρείου
πάγου βουλὴν ἔχοντες ἐν τῷ δήμῳ δεόμενοι καὶ δακρύοντες μόλις
ἔπεισαν ἐπιτρέψαι τῷ Φωκίωνι τὴν πόλιν.
3) Dem. v. Kr. 248, Aesch. g. Ktes. 159. 209, Dein. g. Dem. 80 f.
4) Stob. Anthol. 29, 91 Δημάδης ἐρωτηθείς, τίς αὐτοῦ διδάσκαλος

der Beredsamkeit war ihm angeboren, wie kaum einem Zweiten; wenn andere ihre Reden mühsam ausfeilten, sprach Demades unter der Inspiration des Augenblicks, und selten verfehlten seine Worte ihre Wirkung. Theophrast hat nicht Anstand genommen, ihn als den ersten Redner zu bezeichnen, den das Athen seiner Zeit hervorgebracht; Demosthenes sei ein Redner würdig des Staates, Demades aber grösser als der Staat[1]). Doch was unsere Bewunderung am meisten erregt, ist der klare, vorurtheilsfreie Blick, mit dem er an die politischen Fragen herantrat. Von vorn herein erkannte er, dass der Kampf gegen Philippos den Staat ins Verderben führe, dass die Zeit als Grossmacht aufzutreten für Athen vorüber sei[2]). Schon in der olynthischen Frage und bei dem Streit um Halonnesos soll er Demosthenes Opposition gemacht haben[3]); aber bei den ungünstigen Verhältnissen, unter denen er seine politische Laufbahn begann, konnte er erst viel später zu Einfluss gelangen, als seine Altersgenossen, die Advocaten Hypereides und Demosthenes.

Jetzt ging Demades in Philipp's Auftrag nach Athen zur Anknüpfung der Unterhandlungen. Er kam im richtigen Augenblick, als die erste Aufregung nach dem Schlage von Chaeroneia vorüber war, und mit Phokion's Wahl zum Strategen die Besitzenden wieder Einfluss auf die Leitung des Staates erlangt hatten. Das Entgegenkommen des Königs wurde unter diesen Umständen nicht zurückgewiesen; die hervorragendsten Männer der Friedenspartei, Phokion, Aeschines und Demades selbst gingen als Gesandte ins makedonische Lager[4]).

Philippos war entschlossen, nur das Allernothwendigste von Athen zu verlangen. Die Souveränität des Staates, die

---

γεγονὼς εἴη, Τὸ τῶν Ἀθηναίων, ἔφη, βῆμα, ἐμφαίνων ὅτι ἡ διὰ τῶν πραγμάτων ἐμπειρία κρείττων πάσης σοφιστικῆς διδασκαλίας ἐστί.

1) Die Belege bei Blass Bereds. III 2, S. 236 ff. und Schaefer Dem. III 3, S. 19 f.

2) Vergl. die bekannten Aussprüche τὰ ναυάγια πολιτεύεσθαι τῆς πόλεως (Plut. Mor. 803 A.) und πόλιν (παρέλαβον) οὐ τὴν ἐπὶ τῶν προγόνων, τὴν ναύμαχον, ἀλλὰ γραῦν, σανδάλια ὑποδεδεμένην καὶ πτισάνην ῥοφοῦσαν (Demetr. περὶ ἑρμηνείας § 285).

3) Schaefer III 1, S. 21, Suidas u. d. N., Tzetzes Chil. VI 119.

4) Suidas Δημάδης 3, Aesch. g. Ktes. 227, Dem. v. Kr. 282 ff., Plut. Phok. 17, Nep. Phoc. 1 und Schaefer III 1, S. 23.

Integrität des Gebietes einschliesslich der auswärtigen Besitzungen wurde gewährleistet; für den Chersonnes sollte
Oropos als Entschädigung dienen. Dass der von Demosthenes
gegründete hellenische Bund sowohl wie der Rest des alten
Seebundes aufgelöst wurde, war kaum ein Opfer zu nennen;
nach dem Schlage von Chaeroneia fehlte Athen doch das
moralische Ansehn seine Stellung als Vorort länger zu behaupten. Zugleich gab der König das Versprechen, die Kriegs-
gefangenen ohne Lösegeld zu entlassen.

Es waren Bedingungen, so günstig wie sie ein besiegter
Staat wohl nie in ähnlicher Lage erhalten hat, und in Athen
sicher Niemand sie zu hoffen gewagt hätte. Mochte es auch
jetzt noch Unversöhnliche geben, die zur Verwerfung der
Vorschläge riethen, die grosse Majorität des Volkes war von
solcher Verblendung weit entfernt. Nach Demades' Antrag
wurde der Frieden auf die vom Könige gestellten Bedingungen
angenommen, und auch der Eintritt Athen's in den zu gründen-
den hellenischen Bund beschlossen, trotz Phokion's Rath, sich
nicht im Voraus die Hände zu binden[1]). Dem Könige Philippos,
seinem Sohne Alexandros, seinen Gesandten Alkimachos und
Antipatros wurden alle die Ehrenbezeugungen decretirt, welche
die internationale Höflichkeit bei solchen Anlässen vor-
schrieb[2]). Ja auf Demades' Vorschlag wurde selbst Euthy-
krates von Olynth, der seine Vaterstadt an Philippos verrathen
haben sollte, und der seitdem am makedonischen Hofe ein-
flussreich war, die attische Proxenie übertragen, ein Decret,
wegen dessen freilich Hypereides später den Antragsteller vor
Gericht belangte[3]).

Der geschlossene Frieden war in noch höherem Masse
als die Schlacht bei Chaeroneia eine Niederlage der Partei
des Demosthenes. Hatte sich bei Chaeroneia gezeigt, dass
Demosthenes den Staat in den Kampf getrieben hatte, ohne
die eigenen Mittel und die Mittel des Gegners gegen einander abzuwägen, so zeigte der Frieden, dass diese ganze
Kriegspolitik auf einer falschen Voraussetzung beruht hatte.
Wie oft hatte nicht Demosthenes in der Volksversammlung

---

1) Plut. Phok. 16.
2) Schaefer III 1, S. 29. 4.
3) Suidas unter Δημάδης, und die Fragmente von Hypereides'
Rede κατὰ Δημάδου παρανόμων, fr. 79—89 Blass.

bewiesen, dass Philipp's Ziel die Vernichtung Athen's sei[1]);
jetzt hatten ihn die unwiderleglichen Thatsachen Lügen gestraft. Wenn Philippos als Sieger den Athenern solche Bedingungen bewilligt hatte, was hätte sich von ihm erlangen
lassen zu der Zeit, als er noch nicht der unumschränkte Gebieter von Hellas war. Konnte es eine glänzendere Rechtfertigung der Politik geben, die Phokion und Aeschines beständig empfohlen hatten?

Aber soviel auch die Regierung an Einfluss und an
moralischem Ansehn verloren haben mochte, zunächst blieb
sie am Ruder, bis neue Wahlen andere Männer an die Spitze
des Staates führten. Das Terrain dafür vorzubereiten, den
Fall der Regierung zu beschleunigen griff die Opposition auch
jetzt zu dem Mittel, das allen Parteien gleichmässig geläufig
war, der Anklage der Gegner vor Gericht; und da auch die
Regierungspartei ihren Feinden die Antwort nicht schuldig
blieb, bot Athen nach dem Frieden wieder einmal das wider-
liche Schauspiel eines mit allen Kräften geführten Prozess-
krieges.

Hypereides hatte sich mit seinem ultra-revolutionären
Decret über das Massenaufgebot die stärkste Blösse gegeben.
Es war eine Massregel, deren revolutionären Charakter ihr Urheber selbst nicht in Abrede stellen konnte[2]). Doch das
mochte hingehen, wenn Athen nur gerettet wurde; im Kriege
schweigen bekanntlich die Gesetze. Die Frage war nur, ob
der Antrag des Hypereides, wenn angenommen, Athen wirklich zum Heile gereicht hätte? Unsere Phantasie sträubt
sich, uns auszumalen, was dann geschehen wäre. An 100000
Sklaven, gestern noch als Sache behandelt, und zum grossen
Theil in den Bergwerken zu lebenslänglicher unterirdischer
Zwangsarbeit verdammt, und jetzt mit einem Schlage befreit
und bewaffnet gegenüber einer Bürgerschaft von kaum
20000 erwachsenen Männern. Was war von einer solchen
Barbarenhorde zu erwarten, sobald sie ihrer numerischen

---

1) v. Chers. 60 οὐ γὰρ ὑφ' αὑτῷ τὴν πόλιν ποιήσεσθαι βούλεται
Φίλιππος, ἀλλ' ὅλως ἀνελεῖν. οἶδεν γὰρ ἀκριβῶς ὅτι δουλεύειν μὲν
ὑμεῖς οὔτ' ἐθελήσετε, οὔτε, ἂν ἐθελήσητε, ἐπιστήσεσθε.
2) Hypereid. g. Aristog. fr. 31. 32 Blass οὐκ ἐγὼ τὸ ψήφισμ'
ἔγραψα, ἢ δ' ἐν Χαιρωνείᾳ μάχη . . . ἐπεσκότει μοι τὰ Μακεδόνων
ὅπλα.

Ueberlegenheit zum Bewusstsein kam? Eine Anarchie ohne
Gleichen würde über Athen hereingebrochen sein, und die
Bürgerschaft selbst hätte schliesslich Philippos als Retter her-
beirufen müssen.

Gegen diesen Antrag, der zum Glück für Athen todter
Buchstabe geblieben war, erhob jetzt Aristogeiton die Anklage, einer der begabtesten Redner der Friedenspartei[1]). Der
Angriff richtete sich nicht gegen Hypereides allein, sondern
gegen das ganze Regierungssystem der letzten Jahre, besonders gegen die „nichtswürden Hallunken" Demosthenes und
Lykurgos[2]). Aber Aristogeiton fand an Hypereides seinen
Meister, und wurde mit seiner Anklage vom Gericht abgewiesen. Und ebenso erfolglos blieben die Anklagen, mit
denen Sosikles, Philokrates, Diondas, Melantos und Aristogeiton selbst gegen Demosthenes vorgingen, als dieser nach
Abschluss des Friedens von seiner Fahrt im aegaeischen Meere
zurückgekehrt war. Oft erhielten die Ankläger nicht einmal
das gesetzliche Fünftel der Stimmen[3]).

Ging die Regierung als Siegerin aus diesen Prozessen
hervor, so war sie nicht minder glücklich in ihren Angriffen
auf die Gegenpartei. Hier war Lykurgos der Vorkämpfer,
der mit wahrer Leidenschaft sich dem Berufe des Staats-
anwalts hingab. Tag und Nacht brütete er über seinen Reden[4]);
kein Sophismus war ihm zu schlecht, keine Uebertreibung zu
grell, wenn nur der Gegner damit zu verderben war[5]). Keine
Strafe genügte ihm, als der Tod; wie einst von Drakon's
Gesetzen, hiess es von seinen Reden, sie seien mit Blut geschrieben[6]). Und er war ein furchtbarer Feind; denn seine

─────────

1) Blass Beredsamkeit III 2, S. 247—52. Wieweit die masslosen
Schmähungen begründet sind, mit denen seine politischen Gegner,
Lykurgos vor Allen, Aristogeiton's Privatleben überschüttet haben,
können wir nicht controlliren.

2) Aristog. fr. 6, Müller bei Tzetzes Chil. VI 93 κνώδαλα τὰ
ἐξάγιστα τῶν τρισαλιτηρίων | ὁ Δημοσθένης ἅμα τε καὶ ὁ Λυκοῦργος,
λέγω. Vergl. auch fr. 5 bei Gregorius Corinth. ad Hermog. B. VII,
S. 1272.

3) Dem. v. Kr. 249 f., g. Aristog. 1 36 f.

4) Leben der X Redner S. 842 C.

5) Man lese die Rede gegen Leokrates. Vergl. Blass III 2, S. 78.

6) Leben der X Redner S. 841 D. Λυκοῦργον οὐ μέλανι, ἀλλὰ
θανάτῳ χρίοντα τὸν κάλαμον κατὰ τῶν πονηρῶν οὕτω συγγράφειν.

erprobte Rechtschaffenheit, seine altväterische Religiosität, seine vornehme Abkunft gaben seinen Worten ein moralisches Gewicht, dem der Gerichtshof sich nur selten entziehen konnte[1]). Hat doch dieser „sittliche Ernst", den Lykurgos bei jeder passenden und unpassenden Gelegenheit zur Schau trug, auch Manchen unter uns Neueren imponirt; Andere freilich werden ein Grauen nicht überwinden können beim Anblick dieses athenischen Grossinquisitors[2]).

Lykurgos' erstes Opfer war ein angesehener Areopagit Autolykos. Nach der Schlacht bei Chaeroneia hatte er seine Familie nach auswärts in Sicherheit gebracht; bei der Aussicht auf eine Belagerung ein höchst verständiger Schritt, der möglichst viel Nachahmung verdient hätte. Aber so harmlos die Sache auch war, Lykurgos wusste sie zum Verbrechen des Hochverraths aufzubauschen, und die Richter sprachen wirklich in seinem Sinne das Urtheil[3]).

Dann kam an den Strategen Lysikles die Reihe, der mit Chares bei Chaeroneia befehligt hatte. Die Regierung brauchte einen Sündenbock, dem sie die Verantwortung für den leichtsinnig unternommenen und geführten Krieg aufbürden konnte. Mit allem Pathos, dessen er fähig war, führte Lykurgos die Anklage; und die Richter waren nur zu bereit, nach seinem Antrag auf den Tod zu erkennen[4]).

Bald gewann die Volkspartei ihren vollen politischen Einfluss zurück. Hatte Demosthenes in der ersten Zeit nach dem Frieden sich den Geschäften ferngehalten, und die Leitung der Volksversammlung Männern gemässigterer Richtung überlassen, wie seinem Freunde Nausikles[5]) und dem Friedensstifter Demades, so nahm er jetzt wieder thätigen Antheil

---

1) [Demosth.] Briefe III 6 οὕτω δ' ἐπιστεύετ' αὐτῷ καὶ δημοτικὸν παρὰ πάντας ἡγεῖσθε, ὥστε πολλὰ τῶν δικαίων ἐν τῷ φῆσαι Λυκοῦργον ἐκρίνετε καὶ τουθ' ὑμῖν ἐξήρκει. Leb. d. X Red. S. 841 E, Hypereid. f. Euxenippos 26, 18 ff., Diod. XVI 88.

2) Schon Cicero (Brutus 130) *M. Brutus magnum fuit, Brute dedecus generi vestro, qui . . . accusationem factitaverit, ut Athenis Lycurgus.*

3) Die Stellen bei Schaefer III 1, S. 68. 3.

4) Diod. XVI 88.

5) Aesch. g. Ktes. 159 ὑμεῖς δὲ κατὰ μὲν τοὺς πρώτους χρόνους οὐδ' ἐπὶ τὰ ψηφίσματα εἴατε τὸ Δημοσθένους ἐπιγράφειν ὄνομα, ἀλλὰ Ναυσικλεῖ τοῦτο προσετάττετε. Plut. Dem. 21.

an den Geschäften des Staates. Der Winter kam, und damit
die Zeit des attischen Todtenfestes; an der Frage, wem
die Ehre zu Theil werden sollte, die Grabrede auf die bei
Chaeroneia gefallenen Kämpfer zu halten massen die Parteien
ihre Kräfte. Eine günstigere Gelegenheit zum Angriff auf
die Regierung war gar nicht zu denken; mussten doch aller
Schmerz und alle Trauer in voller Frische lebendig werden
am Grabe der Tapferen, die Demosthenes' Politik nutzlos
dahingeopfert. Aber so rücksichtslos auch Aeschines und
Pythokles alle Fehler der Vergangenheit aufdeckten, so wenig
Demosthenes' Haltung in der Schlacht ihn würdig erscheinen
liess, seinen gefallenen Kameraden den Nachruf zu halten,
es war alles vergebens; die Wahl des Volkes fiel doch auf
Demosthenes[1]). Und so war denn in feierlichster Weise ausgesprochen, dass die Majorität der Bürgerschaft auch jetzt
fortfuhr, in Demosthenes den Mann ihres Vertrauens zu
sehen, trotz allen Unglücks, das unter seiner Leitung über
den Staat gekommen war.

Demosthenes' Stellung war jetzt fester als je. An den
Archaeresien im folgenden Frühjahr wurde er zum Verwalter
der Theorikencasse erwählt, bald darauf ihm die Leitung
der Ausbesserung der Festungswerke übertragen. In beiden Aemtern sorgte er durch wohlberechnete Freigebigkeit
aus eigenen Mitteln für Vermehrung seiner Popularität[2]).

Hieran knüpfte sein Freund Ktesiphon an, als er im
Rathe den Antrag stellte, Demosthenes an den grossen
Dionysien 336 mit einem goldenen Kranze zu krönen. Der
Vorschlag war gewiss sehr gut gemeint, aber dem politischen
Urtheil seines Urhebers machte er wenig Ehre. Es war schon
bedenklich genug, dass die attische Regierung fast ausnahmslos aus Männern zusammengesetzt war, die der bestehenden Ordnung in Hellas feindlich gesinnt waren; den
Mann aber, der das erklärte Haupt der antimakedonischen
Partei war, der aus seinen persischen Sympathien kein Hehl
machte, in solcher Weise zu ehren gerade jetzt, wo der Feldzug in Asien eben eröffnet war, das war eine Herausforderung
an Philippos, die dieser kaum ungerügt hingehen lassen

1) Schaefer III 1, S. 32 f.
2) Aesch. g. Ktes. 24 ff., Dem. v. Kr. 113, Schaefer III 1, S. 73—76.

konnte. Oder wollte Ktesiphon im persischen Interesse einen Bruch herbeiführen? Natürlich setzte die gemässigte Partei alles in Bewegung, den Antrag zu Falle zu bringen; als der Rath ihn angenommen hatte, und die Sache vor die Volksversammlung kam, erhob Aeschines die Klage wegen Gesetzwidrigkeit. Auch Demosthenes selbst scheint die ihm zugedachte Ehrenbezeugung in diesem Augenblicke nicht für opportun gehalten zu haben, und bewog Ktesiphon den Antrag fallen zu lassen; erst nach sechs Jahren, unter ganz veränderten politischen Verhältnissen haben die Gerichte darüber entschieden[1]).

So war das Aergste zwar abgewendet. Aber die Verstimmung am Hofe von Pella blieb; es war nöthig, einen neuen Beweis der Loyalität Athen's zu geben. Der goldene Kranz, der Demosthenes zugedacht war, wurde für Philippos bestimmt, und der Beschluss gefasst, jeden auszuliefern, der es wagen würde ein Attentat auf den König zu machen. Eine Gesandtschaft überbrachte die Decrete nach Makedonien[2]).

Da fiel allen unerwartet Philippos durch Mörderhand. Wohl durfte Demosthenes aufathmen, als er die Nachricht von dem Tode seines grossen Gegners erhielt, und den Schmerz um die einzige Tochter vergessen, die er vor wenigen Tagen zu Grabe getragen hatte. Aber dass er seine Freude in so lärmender Weise zur Schau trug, dass er den Kranz auf dem Haupte, im weissen Festkleide in den Rath ging, und ein Dankopfer brachte, dass er den Mörder als Wohlthäter Athen's feierte, das giebt uns den traurigen Beweis, dass dieser Mann bei all' seiner sonstigen Grösse doch im Grunde seines Charakters gemein und ohne wahren Adel der Seele gewesen ist[3]).

Die Zeit der Revanche für Chaeronea schien jetzt ge-

---

1) Schaefer III 1, S. 76 ff.

2 Diod. XVI 92.

3 So urtheilten schon die besten der Zeitgenossen, Phokion z. B. (Plut. Phok. 16 Φιλίππου δ' ἀποθανόντος εὐαγγέλια θύειν τὸν δῆμον οὐκ εἴα· καὶ γὰρ ἀγεννὲς εἶναι ἐπιχαίρειν) und Aeschines (g. Ktes. 77. 160). Erst uns Neueren ist es vorbehalten gewesen, auf Grund der „Ethik des Alterthums" Demosthenes' Verhalten zu rechtfertigen. Aber wie sagt denn schon der homerische Odysseus zur Euryklcia? Ἐν θυμῷ, γρηῦ, χαῖρε καὶ ἴσχεο μηδ' ὀλόλυζε· οὐχ ὁσίη κταμένοισιν ἐπ' ἀνδράσιν εὐχετάασθαι (χ 411 f.).

kommen zu sein. Gährte es doch überall gegen die makedonische Herrschaft; und welcher Widerstand liess sich denn von dem „Margites" in Pella erwarten, dessen eigener Thron noch so wenig befestigt war? Umsonst mahnte Phokion zur Vorsicht; er wusste, dass Philippos einen ebenbürtigen Nachfolger hinterlassen hatte.

Indessen allen diesen Plänen machte Alexander ein Ende durch die überraschende Schnelligkeit, mit der er an der Spitze der Armee seines Vaters im Herzen Griechenlands erschien. Von allen Seiten wurde ihm als Schirmherr gehuldigt; und auch Athen beeilte sich durch Absendung einer Gesandtschaft unter Demades seine Ergebenheit zu beweisen, und das Vergangene zu entschuldigen. Dass Demosthenes trotz seiner Wahl zum Gesandten es vorzog zu Hause zu bleiben, ist nach allem was vorgefallen war sehr begreiflich[1]).

Seine Revanchepläne gab Demosthenes trotz dieses Misserfolges auch jetzt nicht auf. Liess sich in Griechenland keine allgemeine Erhebung zu Stande bringen, so blieb die Hoffnung auf Persien. Vor vier Jahren freilich hatte König Artaxerxes die Bitte der Athener um Subsidien in schroffer Weise zurückgewiesen; aber unterdessen war der Krieg zwischen Persien und Makedonien ausgebrochen, und König Dareios durch sein eigenes Interesse gezwungen, mit der antimakedonischen Partei in Griechenland in Verbindung zu treten. Demosthenes, dieser „Vorkämpfer der hellenischen Freiheit" trug kein Bedenken, sich zum Vertreter der persischen Interessen in Griechenland herzugeben[2]); eine Summe von 300 Talenten wurde in seine Hände gelegt, um sie nach bestem Ermessen zum Vortheil des Grosskönigs zu verwenden[3]).

Die Gelegenheit dazu fand sich eher, als Demosthenes und seine Auftraggeber gehofft haben mochten. Auf das

---

1) Diod. XVII 4, Dein. g. Dem. 82, Aesch. g. Ktes. 161, Plut. Dem. 23.

2) Aesch. g. Ktes. 259 ὁ μετὰ τῶν βαρβάρων ὁμολογῶν τοῖς Ἕλληοιν ἀντιπράττειν. Das ist der schwarze Punkt in Demosthenes' Laufbahn, der bei aller Bewunderung doch keine Sympathie für ihn aufkommen lässt. Vergl. Demetrios (von Magnesia) bei Plut. Dem. 14.

3) Die urkundlichen Beweise dafür wurden später bei der Einnahme von Sardeis vorgefunden. Plut. Dem. 20. Aus diesen Urkunden Aesch. g. Ktes. 239 f., Dein. g. Dem. 10. 18.

Gerücht, Alexander sei in Illyrien gefallen, erhob sich Theben gegen die makedonische Herrschaft. Nach Demosthenes' Antrag beschloss das Volk von Athen der Nachbarstadt Hülfe zu leisten, Heer und Flotte wurden in Bereitschaft gestellt, Theben aus den persischen Subsidiengeldern mit Kriegsmaterial unterstützt[1]), eine Gesandtschaft an den Grosskönig geschickt, um ein förmliches Bündniss mit Persien abzuschliessen. Es waren Iphikrates, der Sohn des berühmten Feldherrn, Aristogeiton und Dropides, die zu diesem Zweck nach Asien gingen[2]).

Aber die Götter meinten es wieder einmal besser mit Athen, als die Männer, die an der Spitze des Staates standen. Ehe Athen noch Zeit gehabt hatte, das Geringste gegen Alexander zu unternehmen, war Theben gefallen; und die furchtbare Bestrafung der bundbrüchigen Stadt nahm selbst den Kriegslustigsten den Muth. Freilich, auch Athen hatte die beschworenen Verträge gebrochen, aber wenigstens zu offenen Feindseligkeiten war es nicht gekommen; die Lage war im Wesentlichen dieselbe wie im vorigen Jahr, und wie damals, so war es vielleicht auch jetzt möglich das Aeusserste abzuwenden.

Wieder war es Demades, dem die Aufgabe der Vermittelung zufiel[3]). Aber diesmal hatte er einen schwereren Stand. Allerdings war Alexander bereit, den Bundesbruch zu verzeihen; aber er glaubte Garantien fordern zu müssen, dass dasselbe Spiel sich nicht bei nächster Gelegenheit wiederholte. Er verlangte, dass die Civil- und Militärbeamten, die für die Haltung Athen's während der letzten Ereignisse die Verantwortung trugen, ihm ausgeliefert würden, um von dem Synedrion des hellenischen Bundes gerichtet zu werden. Es waren die Staatsmänner Demosthenes, Lykurgos, Hypereides, Polyeuktos, Moerokles, und die Strategen Chares, Diotimos, Ephialtes, Thrasybulos und Charidemos[4]).

---

1) Diod. XVII 8, Plut. Dem. 23, Leb. d. X Redner S. 847 B.

2) Arr. Anab. II 15, 2, III 24, 4, Curtius III 13. 15. Ueber die Zeit der Gesandtschaft Schaefer III 1, S. 109. 5.

3) Arrian. Anab. I 10, 3.

4) Suidas u. Ἀντίπατρος. Bei Arr. Anab. I 10, 4 fehlt Thrasybulos wohl nur durch ein Versehen. Von der Auslieferung von 10 Männern spricht auch Diodor XVII 15. Ebenso nach Plut. Dem. 23

In Athen wurde diese Forderung Alexander's mit sehr gemischten Empfindungen aufgenommen. Dass die Besitzenden nicht gerade trauerten bei der Aussicht, mit einem Schlage von der Kriegsgefahr, und zugleich von ihren gefährlichsten Gegnern daheim befreit zu werden, ist sehr begreiflich; ihr Führer Phokion trat denn auch rückhaltslos für die Bewilligung der Forderung ein [1]). Und ebenso natürlich ist es, dass die Radicalen mit allen Kräften sich dem widersetzten, und dass namentlich die von der Auslieferung bedrohten Parteihäupter mit Aufgebot ihres ganzen Einflusses gegen das drohende Schicksal ankämpften. Dieser Einfluss war denn auch stark genug, die Majorität der Volksversammlung mit sich fortzureissen [2]). Und nun geschah das Unerwartete. Demades redigirte einen Volksbeschluss, der in der versöhnlichsten Form das makedonische Ultimatum zurückwies; er selbst und Phokion übernahmen es, diesen Beschluss Alexander zu überbringen [3]). Und wirklich setzten sie es durch, dass der König von seiner Forderung abstand; nur Charidemos, der Unversöhnlichste der Unversöhnlichen, sollte in die Verbannung gehen, damit doch wenigstens der Schein gewahrt würde. Charidemos ging nach Asien in persische Dienste; Chares, Ephialtes und Thrasybulos sind ihm bald dahin gefolgt [4]).

Dass es bei dieser Intervention des Demades zu Gunsten seiner politischen und persönlichen Feinde nicht mit rechten Dingen zugegangen sein könne, davon war ganz Athen überzeugt. Man erzählte sich, dass Demosthenes ihn mit fünf Talenten bestochen habe [5]); wobei nur der niedrige Tarif überrascht, nach dem diese demokratischen Helden taxirt wurden, nicht einmal elende 3000 Drachmen auf den Kopf! Die abgeschmackte Erfindung bedarf keiner Widerlegung; war denn

---

Idomeneus und Duris; und dieselbe Liste hat ohne Zweifel Plut. Phok. 17 vor sich gehabt. Dem gegenüber kann die abweichende Angabe bei Plut. Dem. 23, οἱ πλεῖστοι καὶ δοκιμώτατοι τῶν συγγραφέων hätten nur 8 Namen genannt, kein Gewicht beanspruchen. Auf dieser Liste fehlen Hypereides, Chares, Diotimos, Thrasybulos, dafür erscheinen die ganz unbedeutenden Politiker Demon und Kallistheues.

1) Plut. Phok. 17, Diod. XVII 15.
2) Diod. XVII 15, Plut. Dem. 23.
3) Diod. XVII 15, Plut. Phok. 17, Dem. 23, Alex. 13.
4) Arr. Anab. I 10, 6. 12, 1, Dein. g. Dem. 32, Diod. XVII 25.
5) Diod. XVII 15.

etwa Phokion mitbestochen, oder sollen wir glauben, dass
Alexander bloss durch die schönen Worte des Demades sich
bewegen liess, von seiner Forderung zurückzutreten? Die Motive dieser plötzlichen Wendung der Dinge müssen tiefer gesucht werden. Es scheint, dass zwischen Demosthenes und
den Führern der Partei der Besitzenden ein förmlicher Compromiss geschlossen wurde, wodurch Demosthenes sich verpflichtete, sich fortan loyal auf den Boden der geschlossenen
Verträge zu stellen, und mit seinem ganzen Einfluss für die
Erhaltung des makedonischen Bündnisses einzutreten, oder
doch wenigstens gegen dieses Bündniss nicht weiter zu intriguiren.

Jedenfalls ist Demosthenes seit diesem Tage ein anderer.
Man erkennt den feurigen Gegner Philipp's und Alexander's
kaum wieder. Er und Demades gehen von jetzt ab Hand in
Hand[1]), und theilen sich in die Leitung des Staates. Die
Friedenspolitik hat keinen eifrigeren Vertreter als Demosthenes, und keine noch so verlockende Aussicht ist im Stande,
ihn von dem eingeschlagenen Wege abzubringen[2]).

Und doch blieben seine Sympathien nach wie vor ganz
und voll der Sache zugewandt, der er sein Leben geweiht
hatte. Die Verbindungen mit Persien, mit der makedonenfeind-
lichen Partei in den griechischen Kleinstaaten hielt er auch
jetzt aufrecht; mit immer neuen Hoffnungen verfolgte er die
Ereignisse in Asien, bis alles vorüber, und das Reich des
Dareios in Staub gesunken war[3]). Er selbst war sich nur
zu sehr der falschen Stellung bewusst, in die er gerathen
war; die geschraubten Phrasen, mit denen er die Abweisung
von König Agis' Hülfsgesuch zu rechtfertigen suchte[4]), zeigen

---

1) Vergl. Plut. Dem. 8 Δημάδης μὲν ἐκείνῳ (Δημοσθένει) θορυ-
βηθέντι πολλάκις ἀναστὰς ἐκ προχείρου συνεῖπεν, ἐκεῖνος δ' οὐδέποτε
Δημάδῃ. Das setzt ein langdauerndes Bündniss zwischen beiden voraus. Vergl. Dein. g. Dem. 101. So sind beide auch im harpalischen
Prozess gleichzeitig gestürzt worden.

2) Aesch. g. Ktes. 163 ff. Demosthenes hat keine Antwort auf diese
Vorwürfe.

3) Aesch. g. Ktes. 164. 167.

4) Aesch. g. Ktes. 166 ἀμπελουργοῦσί τινες τὴν πόλιν, ἀνατετμή-
κασί τινες τὰ κλήματα τοῦ δήμου, ὑποτέτμηται τὰ νεῦρα τῶν πραγμάτων, φορμορραφούμεθα ἐπὶ τὰ στενά. Dass er wirklich solche
Dinge gesagt hat, erkennt Demosthenes selbst an v. Kr. 332.

deutlich, wie unbehaglich er in seiner Rolle als „Friedens-
wächter" sich fühlt; und in der Kranzrede hat er über
seine Politik nach Chaeronea ein beredtes Schweigen beobachtet.

Sollten es wirklich bloss die bitteren Erfahrungen der
letzten Jahre gewesen sein, die diesen Umschwung bei Demosthenes zu Wege gebracht haben? Gewiss hat die Katastrophe Theben's wie auf alle Zeitgenossen, so auch auf ihn
einen niederschmetternden Eindruck gemacht; gewiss hat auch
die eigene Lebensgefahr, der er nur wie durch ein Wunder entgangen war, mächtig auf ihn gewirkt. Persönlicher Muth war
ja überhaupt nicht Demosthenes' starke Seite; und er musste
sich sagen, dass er ein zweites Mal nicht so leichten Kaufes
davonkommen würde. Das mag genügen, um zu erklären,
wie ihn jetzt die alte Energie und Elastizität des Geistes
verliess. Aber erklärt es auch seine Intimität mit Demades,
und die zarte Rücksicht auf Alexandros, wie sie die ganze
Kranzrede durchweht? Seine Feinde wenigstens haben es
nicht geglaubt, und ihm ganz andere, schmutzige Motive
untergeschoben [1]). Dass sie Demosthenes damit Unrecht thaten, ist zweifellos; aber eben darum suchen wir nach einem
anderen Beweggrund für seine jetzige Haltung. Und so führt
uns auch diese Betrachtung zu der Annahme, dass im Herbst
335 ein bindender Compromiss zwischen Demosthenes und
Demades geschlossen worden ist.

Demades stand jetzt auf der Höhe seines politischen
Einflusses. Zum dritten Male hatte er gut gemacht, was die
Politik der Kriegspartei verdorben hatte; sein Verdienst war
es jetzt, wie vor drei Jahren, wenn Attika von der feindlichen Invasion verschont geblieben war, und den Frieden
auf die alten Bedingungen erhalten hatte. War es zu verwundern, wenn das dankbare Volk ihm die höchsten Ehren
verlieh, die überhaupt einem Bürger zu Theil werden konnten, lebenslängliche Speisung im Prytaneion, und Errichtung
einer ehernen Bildsäule auf der Agora? Vergebens bot die
Opposition alles auf, das Zustandekommen dieser Decrete zu
hintertreiben; mochten selbst Lykurgos und Polyeuktos offen
gegen den Mann auftreten, der sie soeben noch vor Alexan-

---

1) Aesch. g. Ktes. 161 ff., Hypereid. g. Dem. 14.

dros gerettet hatte, sie zeigten damit nur ihre eigene Macht-
losigkeit, und zugleich ihren Mangel an politischem Anstand. Demosthenes selbst hielt sich dieser Agitation durchaus fern [1]).

Eine weitere Niederlage erlitt die Opposition über der
Frage, ob dem Verlangen Alexander's Folge zu geben sei, für
den Perserkrieg ein Contingent zur hellenischen Bundesflotte
zu stellen. Ueber die vertragsmässige Verpflichtung Athen's
konnte kein Zweifel sein; aber wie die Dinge lagen, war
kaum zu erwarten, dass Alexander die Verweigerung des Con-
tingents als Kriegsfall betrachten würde. Hypereides, und
selbst Demosthenes, befürworteten denn auch eine Zurück-
weisung des Gesuchs [2]), indess Demosthenes' Widerspruch kann
nicht sehr energisch gewesen sein, denn Phokion setzte es
durch, dass ein Geschwader von 20 Schiffen und ein kleines
Reitercorps Alexander zu Hülfe gesandt wurden [3]). Im Verhältniss zu den Mitteln, die Athen zu Gebote standen, war
dieses Contingent freilich sehr unbedeutend.   .

Das Erscheinen der persischen Flotte im aegaeischen
Meere 334 gab der „Patriotenpartei" neuen Muth. Lykurgos
setzte ein Ehrendecret für den verstorbenen Feldherrn Diotimos durch, dessen Auslieferung Alexander im vorigen Jahre
verlangt hatte [4]). Ernster als diese ziemlich harmlose Demonstration war es, dass der persischen Flotte gestattet wurde,
während der Belagerung von Milet sich aus Samos zu ver-
proviantiren [5]). Alexander liess die Sache hingehen; wusste
er doch, dass der geringste Zwischenfall hinreichen konnte,
Athen offen auf die persische Seite zu drängen. Je feindlicher
die Stimmung dort wurde, desto mehr war er bemüht, durch
Aufmerksamkeiten aller Art dem Selbstgefühl der Bürgerschaft
Genüge zu thun. Dahin gehörte die Uebersendung von 300

---

1) Deinarch. g. Dem. 101. Ueber Lykurg's Rede κατὰ Κηφισο-
δότου ὑπὲρ τῶν Δημάδου τιμῶν s. Blass III 1, S. 86, Polyeuktos fr. 1
Sauppe, aus Apsines Rhet. I 387. Dass Demosthenes sich an dieser
Anklage nicht betheiligt, wird ihm von Deinarchos a. a. O. zum Vorwurf gemacht.

2) Leben d. X Red. S. 817 C, 818 D.

3) Plut. Phok. 21, Diod. XVII 22.

4) Leben d. X Red. 844 A.

5) Arrian. Anab I 19, 8.

persischen Rüstungen nach der Schlacht am Granikos[1]). Und
für den schlimmsten Fall besass Alexander in den in dieser
Schlacht zu Gefangenen gemachten attischen Söldnern, und
in dem Flottencontingent ein Pfand, von dem er sicher sein
konnte, dass Athen es nicht leichtsinnig preisgeben würde.

Bei der gespannten Lage konnten Weiterungen trotzdem
nicht ausbleiben. Als König Agis im Peloponnes die Fahne
der Empörung erhob, bot auch in Athen die radicale Partei
ihren ganzen Einfluss auf, den Staat zum Kriege gegen Makedonien fortzureissen. Und in der That schritt man zu einer
ernsthaften Flottendemonstration; 100 Schiffe wurden segelfertig gemacht, und Iphikrates' Sohn Menestheus das Commando übertragen[2]). Aber die Loyalität, mit der Alexander
die Verträge beobachtet hatte, trug jetzt ihre Frucht; trotz
aller Mühe brachte es die Opposition nicht fertig, ihm die
kleinste Rechtsverletzung Athen gegenüber nachzuweisen[3]),
und den Krieg muthwillig vom Zaune zu brechen war die
Majorität der Volksversammlung doch nicht bereit. Um so
weniger, als sich die makedonischen Generale beeilten, alle
Beschwerdepunkte sofort in Athen günstigem Sinne zu erledigen. So hatten Demades und Demosthenes bei ihrer Vertheidigung der Friedenspolitik leichtes Spiel[4]). Eine Gesandtschaft — die Botschafter waren Diophantos und Achilles —
ging im Sommer 331 nach Phoenikien, dem Könige die Glück-
wünsche des Volkes zu den erreichten Erfolgen zu überbringen[5]); und Alexander, weit entfernt, das Vergangene nach-

---

1) Arrian. I 16, 7; vergl. II 15, 4 und Diod. XVII 62 Ἀθηναῖοι
μὲν οὖν παρὰ πάντας τοὺς ἄλλους Ἕλληνας ὑπ᾽ Ἀλεξάνδρου προτι-
μώμενοι.

2) Dass die Rede über die Verträge mit Alexander in diese Zeit
gehört, hat Schaefer richtig gesehen. Der entscheidende Grund ist die
Erwähnung der Absetzung der Tyrannen auf Lesbos (§ 7), die erst 332
erfolgt ist (Arr. III 2, 6).

3) S. die Rede von den Verträgen mit Alexandros.

4) Demosthenes that wenigstens nichts, Athen zum Anschluss an
Sparta zu bestimmen. Dein. g. Dem. 35, Plut. Dem. 24. Ueber Demades' Haltung bei diesen Verhandlungen Plut. Regeln f. d. Staatsm.
25 S. 818 E, Kleom. 27.

5) Arrian. III 6, 2. Diophantos ist doch offenbar der Myrrhinusier,
Phrasikleides' Sohn, der uns später unter den Staatsmännern der von
Antipatros eingesetzten Oligarchie begegnet (CIA. II 186).

zutragen, verfügte jetzt die Freilassung der am Granikos gefangenen athenischen Bürger. Bald darauf machten die Siege Alexander's bei Arbela und Antipatros' bei Megalopolis allen Kriegsgelüsten der Opposition ein Ende. Athen mochte sich Glück wünschen, dass die Dinge so gekommen waren; denn seit Alexander die gesammte Seemacht des Perserreiches zur Verfügung stand, wäre ein Aufstand der sichere Ruin des Staates gewesen.

Lykurgos natürlich konnte auch jetzt das unfruchtbare Demonstriren nicht lassen; er zog die Gelegenheit dazu förmlich an den Haaren herbei. Ein unbedeutender Mensch, ein gewisser Leokrates, der nie an etwas anderes gedacht hatte als an seine Handelsgeschäfte, hatte in der allgemeinen Panik nach Chaeronea sich selbst und seine Familie nach Rhodos in Sicherheit gebracht; nach sechsjähriger Abwesenheit war er endlich vor zwei Jahren in die Heimath zurückgekehrt. Lykurgos hielt es jetzt für angemessen, den harmlosen Fall wie eine grosse Staatsaction zu behandeln; er zog den armen Menschen vor Gericht, und beantragte gegen ihn nichts weniger als die Todesstrafe[1]). Es musste weit gekommen sein mit einer Partei, die zu so kleinlichen Mitteln herabstieg, um nur die öffentliche Meinung nicht zur Ruhe kommen zu lassen; aber sie erntete nichts, als den verdienten Misserfolg. Die Geschworenen waren verständiger als der Staatsanwalt, und, allerdings nur mit Stimmengleichheit, wurde Leokrates freigesprochen[2]).

Aeschines hielt jetzt den Augenblick für gekommen, gegen seinen alten Feind Demosthenes einen Hauptschlag zu führen. Politische Motive spielten dabei kaum mit; hatte doch Demosthenes seit Theben's Zerstörung eine so besonnene Friedenspolitik befolgt[3]), dass Alexander selbst nichts Besseres von ihm hätte verlangen können. Seiner Partei jedenfalls erwies Aeschines einen sehr schlechten Dienst, wenn er die Klage gegen das Decret des Ktesiphon wieder aufnahm, die er vor sechs Jahren fallen gelassen hatte; denn ein etwaiger Erfolg konnte nur den Radicalen zu gute kommen.

Aeschines befand sich von vorn herein in einer falschen

---

1) S. die bekannte Rede.
2) Aesch. g Ktes. 252.
3) Aeschines bezeugt ihm das selbst g. Ktes. 163 ff.

Stellung. Gewiss hatte die frühere Kriegspolitik des Demosthenes vollständig Schiffbruch gelitten und den Staat in unabsehbares Unglück gestürzt; aber um sie mit Recht angreifen zu können, musste man von Voraussetzungen ausgehen, ähnlich denen, die Isokrates in seiner Rede vom Frieden entwickelt hatte. Isokrates konnte das wagen, da er sich an das gebildete Publikum von ganz Griechenland wendete; Aeschines aber hatte mit dem athenischen Geschworenengericht zu rechnen, und wie dieses nun einmal zusammengesetzt war, hätte er seine Sache von vorn herein ruinirt, wenn er seinen eigenen politischen Standpunkt der Anklage hätte zu Grunde legen wollen. Er hatte keine Wahl, als sich auf den Standpunkt des Gegners zu stellen, und von diesem aus war Demosthenes unverwundbar.

Musste so die politische Begründung der Anklage nothwendig schwach ausfallen, so war dafür freilich von der juristischen Seite Aeschines' Argumentation vollkommen zwingend. Es war eben eine Thatsache, dass zu der Zeit, als Ktesiphon sein Ehrendecret eingebracht hatte, Demosthenes mehrere öffentliche Aemter bekleidete, darunter das wichtigste Finanzamt des Staates, und ebenso klar war die gesetzliche Vorschrift, die jede Decorirung eines fungirenden Beamten verbot. War aber von den Geschworenen zu erwarten, dass sie nach dem Buchstaben des Gesetzes urtheilen würden in einer Frage von so eminent politischer Bedeutung?

Die Verhandlung zeigte, welch' grossen Fehler Aeschines mit der Provocirung des Prozesses gemacht hatte. Trotz Allem, was vorgefallen war, besass Demosthenes noch immer seinen alten Einfluss auf die Massen, in höherem Grade, als er vielleicht selbst gehofft haben mochte. Statt seinen Gegner zu verderben, bereitete ihm Aeschines nur einen neuen Triumph; fast mit Einstimmigkeit entschieden die Geschworenen für Demosthenes. Aeschines hatte sich selbst politisch unmöglich gemacht, und das ganz muthwilliger Weise. Er wandte Athen den Rücken, um in selbstgewählter Verbannung den Rest seiner Tage zu beschliessen.

So war denn die Compromiss-Regierung aufs Neue befestigt. Demosthenes und Lykurgos, Demades und Phokion bleiben nach wie vor an der Spitze des Staates, und theilen sich in die hohen Militär- und Finanzämter. Phokion sitzt

jahraus jahrein im Strategion[1]), Lykurgos leitet die Finanzverwaltung, und namentlich das Departement der öffentlichen
Bauten; Demades finden wir bald als Strateg[2]), bald als Vorsteher des Theorikon[3]), ein Amt, das allerdings jetzt nicht
mehr die Bedeutung hatte wie einst unter Eubulos, aber doch
noch immer zu den einflussreichsten Stellen im Staate gehörte.
Demosthenes hatte dasselbe Amt, wie wir gesehen haben, im
Jahr 337/6 bekleidet, und scheint seitdem noch öfter dazu
gelangt zu sein; jedenfalls hatte er um die Zeit des harpalischen Prozesses das Theorikon unter sich. Hypereides bezeichnet ihn damals als das Haupt der Regierung[4]).

Es ist eine neue Epoche der Parteibildung, die jetzt beginnt, oder vielmehr schon seit einigen Jahren begonnen
hatte. Wieder, wie einst im peloponnesischen Kriege, tritt
die äussere Politik in den Vordergrund. Die Frage nach dem
Verhältniss Athens zu Makedonien drängt alle anderen Interessen zurück. Freilich, im Allgemeinen deckte sich der
Gegensatz der makedonischen und antimakedonischen Partei
mit dem Gegensatz zwischen Besitzenden und Nichtbesitzenden.
Aber es gab doch selbst unter den Männern conservativer
Gesinnung so manchen, der den Verlust der Grossmachts-
stellung des Staates nicht zu verschmerzen vermochte, und
so dazu gebracht wurde, in der äusseren Politik mit den
Radicalen zu gehen. So Lykurgos, Diotimos, Nausikles. Andererseits hielt es mancher von den Radicalen, wie Demades,
mit Makedonien. So ergaben sich vier Parteischattirungen,

1) Phokion ist 45 Mal Stratege gewesen. Da er um 400 geboren
ist, kann er vor 370 nicht zu dem Amte gelangt sein, und muss von
da an bis zu seinem Tode fast ununterbrochen die Strategie bekleidet
haben.

2) Aelian verm. Gesch. 14, 10.

3) S. die Anekdote bei Plut. Reg. f. d. Staatsm. 25 S. 818 E. woraus schon Böckh (Staatsh I S. 229) geschlossen hat, Demades habe
die Theorikengelder verwaltet. Von ihm redigirte Volksbeschlüsse
aus dieser Zeit CIA. II 124 (aus 337/6), 174 (aus 332 1), 178 (aus
329 8), 193, 809 (vor 325 4), 811 (324 3). Vergl. Dein. g. Dem. 101
πολλῶν ὄντων καὶ δεινῶν καὶ παρανόμων ὧν Δημάδης γέγραφε.

4) Hypereides g. Dem. 5. — 4: τὸν τῶν ὅλων πραγμάτων ἐπιστά-
την. Dein. g. Dem. 7 σοῦ κατέψευσται καὶ Δημάδου; καθ' ὧν οὐδὲ
τἀληθὲς εἰπεῖν, ὡς ἔοικεν, ἀσφαλές ἐστιν; Dein. g Dem. 5 προορῶσα
μὲν ἡ βουλὴ τὴν τούτων ἰσχὺν καὶ τὴν ἐν τῷ λέγειν καὶ πράττειν
δύναμιν.

von denen die makedonisch-conservative in Phokion, die makedonisch-radicale in Demades, die antimakedonisch-conservative in Lykurgos, die antimakedonisch-radicale in Demosthenes ihren Führer sah. Es ist charakteristisch für die Unklarheit der politischen Lage, dass die hauptsächlichsten Vertreter aller dieser Richtungen in der Regierung sassen. Die Klärung sollte nicht lange auf sich warten lassen.   ·

Cap. XV.

Die Erhebung gegen Makedonien.

Es war das erste Symptom des beginnenden Umschwungs, dass Lykurg beim Ablauf der dritten Penteteris seiner Verwaltung (326) nicht wieder gewählt wurde[1]). In den zwölf Jahren, die an der Spitze des Finanzwesens gestanden hatte, hat er ohne Frage Bedeutendes geleistet; die Einnahmen waren auf eine früher nie erreichte Höhe gestiegen, grosse Bauten waren ausgeführt, auf das Militärwesen wie auf den Kultus bedeutende Summen verwendet worden, und doch zur Vertheilung an das Volk beträchtliche Ueberschüsse geblieben. Aber so anerkennenswerth diese Resultate auch sein mögen, wir müssen uns hüten, darauf hin Lykurg's Bedeutung als Finanzkünstler zu überschätzen. Lykurgos hat das Glück gehabt, dass die ganze Zeit seiner Verwaltung, mit Ausnahme der ersten zwei Monate, Frieden geherrscht hat, und trotzdem ist er nicht immer im Stande gewesen, das Gleichgewicht im Staatshaushalt herzustellen; mehr als einmal hat er an den Patriotismus der Bürger zum Zweck der Beisteuer freiwilliger Beiträge für die Staatsbedürfnisse appellirt[2]), und es nicht verschmäht, zu

---

1) Auf die staatsrechtlichen und chronologischen Fragen, die sich an die Verwaltung Lykurg's knüpfen, kann hier nicht eingegangen werden. Soviel scheint sicher, dass Lykurg's Sturz am Ende einer panathenäischen Penteteris erfolgt ist; und da wir an 330 nicht denken dürfen — vergl. z. B. den von Lykurg beantragten Volksbeschluss CIA. II 176 aus der 9. Prytanie 330/29, eine Finanzsache betreffend — während 322 Lykurg bereits verstorben war, so bleibt nur das Jahr 326 übrig.

2) So nach der Zerstörung Theben's (Dem. v. Kr. 312 g. Phorm. 38 S. 918), aber auch zu öffentlichen Bauten, wie für das Stadion, wozu er sich den Bauplatz schenken liess (Leben d. X Redner S. 841 D).

Confiscationen seine Zuflucht zu nehmen[1]). Auch die Steigerung der regelmässigen Einkünfte auf 1200 Talente war nicht so sehr sein Verdienst, als die Folge des wirthschaftlichen Aufschwungs Athen's, und des sinkenden Geldwerthes. Alle Ueberschüsse aber verschlangen die Bedürfnisse des Kultus, und das Theorikon. Lykurgos war auch als Finanzmann, wie in allem Uebrigen, eine Mittelmässigkeit; seine Bedeutung beruht fast ausschliesslich auf seiner anerkannten persönlichen Integrität, und daneben auf der Rücksichtslosigkeit, mit der er bereit war, jeden Unterschleif vor Gericht zu ziehen. Unter seiner Leitung herrschte die musterhafteste Ordnung in den Finanzen Athens, und selbst seine Feinde sind nicht im Stande gewesen, ihm die kleinste Unregelmässigkeit nachzuweisen[2]).

Der Vergleich mit Eubulos liegt nahe; er fällt für Lykurgos keineswegs günstig aus. Zwar an erprobter Rechtschaffenheit stehen beide Männer sich gleich; und auch Eubulos war ein stets bereiter Ankläger, sobald das Finanzinteresse ins Spiel kam. Beide gleichen sich auch darin, dass sie es verstanden, grosse Ueberschüsse herauszuwirthschaften, die sie dann unter das Volk zur Vertheilung brachten. Aber Eubulos übernahm die Leitung der Finanzen in einem Augenblicke der furchtbarsten Zerrüttung, als Athen am Rande des Bankerotts stand, und hat fast während der ganzen Zeit seiner Verwaltung kostspielige Kriege zu führen gehabt; Lykurgos dagegen war vom Glück in ausserordentlicher Weise begünstigt.

Lykurgos war allerdings ein entschiedener Gegner der makedonischen Herrschaft, aber ein radicaler Demokrat war er darum keineswegs. Gehörte er doch zu einer der wenigen alten Adelsfamilien, die ihren Reichthum, und damit ihr Ansehen über die Stürme des peloponnesischen Krieges gerettet hatten[3]). Seine politischen Ideale waren in Sparta[4]); bezeichnend ist der Ausspruch von der korkyräischen Peitsche, der

---

1) Z. B. das Vermögen des reichen Bergwerkbesitzers Diphilos, das er sogar unter das Volk zur Vertheilung brachte (Leben d. X Red. S. 843 D).

2) S. den Volksbeschluss im Leben d. X Red. S. 852 B.

3) S. die Angaben im Leben der X Redner S. 841 A, 843 E.

4. Lykurg. g. Leokr. 105—109, 128.

ihm in den Mund gelegt wird[1]). Sein Nachfolger Menesaechmos muss offenbar der entgegengesetzten Richtung, also der Volkspartei angehört haben[2]); ob dem makedonischen oder dem antimakedonischen Flügel, bleibe dahingestellt, wenn auch letzteres wahrscheinlicher ist. Dafür spricht seine Verbindung mit Moerokles[3]) und die Gesellschaft, in der wir ihn im harpalischen Prozesse finden. Mit Lykurgos war er übrigens nicht bloss politisch, sondern auch persönlich verfeindet; dieser hatte ihn früher der Asebie angeklagt[4]), und Menesaechmos rächte sich jetzt, indem er die Rechenschaftsablegung seines Vorgängers vor Gericht angriff. Auf diesem Wege war freilich Lykurgos nicht beizukommen, und der Prozess führte nur zu einer glänzenden Freisprechung[5]). Aber nach Lykurgos' Tode 324 nahm Menesaechmos die Anklage wieder auf, und setzte es diesmal wirklich durch, dass die Söhne seines Feindes ins Gefängniss geworfen wurden. Erst auf Hypereides' Intervention erhielten sie später ihre Freiheit wieder[6]).

Inzwischen wurde der äussere Horizont trüber. Alexander kehrte aus Indien zurück, und konnte seine Aufmerksamkeit wieder den hellenischen Angelegenheiten zuwenden. Er war entschlossen, die Zügel der Regierung fester anzuziehen. Sollte der hellenische Bund, wie ihn Philippos geschaffen hatte, lebensfähig bleiben, so war eine Verstärkung der Centralgewalt unerlässlich, und Alexander zögerte nicht, die einleitenden Schritte zu thun. Ein königliches Decret richtete an die hellenischen Staaten die Forderung, allen politischen Verbannten die Amnestie zu ertheilen. Ein anderes Decret beanspruchte für Alexander göttliche Ehren.

---

1) Leben d. X Redner S. 842 D.

2) H. Haupt, Zur Vorgeschichte des harpalischen Prozesses Rh. Mus. 34 (1879) S. 383.

3) [Dem.] Briefe III 16, S. 1478.

4) In der Εἰσαγγελία κατὰ Μενεσαίχμου, auch als Δηλιακὸς bezeichnet, s. Blass III 1 S. 85. Die Vertheidigung des Angeklagten: ὑπὲρ Μενεσαίχμου περὶ τῆς Δήλου θυσίας war unter Deinarch's Reden überliefert.

5) Leben d. X Red. S. 842 E. Bei dieser Gelegenheit hielt Lykurg seine Rede: Ἀπολογισμὸς ὧν πεπολίτευται.

6) Leben der X Red. S. 842 D. [Dem.] Br. III 7, S. 1476; 10 S. 1477. Hypereid. fr. 121 Blass, aus der Rede ὑπὲρ τῶν Λυκούργου παίδων.

Das war denn allerdings eine offene Verletzung des korinthischen Bundesvertrages; aber es war zugleich eine erlösende That, die ganz unhaltbaren Zuständen ein Ende machte. Die zehntausende politischer Flüchtlinge waren eine beständige Gefahr für die bestehende Ordnung; hatte bisher der persische Solddienst als eine Art von Sicherheitsventil gedient, so war es jetzt, wo dieses Ventil verstopft war, eine unumgängliche Nothwendigkeit in irgend einer Weise für diese Leute zu sorgen. Die göttlichen Ehren aber sollten Alexander einen gewissen Ersatz dafür geben, dass er ausserhalb Makedoniens nicht legitimer Monarch war.

Nirgends erregten die königlichen Forderungen grössere Aufregung als in Athen. Fügte man sich dem Verlangen Alexander's, so war vor aller Welt der Beweis gegeben, dass Athen aufgehört hatte eine selbständige Macht zu sein. Und doch, hatte man denn überhaupt eine Wahl? Denn dass ein Krieg mit Alexander zum sicheren Verderben des Staates führen musste, darüber konnten höchstens ein Paar hirnverbrannte Demagogen sich wegtäuschen.

Demosthenes war von solcher Illusion weit entfernt. Unter viel weniger kritischen Umständen hatte er der Erhaltung des Friedens das Wort geredet; wie hätte er jetzt die einmal als richtig erkannte Bahn verlassen sollen? Er opponirte nicht, wenn Radicale wie Pytheas, wenn selbst der alte Lykurgos auf der Rednerbühne gegen Verleihung der göttlichen Ehren an Alexandros declamirten [1]); er sprach auch wohl selbst, die Form zu wahren, in demselben Sinne [2]); aber er war keineswegs gewillt, den tönenden Worten die That folgen zu lassen. Ja, er wies die Versuchung von sich, als das Schicksal ihm gerade jetzt unerwartet die Mittel in den Schooss warf, den Krieg gegen Alexandros beginnen zu können, ohne die Steuerkraft der Bürger unmittelbar in Anspruch zu nehmen. Während in Athen die Wogen der Discussion über Alexander's Forderungen am höchsten giengen, suchte Harpalos Zuflucht in der Stadt, die ihm einst in besseren Tagen ihr Bürgerrecht verliehen hatte, jetzt flüchtig vor dem Könige, aber im Besitze eines Schatzes, kaum weniger beträchtlich

_____

1) Leben d. X Red. S. 842 D, Plut. Regeln f. d. Staatsm. 8 S. 801 B.
2) Polyb. XII 12 A. (= Timaeos fr 142 Müller).

als jener mit dem einst Perikles die Kosten des peloponnesischen Krieges bestritten hatte, und an der Spitze einer ansehnlichen Kriegsmacht. Demosthenes verweigerte ihm die
Einfahrt in den Peiraeeus[1]).

Unterdessen kam Alexander's Gesandter Nikanor nach
Griechenland, und liess bei den Spielen in Olympia das könig-
liche Amnestiedecret verkünden; Demosthenes, der selbst dorthin gegangen war, hatte es nicht vermocht, das geringste
Zugeständniss für Athen zu erreichen. Jetzt wiederholte Har-
palos den im Frühjahr gemachten Versuch, und zunächst mit
besserem Erfolge. Er kam allein, ohne Truppen und Schiffe,
und der Strateg im Peiraeeus, Philokles, gestattete ihm den
Eintritt in die Stadt[2]). Es fehlte nicht an Leuten, die bereit waren, die Gelegenheit zum Aufstande zu benutzen. Doch
Demosthenes hielt nach wie vor an seiner Friedenspolitik fest.
Er liess Harpalos gefangen setzen, und die mitgebrachten
Schätze in öffentlichen Gewahrsam nehmen[3]). Aber zum
Schergen Alexander's sich herzugeben war er deswegen durchaus nicht gewillt; die von Antipatros und Philoxenos ver-
langte Auslieferung des Gefangenen wurde verweigert, und
Harpalos das Entkommen aus dem Gefängnisse möglich ge-
macht[4]).

Auch in der Etikettenfrage der göttlichen Ehren für
Alexandros gab Athen jetzt nach. Demades brachte den be-
züglichen Antrag ein[5]), der von Demosthenes unterstützt zum
Beschluss erhoben wurde[6]). Eine Gesandtschaft wurde zur
Ueberbringung des Psephisma nach Babylon abgeordnet; viel-
leicht dass der König sich dadurch zu Concessionen in der
Amnestiefrage bestimmen liess.

Und allerdings, diese Frage wurde immer brennender.
Bereits sammelten sich die attischen Verbannten in Megara;
es ging das Gerücht, sie hätten Verbindungen in der Stadt,

---

1) Leben d. X Redner S. 846 A.
2) Ueber die Chronologie Duhn Jahrb. 111 (1871) S. 33—60, nach
Hypereides g. Dem. 15.
3) Hypereid. g. Dem. 4, 15, Dein. g. Dem. 89.
4) Leben d. X Red. S. 846 B, Plut. Dem. 25.
5) Aelian v. Gesch. V 12, Athen. VI S. 251 B.
6) Hypereid. g. Dem. 25, Dein. g. Dem. 94. Vergl. Schaefer III 1,
S. 290.

und ein Handstreich auf den Peiraeeus würde vorbereitet. Demosthenes fand es nöthig, offen gegen diese Umtriebe einzuschreiten; er zog Kallimedon von Kollytos, den „Krebs", einen der Heisssporne der oligarchischen Partei vor Gericht, und es scheint, dass er seine Verurtheilung durchsetzte[1]); wenigstens finden wir Kallimedon kurze Zeit später unter den attischen Emigranten[2]). Auch Polyeuktos von Kydantidae, ein anderer Führer dieser Partei, wurde vom Areopag zur Verantwortung gezogen; indess er wusste sich von dem Verdacht zu rechtfertigen[3]).

Aber die besonnene Politik des Demosthenes und Demades war keineswegs nach dem Geschmack der radicalen Partei. Hatten die Männer dieser Richtung schon früher Demosthenes der Bestechung durch Alexander beschuldigt, so sollte er jetzt von Harpalos bestochen worden sein, für dessen Entweichen aus dem Gefängnisse er ja in der That die Verantwortung trug. Die öffentliche Meinung neigte sich entschieden zu dieser Ansicht; bald wurde die Sache so arg, dass Demosthenes selbst bei dem Areopag auf Untersuchung antragen musste[4]). Aber diese Körperschaft beeilte sich begreiflicher Weise nicht besonders, gegen den allmächtigen Führer der Bürgerschaft vorzugehen[5]). Erst auf das immer ungestümere Drängen der Opposition reichte der Areopag nach mehreren Monaten seinen Bericht ein. Die Untersuchung ergab, dass Harpalos im Ganzen 64 Talente für Bestechungen aufgewendet hatte[6]); von dieser Summe sollten Demosthenes und Demades je 20 Talente erhalten haben; der Rest vertheilte sich auf den Strategen Philokles, und eine Anzahl Rhetoren zweiten und dritten Ranges, wie Kephisophon, Polyeuktos von Sphettos, Hagnonides von Pergase, Aristonikos, Aristogeiton, Charikles den Schwiegersohn Phokion's.

Der Areopag konnte gewiss nicht der Voreingenommenheit gegen Demosthenes und Demades beschuldigt werden.

---

1) Dein. g. Dem. 94.
2) Plut. Dem. 27.
3) Dein. g. Dem. 58 f.
4) Dein. g. Dem. 82 ff., Hypereides g. Dem. 18.
5) Hyper. g. Dem. 8 τοὺς μὲν γὰρ ἀδικοῦντας ἀπέφηναν, καὶ ταῦτ' οὐχ ἑκόντες, ἀλλὰ ὑπὸ τοῦ δήμου πολλάκις ἀναγκαζόμενοι.
6) Dein. g. Dem. 89.

Er war eine Körperschaft, die fast ausschliesslich aus ange-
sehenen und wohlhabenden Bürgern bestand[1]), von der Demosthenes selbst unzählige Male mit der grössten Hochachtung
gesprochen, und der er mehr als einmal in wichtigen Fragen
Unterstützung verdankt hatte[2]). Vor elf Jahren hatte der
Areopag die Untersuchung niedergeschlagen, die auf Alexander's Verlangen wegen Verwendung der persischen Hülfsgelder
gegen Demosthenes und seine Freunde eingeleitet worden
war[3]); und auch jetzt zeigt das lange Zögern, irgend einen
Schritt in der harpalischen Sache zu thun, dass der Areopag
gesonnen war, in ähnlicher Weise wie damals die Angelegen-
heit todt zu schweigen. Ultrademokratische Tendenzen waren
überhaupt das letzte, was man dieser Körperschaft vorwerfen konnte[4]); schon darum musste sie keineswegs geneigt
sein, zum Sturze der jetzigen conservativen Regierung mitzu-
wirken.

Aber die vorgekommenen Unregelmässigkeiten waren zu
offenkundig, und die Aufregung der Bürgerschaft zu tief, als
dass eine Vertuschung möglich gewesen wäre. Es war unleugbar, dass die Regierung Harpalos, dem Volksbeschluss
entgegen, die Einfahrt in den Peiraceus gestattet, dass sie
ihn dann nach seiner Verhaftung aus dem Gefängniss hatte
entfliehen lassen; und ebenso unleugbar, dass ein grosser
Theil der von Harpalos mitgebrachten Gelder seit seiner Ankunft in Athen verschwunden war. Weiter hatte Demosthenes
es unterlassen, sofort über den Betrag der beschlagnahmten
Gelder Rechenschaft zu erstatten; wo es sich um so ungeheure Summen handelte, war das mindestens eine sträfliche
Nachlässigkeit. Ja noch mehr; Demosthenes hatte offen ein-
gestanden, dass er 20 Talente von Harpalos empfangen hatte,
er behauptete aber, sie zu einem Vorschusse an die Theorikencasse verwendet zu haben[5]). War das richtig, so brauchte

---

1) Wenn auch die Theilnahme an der Loosung zum Archon, und
damit der Eintritt in den Areopag gesetzlich jedem Athener offen
stand, so konnten doch thatsächlich nur wohlhabende Bürger sich
melden, da es sich um ein Ehrenamt handelte, das mit keiner Besoldung
verbunden war.

    2) Dein. g. Dem. 7—9.

    3) Dein. g. Dem. 10.

    4) Dein. g. Dem. 62 ἦν αὐτίκα φήσεις ὀλιγαρχικὴν εἶναι.

    5) Hypereid. g. Dem. 5.

Demosthenes nur die Rechnungen vorzulegen, um sich zu entlasten, ganz wie es noch eben Lykurgos gegenüber der Anklage des Menesaechmos gethan hatte; dass es nicht geschah, zeigt eben, dass irgend etwas nicht in Ordnung war. Was aus dem Gelde geworden ist, ist niemals ermittelt worden; aber, wie einer der Ankläger sehr richtig sagte, es genügte, wenn die Anklage das Defizit nachwies; was mit dem Gelde geschehen war, das nachzuweisen war Sache der Vertheidigung [1]).

In Folge der Anzeige des Areopags wurde das Gerichtsverfahren vor den Geschworenen instruirt und zehn Staatsanwälte vom Volk bestellt. Erwählt wurden der Vorsteher der Finanzverwaltung Menesaechmos, und die hervorragendsten Mitglieder der radicalen Opposition, Hypereides, Stratokles, Himeraeos, Prokles, Pytheas.

Der bedeutendste und gefährlichste unter diesen Anklägern war Hypereides von Kollytos, der erste Advokat, den Athen damals besass, und neben Demosthenes und Demades sein bester Redner. Etwa von gleichem Alter wie diese, hat er schon früh die politische Laufbahn betreten, und in den Prozessen, die zum Sturze des Kallistratos führten (363—360) die ersten Sporen verdient [2]). Der radicalen Partei, der er sich damals angeschlossen hat, ist er sein Leben hindurch treu geblieben; unter Philippos' und Alexandros' Gegnern stand er neben Demosthenes in erster Linie. Aber eben darum fing seit Theben's Zerstörung das Verhältniss zwischen beiden Freunden an sich zu trüben. Die vorsichtige Zurückhaltung, die Demosthenes Makedonien gegenüber beobachtete, schien Hypereides Verrath an der Sache der Vaterstadt [3]); nachdem er zur Macht gekommen, hat er die erste Gelegenheit benutzt

---

1) Hypereid. g. Dem. 6. 7.

2) S. oben S. 160.

3) H. Haupt, Zur Vorgeschichte des harpalischen Prozesses, Rh. Mus. 34 (1879) S. 377—387, Leben d. X Red. S. 848 F. φίλος δ' ὢν τοῖς περὶ Δημοσθένην καὶ Ναυσικλέα (so Schaefer II 310 für das überlieferte Λυσικλέα) καὶ Λυκοῦργον οὐκ ἐνέμεινε μέχρι τέλους, ἀλλ' ἐπεὶ Ναυσικλῆς μὲν καὶ Λυκοῦργος ἐτεθνήκισαν, Δημοσθένης δ' ὡς παρ' Ἁρπάλου δωροδοκήσας ἐκρίνετο προχειρισθεὶς ἐξ ἁπάντων (μόνος γὰρ ἔμεινεν ἀδωροδόκητος) κατηγόρησεν αὐτοῦ. Das Zerwürfniss muss sich doch wohl schon aus der Zeit vor Lykurg's Tode herschreiben, da Lykurg frühestens Mitte 321 gestorben ist.

den Krieg für die Unabhängigkeit Athens zu entzünden. —
Die Achtbarkeit seines persönlichen Charakters ist über allen
Zweifel erhaben. Wohl war er ein Lebemann, der den
Freuden der Tafel und den Hetären mehr als gut sein mochte
ergeben war; und die Komödie hat nicht verfehlt, ihn dafür
mit beissendem Spott zu überschütten. Aber wenn es galt,
hat Hypereides sich niemals bedacht, mit grossartiger Freigebigkeit aus eigenen Mitteln für öffentliche Zwecke beizu-
steuern; und unredlicher Verdienst ist ihm nie nachgewiesen
worden, wenn auch ihm so wenig wie den meisten andern
Staatsmännern seiner Zeit die Beschuldigung der Bestechlichkeit erspart geblieben ist[1]).

Gegenüber Hypereides treten die übrigen Ankläger etwas
zurück, schon darum, weil sie sämmtlich einer jüngeren Generation angehören. Da ist zunächst Stratokles von Diomeia,
der später bei der demokratischen Restauration durch Demetrios
zu leitendem Einfluss gelangt ist. Dann Pytheas, der sich
besonders durch die dreiste Opposition gegen Alexander's
Forderung der göttlichen Ehren einen Namen gemacht hatte;
eine Haltung, die ihn nicht hinderte, später ins makedonische
Lager hinüberzugehen. Himeraeos von Phaleron ist nach dem
lamischen Kriege auf Antipatros' Befehl hingerichtet worden,
was seine politische Stellung charakterisirt; es ist eigenthüm-
lich, dass sein berühmter Bruder Demetrios auf der entgegengesetzten Seite zu finden war.

Bei der Stimmung in Athen stand der Ausgang des
Prozesses von vorn herein ausser Frage. Demades verschmähte
es in richtiger Erkenntniss der Lage sich überhaupt zu ver-
antworten. Demosthenes liess sich auf eine Vertheidigung
ein, aber seine Beredsamkeit verfehlte diesmal ihre gewohnte
Wirkung. Die beiden leitenden Staatsmänner wurden zu
schweren Geldbussen verurtheilt, mit ihnen der Strateg Philokles; die übrigen Angeklagten wurden zum Theil freigesprochen. Demades scheint die Strafe bezahlt zu haben, denn
er blieb in Athen, und hat wenige Monate nach dem Prozess
an den Verhandlungen der Volksversammlung Theil genommen; Demosthenes, der die 50 Talente zu denen er verurtheilt war, nicht aufbringen konnte oder wollte; wurde

---

1) Blass III 2, S. 1—17.

ins Gefängniss geworfen, und entwich von dort in die Verbannung.

So war denn die Regierung gestürzt, die Athen so viele Jahre geleitet, die es vermocht hatte dem Staate inmitten der schwierigsten Verhältnisse den Frieden zu erhalten. Wohl mögen die Ultras beider Parteien zu dem Ergebnisse beigetragen haben; war den einen Demosthenes zu conservativ, so musste es viele geben, denen Demades zu radical war. So hatte sich Phokion in dem Prozesse neutral verhalten, so nahe seine eigene Familie dadurch berührt wurde[1]). Aber der hauptsächlichste Angriff war doch von den Radicalen ausgegangen, und wie die Anklagereden zeigen, überwog die radicale Gesinnung auch unter den Geschworenen[2]). Es konnte nicht fehlen, dass der Siegespreis der extremen Volkspartei zufiel. Hypereides trat an die Spitze des Staates.

Noch immer schwebte die Frage wegen der Rückkehr der Verbannten. Da kam allen unerwartet im Sommer 323 die Nachricht vom Tode Alexander's. Die solange ersehnte Gelegenheit, den Kampf gegen Makedonien zu beginnen, schien jetzt da zu sein. Vielleicht hätte selbst Demosthenes nicht vermocht, der Versuchung zu widerstehen. Hypereides aber hatte gebundene Marschroute; noch vor wenigen Monaten hatte er so heftig gegen Demosthenes' Friedenspolitik declamirt, er verdankte seine jetzige Stellung im Staate so durchaus der rücksichtslosen Energie, mit der er beständig eine Actionspolitik gefordert hatte, dass er beim besten Willen nicht mehr zurück gekonnt hätte. Freilich bedürfte es dessen auch nicht; auf Hypereides übte das Gefühl der Verantwortlichkeit keine Wirkung aus, das der Besitz der Macht giebt, und das sonst auch Politiker von starrem Doctrinarismus zur Besinnung bringt; und so theilt er mit Kleophon den traurigen Ruhm, der Mann gewesen zu sein, der am meisten zum Ruin seiner Vaterstadt beigetragen hat.

Vor Allem musste die Opposition zum Schweigen gebracht werden; und sie war selbst jetzt keineswegs machtlos,

---

1) Plut. Phok. 22.

2) So, wenn Demosthenes beständig der Vorwurf gemacht wird, er habe die Gelegenheit zum Kriege mit Alexandros ungenützt vorübergehen lassen, er stehe in Alexandros' Soldo, und Aehnliches.

so tiefe Wunden auch der harpalische Prozess der gemässigten
Partei geschlagen hatte. Aber Hypereides beherrschte die
Gerichte, und er zögerte nicht, diesen Einfluss rücksichtslos
auszubeuten. Phokion freilich war nicht beizukommen; aber
gegen Demades regnete es Anklagen auf Anklagen. Er wurde
drei Mal wegen Verletzung der Gesetze verurtheilt und verlor damit das Recht in der Volksversammlung zu reden[1]).
Ebenso wurde Pytheas angeklagt und schuldig gesprochen,
obgleich er im harpalischen Prozess zu Hypereides gestanden
hatte, und von jeher einer der eifrigsten Anhänger der jetzt
herrschenden Partei gewesen war. Er entwich zu Antipatros,
und wurde von nun an ein Anhänger der makedonischen
Sache[2]). In dieselbe Zeit gehört auch die Anklage des Eurymedon und Demophilos gegen Alexander's Lehrer Aristoteles,
die diesen zwang, Athen den Rücken zu wenden. Es ist
charakteristisch für die jetzige Regierung, dass sie die „Befreiung" Griechenlands damit begann, die akademische Lehr-
freiheit zu unterdrücken.

Jetzt schien es Zeit, die Maske abzuwerfen. Trotz des
Widerstandes der besitzenden Klassen wurde auf Hypereides'
Antrag mit grosser Majorität die Kriegserklärung gegen
Makedonien beschlossen[3]), und die Hellenen in einer pomp-
haften Proclamation zur „Freiheit" aufgefordert. Dass die
Thaten der Vorfahren dabei nicht fehlen dürften, war selbstverständlich[4]). Der Athener Leosthenes, der bei Taenaron
auf eigene Hand ein Söldnercorps gesammelt hatte, war von
Hypereides schon früher im Geheimen unterstützt worden;
jetzt wurde sein Corps offen in Dienst genommen, er selbst
zum Strategen erwählt, und zum Oberbefehlshaber des zu
bildenden Heeres bestimmt.

Es galt jetzt durch politische Propaganda möglichst viele

---

1) Diod. XVIII 18 ἦν γὰρ τρὶς ἡλωκὼς παρανόμων καὶ διὰ τοῦτο
γεγονὼς ἄτιμος. Ἑπτὰ bei Plut. Phok. 26 muss verschrieben sein; denn
3 Verurtheilungen genügten für die Atimie.

2) Suidas unter Πυθέας, Plut. Dem. 27.

3) Diod. XVIII 10 τῶν μὲν κτηματικῶν συμβουλευόντων τὴν ἡσυ-
χίαν ἄγειν, τῶν δὲ δημοκόπων ἀνασειόντων τὰ πλήθη ... πολὺ τοῖς
πλήθεσιν ὑπερεῖχον οἱ τὸν πόλεμον αἱρούμενοι καὶ τὰς τροφὰς εἰω-
θότες ἔχειν ἐκ τοῦ μισθοφορεῖν.

4) Diod XVIII 10.

Staaten in die Bewegung hineinzuziehen, und die glücklichen
Erfolge, welche die athenischen Waffen Anfangs davontrugen,
erleichterten diese Aufgabe ungemein. Freiwillig oder gezwungen, war bald ganz Griechenland vom Isthmos bis zum
Olymp in offenem Aufstande. Hypereides selbst ging an der
Spitze einer Gesandtschaft in den Peloponnes, ihm zur Seite
Polyeuktos von Sphettos, sein Gegner im harpalischen Prozess, der sich jetzt in der Stunde der Gefahr mit ihm ausgesöhnt hatte[1]). Auch der verbannte Demosthenes schloss
sich der Gesandtschaft an; mit Hintansetzung alles persönlichen Grolles trat er für die Vaterstadt ein, und auch Hypereides hatte jetzt keinen Grund mehr, die Unterstützung
seines alten Freundes zurückzuweisen. Ihren Zweck erreichte
die Gesandtschaft freilich nur in sehr beschränktem Masse;
gerade die bedeutendsten Staaten des Peloponnes, Sparta und
Megalopolis, hielten sich von der Bewegung fern; von den
übrigen Gemeinden traten viele dem Bunde bei, nahmen aber
am Kriege keinen thätigen Antheil.

Es war natürlich, dass die Regierung jetzt Demosthenes
zurückrief. Das im harpalischen Prozess gefällte Urtheil
wurde zwar nicht formell, aber doch der Sache nach cassirt;
ein attisches Kriegsschiff brachte den Verbannten nach dem
Peiraeeus, von wo er seinen triumphirenden Einzug in die
Stadt hielt. Er hat seitdem die Kriegspolitik des Hypereides mit Eifer unterstützt, bis Alles vorüber war.

Bald darauf fiel Leosthenes vor Lamia. Es war nicht
leicht, den geeigneten Nachfolger im Commando zu finden;
war doch von den alten kriegserprobten Feldherrn nur noch
Phokion übrig, und dieser war ein so entschiedner Gegner der
jetzigen Regierung, und zugleich mit Antipatros so eng befreundet, dass man mit Recht Bedenken trug, den Oberbefehl in seine Hände zu legen; um so mehr, als Phokion alles
andere war, als ein strategisches Genie. So fiel die Wahl
auf Antiphilos, einen tapferen Offizier, der freilich der grossen
Aufgabe die ihm anvertraut wurde nicht gewachsen war.
Auch für die Führung der Flotte gelang es nicht, den rechten
Mann zu finden; der Stratege Euetion von Sphettos verstand
nichts, als sich schlagen zu lassen, trotzdem ihm eine grössere

1) Iustin. 13. 5, Leben d. X Redner S. 846 C.

Flotte zur Verfügung gestellt war, als je einem athenischen
Feldherrn seit Aegospotamoi.

Bei der üblichen Todtenfeier im Winter erhielt diesmal
als der leitende Staatsmann Hypereides die Ehre, die Lobrede
auf die Gefallenen zu halten. Aber wenn er dabei Leosthenes
und seine Mitkämpfer als die Befreier von Hellas pries, so
hatte er zu früh triumphirt. Die Erfolge des ersten Feldzuges waren durch Ueberraschung des Gegners gewonnen
worden; der zweite Feldzug gab ein ganz anderes Resultat.
Ein einziges verlorenes Reitertreffen genügte, den hellenischen
Bund zu sprengen, das Bundesheer aufzulösen. Wetteifernd
drängten sich die Staaten, mit Antipatros ihren Frieden zu
machen, bis endlich Athen isolirt war, und nichts übrig blieb,
als nach dem Beispiele der anderen gleichfalls zu unterhandeln.

Dieser klägliche Ausgang des „Nationalkrieges" ist der
beste Beweis dafür, dass die ganze Bewegung eine künstlich
gemachte gewesen war, der jeder wahre Enthusiasmus fern
lag. Wie hätte es auch anders sein sollen? Waren doch die
Makedonen ebensogut Hellenen wie jeder andere griechische
Stamm, und die Declamationen von der Fremdherrschaft leeres
Gerede. Mochte die Souveränität der einzelnen Kleinstaaten
durch den korinthischen Bund beschränkt werden; die besitzenden Klassen sahen in der makedonischen Hegemonie
die beste Schutzwehr gegen die sociale Revolution, und damit war ihren politischen Sympathien die Richtung vorgezeichnet.

Das zeigte sich sogleich in Athen. Unter dem niederschmetternden Eindruck der Kunde von Alexander's Tode hatte
Hypereides das Volk zur Kriegserklärung fortreissen können;
jetzt, wo die Folgen dieser Politik klar vor aller Augen lagen,
wo das makedonische Heer in Boeotien stand und jeden Augenblick die feindliche Invasion und die Belagerung zu erwarten
war, schlug die Stimmung um, und die Bürgerschaft wandte
sich wieder den Männern zu, die von Anfang an die Kriegspolitik bekämpft hatten. Demades wurde in aller Eile wieder
in den Genuss seiner bürgerlichen Ehrenrechte eingesetzt[1]).
Schon dreimal hatte Athen ihm seine Rettung zu danken gehabt; jetzt sollte er zum vierten Male helfen. Mit Phokion

---

1) Diod. XVIII 18, Plut. Phok. 26.

und Demetrios von Phaleron ging er als Gesandter zu Antipatros und Krateros[1]), den Frieden auf jede Bedingung hin
abzuschliessen. Und er rechtfertigte das Vertrauen des Volkes
auch jetzt; die Gesandtschaft erreichte, was man verständiger
Weise hoffen konnte zu erlangen. So leichten Kaufes wie
nach Chaeronea und der Zerstörung Theben's kam Athen begreiflicher Weise nicht davon. Zu oft hatte das Volk die
beschworenen Verträge gebrochen, als dass der Sieger sich
mit bloss moralischen Garantien hätte begnügen dürfen. Vor
Allem die unbeschränkte Demokratie sollte aufhören, die
bisher die besitzenden Klassen mit Gut und Ehre dem Belieben des Pöbels preisgegeben hatte. Wer unter 2000 Drachmen besass, sollte fortan von der Theilnahme an den politischen Rechten ausgeschlossen sein. Eine solche Herrschaft
der Minderheit aber konnte in einer alten Demokratie wie Athen
nur dann Bestand haben, wenn sie durch die Lanzen einer
fremden Besatzung gestützt war[2]); und darum war die zweite
Forderung des Siegers, dass Athen eine makedonische Garnison
in den Peiraeeus aufnehmen sollte. Weiter verlangte Antipatros
die Proscription der Urheber des Aufstandes, den Ersatz der
Kriegskosten, endlich in Gemässheit des Befehls Alexander's
die Restitution der Verbannten, und die Rückgabe von Samos
an seine alten Bewohner; doch sollte über diesen Punkt die
Entscheidung des Reichsverwesers Perdikkas eingeholt werden.
Dafür blieb Attika von der feindlichen Invasion befreit.

Es war nur das unumgänglich Nothwendige, was Antipatros gefordert hatte. Jeder Versuch, etwas davon abzu-
handeln, war von vorn herein aussichtslos; das Volk nahm
die gestellten Bedingungen an. Demades redigirte den Beschluss, durch den Hypereides, Demosthenes, Himeraeos und
andere Führer der Kriegspartei zum Tode verurtheilt wurden.
Das Decret zu vollziehen, blieb Athen erspart, da alle davon
Betroffenen bereits in der Flucht ihr Heil gesucht hatten.
Statt dessen kehrten die Verbannten zurück, Pytheas und
Kallimedon an ihrer Spitze; mit ihnen zog die makedonische
Garnison in Munychia ein. Jetzt trat auch die neue Ver-
fassung in Kraft, wodurch die vollen politischen Rechte auf

1) Schaefer III 1, S. 351.
2) Diod. XVIII 18, Plut. Phok. 27.

die 9000 wohlhabendsten Bürger beschränkt wurden. 81 Jahre
hatte die demokratische Ordnung seit dem Sturze der Dreissig
bestanden; jetzt war Athen zum dritten Male eine Oligarchie.
Was solange das Ideal der besitzenden Klassen gewesen war,
was einst Theramenes erstrebt, Isokrates noch vor einem
Menschenalter gefordert hatte, jetzt war es erreicht; die Rückkehr zu der Verfassung des Kleisthenes. Freilich in anderer
Weise, als jene Männer gehofft hatten. Mit der Demokratie
war die Selbständigkeit des Staates dahingegangen; und wenn
Athen auch später die Kraft gefunden hat, die Volksherrschaft im Innern, wie die Unabhängigkeit nach Aussen wieder zu gewinnen, die Grossmachtstellung des Staates blieb
unwiederbringlich verloren.

Anhang.

I. Strategenliste.

1. Die Zeit der Strategenwahlen und der Amtsantritt.

Seit Müller-Strübing vor jetzt 10 Jahren die Ansicht Seidler's und Hermann's wieder aufgenommen und in neuer und geistreicher Weise begründet hat, die Strategen seien im Winter gewählt worden und bald nach der Wahl ins Amt getreten, ist diese Frage von verschiedenen Seiten beleuchtet worden. Das Ergebniss dieser Untersuchungen ist der Müller-Strübing'schen Hypothese keineswegs günstig gewesen, und mancher wird vielleicht nicht geneigt sein, zuzugeben, dass bei dem heutigen Stande der Wissenschaft eine Discussion überhaupt noch berechtigt ist[1]). Indess mit wie glänzenden Gründen auch Droysen und die ihm gefolgt sind den Amts-antritt der Strategen beim Beginn des bürgerlichen Jahres vertheidigt haben, sie haben sich doch darauf beschränkt einzelne Punkte hervorzuheben und zu beleuchten; zum Ab-schluss bringen aber lässt sich der Streit nur auf Grund einer systematischen Prüfung des gesammten vorliegenden Materials. Und die Frage verdient es, dass sie zum Abschluss gebracht wird. Giebt es doch im ganzen Bereiche des attischen Staats-rechts kein zweites Problem von so einschneidender histori-scher Wichtigkeit. Für die Erkenntniss der Parteiverhältnisse Athen's im V. Jahrhundert sind die Ergebnisse der Strategen-wahlen unser erstes und bedeutendstes Hülfsmittel, das ein-zige, das uns die Möglichkeit an die Hand giebt, unsere ander-weitig gewonnenen Resultate an einem objectiven Masstabe zu prüfen. Stellung zu nehmen zu der Frage nach der Zeit

---

1) Wilamowitz, Aus Kydathen S. 58: Dass die Strategen im Muny-chion gewählt und mit dem Hekatombaeon ins Amt getreten sind, wird jetzt wohl für die Urtheilsfähigen feststehen.

des Amtsantritts der Strategen ist darum eine unerlässliche Pflicht für Jeden, der sich überhaupt mit attischer Geschichte beschäftigt; und das möge es entschuldigen, wenn ich auch nach Droysen die Untersuchung auf breiterer Grundlage wieder aufnehme.

Allerdings die Gründe, mit denen die Anhänger der Winterwahl ihre These zu erweisen versucht haben, sind längst widerlegt. Die Angaben des Thukydides über De- mosthenes' Strategie in den Jahren 426 und 425, auf die sich Müller-Strübing beruft, schliessen die Möglichkeit eines Amts- antritts im Winter oder Frühling geradezu aus, wie Droysen[1]) gezeigt hat; und es gehört viel Phantasie dazu, um in der Episode der Acharner des Aristophanes· v. 593—618 einen Beweis für die Winterwahl der Strategen zu sehen[2]). Wenn aber weiter behauptet wird, der Amtsantritt der Strategen am ersten Hekatombaeon sei ein Widersinn, weil dann der Ober- befehl in der Mitte der zum Kriegführen geeigneten Zeit ge- wechselt habe, so ist das ein Argument, das zwar auf den ersten Anblick besticht, aber einer näheren Prüfung nicht Stand hält. Denn die kleisthenische Verfassung war auf einen Mittelstaat, um nicht zu sagen einen Kleinstaat berechnet, dessen Machtsphäre kaum über seine nächste Umgebung hin- ausging. Längere Feldzüge waren damals schon aus finan- ziellen Gründen eine Unmöglichkeit; in jedem Falle aber musste das Heer für die Zeit der Ernte aufgelöst werden. Haben doch die Spartaner selbst in der Zeit des peloponnesi- schen Krieges es nicht vermocht, die Bundescontingente länger als einige Wochen zusammenzuhalten. Da also die militäri- schen Operationen doch einmal in der Mitte des Sommers unterbrochen werden mussten, so hatte ein Wechsel des Ober- befehls um diese Zeit gar nichts Bedenkliches. Später frei- lich, als Athen zur Grossmacht herangewachsen war, mussten die Uebelstände dieses Systems sich fühlbar machen; aber damit ist noch lange nicht gesagt, dass man wirklich zur gesetzlichen Abhülfe geschritten wäre. Wie in Rom, so hat auch in Athen die Entwickelung der Verfassung der Ent- wickelung der äusseren Machtstellung nicht zu folgen ver-

---

1) Hermes IX S. 16 ff.
2) Vergl. Kock *Quaest. Arist.* S. 12—24.

mocht; wenn man soviele schreiende Missstände bestehen liess, bloss weil sie einmal gesetzlich eingeführt waren, wie hätte man da in einem Punkte von verhältnissmässig so untergeordneter Bedeutung reformiren sollen? Denn in der Praxis kam gar nicht so viel darauf an, zu welchem Termin die Strategen ins Amt treten, da die Wiederwahl bewährter Feldherrn die Regel bildete; es sei denn, dass die gerade herrschende Partei in der Leitung des Staates durch die Gegenpartei abgelöst wurde. Ein solcher Wechsel konnte dann allerdings leicht für die Kriegführung verhängnissvoll werden; aber das wurde er, zu welcher Zeit er auch eintrat, ob nun gerade um Mittsommer, oder wann sonst, kam dagegen kaum in Betracht. — Auch ist keineswegs zu vergessen, dass der Befehl im Kriege nur die eine Seite der Amtsthätigkeit der Strategen bildete; mindestens ebenso wichtig waren ihre administrativen Functionen, und im Laufe der Zeit traten diese bekanntlich immer mehr in den Vordergrund. Für die Verwaltung aber würde es zu grossen Unzuträglichkeiten geführt haben, wäre das Amtsjahr der Strategen ein anderes gewesen, als das der übrigen Behörden des Staates. Der problematische Vortheil, einen Wechsel des Oberbefehls im Laufe desselben Sommers zu vermeiden, hätte diese Nachtheile keineswegs aufgewogen, um so mehr als er auch bei dem Amtsantritt der Strategen im Winter doch nicht unbedingt zu erreichen war; denn es lag jederzeit in der Hand des versammelten Volkes, einen missliebigen Feldherrn zu suspendiren.

Indess, wie man auch über diese Dinge denken mag, darauf kommt sehr wenig an. Thatsachen sind nun einmal brutal, und eine einzige ist hinreichend, ein noch so schön aufgebautes System von Hypothesen über den Haufen zu werfen. Sichere Resultate werden sich auch hier nur auf inductivem Wege erreichen lassen.

Zunächst die Archaeresien. Nach einer Erzählung bei Plutarch (Themist. 6) wäre Themistokles im Jahre 480 ἤδη τοῦ Μήδου καταβαίνοντος ἐπὶ τὴν Ἑλλάδα zum Strategen gewählt worden; zur Zeit der Perserkriege hätten also die Wahlen im Frühjahr stattgefunden. Dasselbe ergiebt sich für die unmittelbar folgende Zeit aus den bekannten Geschichten von der Wahl der Tragiker Phrynichos und Sophokles in Folge ihrer Siege auf dem Theater (Hypothesis zur

Antigone, Aelian Verm. Gesch. III 8). Mögen diese Anek-
doten auch historisch noch so wenig begründet sein, sie
konnten nur erfunden werden, wenn die Strategenwahlen
wirklich kurze Zeit nach den grossen Dionysien gehalten
wurden; sonst läge darin weder Sinn noch Verstand[1]).

Das so gewonnene Resultat findet in den Angaben
über Strategenwahlen aus .den Zeiten des peloponnesischen
Krieges seine volle Bestätigung. Die Wahl des Alkibiades
zum Strategen im Jahre 420 erfolgte nach dem Abbruch der
diplomatischen Verhandlungen mit Sparta und vor dem Abschluss des Bündnisses mit Argos (Plut. Nik. 10, Alk. 15).
Jene Verhandlungen hatten mit Frühlingsanfang begonnen
(ἅμα δὲ τῷ ἦρι εὐθύς Thuk. V 40); das Bündniss mit Argos
wurde noch in der ersten Hülfte des Sommers geschlossen,
längere Zeit vor den Olympien (Thuk. V 47—49); diese Angaben führen uns also etwa auf April oder Mai als Termin
der Strategenwahl. Die Möglichkeit einer Wahl im Winter
bleibt in jedem Fall ausgeschlossen.

Noch klarer liegt die Sache bei der Wahl des Alkibiades
im Jahre 407[2]). Mit Anbruch der guten Jahreszeit verliess
die attische Flotte den Hellespont; Alkibiades ging nach
Karien, Thrasylos direkt nach Athen; noch ehe er dort ankam, wurden Alkibiades, Thrasybulos, Konon zu Strategen
erwählt. Alkibiades segelt indess durch die Kykladen nach
Gytheion; dort erfährt er seine Wahl zum Strategen, und
begiebt sich darauf nach Athen, wo er am Fest der Plyn-
terien, Ende Thargelion ankommt (Xen. Hell. I 4, 8- 11).
Die Wahlen sind also Anfang Thargelion oder im Munychion
gehalten worden.

Nicht anders war es in der ersten Hülfte des vierten
Jahrhunderts. Diodor (XV 29) berichtet uns, dass die Athener
in Folge des Einfalles des Sphodrias und dessen Freisprechung
in Sparta 378 den Frieden für gebrochen erklärten, und
Timotheos, Chabrias und Kallistratos zu Strategen erwählten.
An eine ausserordentliche Wahl zu denken ist unstatthaft,
da Chabrias bereits im Jahre 379/8 Strateg war. Nun ist der
Abfall Theben's von Sparta, und der erste Zug des Kleom-

---

1) Wilamowitz, Aus Kydathen S. 59.
2) Ausführlich besprochen von Gilbert, Beiträge S. 10—13.

brotos nach Boeotien bekanntlich um Mittwinter 379/8 erfolgt (Xen. Hell. V 4, 14 μάλα χειμῶνος ὄντος). Im Sommer
378 fiel Agesilaos in Boeotien ein, noch vor der Ernte, also
im Mai[1]); in die Zeit zwischen diesem Zug und dem Zug des
Kleombrotos gehört Sphodrias' Unternehmen gegen den Peiraeeus, wahrscheinlich in den März. Die attischen Strategenwahlen sind also auch in diesem Jahre etwa im April gehalten worden.

Aus dem dritten Jahrhundert haben wir eine Inschrift,
wonach im Jahre des Archon Symmachos die ἀρχαιρεσίαι
κατὰ τὴν μαντ[είαν] am 22. Munychion stattgefunden haben
(CIA. II 416). An und für sich würde daraus nicht viel zu
folgern sein, da wir nicht wissen was es mit diesen ἀρχαιρεσίαι
κατὰ τὴν μαντείαν für eine Bewandniss hat. Da aber im
V. und IV. Jahrhundert, wie wir gesehen haben, die Strategenwahlen im Munychion oder doch in einem der Frühlingsmonate
gehalten wurden, so berechtigt uns unsere Inschrift immerhin zu der Annahme, dass der Wahltermin auch im dritten
Jahrhundert gegen früher nicht wesentlich verschoben worden ist.

In den Scholien zu Aristophanes (Ritter 43) findet sich
die Angabe, die Strategenwahlen hätten an einer Numenie
stattgefunden, ein Zeugniss, das keineswegs die Verachtung
verdient, die man ihm in der Regel, und zwar ohne jeden
Grund, zu Theil werden lässt. Denn Aristophanes selbst giebt
eine Bestätigung dieser Angabe, wie wir sie besser gar nicht
wünschen können. Ich meine die bekannten Verse der Wolken
(581—86):

εἶτα τὸν θεοῖσιν ἐχϑρόν, βυρσοδέψην Παφλαγόνα
ἡνίχ' ᾑρεῖσϑε στρατηγόν, τὰς ὀφρῦς συνήγομεν,
ἡ σελήνη δ' ἐξέλειπε τὰς ὁδούς, ὁ δ' ἥλιος
τὴν θρυαλλίδ' εἰς ἑαυτὸν εὐθέως ξυνελκύσας
οὐ φανεῖν ἔφασκεν ἡμῖν, εἰ στρατηγήσει Κλέων.

Bei diesen Worten an eine Mondfinsterniss zu denken,
wie das die Scholien thun, ist ganz unstatthaft. Die Zeit,
wo „der Mond nicht auf den Strassen scheint", wo also bei dem
Mangel künstlicher Beleuchtung in Athen wer Nachts aus-

ging die Fackeln mitnehmen musste, ist die Zeit des Neu-
mondes. Die kurze Dunkelheit während einer Mondfinsterniss
wäre mit den Worten ἡ σελήνη δ' ἐξέλειπε τὰς ὁδούς sehr
schlecht charakterisirt, denn der Verkehr konnte nur ganz
unbedeutend darunter leiden. Wenn es aber heisst, die Sonne
habe ihren Docht eingezogen und gedroht, nicht weiter zu
scheinen, so sehe ich nicht, welchen Sinn diese Worte sonst
haben können, wenn der Dichter hier nicht auf eine partielle
Sonnenfinsterniss anspielt. Bei jeder anderen Erklärung werden die Worte zu leerem Geschwätz. Nun hat wirklich am
21. März 424, also im Jahre vor der ersten Aufführung der
Wolken, in Athen eine partielle Sonnenfinsterniss stattgefunden,
die auch von Thukydides erwähnt wird (IV 52), und zwar
mit ausdrücklicher Hervorhebung des selbstverständlichen Um-
standes, dass die Finsterniss auf den Neumond fiel. Es kann
demnach meiner Ansicht nach kein Zweifel sein, dass Aristophanes wirklich auf diese Finsterniss anspielt, und unsere
Verse also der ersten Bearbeitung der Wolken angehören.
Das geht auch daraus hervor, dass die Stelle unzweifelhaft
bei Kleon's Lebzeiten gedichtet ist (v. 590—4), während die
zweite Bearbeitung der Wolken in die Zeit nach dem Nikias-
frieden gehört (Schol. Wolken 553)[1]).

Kleon ist also am 21. März 424, an der Numenie[2]), zum
Strategen erwählt worden. Aber an der Numenie welchen
Monats? Das Jahr 425/4 ist nach Ausweis der Schatzurkunde
CIA. I 273 ein Gemeinjahr von 354 Tagen gewesen. Am
9/10. Oktober 425 hatte eine Mondfinsterniss stattgefunden,
die nach den Scholien zu unserer Stelle der Wolken in den
Boedromion fiel; danach entspräche der 21. März dem astro-
nomischen Neumond des Elaphebolion. Es fragt sich nur,
ob die Angabe der Scholien, jene Mondfinsterniss habe im
Boedromion stattgefunden, auch zuverlässig ist. Eine Finsterniss gerade zur Zeit der grossen Mysterien ist eine so auf-
fallende Erscheinung, dass es befremdet sie bei keinem
Historiker erwähnt zu finden. Die Vermuthung liegt also

---

1) Bücheler, Jahrbücher f. Phil. 1861 S. 658 ff., Kock *Quaest. Arist.*
S. 61 ff., Müller-Strübing, Jahrb. 127 (1883) S. 685.

2) Ob die Sonnenfinsterniss auf den Kalenderneumond fiel, und
ob Kleon am Tage der Finsterniss selbst gewählt wurde, thut hier
nichts zur Sache.

nahe, dass die Finsterniss erst im Pyanopsion stattgefunden
hat, was auch dem metonischen Kalender entsprechen würde[1]).
Dann fiele Kleon's Wahl auf die Numenie des Munychion und
dieses Datum stimmt aufs Beste zu den oben besprochenen
Angaben über die Zeit der Strategenwahlen. Uebrigens ist
nicht ausser Acht zu lassen, dass sich die Wahl in manchen
Fällen über den regelmässigen Termin hinaus verzögerte[2]).
Das scheint z. B. in dem Jahre des Symmachos der Fall gewesen zu sein.

Soviel steht jedenfalls sicher, dass die Strategenwahlen
um die Zeit der Frühlingsgleiche gehalten wurden. Der Amtsantritt aber konnte auf die Wahl keineswegs unmittelbar
folgen. Es musste Zeit bleiben für das gerichtliche Verfahren
der Dokimasie, und die eventuelle Neuwahl, im Falle einer
der designirten Strategen die Dokimasie nicht bestand; eine
Wahl, auf die dann natürlich wieder eine Dokimasie folgen
musste[3]). So finden wir auch in der zweiten grossen hellenischen Demokratie, in Syrakus, zwischen Wahl und Amtsantritt der Strategen einen Zwischenraum von mehreren
Monaten[4]). Allerdings ist über die Dauer dieser Zwischenzeit in Athen nichts überliefert; nur soviel ist klar, dass die
Strategen keinenfalls lange vor dem ersten Hekatombaeon
ins Amt treten konnten. Und da spricht denn allerdings die
grosse Wahrscheinlichkeit dafür, dass das Amtsjahr mit dem
bürgerlichen Jahr zusammenfiel.

Dass es sich in der That so verhalten hat, lässt sich zur
Evidenz aus unserer historischen und epigraphischen Ueber-

---

1) A. Mommsen, Chronologie S. 392 A.
2) Vergl. unten Excurs I: Perikles' Prozess.
3) Müller-Strübing's Einwand (Jahrb. 127, 1883, S. 687, es sei
„unbegreiflich, dass die Athener nicht wieder gewählten, also moralisch
abgesetzten Strategen den Befehl über ihre Truppen und Schiffe noch
mehr als zwei Monate überlassen hätten" hat den Thatsachen gegenüber gar kein Gewicht Ich erinnere übrigens an die amerikanische
Verfassung, die eine ganz analoge Bestimmung enthält. Wird doch
behauptet, dass der Bürgerkrieg nur dadurch möglich geworden ist,
dass zwischen der Wahl und der Inauguration des Präsidenten ein
Zwischenraum von 4 Monaten liegt. — Das Bedenken gegen Perikles'
Nicht-Wiederwahl 430 ist unten Excurs I beseitigt.
4) Thuk. VI 73 vergl. mit VI 96. E. Müller, Jahrb. f. Phil.
1857 S 769.

lieferung nachweisen. So finden wir Nikias in der ersten
Hälfte des Sommers 426 an der Spitze bedeutender Streitkräfte mit der Leitung wichtiger Operationen betraut. Während
des ganzen attischen Jahres 426/5 dagegen wird Nikias mit
keiner Silbe erwähnt; statt seiner nennt eine Schatzurkunde
(CIA. 1 273) Hippokrates von Cholargos als Vorsitzenden des
Collegiums, an ihn und seine Mitfeldherrn (στρατ]ηγοῖς Ἱπ-
ποκράτει Χολαργεῖ καὶ ξυ[νάρχουσιν) leisten die Schatzmeister
der Göttin das ganze Jahr hindurch von der 2. bis zur 10.
Prytanie Zahlungen [1]). Mit dem Beginn von 425,4 verschwindet Hippokrates, und Nikias tritt von Neuem in den
Vordergrund. Er ist es, den Kleon im Hekatombaeon 425 für
den schlechten Gang der Operationen gegen Pylos verantwortlich macht; wenig später finden wir ihn an der Spitze
der Unternehmung gegen Korinth und im nächsten Frühjahr
ist er es, der Kythera erobert. Mit dem Jahreswechsel aber
verschwindet Nikias abermals; es sind Hippokrates und Demosthenes, die bald nach Mittsommer 424 gegen Megara
ziehen, und bei Delion befehligt Hippokrates allein. Kleon
unternahm seinen thrakischen Zug im Spätsommer 422, eine
Verzögerung, die ganz unbegreiflich ist, wenn er schon seit
dem Frühjahr Strateg war, die sich aber aufs Beste erklärt,
wenn er um Mittsommer sein Amt angetreten hatte.

Es wird demnach für sicher zu gelten haben, dass die
Strategen in der Zeit des peloponnesischen Krieges mit dem
1. Hekatombaeon ins Amt traten. Nicht anders war es im
IV. Jahrhundert. Wir haben eine Inschrift aus der Zeit der
Schlacht bei Chaeroneia, worin ein gewisser Bularchos als
Taxiarch der Phyle Kekropis für das Jahr des Archon Lysi-
machides (339/8) bezeichnet wird [2]). Wenn aber das Amtsjahr der Taxiarchen mit dem bürgerlichen Jahre zusammenfiel, muss dasselbe auch mit dem Amtsjahr der Strategen der

---

1) Allerdings wird nur die erste dieser Zahlungen ausdrücklich als
an Hippokrates geleistet bezeichnet; da aber bei den übrigen Zahlungen kein Empfänger genannt ist, so ist der Schluss kaum abzu-
weisen, dass es auch hier Hippokrates ist. S. Loeschcke, *De titulis
aliquot Atticis* S. 25; auch für das Folgende.

2) Κεκροπίδος οἱ στρατευσάμενοι ἐπὶ Λυσιμαχίδου ἄρχοντος καὶ
ὁ ταξίαρχος Βούλαρχος Ἀριστοβούλου Φλυεύς. Angeführt von Koehler,
CIA. II 562.

Fall gewesen sein, denn wir wissen, dass Strategen und
Taxiarchen zu gleicher Zeit erwählt wurden (Aesch. g. Ktes. 13).
Dasselbe zeigen die Angaben der Rede gegen Polykles. Danach ging Autokles Ende Metageitnion, oder wohl erst im
Boedromion 362/1 als Strateg nach dem Hellespont, wird nach
8 Monaten — also im Munychion oder Thargelion — durch
Apocheirotonie suspendirt, und durch Menon ersetzt (12
S. 1210); dieser wird nach weiteren 4 Monaten — Metageitnion oder Boedromion 361/0 — durch Timomachos abgelöst
(14 S. 1210). Letzterer befehligte dann die Flotte weitere
5 Monate bis zu ihrer Rückkehr nach Athen (10 S. 1209),
die also im Gamelion oder Anthesterion 361/0 erfolgt ist[1]).
Diese Angaben sind ohne Weiteres verständlich, wenn der
Amtsantritt der Strategen mit dem Anfang des bürgerlichen
Jahres zusammenfiel. Haben die Feldherrn dagegen im Winter
oder im Frühling ihr Amt angetreten, so müssten wir annehmen, dass nicht nur Autokles, sondern auch Menon durch
Apocheirotonie seines Amtes entsetzt worden ist, und davon
steht in der Rede kein Wort[2]).

Uebrigens bedarf es wohl kaum des Hinweises, dass
die Uebernahme des Commandos im Felde keineswegs mit
dem Amtsantritt in Athen zusammenfällt, ja dass sie in
der Regel geraume Zeit später erfolgen musste. Da nun die
Operationen nicht stillstehen und die Truppen nicht ohne
Führung bleiben dürften, so ergab sich daraus die Nothwendigkeit, dass die im Felde stehenden Amtsvorgänger des
neugewählten Strategen den Befehl bis zu dessen Ankunft
weiterführten. So ist Laches, Strateg für 427/6, doch
bis zu seiner Ablösung durch Pythodoros im Winter 426/5
an der Spitze der in den sicilischen Gewässern stehenden
athenischen Flotte geblieben; im Jahre 361 hat Menon
2 Monate über den Ablauf seiner Amtszeit hinaus im Hellespont befehligt. Dabei konnte denn auch der Fall eintreten,
dass einem im Felde stehenden, aber nicht wiedergewählten
Strategen überhaupt kein Nachfolger geschickt wurde; dann
führte er eben den Befehl fort, bis die Umstände seine Rückkehr nach Athen gestatteten, wobei denn freilich der eigenen

1. Wegen der Zeitbestimmungen vergl. Schaefer, Demosth. III 2,
117 - 52.

2. Droysen, Zeitschrift für Alterthumswissenschaft 1839, S 943 A.

Discretion des Strategen ein weiter Spielraum gelassen war.
So war Demosthenes' Amtsjahr um Mittsommer 426 abge-
laufen; nichtsdestoweniger aber blieb er bis zum folgenden
Winter auf dem Kriegsschauplatz, und legte erst bei seiner
Zurückkunft nach Athen den Befehl nieder[1]).

Man hat — um zum Schlusse auch das noch zu erwähnen — nun die Behauptung aufgestellt, die Strategen
wären zur Zeit der Perserkriege im Frühjahr ins Amt getreten[2]). Wäre das richtig, so bewiese es doch nicht das
Geringste gegenüber den oben zusammengestellten Beispielen
für die Frühlingswahl und den Amtsantritt aus der Zeit des
peloponnesischen Krieges und dem IV. Jahrhundert; wir
hätten dann eben anzunehmen, dass bald nach 479 der Anfang
des Strategenjahres verlegt worden sei. Aber ist denn unsere
Ueberlieferung der Geschichte der Perserkriege derart, dass
wir berechtigt sind, so weitgehende Schlüsse daraus zu ziehen?
Und selbst wenn wir uns rückhaltslos auf den Boden der
Ueberlieferung stellen, folgt die Nothwendigkeit noch keineswegs, den Amtsantritt der Strategen in das Frühjahr zu
setzen. Spricht denn nicht die höchste Wahrscheinlichkeit
dafür, dass Themistokles, wie im Jahre 480/79, so auch im
Vorjahr Stratege gewesen ist? Und kann nicht auch Xanthippos in beiden Jahren diese Würde bekleidet haben? Ganz
abgesehen von der Möglichkeit, dass er bei Mykale die
attische Flotte in seiner Eigenschaft als erster Archon geführt hat.

2. Die Phylenwahl und der Oberstratege.

Schon die Zehnzahl der Strategen ist Beweis dafür, dass
ursprünglich eine enge Beziehung zwischen ihnen und den
Phylen bestanden haben muss. In der That hat bei Marathon jeder Stratege seine eigene Phyle befehligt, Aristeides
von Alopeke z. B. die Antiochis, Themistokles der Phrearr-
hier die Leontis (Plut. Arist. 5); sodass also damals alle
10 Phylen ihren Vertreter im Strategion gehabt haben müssen.
Dasselbe zeigt die bekannte Erzählung von Kimon und seinen

---

1) Thuk. IV 2 Δημοσθένει δὲ ὄντι ἰδιώτῃ μετὰ τὴν ἐξ Ἀκαρνανίας
ἀναχώρησιν. Ein näheres Eingehen auf diese Strategie ist nach Droysen's
Ausführung überflüssig.

2) Wilamowitz, Aus Kydathen S. 58.

neun Collegen, die nach der Eroberung von Skyros bei den
grossen Dionysien 468 ausserordentlicher Weise zu Preis-
richtern über die aufgeführten Tragödien erwählt wurden.
Dabei wird ausdrücklich hervorgehoben, dass jeder der 10 Strategen zu einer anderen Phyle gehörte, wie das für die Preis-
richter gesetzlich vorgeschrieben war, und vorgeschrieben sein
musste, da ja die einzelnen Phylen bei diesen Aufführungen
mit einander um den Sieg stritten. (Plut. Kim. 8.)

Ebenso gewiss ist es, dass seit der zweiten Hälfte des
IV. Jahrhunderts eine solche Rücksicht auf die Phylen bei
der Strategenwahl nicht mehr genommen wurde. Damals
war die alte Competenz des Strategions in eine Reihe von
Spezialcompetenzen zertheilt; nicht mehr Strategen schlecht-
weg wurden gewählt, sondern der στρατηγὸς ἐπὶ τὰ ὅπλα,
στρατηγὸς ἐπὶ τὴν παρασκευήν, ἐπὶ τὴν χώραν und wie die
einzelnen Aemter weiter heissen. Es wäre ein Widersinn
gewesen, diese Competenzen auf die verschiedenen Phylen zu
vertheilen; und in der That sehen wir, dass ein und derselbe
Mann die ganze Reihenfolge dieser Würden durchläuft (CIA.
II 331). Auf diese Periode bezieht sich die Angabe des
Polydeukes (VIII 87), die Strategen seien ἐξ ἁπάντων gewählt worden.

Es handelt sich demnach nur darum, den Zeitpunkt festzustellen, in dem die Phylenwahl aufgehoben worden ist. Auf
den ersten Blick werden wir geneigt sein, die Reform mit
der Zertheilung der strategischen Competenz in die eben besprochenen Spezialcompetenzen in Verbindung zu bringen. Und
in der That haben wir ein Zeugniss, dass noch am Ende des
V. Jahrhunderts für jede Phyle ein Stratege erwählt worden
ist. In einem Gespräche der Denkwürdigkeiten Xenophon's
(III 4. 1) beklagt sich Nikomachides, dass er trotz seiner
langjährigen Dienstzeit bei der Wahl gegen Antisthenes unterlegen sei. Von einem einzelnen Gegencandidaten eines durch-
gefallenen Bewerbers aber könnte nicht die Rede sein, wenn
alle 10 Strategen vom ganzen Volke erwählt wurden. Es
liesse sich hier auch an die Apodokimasie des Theramenes
im Frühjahr 405 erinnern (Lysias g. Agorat. 10), die sich sehr
einfach erklärt, wenn Theramenes nur von seiner Phyle, der
Pandionis zum Strategen erwählt war, wogegen die Cassirung
einer von der Gesammtheit des attischen Volkes vorgenommenen

Wahl vor Gericht befremden würde. Indess ist dieser Fall nach keiner Richtung hin Ausschlag gebend.

Auch hier ist es allein die Strategenliste selbst, von der wir sichere Aufschlüsse erwarten dürfen. Aber allerdings ist gerade für unsere Frage das Material ausserordentlich lückenhaft. Besitzen wir doch von keinem einzigen Jahre das vollständige Verzeichniss der Feldherrn in der offiziellen Form, das heisst mit der Angabe des Demos oder doch der Phyle jedes einzelnen Strategen. Und auch wenn wir unsere Ansprüche niedriger stellen, so sind es nur etwa 10 Jahre, aus denen uns die Phylen von je 5—8 Strategen, also wenigstens der Hälfte des Collegiums, bekannt sind. Unter diesen Umständen ist es vielleicht überhaupt verfrüht, irgend welche allgemeine Schlüsse zu ziehen, und jedenfalls können die gewonnenen Resultate nur provisorische Geltung beanspruchen. Aber wo auf dem Gebiete des attischen Staatsrechts wären wir nicht, in höherem oder geringerem Grade, in derselben Lage? So möge es mir denn gestattet sein, auch für unsere Frage das vorliegende Material nach Möglichkeit zu verwerthen.

Es lässt sich bis jetzt kein Beispiel nachweisen, dass drei oder mehr Strategen eines Jahres derselben Phyle angehört hätten. Wohl aber sind die Jahre nicht selten, wo das bei zwei Strategen der Fall ist. Die bekannten Beispiele sind folgende:

441/0 Περικλῆς Χολαργεύς
Γλαύκων ἐκ Κεραμέων } Akamantis.

433/2 Dieselben.

432/1 Περικλῆς Χολαργεύς
Καρκίνος Θορίκιος } Akamantis.

427/6 Ἱππόνικος Μελιτεύς
Λάχης Αἰξωνεύς } Kekropis.

407/6 Ἀλκιβιάδης Σκαμβωνίδης
Ἀδείμαντος Σκαμβωνίδης } Leontis.

388/7 Θρασύβουλος Κολλυτεύς
Ἀγύρριος Κολλυτεύς } Aegeis.

373/2 Ἰφικράτης Ῥαμνούσιος
Καλλίστρατος Ἀφιδναῖος } Aeantis.

357/6 [Ἰφικράτης] Ῥαμνούσιος
    Φιλοχάρης Ῥαμνούσιος   } Acantis.

356/5 Μενεσθεύς Ῥαμνούσιος
    Ἰφικράτης Ῥαμνούσιος   } Aeantis.

349/8 Χάρης Ἀγγελῆθεν
    Θρασύβουλος Στειριεύς } Pandionis.

323/2 Φαῖδρος Σφήττιος
    Εὐετίων Σφήττιος   } Akamantis.

Wenn Epameinondas' Zug nach dem Hellespont in das Jahr 363/2 fällt sind auch Laches und Chabrias, beide von Aexone und also aus der Kekropis, zusammen Strategen gewesen. Weiter finden wir unter den Strategen für 440/39 Hagnon von Steiria, und daneben Phormion, der nach Pausanias (I 23, 10) aus Paeania war, also ebenso wie Hagnon der Pandionis angehört hätte. Indess wird bei dem anekdotenhaften Charakter der ganzen Erzählung von Phormion's Schicksalen nicht viel auf dieses Zeugniss zu geben sein; auch ist eine Textverderbniss keineswegs ausgeschlossen. Wir thun also besser, dieses Beispiel, ebenso wie das des Laches und Chabrias, für jetzt bei Seite zu lassen.

Anderer Art ist der Fall des Thrasybulos und Theramenes, die beide aus Steiria und folglich aus derselben Phyle, der Pandionis, während der Jahre 411—7 neben einander die Strategie bekleidet haben. Denn Thrasybulos war Stratege durch die Wahl der Flottenmannschaft in Samos, Theramenes durch die Wahl des Volkes in Athen, sodass beide keineswegs demselben Feldherrncollegium angehört haben. Sobald mit der Rückkehr des Alkibiades im Jahre 407 die Flotte wieder die Autorität der Regierung in Athen anerkannt hatte, ist nur Thrasybulos in der Feldherrnwürde bestätigt, Theramenes aber nicht wiedergewählt worden.

In dieselbe Zeit der Spaltung zwischen Stadt und Flotte gehört auch die Schatzurkunde CIA. I 188, aus 410/9. Hier wird neben Dexikrates von Aegilia aus der Antiochis, und E..... (nur der erste Buchstabe des Namens ist erhalten) von Euonymia aus der Erechtheis auch Aristophanes von Ana[phlystos] oder Ana[gyrus] als Stratege erwähnt; da nun Anaphlystos zur Erechtheis, Anagyrus zur Antiochis gehört,

so haben wir in jedem Falle zwei Strategen aus derselben
Phyle. Nun werden aber Dexikrates und jener Strateg un-
bekannten Namens von Euonymia, nebst noch zwei anderen
Collegen in unserer Inschrift ausdrücklich als „Strategen auf
Samos" ($\sigma\tau\varrho\alpha\tau\eta\gamma o\grave{\imath}$ $\grave{\epsilon}\sigma\varSigma\acute{\alpha}\mu\varphi$) bezeichnet; und Samos war,
wie bekannt, der Ausgangspunkt der demokratischen Be-
wegung des Jahres 411, und die Hauptstadt des demokratischen Sonderstaates, der sich in Folge dieser Bewegung von
dem oligarchischen Athen ablöste. Es bleibt also kaum etwas
anderes übrig als die Annahme, dass jene vier „Strategen
auf Samos" ihre Würde der Wahl der Flottenmannschaft
verdankten; und in der That wäre es sehr auffallend, wenn
die athenische Bürgerschaft nicht weniger als 4 von den
10 Mitgliedern des Feldherrncollegiums nach Samos entsendet
haben sollte, ohne dass sich dort eine nennenswerthe Truppenmacht befand. Es ist also auch hier derselbe Fall wie bei
Theramenes und Thrasybulos; die Strategen aus der gleichen
Phyle gehören verschiedenen Collegien an.

Es wäre endlich noch die bekannte Todtenliste der Erech-
theis CIA. I 433 zu besprechen, in der ein $\sigma\tau\varrho\alpha\tau\eta\gamma\grave{o}\varsigma$ '$I\pi\pi o$-
$\delta\acute{\alpha}\mu\alpha\varsigma$ und daneben ein $\sigma\tau\varrho\alpha\tau\eta\gamma\tilde{\omega}\nu$ $\varPhi[\varrho\acute{\upsilon}\nu\iota\chi]o\varsigma$ genannt wird,
die $\tau o\tilde{\upsilon}$ $\alpha\grave{\upsilon}\tau o\tilde{\upsilon}$ $\grave{\epsilon}\nu\iota\alpha\upsilon\tau o\tilde{\upsilon}$ gefallen wären. Gewöhnlich wird
angenommen, dass hier das bürgerliche Jahr gemeint sei.
Aber die feierliche Bestattung der für das Vaterland Gefallenen erfolgte im Spätherbst; und es ist klar, dass die in
Stein gehauenen Namenslisten bei dieser Gelegenheit aufgestellt wurden, woraus denn hervorgeht, dass sie sich auf
natürliche Jahre beziehen müssen. Wenn demnach auf einer
solchen Liste zwei Strategen aus derselben Phyle verzeichnet
sind, so brauchen sie keineswegs demselben Feldherrncollegium angehört zu haben, vielmehr kann das Amtsjahr des
einen um Mittsommer zu Ende gegangen sein, das des anderen
um dieselbe Zeit begonnen haben [1]).

Auch die oben angeführten Beispiele aus den Jahren
349/8 und 323/2 sind für unseren Zweck ohne Bedeutung,
da das erste wahrscheinlich, das zweite sicher in eine Zeit
fällt, wo das Strategenamt bereits in eine Reihe von Spezial-

---

1) R. Fischer *Quaest. de pract. Atticis* Diss. Königsberg 1881,
S. 16 ff., Wilamowitz, Aus Kydathen S. 57 f.

competenzen aufgelöst war, die Phylenwahl also in keinem Falle aufrecht erhalten werden konnte. Aber die 9 übrigen, völlig sicheren Beispiele aus den Jahren 441/0—356/5 genügen vollständig, es ausser jeden Zweifel zu stellen, dass mindestens seit der Mitte des V. Jahrhunderts keineswegs alle 10 Phylen in dem Strategion vertreten sein mussten.

Um diese Thatsache mit dem oben besprochenen Zeugnisse Xenophon's in Einklang zu bringen, hat, wie bekannt, Droysen die Hypothese aufgestellt, die Strategen wären nicht aus jeder Phyle, sondern für jede Phyle gewählt worden, und zwar von dem ganzen Volke, und aus allen Athenern. Es ist schwer zu verstehen, was bei dieser Annahme gewonnen werden soll. Seit die Taxiarchen für das Commando der einzelnen Contingente der Phylen an die Stelle der Strategen getreten waren, hatten diese in ihren amtlichen Functionen mit den Phylen überhaupt nichts mehr zu thun, es hätte also gar keinen Sinn gehabt, für jede Phyle einen Strategen zu wählen.

Man könnte nun sagen, nicht das ganze Volk, sondern die einzelnen Phylen hätten die Strategen gewählt, aber ohne dabei an den Kreis der eigenen Phyleten gebunden zu sein. Damit wären denn alle Schwierigkeiten sehr einfach gelöst; und unseren modernen Anschauungen würde ein solcher Wahlmodus ja auch durchaus entsprechen. Ob aber die Sache nach griechischen Begriffen möglich ist, scheint mir sehr zweifelhaft. Denn wenn die Phyle zur Wahl schritt, so that sie das keineswegs in der Art, wie etwa ein moderner Wahlbezirk, sondern als Gemeinde für sich, als eine Art Staat im Staate. Wie der gesammte Demos von Athen nur attische Bürger zu Beamten wählen kann, so die Phyle nur ihre Phyleten. So gut wie die Choregen, Taxiarchen, Phylarchen, die doch auch Beamte des Gesammtstaates sind, von jeder Phyle aus der Zahl ihrer eigenen Mitglieder erwählt wurden, ebenso gut musste das mit den Strategen der Fall sein, wenn sie überhaupt aus der Phylenwahl hervorgingen.

Hier kommt nun Gilbert mit dem Einwande (Beiträge S. 24), „es würde jeder gesunden Staatsraison zuwiderlaufen", ja es wäre ein „Unsinn, der jeder vernünftigen Staatsleitung Hohn spräche", „wenn die Athener durch die Bestimmung, aus jeder Phyle müsse ein Strateg genommen werden, sich

der Möglichkeit beraubt hätten, zwei tüchtige und kriegs-
erfahrene Männer in Zeiten der Noth als Strategen zu verwenden, weil sie zufällig aus derselben Phyle waren". Ich
habe schon oben ausgesprochen, was ich von diesem
Operiren mit der „gesunden Staatsraison" halte. Den Thatsachen gegenüber zerplatzt jedes solche „Raisonnement" wie
eine Seifenblase. In unserem Falle aber kostet es nur ein
sehr geringes Nachdenken, um zu erkennen, dass das ganze
„Raisonnement" falsch ist. Strategische Genies sind leider
sehr selten, in Athen wie anderwärts. Man denke an den
Spott Philipp's[1]). Es war schon alles mögliche, wenn Athen
einmal gleichzeitig zwei oder drei hervorragende Feldherrn
besass; und es wäre ein höchst sonderbarer Zufall gewesen,
wenn diese Feldherrn nun gerade zu derselben Phyle gehört
hätten. Tüchtige Offiziere dagegen, die ohne militärische
Genies zu sein, für die Bekleidung der Strategie sehr
wohl qualificirt waren, gab es natürlich in jeder der 10 Phylen;
es wäre traurig für Athen gewesen, wenn man daran hätte
zweifeln müssen.

Wir werden uns also nach einer anderen Erklärung der
Schwierigkeit umzusehen haben, und sie liegt, denke ich,
nahe genug. Die zehnköpfigen Beamtencollegien nämlich,
die seit Kleisthenes fast die gesammte Verwaltung des Staates
in ihren Händen hatten, würden ihrem Zwecke nur sehr un-
vollkommen entsprochen haben, wären sie wirklich nichts
anderes gewesen, als Collegien ganz gleichberechtigter Mitglieder. Sollte Einheit in die Verwaltung kommen, so musste
nothwendig einer von den zehn an die Spitze des Collegiums
treten, als Präsident mit gesteigerter Machtbefugniss. Nach
dem Namen dieses Präsidenten (πρύτανις) wird dann das
ganze Collegium bezeichnet, die übrigen Mitglieder desselben
gelten einfach als seine Amtsgenossen, ξυνάρχοντες So wurde
es gehalten z. B. mit den Schatzmeistern der Athena und
den Hellenotamien. Und mit den Strategen ist es nicht
anders gewesen. In der ersten Zeit nach Kleisthenes allerdings, solange die Strategen nichts weiter waren, als was

---

1) Plut. Apopth. Phil. 2 (S. 177 C) Ἀθηναίους μὲν οὖν μακαρίζειν
ἔλεγεν, εἰ καθ᾽ ἕκαστον ἐνιαυτὸν αἱρεῖσθαι δέκα στρατηγοὺς εὑρί-
σκουσιν· αὐτὸν γὰρ ἐν πολλοῖς ἔτεσιν ἕνα μόνον στρατηγὸν εὑρηκέναι,
Παρμενίωνα.

später die Taxiarchen gewesen sind, die Commandanten der
Contingente der einzelnen Phylen[1]), mussten alle die gleiche
Competenz haben. Warum hätte der Befehlshaber z. B. der
Acantis dem Befehlshaber der Pandionis übergeordnet sein
sollen? Der Vorsitzende des Kriegsraths, der General der
ganzen attischen Armee war damals der Polemarch. Als man
aber dazu überging, die Strategen von ihren Phylen loszulö-
sen und als Generale zu verwenden, als gleichzeitig der
Polemarch seine Stellung als militärischer Befehlshaber verlor und zum blossen Verwaltungsbeamten herabsank, wurde
es unumgänglich, die Stelle, die bisher der Polemarch ausge-
füllt hatte, einem Mitgliede des Strategencollegiums zu
übertragen. Seitdem haben auch die Strategen ihren πρύτανις,
der ihren Sitzungen präsidirt, und dem Collegium des Jahres
den Namen giebt. So heissen in einer Schatzurkunde die
Strategen für 426/5 Ἱπποκράτης Χολαργεὺς καὶ ξυνάρχοντες
(CIA. I 273).

Die Spuren dieser Einrichtung lassen sich von Salamis
an durch den ganzen Verlauf der attischen Geschichte verfolgen. So ist gleich die Erzählung von der Wahl des Themistokles zum Strategen im Frühjahr 480, wie wir sie bei
Plutarch (Them. 6) lesen, nur unter der Voraussetzung verständlich, dass es sich dabei um die Wahl des Oberstrategen
gehandelt hat. Und in der That sehen wir, wie Themistokles,
und er allein, die attischen Hopliten in Thessalien, die attische
Flotte bei Artemision und Salamis befehligt; von seinen Collegen ist nirgends nur mit einem Worte die Rede, obgleich
doch bei Salamis alle 10 Strategen gefochten haben müssen.
Von Perikles wissen wir, dass er im samischen Kriege 441/0
den Oberbefehl führte, auch über seine neun Mitfeldherrn; als
στρατηγὸς δέκατος αὐτός, wie Thukydides mit geflissentlicher
Vermeidung des offiziellen Ausdrucks die Sache bezeichnet
(I 116). Und als στρατηγὸς δέκατος αὐτός finden wir ihn
wieder beim Ausbruch des peloponnesischen Krieges (Thuk.
II 13), und zwar noch vor dem ersten Einfall der Peloponnesier, im Frühjahr 431. Eben dieselbe Würde hat er auch
im Herbst dieses Jahres bekleidet, als er die Athener πανδη-
μεί zum Einfall nach Megaris aufbot (Thuk. II 31), wobei

---

1) Wilamowitz, Aus Kydathen S. 57.

Thukydides es gar nicht einmal der Mühe werth hält, seine Collegen auch nur mit einem Wort zu erwähnen. Ganz dieselbe Stellung bekleidete Perikles im nächsten Frühjahr beim zweiten Einfall der Peloponnesier (Thuk. II 55). Und wenn die Athener nach seinem Prozess ihn wieder zum Strategen erwählten, und ihm, wie Thukydides sich ausdrückt, die ganze Leitung des Staates anvertrauten (II 65 πάντα τὰ πράγματα ἐπέτρεψαν), so zeigt auch das, wie es sich hier nicht um eine einfache Strategenwahl handelt, sondern um die Wahl zum Präsidenten des Collegiums — wenn wir wollen, zum Präsidenten der Republik. Thukydides konnte sich nicht so ausdrücken, wie er es thut, hätte bloss die Akamantis den gestürzten Leiter des Staates wiedergewählt, und nicht alle Athener.

Aus den Jahren von Perikles' Tode bis zum Frieden des Nikias können wir die fast ununterbrochene Reihe der Oberstrategen noch nachweisen. Zunächst 427/6 Hipponikos von Melite, dessen Strategie weiter unten besprochen werden soll. Dann im folgenden Jahr Hippokrates von Cholargos (CIA. I 273, s. die vorige Seite). Weiter 425/4 Nikias von Kydantidae, wie daraus hervorgeht, dass Kleon die Angriffe wegen der schlechten Leitung der Operationen in Pylos gegen ihn allein richtet, und Nikias darauf den Befehl an Kleon abtritt, ohne dass die übrigen Strategen ein Wort dreinzureden haben. Ebendahin führt es, dass Nikias durch den Rest des Jahres Heer und Flotte des Staates nach seinem Belieben verwendet; im Herbst 425 zu dem Zuge nach Korinth, im Frühjahr 424 zu der Expedition nach Kythera. Im Jahre darauf, 424/3 ist dann Hippokrates zum zweiten Male Oberstratege gewesen. Denn er ist es, der im Herbst 424 den Auszug des Gesammtaufgebots der Athener nach Bocotien anordnet und befehligt, wieder ohne dass wir das Geringste von einer Mitwirkung der anderen Strategen erführen.

Im dekeleischen Kriege finden wir für das Jahr 410/9 Thrasylos als Präsident des Collegiums, wie daraus hervorgeht, dass er bei dem Angriffe König Agis' auf Athen diesem mit der ganzen verfügbaren Truppenmacht der Stadt sich entgegenwirft (Xen. Hell. I 1, 33, Philologus 43, 1884, S. 277 f.). Sehr bemerkenswerth ist es, dass Lysias (32 g. Diogeiton 7) von diesem Jahre redend Thrasylos als ὁ ἐπὶ τῶν ὁπλιτῶν bezeichnet, ein Ausdruck, der hier zum ersten Male vorkommt. Weiter, in 407/6, ist Alkibiades Oberstratege gewesen; da aber seine Competenz gleichzeitig noch in anderer Weise gesteigert war, kann ich diesen Fall erst weiter unten besprechen. Im folgenden Jahre scheint Thrasylos noch einmal Präsident des Collegiums geworden zu sein, wenigstens bezeichnet Lysias die für 406/5 gewählten Strategen als τοὺς μετὰ Θρασύλου δέκα (21 ἀπολ. δωροδ. 7) und auch in der Arginusenschlacht hatte Thrasylos das Obercommando (Diod. XIII 97 und oben S. 84 A. 4).

Die restaurirte Demokratie hat in diesen Verhältnissen nichts geändert. Schon bei der Strategenwahl in Phyle scheint Thrasybulos eine höhere Machtfülle erhalten zu haben, als seine Collegen; 13 Jahre später wird wieder ein στρατηγὸς ἐπὶ τῶν ὁπλιτῶν erwähnt, Kallias von Melite (Xen. Hell. IV 5, 13). Auch Thrasybulos und Agyrrhios müssen als Oberstrategen der Jahre 390/89, 389/8, 388/7 betrachtet werden; sagt doch Xenophon ausdrücklich, dass Agyrrhios an Thrasybulos' Stelle gewählt wurde (Hell. IV 8, 31) und Agyrrhios war aus der Aegeis, Thrasybulos aus der Pandionis. Ueber Agyrrhios' Wahl vergl. auch Platon fr. 185 Kock, woraus hervorgeht, dass er von dem ganzen Volke gewählt wurde. Im Jahre 373/2 wird an Timotheos' (aus der Antiochis) Stelle Iphikrates (aus der Aeantis) gewählt; und Iphikrates hat seinen Collegen gegenüber eine sehr gesteigerte Competenz, er ernennt seine Mitfeldherrn auf dem Zuge gegen Korkyra nach seinem Gutdünken — natürlich aus der Zahl der bereits im Amte befindlichen Strategen — und nimmt die ganze Leitung des Unternehmens für sich. Ebenso beweist die Anklage, die wegen des Verlustes von Oropos 366 gegen Chabrias erhoben wurde, doch wohl ohne Frage, dass dieser damals an der Spitze der gesammten Heeresleitung von Attika stand; die übrigen Strategen hätte sonst gleiche Verantwortung treffen müssen. Auch aus der Erzählung der Wahl des Menestheus im Jahre 356 bei Nepos [1]) ergiebt sich dessen Stellung als Oberstratege deutlich genug. In der Zeit endlich, als die

---

1) Timoth. 3, 2 *fit Menestheus praetor, filius Iphicratis, gener Timothei, et, ut ad bellum proficiscatur, decernitur. huic in consilium dantur duo usu sapientiaque praestantes, pater et socer.*

Strategen jeder ihre festbegrenzte Spezialcompetenz hatten,
ist der στρατηγὸς ἐπὶ τὰ ὅπλα unbestritten der Präsident des
Collegiums, und der Leiter des gesammten Kriegswesens.
Noch Aristion im mithradatischen Kriege hat bekanntlich in
dieser Stellung den Staat geleitet, und endlich ist der Strateg
der Hopliten sogar als eponymer Beamter neben den Archon
getreten.

Gegenüber dieser Reihe von Thatsachen, die sich leicht
noch vermehren liessen, kann wohl ein Zweifel daran nicht
gestattet sein, dass das Amt des Oberstrategen wirklich ein regel-
mässiges, nicht etwa bloss für aussergewöhnliche Krisen jedesmal neugeschaffenes ist. Ja bei einigen der oben angeführten
Fälle wird diese letztere Annahme geradezu zur Unmöglichkeit. So wenn Perikles nicht nur während der Invasionen der
Peloponnesier im Frühjahr 431 und 430, sondern auch im
Herbst 431 und schon zur Zeit des korkyraeischen Krieges
(Plut. 29) als Oberstratege erscheint. Noch klarer liegt die
Sache bei der Strategie des Nikias 425/4. Wer in Abrede
stellt, dass Nikias in diesem Jahre Oberstratege gewesen ist,
der ist gezwungen anzunehmen: erstens, dass Nikias durch
Volksbeschluss ausserordentlicher Weise das Commando in
Pylos übertragen worden war, dass er trotz dieses Mandates
in Athen blieb, und es schliesslich an Kleon abtrat; zweitens,
dass wenige Wochen später ebenso ausserordentlicher Weise
ihm der Befehl nach dem Isthmos übertragen wurde; drittens,
dass dasselbe noch einmal im Frühjahr für die Expedition
nach Kythera geschehen ist. Wer das annehmen kann, bei
der Stimmung, die nach der Einnahme von Sphakteria in
Athen herrschte, und die uns Aristophanes in den Rittern so
lebendig geschildert hat, nun, gegen den brauche ich hoffent-
lich kein Wort zu verlieren. Und wenn schon mit dem Ende
des V. und Anfang des IV. Jahrhunderts die Bezeichnung
„Strateg der Hopliten“ für den höchstcommandirenden Feldherrn aufkommt, diese selbe Bezeichnung aber in der zweiten
Hälfte des IV. Jahrhunderts für eine der stehenden strategischen Spezialcompetenzen, und zwar die höchste von allen,
gebraucht wird, so haben wir hier den direkten Beweis dafür, dass das Amt des στρατηγὸς ἐπὶ τὰ ὅπλα sich aus dem Amt
des Oberstrategen entwickelt hat, und also wie jenes, auch dieses
ein ständiges Amt, kein ausserordentliches, gewesen ist.

Ehe ich aber weiter gehe, muss ich einen Einwand beseitigen, der gegen die hier vertretene Ansicht von dem Wesen des Oberstrategen vorgebracht worden ist. Gilbert nämlich weiss recht gut (Beiträge S. 41), dass die Ausdrücke στρατηγὸς τρίτος, πέμπτος αὐτὸς eine gesteigerte Competenz des so bezeichneten Strategen gegenüber seinen zwei oder vier Mitfeldherrn andeuten, und dass der στρατηγὸς δέκατος αὐτὸς folglich der Präsident des ganzen Collegiums gewesen sein muss; ja er hat meines Wissens das Verdienst, überhaupt der erste gewesen zu sein, der das mit aller Schärfe ausgesprochen hat. Dann aber verdirbt er alles wieder, indem er ganz ungehöriger Weise hier den στρατηγὸς αὐτοκράτωρ hereinzieht, und diesen mit dem στρατηγὸς τρίτος, πέμπτος, δέκατος αὐτός etc. für identisch erklärt. Nun bedeutet aber der Ausdruck αὐτοκράτωρ, auf Behörden angewandt, im attischen Staatsrecht bekanntlich nicht mehr und nicht weniger, als dass die betreffende Behörde für die Erfüllung einer bestimmten Aufgabe von der Beobachtung der sonst geltenden constitutionellen Förmlichkeiten befreit und ermächtigt wird, nach eigenem besten Ermessen zu handeln. Eine solche Vollmacht kann jeder beliebigen Behörde ertheilt werden, dem Rathe z. B., der damit für die betreffende Sache von der Verpflichtung befreit wird, ein Probuleuma bei der Volksversammlung zu stellen. Wenn demnach ein oder mehrere Strategen für eine bestimmte Unternehmung dieselbe Vollmacht erhalten, so werden sie dadurch unabhängig von aller Rücksicht auf Rath und Volksversammlung ebenso wie auf ihre übrigen Collegen. Das war z. B. der Fall mit Nikias, Alkibiades und Lamachos während der sicilischen Expedition und der dafür erforderlichen Rüstungen (Thuk. VI 26). Aber das war immer eine ausserordentliche Massregel, die ohne Gefahr für die Verfassung nicht zu oft wiederholt werden dürfte. Nichts berechtigt uns zu der Annahme, dass jedesmal, wenn bei Thukydides von einem στρατηγὸς τρίτος, πέμπτος αὐτός etc. die Rede ist, und das kommt fast in allen Kriegsjahren vor, ein στρατηγὸς αὐτοκράτωρ zu verstehen wäre; Thukydides würde das ebenso ausdrücklich bemerkt haben, wie er die Strategen in Sicilien αὐτοκράτορες nennt. Der Unterschied ist der, dass der στρατηγὸς τρίτος, πέμπτος αὐτός etc. eine gesteigerte Machtvollkommenheit hat gegenüber

seinen Collegen, der στρατηγὸς αὐτοκράτωρ aber gegenüber
allen anderen Behörden des Staates, seine Collegen mit eingeschlossen. Darum ist der στρατηγὸς τρίτος αὐτός etc.
immer nur einer, denn ein Collegium kann nur einen Vorsitzenden haben; στρατηγοὶ αὐτοκράτορες aber können gleichzeitig mehrere sein, ja der Fall ist sehr gut denkbar, dass
allen zehn Strategen zusammen für eine bestimmte Aufgabe
diese Competenz verliehen wurde. Dann müssen oder können
doch wenigstens diese στρατηγοὶ αὐτοκράτορες wieder einen
Vorsitzenden haben, wie denn Nikias z. B. wahrscheinlich
als στρατηγὸς τρίτος αὐτός unter den drei nach Sicilien gesandten στρατηγοὶ αὐτοκράτορες zu betrachten ist[1]).

Was Gilbert dazu verleitet hat, den στρατηγὸς δέκατος αὐτός
mit dem στρατηγὸς αὐτοκράτωρ zu identificiren, ist der Umstand, dass wenn es sich darum handelt, für eine Unternehmung von hervorragender Wichtigkeit einen στρατηγὸς
αὐτοκράτωρ zu ernennen, der Vorsitzende des Strategion
naturgemäss zuerst berücksichtigt wurde. So befehligte Themistokles bei Salamis in der doppelten Stellung als Oberstratege und στρατηγὸς αὐτοκράτωρ (Plut. Aristeid. 8); ebenso
Alkibiades nach seiner Rückkehr 407/6 (Xen. Hell. I 5, 20).
In diesen Fällen müssen wir die doppelte Competenz scharf
auseinander halten. Der Prytanis der Strategen wurde gleich
bei den Archaeresien erwählt, der στρατηγὸς αὐτοκράτωρ
unter den schon ins Amt getretenen Strategen des Jahres;
die Competenz jenes erstreckt sich auf das ganze Kriegswesen
des Staates und durch das ganze Amtsjahr, dieser hatte nur
die Leitung einer bestimmten Unternehmung; dafür war der
Prytanis des Collegiums bei Allem was er that an die Zustimmung des Raths, der Bürgerschaft und der übrigen Strategen gebunden, der στρατηγὸς αὐτοκράτωρ von diesen Beschränkungen befreit. So wurde Alkibiades bereits im
Munychion 407 zum Strategen gewählt, und zwar zum Vorsitzenden des Collegiums; zum αὐτοκράτωρ aber erst nach
seiner Rückkehr nach Athen im Skirophorion. Στρατηγὸς
αὐτοκράτωρ kann er doch wohl nur für die grosse Operationsflotte und das nach Ionien bestimmte Heer gewesen sein;

---

[1]) Fellner, Zur Geschichte der attischen Finanzverwaltung im V.
und IV. Jahrh. (Sitzungsberichte der Wiener Akad. 1879) S. 390.

das Recht, solange er in Athen war, über die gesammte Landmacht des Staates zu verfügen — man denke an den Mysterienzug — muss aus seiner Competenz als Oberstratege abgeleitet werden. Der Sache nach also hat Xenophon recht, wenn er Alkibiades als ἀπάντων ἡγεμῶν αὐτοκράτωρ bezeichnet.

Doch kehren wir zurück zu unserer Untersuchung über den Oberstrategen. Die Wahl eines Beamten, der eine so verantwortungsvolle und einflussreiche Stellung bekleidete, der in gewissem Sinne als der Präsident des attischen Reiches betrachtet werden kann, dürfte unmöglich einer einzelnen Phyle überlassen werden, und auch nicht dem Belieben des von den einzelnen Phylen ernannten Strategencollegiums selbst. Das ist denn auch für die Wahl des Themistokles zum Oberstrategen 480 so gut wie direkt bezeugt; denn mag die betreffende Erzählung auch nichts anderes sein als das Produkt der Phantasie eines späteren Historikers, sie war doch berechnet auf Leser, die mit den attischen Verhältnissen vertraut waren (Plut. Them. 6). Eben dahin führt die Art, wie Thukydides die letzte Wiederwahl des Perikles im Frühjahr 429 erzählt, und die Ersetzung des Thrasybulos durch Agyrrhios 388, des Timotheos durch Iphikrates 373. Hier war überall ohne Zweifel das ganze Volk betheiligt.

Wenn also der Oberstratege aus allen Athenern und vom ganzen Volke erwählt wurde, seine 9 Collegen aber jeder von seiner Phyle, so musste natürlich der Fall verhältnissmässig selten sein, dass der Oberstratege gerade aus der 10. Phyle gewählt wurde, die im Strategion noch nicht vertreten war. In 9 Fällen von 10 musste vielmehr der Oberstratege einer Phyle angehören, die bereits im Strategion einen Vertreter hatte. Oder umgekehrt: wenn in einem Feldherrncollegium zwei Strategen aus derselben Phyle sich finden, so muss der eine von ihnen der Oberstratege sein.

Das so gewonnene Resultat findet in den uns erhaltenen Strategenlisten seine volle Bestätigung. In den meisten Fällen, wo zwei Strategen aus derselben Phyle vorkommen (oben S. 276 f.) lässt sich mit Bestimmtheit nachweisen, dass der eine davon Vorsitzender des Collegiums gewesen ist; überall sonst hat diese Annahme die grösste Wahrscheinlichkeit. Wir haben gesehen, dass Perikles in den Jahren 441/0, 433/2, 432/1

Oberstratege gewesen ist, Alkibiades 407 6, Agyrrhios 388 7, Iphikrates 373/2, Menestheus 356/5. Nichts steht der Annahme entgegen, dass Iphikrates oder Menestheus — denn einer dieser beiden Namen wird in der Urkunde CIA. II 64 zu ergänzen sein — auch im Jahre 357/6 den Vorsitz im Strategion gehabt haben. Und dasselbe werden wir von Hipponikos 427/6 annehmen dürfen, da er das Gesammtaufgebot Athens bei einem Einfall nach Boeotien anführt (Thuk. III 91).

Wenn demnach jedes Jahr einer der Strategen vom ganzen Volke, und aus allen Athenern ohne Unterschied (ἐξ ἀπάντων) erwählt wurde, so blieben 9 Strategen für die Wahl der einzelnen Phylen, sodass eine Phyle jedesmal leer ausgehen musste. Schwierigkeiten entstanden dadurch weiter nicht; man konnte das Loos entscheiden lassen, wobei die Art, wie die 9 Archonten aus den 10 beziehungsweise 12 Phylen erloost, und ursprünglich wahrscheinlich gewählt wurden, das Vorbild abgeben konnte. Auch liess sich die zehnte Phyle entschädigen, z. B. durch Ueberlassung einer der beiden Hipparchenstellen, oder dadurch, dass man bei der auf die Wahl folgenden Loosung die Stelle des Polemarchen aus ihrer Mitte besetzte.

Uebrigens wäre es ein Irrthum, zu meinen, dass der Oberstratege bis auf die Mitte des IV. Jahrhunderts sich in seiner verfassungsmässigen Competenz wesentlich von seinen Collegen unterschieden habe. Er war nur *primus inter pares*, etwa wie ein moderner Ministerpräsident. Aber die Wahl durch das ganze Volk, statt durch die einzelne Phyle, der Vorsitz bei den Berathungen, endlich und vor Allem der Umstand, dass in der Regel politisch und militärisch hervorragende Persönlichkeiten zu dem Amte bestimmt wurden, mussten zur Folge haben, dass thatsächlich der Oberstratege den entscheidenden Einfluss im Collegium ausübte, und damit der erste Mann im Staate wurde. Was aus dem Amt sich machen liess, hat Perikles in den 15 Jahren seiner Verwaltung gezeigt.

3. Strategenverzeichniss von 441/0—356/5.

Die hier folgende Strategenliste wird als erster Versuch dieser Art wohl eine nachsichtige Beurtheilung beanspruchen dürfen. Allerdings hat Müller-Strübing die bei Thukydides erwähnten **Strategen** der Jahre 432—424 zusammengestellt[1]), aber nach Kriegs-, nicht nach Amtsjahren, was für ihn bekanntlich zusammenfällt. Gilbert[2]) hat dann für die Zeit des peloponnesischen Krieges das Material ziemlich vollständig zusammengetragen, aber mit einer kaum glaublichen Vernachlässigung aller chronologischen Fragen, was seine Resultate im einzelnen so gut wie werthlos macht. Um so wichtiger sind Droysen's Bemerkungen, die sich aber leider auf wenige Jahre beschränken[3]). Für das IV. Jahrhundert endlich fehlt jede Vorarbeit.

Dass das hier gegebene Fragment der Strategenliste sich chronologisch nicht mit dem in dem Buche behandelten Zeitraum deckt, war in der Natur der Sache begründet. Gerade aus dem Decennium, das dem Anfang des peloponnesischen Krieges vorangeht, besitzen wir einige ziemlich vollständige Strategenverzeichnisse; während andererseits nach dem Jahre 356 5 die Strategenliste, zunächst wenigstens, ihre politische Bedeutung verliert, und zugleich unser Material so lückenhaft wird, dass ich es vorgezogen habe, für jetzt die Liste mit diesem Zeitpunkte abzubrechen.

441/0   Σωκράτης Ἀντιγένους Ἀναγυράσιος
         Σοφοκλῆς Σοφίλλου ἐκ Κολωνοῦ
         Ἀνδοκίδης Λεωγόρου Κυδαθηναιεύς
         Κρέων Σκαμβωνίδης
         Περικλῆς Ξανθίππου Χολαργεύς
         Γλαύκων Λεάγρου ἐκ Κεραμέων
         Καλλίστρατος Ἀχαρνεύς
         Ξενοφῶν Εὐριπίδου Μελιτεύς

440 39   Ἅγνων Νικίου Στειριεύς
         Φορμίων Ἀσωπίου [Παιανιεύς]
         Περικλῆς Ξανθίππου Χολαργεύς

---

1) Aristophanes S. 620—622.
2) In seinen Beiträgen zur inneren Geschichte Athen's.
3) Hermes IX (1875) S. 1—21.

'Αντικλῆς
Θουκυδίδης
Τληπόλεμος.

Zwischen 439/8 und 434/3

Διότιμος Στρομβίχου Εὐωνυμεύς
Νικίας Νικηράτου Κυδαντίδης
Φορμίων Ἀσωπίου [Παιανιεύς]
Περικλῆς Ξανθίππου Χολαργεύς
Λάμαχος Ξενοφάνους
Μένιππος.

433/2 Διότιμος Στρομβίχου Εὐωνυμεύς
Γλαύκων Λεάγρου ἐκ Κεραμέων
Περικλῆς Ξανθίππου Χολαργεύς
Λακεδαιμόνιος Κίμωνος Λακιάδης
Πρωτέας Ἐπικλέους Αἰξωνεύς
. . . . ένης ἐκ Κοίλης
Ἀρχέστρατος Λυκομήδους
Δρακοντίδης.

432/1 Σωκράτης Ἀντιγένους Ἀναγυράσιος
. . . . . . ης Ἁλαιεύς
Φορμίων Ἀσωπίου [Παιανιεύς]
Περικλῆς Ξανθίππου Χολαργεύς
Καρκίνος Ξενοτίμου Θορίκιος
Πρωτέας Ἐπικλέους Αἰξωνεύς
Εὐκράτης
Καλλίας Καλλιάδου.

431/0 Ἅγνων Νικίου Στειριεύς
Περικλῆς Ξανθίππου Χολαργεύς
Κλεόπομπος Κλεινίου [Σκαμβωνίδης].

430/29 Φορμίων Ἀσωπίου [Παιανιεύς]
Ξενοφῶν Εὐριπίδου Μελιτεύς
Ἑστιόδωρος Ἀριστοκλείδου
Μελήσανδρος
Φανόμαχος Καλλιμάχου.

429/8 Φορμίων Ἀσωπίου [Παιανιεύς]
Περικλῆς Ξανθίππου Χολαργεύς
Κλεΐππίδης Δεινίου.

428/7 *Νικίας Νικηράτου Κυδαντίδης*
    Ἀσώπιος Φορμίωνος [Παιανιεύς]
    Εὐρυμέδων Θουκλέους
    Λυσικλῆς
    Νικόστρατος Διιτρέφους
    Πάχης Ἐπικούρου.

427/6 *Νικίας Νικηράτου Κυδαντίδης*
    Ἱππόνικος Καλλίου Μελιτεύς
    Λάχης Μελανώπου Αἰξωνεύς
    Δημοσθένης Ἀλκισθένους Ἀφιδναῖος
    Εὐρυμέδων Θουκλέους
    Προκλῆς Θεοδώρου
    Χαροιάδης Εὐφιλήτου.

426,5 *Ἱπποκράτης Ἀρίφρονος Χολαργεύς*
    Ἀριστοτέλης Τιμοκράτους
    Εὐρυμέδων Θουκλέους
    Ἱεροφῶν Ἀντιμνήστου
    Πυθόδωρος Ἰσολόχου
    Σιμωνίδης
    Σοφοκλῆς Σωστρατίδου.

425,4 *Δημόδοχος Ἀναγυράσιος*
    Νικίας Νικηράτου Κυδαντίδης
    Δημοσθένης Ἀλκισθένους Ἀφιδναῖος
    Αὐτοκλῆς Τολμαίου Ἀναφλύστιος
    Ἀριστείδης Ἀρχίππου
    Εὐρυμέδων Θουκλέους
    Λάμαχος Ξενοφάνους
    Νικόστρατος Διιτρέφους
    Πυθόδωρος Ἰσολόχου
    Σοφοκλῆς Σωστρατίδου.

     — —

    Κλέων Κλεαινέτου Κυδαθηναιεύς.

424,3 *Νικίας Νικηράτου Κυδαντίδης*
    Κλέων Κλεαινέτου Κυδαθηναιεύς
    Θουκυδίδης Ὀλόρου Ἁλιμούσιος
    Ἱπποκράτης Ἀρίφρονος Χολαργεύς
    Εὐκλῆς [Οἰνοβίου Δεκελεύς]
    Δημοσθένης Ἀλκισθένους Ἀφιδναῖος

Αὐτοκλῆς Τολμαίου Ἀναφλύστιος
Νικόστρατος Διιτρέφους.

423/2 [Νικίας Νικηράτου Κυδαντίδης]
[Λάχης Μελανώπου Αἰξωνεύς]
[Νικόστρατος Διιτρέφους]

422/1 Κλέων Κλεαινέτου Κυδαθηναιεύς.

421/0 Νικίας Νικηράτου Κυδαντίδης.

420/19 Ἀλκιβιάδης Κλεινίου Σκαμβωνίδης.

419/8 Ἀλκιβιάδης Κλεινίου Σκαμβωνίδης.

418/7 Νικίας Νικηράτου Κυδαντίδης
Λυσίστρατος Ἐμπεδίου Ὀῆθεν
Λάχης Μελανώπου Αἰξωνεύς
Δημοσθένης Ἀλκισθένους Ἀφιδναῖος
Αὐτοκλῆς Τολμαίου Ἀναφλύστιος
Εὐθύδημος Εὐθυδήμου
Νικόστρατος Διιτρέφους.

417/6 Νικίας Νικηράτου Κυδαντίδης
Χαιρήμων Χαρικλέους Παιανιεύς
Ἀλκιβιάδης Κλεινίου Σκαμβωνίδης
Τεισίας Τεισιμάχου Κεφαλῆθεν
Κλεομήδης Λυκομήδους Φλυεύς.

416/5 Νικίας Νικηράτου Κυδαντίδης·
Ἀλκιβιάδης Κλεινίου Σκαμβωνίδης
Ἀντίμαχος Ἕρμειος
Λάμαχος Ξενοφάνους
Φιλοκράτης Δημέου.

415/4 Νικίας Νικηράτου Κυδαντίδης
Ἀλκιβιάδης Κλεινίου Σκαμβωνίδης
Δημάρατος
Λαισποδίας [Ἀνδρωνύμιος]
Λάμαχος Ξενοφάνους
Πυθόδωρος [Πολυζήλου].

414/3 Νικίας Νικηράτου Κυδαντίδης
[Πείσανδρος Ἀχαρνεύς]
[Ἀνδροκλῆς Πιτθεύς]
Δημοσθένης Ἀλκισθένους Ἀφιδναῖος
Κόνων Τιμοθέου Ἀναφλύστιος

Διιτρέφης
Εὐετίων
Εὐρυμέδων Θουκλέους
Χαρικλῆς Ἀπολλοδώρου.

— —

Εὐθύδημος Εὐθυδήμου
Μένανδρος.

413/2 Νικίας Νικηράτου Κυδαντίδης
Δημοσθένης Ἀλκισθένους Ἀφιδναῖος
Ἀριστοκράτης [Σκελίου]
Δίφιλος
Εὐθύδημος Εὐθυδήμου
Εὐρυμέδων Θουκλέους
Ἱπποκλῆς Μενίππου
Μένανδρος.

412/1 Στρομβιχίδης Διοτίμου Εὐωνυμεύς
Εὐκράτης Νικηράτου Κυδαντίδης
Φρύνιχος Στρατωνίδου Δειραδιώτης
Διομέδων
Εὐκτήμων
Θρασυκλῆς
Λέων
Ὀνομακλῆς
Σκιρωνίδης
Χαρμῖνος.

411 Strategen der Oligarchie:
Θηραμένης Ἅγνωνος Στειριεύς
Ἀρίσταρχος Δεκελεύς
Ἀλεξικλῆς
Ἀριστοτέλης
Διιτρέφης
Θυμοχάρης
Μελάνθιος.

411—408/7 Strategen der Flotte:
Εὔμαχος [Εὐωνυμεύς]
Θρασύβουλος Στειριεύς
Ἀλκιβιάδης Σκαμβωνίδης
Πασιφῶν Φρεάρριος

Δεξικράτης Αἰγιλιεύς
Ἀριστοκράτης
Ἐπιτέλης
Θράσυλος
Χαιρέας [Ἀρχεστράτου].

411/0 Θηραμένης Ἅγνωνος Στειριεύς
Κόνων Τιμοθέου Ἀναφλύστιος

410/9 Ἀριστοφάνης Ἀνα[γυράσιος]
Θηραμένης Ἅγνωνος Στειριεύς
Οἰνόβιος [Εὐκλέους] Δεκελεύς
[Κόνων Τιμοθέου Ἀναφλύστιος]
Εὐκλείδης
Θράσυλος.

409/8 Θηραμένης Ἅγνωνος Στειριεύς
Ἄνυτος Ἀνθεμίωνος
Θράσυλος.

408/7 Θηραμένης Ἅγνωνος Στειριεύς
Θράσυλος
Λεωτροφίδης
Τίμαρχος.

407/6 Θρασύβουλος Λύκου Στειριεύς
Ἀδείμαντος Λευκολοφίδου Σκαμβωνίδης
Ἀλκιβιάδης Κλεινίου Σκαμβωνίδης
Κόνων Τιμοθέου Ἀναφλύστιος
Ἀριστοκράτης
Φανοσθένης.

406/5 Ἀρχέστρατος Φρεάρριος
Περικλῆς Περικλέους Χολαργεύς
Κόνων Τιμοθέου Ἀναφλύστιος
Ἀριστογένης
Ἀριστοκράτης
Διομέδων
Ἐρασινίδης
Θράσυλος
Λέων
Πρωτόμαχος
— —
Λυσίας
— —

Ἀδείμαντος Λευκολοφίδου Σκαμβωνίδης
[Κλεοφῶν]
Φιλοκλῆς.

405/4 Ἀδείμαντος Λευκολοφίδου Σκαμβωνίδης
Κόνων Τιμοθέου Ἀναφλύστιος
Κηφισόδοτος
[Κλεοφῶν]
Μένανδρος
Τυδεύς
Φιλοκλῆς

— —

Εὐκράτης Νικηράτου Κυδαντίδης
[Στρομβιχίδης Διοτίμου Εὐωνυμεύς]
[Διονυσόδωρος]
[Καλλιάδης].

404/3   Strategen in Phyle:
Θρασύβουλος Λύκου Στειριεύς
Ἀρχῖνος ἐκ Κοίλης
Αἴσιμος
Ἄνυτος Ἀνθεμίωνος.

Zwischen 403/2 und 397/6
Θρασύβουλος Λύκου Στειριεύς
Ἀρχῖνος ἐκ Κοίλης
Ἄνυτος Ἀνθεμίωνος.

396/5 Θρασύβουλος Λύκου Στειριεύς.

395/4 — —

394/3 Ἰφικράτης Ῥαμνούσιος
Κόνων Τιμοθέου Ἀναφλύστιος.

393/2 Ἰφικράτης Ῥαμνούσιος
Κόνων Τιμοθέου Ἀναφλύστιος.

391/0 Καλλίας Ἱππονίκου Μελιτεύς
Ἰφικράτης Ῥαμνούσιος.

390/89 Διότιμος Στρομβιχίδου Εὐωνυμεύς
Θρασύβουλος Λύκου Στειριεύς
Χαβρίας Αἰξωνεύς
Πάμφιλος Κειριάδης

Ἰφικράτης Ῥαμνούσιος
Ἐργοκλῆς
Φιλοκράτης Ἐφιάλτου.

389/8   Θρασύβουλος Λύκου Στειριεύς
Χαβρίας Αἰξωνεύς
Πάμφιλος Κειριάδης
Ἰφικράτης Ῥαμνούσιος
Ἐργοκλῆς.

388/7   Διότιμος Στρομβιχίδου Εὐωνυμεύς
Ἀγύρριος Κολλυτεύς
Θρασύβουλος Κολλυτεύς
Χαβρίας Αἰξωνεύς
Ἰφικράτης Ῥαμνούσιος
Δημαίνετος
Διονύσιος
Εὔνομος
Λεόντιχος
Φανίας.

Zwischen 396/5 und 387/6
Κλεόβουλος Γλαύκου Ἀχαρνεύς
Δημαίνετος
Κτησικλῆς.

379/8   Χαβρίας Αἰξωνεύς
Δημοφῶν.

378/7   Χαβρίας Αἰξωνεύς
Καλλίστρατος Καλλικράτους Ἀφιδναῖος
Τιμόθεος Κόνωνος Ἀναφλύστιος.

377/6   Χαβρίας Αἰξωνεύς.

376/5   Χαβρίας Αἰξωνεύς
Τιμόθεος Κόνωνος Ἀναφλύστιος
Κήδων.

375/4   Χαβρίας Αἰξωνεύς
Τιμόθεος Κόνωνος Ἀναφλύστιος.

374/3   Τιμόθεος Κόνωνος Ἀναφλύστιος
Στησικλῆς.

373/2   Χαβρίας Αἰξωνεύς
Ἰφικράτης Ῥαμνούσιος

Καλλίστρατος Καλλικράτους Ἀφιδναῖος
Τιμόθεος Κόνωνος Ἀναφλύστιος
Στησικλῆς.

372/1 Ἰφικράτης Ῥαμνούσιος
Καλλίστρατος Καλλικράτους Ἀφιδναῖος.

370/69 Ἰφικράτης Ῥαμνούσιος.

369,8 Χαβρίας Αἰξωνεύς.

368/7 Αὐτοκλῆς Στρομβιχίδου Εὐωνυμεύς
Ἰφικράτης Ῥαμνούσιος
Φορμίων
Σπουδίας.

367/6 Χάρης Θεοχάρους Ἀγγελῆθεν
Τιμόμαχος Ἀχαρνεύς
Χαβρίας Αἰξωνεύς
Ἰφικράτης Ῥαμνούσιος.

366/5 Ἰφικράτης Ῥαμνούσιος
Τιμόθεος Κόνωνος Ἀναφλύστιος.

365/4 Ἰφικράτης Ῥαμνούσιος
Τιμόθεος Κόνωνος Ἀναφλύστιος.

364/3 [Ἀλκίμαχος Ἀναγυράσιος]
Λάχης Λάχητος Αἰξωνεύς
Τιμόθεος Κόνωνος Ἀναφλύστιος.

363/2 Χαβρίας Αἰξωνεύς
Ἀριστοφῶν [Δημοστράτου] Ἀζηνιεύς
Τιμόθεος Κόνωνος Ἀναφλύστιος
Ἐργόφιλος
Καλλισθένης.

362/1 Αὐτοκλῆς Στρομβιχίδου Εὐωνυμεύς
Μένων Ποτάμιος
Ἡγησίλεως
Λεωσθένης.

361/0 Χάρης Θεοχάρους Ἀγγελῆθεν
Τιμόμαχος Ἀχαρνεύς.

360/59 Τιμόθεος Ἀναφλύστιος
Κηφισόδοτος.

359/8 Μαντίας Μαντιθέου Θορίκιος.

358/7 Χαβρίας Αἰξωνεύς.

357/6 Ἀλκίμαχος Ἀναγυράσιος
　　　Χάρης Θεοχάρους Ἀγγελῆθεν
　　　Μένων Ποτάμιος
　　　Ἐξηκεστίδης Θορίκιος
　　　Χαβρίας Αἰξωνεύς
　　　[Ἰφικράτης] Ῥαμνούσιος
　　　Φιλοχάρης Ῥαμνούσιος
　　　Διοκλῆς Ἀλωπεκῆθεν.

356/5 Χάρης Θεοχάρους Ἀγγελῆθεν
　　　Ἰφικράτης Ῥαμνούσιος
　　　Μενεσθεὺς Ἰφικράτους Ῥαμνούσιος
　　　Τιμόθεος Κόνωνος Ἀναφλύστιος.

4. Chronologischer Anhang.

441/0 und 440/39. Eine annähernd vollständige Strategenliste aus dem samischen Kriege haben die Scholien zu Aristeides
(p. 485) aus Androtion's Atthis erhalten. Andererseits nennt
uns Thukydides (I 117) 5 Strategen, die in der letzten Periode
des Krieges Verstärkungen von Athen für Perikles heran-
führten. Da nun kein einziger dieser 5 Namen in der Liste
des Androtion wiederkehrt, so muss diese auf ein anderes
Jahr sich beziehen, als die Angaben des Thukydides; mit
anderen Worten Androtion giebt das Strategenverzeichniss
des ersten Kriegsjahres. Und da der samische Krieg im
sechsten Jahre nach dem Abschluss des dreissigjährigen
Friedens (446/5) begonnen hat, so gehört Androtion's Liste
in das Jahr 441/0, die des Thukydides in das folgende Jahr
(vergl. Classen zu Thuk. I 117).

439/8—434/3. Die aus diesen sechs Jahren überlieferten
Strategien chronologisch genau zu fixiren ist unthunlich.
Nur das wissen wir, dass Perikles durch den ganzen Zeitraum
die Strategie bekleidet hat (Plut. Perikl. 16). In diese Zeit
muss der Zug des Perikles in den Pontos fallen, auf dem auch
Lamachos ein wichtiges Commando, offenbar als Stratege,
bekleidete (Plut. Perikl. 20). Da Lamachos etwa ums Jahr
470 geboren ist (s. unten S. 325), so kann er vor dem
samischen Kriege kaum zur Strategie gelangt sein, wodurch
sich die Zeit des pontischen Feldzuges bestimmt. Menippos
wird von Plutarch als ὑποστρατηγῶν des Perikles bezeichnet

(Perikl. 13), ein Ausdruck, der offenbar nur die leitende Stellung des Perikles im Strategion hervorheben soll, keineswegs aber so gedeutet werden darf, als ob Menippos die Strategenwürde nicht besessen hätte. Ueber die Zeit von Menippos' Strategie ist nichts überliefert; die Wahrscheinlichkeit spricht dafür, dass dieser vertraute Freund des Machthabers (Plut. a. a. O.) zur Zeit von Perikles' höchstem Einfluss zu dieser Würde gelangt sein wird, also zwischen dem samischen und peloponnesischen Kriege. In dieselbe Zeit gehört wohl auch der erste Feldzug des Phormion nach Akarnanien (Thuk. II 68), und die Expedition des Diotimos nach Neapolis (Timaeos fr. 99 und mein Campanien S. 30). Wenn endlich Nikias nach Plutarch's Zeugniss (Nik. 2) zu Perikles' Lebzeiten mehrfach die Strategenwürde bekleidet hat, so werden wir vornehmlich an diese Zeit denken müssen.

433/2. Sechs von den Strategen dieses Jahres werden in der Rechnungsurkunde CIA. I 179 erwähnt, fünf davon auch bei Thuk. I 45 und 51, wo irrthümlich Ἀνδοκίδης für Δρακοντίδης geschrieben ist. Ferner muss Perikles nach Plut. Perikl. 16 auch in diesem Jahre Feldherr gewesen sein. Endlich gehört Archestratos, der die ersten Operationen gegen Potidaea leitete (Thuk. I 57), wahrscheinlich noch zum Feldherrncollegium dieses Jahres, da er im Laufe des Sommers 432 durch Kallias und dessen 4 Collegen abgelöst und seitdem nicht mehr genannt wird. Vergl. Droysen Hermes IX (1875) S. 3.

432/1. Die Schlacht bei Potidaea, in der der Feldherr Kallias fiel (Thuk. I 63), wurde nach Thuk. II 2 im sechsten Monate vor dem Ueberfall von Plataeae geliefert, also im Herbst 432; Kallias war folglich für das Jahr 432/1 Strateg. Auch scheint er erst nach Mittsommer 432 in Makedonien angekommen zu sein (Thuk. I 61). Nach Kallias' Fall wird Phormion mit Verstärkungen nach Potidaea geschickt (Thuk. I 64). Während des Sommers 431 steht Phormion noch in Thrakien (Thuk. II 29); im folgenden Herbst ist er schon wieder in Athen zurück (Thuk. II 31). Dass auch Eukrates in diesem Jahre Strateg gewesen ist, bezeugt die Schatzurkunde CIA. IV 179 a—d; für Perikles ergiebt sich dasselbe aus Thuk. II 13 und der schon mehrmals angeführten Stelle Plut. Per. 16. Endlich sind Karkinos, Proteas und Sokrates

schon vor Mittsommer 431 von Athen ausgelaufen (Thuk.
II 23, Diod. XII 42, CIA. IV 179 a—d, Unger Attischer
Kalender S. 13) und haben also zu den Strategen für 432/1
gehört[1]).

431/0. Dass Perikles auch in diesem Jahre Strateg war,
giebt Thukydides ausdrücklich an (II 31. 59) und folgt auch
aus Plut. Per. 16. — Die Expedition des Kleopompos gegen
die Lokrer erzählt Thukydides (II 26) um die Zeit der Sonnenfinsterniss, die am 3. August 431 statt hatte; der Zug könnte
demnach ebensogut in den letzten Tagen des Jahres 432/1,
wie in den ersten Tagen von 431/0 unternommen sein. Die
Entscheidung giebt Diodor (XII 44), der das Ereigniss unter
den Begebenheiten des attischen Jahres 431/0 erzählt (vergl.
Unger a. a. O.). Hagnon wird von Thuk. II 58 ausdrücklich als ξυστράτηγος Περικλέους bezeichnet, Perikles ist
aber im folgenden Jahre 430/29 nicht mehr Strateg gewesen; hieraus, und aus der Folge der Ereignisse ergiebt
sich, dass auch Hagnon in 431/0 die Strategie bekleidet
hat, obgleich Diodor (XII 46) seinen Zug nach Potidaea
erst unter dem folgenden Jahre berichtet (s. Unger a. a. O.
S. 14). Auch die Expedition des Karkinos, Proteas und Sokrates in den Peloponnes hat sich noch tief in das Jahr
431/0 hineingezogen (Thuk. II 30); daraus folgt indessen noch
keineswegs, dass die drei Feldherrn für dieses Jahr wieder
gewählt worden sind.

430/29. Phormion wird im Winter 430/29 nach Naupaktos gesandt (Thuk. II 69) und bleibt dort bis zum Frühjahr 428 (Thuk. II 103). In demselben Winter 430/29
schliessen Xenophon, Phanomachos und Hestiodoros die Capitulation mit Potidaea ab (Thuk. II 70). Im folgenden Sommer,
ἀκμάζοντος τοῦ σίτου fallen Xenophon und seine beiden Mitfeldherrn bei Spartolos (Thuk. II 79, vergl. Diod. XII 47).
Wenn Plut. Nik. 6 Kalliades den Sohn des Kallias neben
Xenophon bei Spartolos befehligen lässt, so liegt hier offenbar eine Verwechslung mit Kallias dem Sohn des Kalliades

---

1) Müller- Strübing's Versuch über die Chronologie dieses Jahres
(Jahrb. 1883 S. 577—562, 657—713) halte ich für durchaus verfehlt;
eine Widerlegung wäre ebenso leicht wie überflüssig. Ich brauche
kaum hinzuzufügen, dass ich den geistvollen Aufsatz trotzdem mit vielem
Vergnügen gelesen habe.

vor, der drei Jahre früher auf demselben Kriegschauplatze
gefallen war. — Melesandros ist gleichzeitig mit Phormion
nach Lykien abgesandt worden, und dort bald darauf gefallen
(Thuk. II 69).

429/8. Perikles wurde für dieses Jahr zum Strategen
wiedergewählt (Thuk. II 65 und Gilbert, Beiträge S. 121,
Isler Jahrb. 1871 S. 381). Ob Phormion auch für dieses
Jahr zum Feldherrn erwählt war, oder sein Amt nur bis zum
Frühling 428 weitergeführt hat (Thuk. II 103), weil ihm kein
Nachfolger geschickt wurde, muss unentschieden bleiben. Nach
Thuk. II 85 (οἱ δὲ ἀποπέμπουσιν εἴκοσι ναῦς αὐτῷ, der
Name des Befehlshabers dieses Geschwaders wird nicht einmal genannt) scheint das Erstere wahrscheinlicher. Ebenso
ungewiss ist es, ob Kleïppides noch am Ende dieses, oder
erst am Anfang des folgenden attischen Jahres nach Lesbos
geschickt wurde (Thuk. III 3). Seine Abfahrt von Athen
fällt in die Zeit zwischen der Getreidereife und der Feier der
olympischen Spiele.

428/7. Asopios geht um die Zeit der olympischen Spiele
428 nach Akarnanien (Thuk. III 7); Paches περὶ τὸ φϑινό-
πωρον ἤδη ἀρχόμενον nach Mytilene (Thuk. III 18); um
dieselbe Zeit Lysikles nach Karien (Thuk. III 19). Auch
Nikias' Zug gegen Minoa (Thuk. III 51) gehört noch in dieses
attische Jahr. Denn um dieselbe Zeit — ὑπὸ τοὺς αὐτοὺς
χρόνους τοῦ ϑέρους τούτου — ergab sich Plataeae den Lakedaemoniern (Thuk. III 52), was nach Diodor (XII 56) noch
im attischen Jahre der Belagerung vor Mytilene geschah;
und dem entsprechend berichtet auch Thukydides, dass schon
im Winter die Vorräthe in Plataeae erschöpft waren und die
Belagerung sich dem Ende zuneigte (III 20 ἔτι γὰρ ἐπολιορ-
κοῦντο). Ebenso gehören nach Diodor (XII 57) auch die
Unruhen in Korkyra in unser Jahr, oder doch wenigstens der
Anfang derselben, womit übereinstimmt, dass die lakedaemonische Hülfsflotte für die korkyraeischen Oligarchen von
Alkidas (Thuk. III 76) befehligt wird, dessen Amtsjahr als
Nauarch um Mittsommer 427 zu Ende ging (vergl. Philologus 43, 1884 S. 274). Nikostratos (Thuk III 75) und Eurymedon (III 80) sind also für 428/7 Strategen gewesen, wenn
auch Eurymedon wenigstens im nächsten Jahr wiedergewählt
worden ist.

427/6. Laches und Charoeades gehen Ende Sommer 427
nach Sicilien (Thuk. III 86), sie haben also für 427/6 die
Strategie bekleidet. In dasselbe Amtsjahr gehört auch die
Strategie des Demosthenes und Prokles. Denn im Frühling
425 war Demosthenes nicht mehr Stratég (Thuk. IV 2) und
da an eine Amtsentsetzung den Worten des Thukydides gegenüber nicht gedacht werden darf, so ergiebt sich, dass Demosthenes bei den Archaeresien für 426/5 übergangen worden
ist; sein akarnanischer Zug muss also noch vor Ende 427/6
begonnen haben (S. Droysen Hermes IX S. 16 ff.). Eine Zahlung [Δημοσθέ]νει Ἀφιδναίῳ aus der 7. Prytanie dieses Jahres
wird CIA. IV 179 a—d erwähnt. Gleichzeitig mit Demosthenes lief Nikias nach Melos aus (Thuk. III 91), und wenig
später erfolgte der Einfall des Hipponikos, Eurymedon und
Nikias in Boeotien (Thuk. a. a. O.). Solche Verheerungszüge
pflegten unternommen zu werden, solange das Getreide noch
auf den Feldern stand, also vor Mittsommer.

426/5. Hippokrates von Cholargos wird durch die Schatzurkunde CIA. I 273 als Stratege dieses Jahres bezeugt. Eurymedon, Pythodoros und Sophokles befehligen die Flotte, die im Frühling 425, beziehungsweise schon im Winter vorher nach Sicilien
abging (Thuk. III 115, IV 2). Aristoteles und Hierophon stehen
im Herbst 426 an der Spitze des attischen Geschwaders in den
akarnanischen Gewässern (Thuk. III 105); dass Thukydides
sie nicht ausdrücklich als Strategen bezeichnet, hat nicht viel
auf sich, denn eine Flotte von 20 Trieren konnte doch kaum
von Subalternoffizieren befehligt werden. — Simonides commandirte im Frühjahr 425 in Thrakien (Thuk. IV 7). — Dass
Lamachos in diesem Jahre die Strategie bekleidet hat, folgt
aus Aristophanes' Acharnern noch keineswegs (vergl. Kock,
Quaestiones Aristophaneae historicae S. 12—24).

425/4. Die Gefangennahme der Spartaner auf Sphakteria
fällt in die zweite Hälfte des Sommers 425, und also in das
Amtsjahr 425/4. Denn die athenische Flotte segelt ab πρὶν
τὸν σῖτον ἐν ἀκμῇ εἶναι (Thuk. IV 2), also Anfang Mai;
die Blokade von Sphakteria aber, die doch erst einige Zeit
später anfing, dauerte im Ganzen 72 Tage (Thuk IV 39), und
gegen Ende derselben fürchten die Athener μὴ σφῶν χειμὼν
τὴν φυλακὴν ἐπιλάβοι (Thuk. IV 27); um Mittsommer wäre
eine solche Befürchtung verfrüht gewesen. Auch bezeichnet

Thukydides den Demosthenes, der zur Zeit der Abfahrt der Flotte von Athen noch ἰδιώτης war (IV 2) kurz vor der Einnahme von Sphakteria ausdrücklich als Strategen (IV 29), ein Zeichen, dass in der Zwischenzeit ein neues Amtsjahr begonnen hatte (vergl. Droysen Hermes IX S. 18). Ich kann also Unger nicht beistimmen, wenn er (Attischer Kalender S. 17) die Gefangennahme der Spartaner auf den 24. Juli ansetzt, drei Tage vor dem 1. Hekatombaeon; auch ist es gar nicht so sicher, dass das Jahr 425/4 wirklich am 27. Juli begonnen hat (vergl. Mommsen, Chronologie S. 392 A.). Sollte Unger Recht haben, so würde Nikias schon 426/5 Stratege gewesen sein (Thuk. IV 27).

Für die Feldherrnliste des Jahres 425/4 dagegen kommt auf die Entscheidung dieser Frage weiter nichts an. Denn der Zug des Nikias gegen Korinth fällt in jedem Falle in den Spätsommer 425 (Thuk. IV 42), und in dasselbe Amtsjahr gehört auch das Unternehmen gegen Kythera. Thukydides (IV 53) erzählt es an erster Stelle unter den Ereignissen dieses Kriegsjahres; und in der Schatzurkunde CIA. I 273 wird unter dem 15. Tage der 9. Prytanie Ol. 88, 4, also Mai 424 eine Zahlung von 100 Talenten an den Strategen Nikias und seine Mitfeldherrn aufgeführt, die doch offenbar zur Bestreitung der Kosten einer grösseren Expedition bestimmt sein musste; eine solche aber hat Nikias in diesem Kriegsjahre nur nach Kythera unternommen. Nikostratos und Autokles, die neben Nikias auf diesem Zuge befehligten (Thuk. IV 53), sind demnach gleichfalls für 425/4 Strategen gewesen. Demosthenes wird in der Schatzurkunde CIA. I 273 als στρατηγὸς περὶ Πελοπόννησον in der dritten Prytanie des Jahres 425/4 erwähnt. Eurymedon und Sophokles gehen nach der Einnahme von Sphakteria nach Sicilien, wo sie den Oberbefehl mit Pythodoros theilen (Thuk. IV 46. 65); alle drei müssen also an den Archaeresien von 425 wiedergewählt worden sein. Erst um Mittsommer 424 sind sie nach Athen zurückgekehrt, wo ihnen bekanntlich bei der Euthyne der Prozess gemacht wurde. — Aristeides wird im Winter 425/4 als εἰς τῶν ἀργυρολόγων νεῶν Ἀθηναίων στρατηγὸς (Thuk. IV 50) genannt. Als solcher kehrt er im folgenden Sommer wieder, zusammen mit Demodokos und Lamachos (Thuk. IV 75)· Schon an sich ist es nicht gerade wahrscheinlich, dass Aristeides zwei Jahre nach einander die *ἀργυρολόγοι νῆες* befehligt hat; wir werden also auch diese zweite Erwähnung auf das Amtsjahr 425/4 beziehen müssen. Dasselbe ergiebt sich auch daraus, dass, wie wir gleich sehen werden, aus dem folgenden Amtsjahr die Namen von 8 Strategen bekannt sind; kämen unsere drei Argyrologen dazu, so hätten wir 11 Strategen, also einen zu viel. Thukydides erwähnt nun allerdings die Einnahme von Antandros durch Aristeides und Demodokos erst nach der Eroberung von Nisaea, die am Anfang des Jahres 424/3 erfolgt ist. Aber ein entscheidendes Gewicht darf darauf nicht gelegt werden. Thukydides hat sich bei der Erzählung der Ereignisse innerhalb der einzelnen Sommer und Winter nie sklavisch an die chronologische Folge gebunden, und konnte das gar nicht thun, wenn sein Werk nicht ein Mosaik von zusammenhangslosen Notizen werden sollte; und in unserem Falle deutet er selbst klar genug an, dass er es nicht gethan hat. In Cap. 52 nämlich wird berichtet, wie die verbannten Mytilenaeer am Anfange der guten Jahreszeit bald nach der Sonnenfinsterniss des 21. März 424 Antandros einnehmen, in der Absicht, daraus ihre Operationsbasis gegen Lesbos zu machen. Unmittelbar daran schliesst sich die Erzählung in Cap. 75: *καὶ οἱ μὲν ταῦτα παρασκευάζεσθαι ἔμελλον* heisst es Cap. 52 am Ende; *τοῦ δ' αὐτοῦ θέρους τῆς Ἀντάνδρου ὑπὸ τῶν Μυτιληναίων, ὥσπερ διενοοῦντο, μελλούσης κατασκευάζεσθαι* nimmt Cap. 75 den Faden der Erzählung wieder auf. Es folgt daraus, dass die mytilenaeischen Verbannten nur ganz kurze Zeit im Besitze von Antandros gewesen sind, und die Wiedereroberung der Stadt durch die Athener noch in die ersten Sommermonate 424 gesetzt werden muss. Aber sollte selbst Antandros erst nach dem ersten Hekatombaeon gefallen sein, das Resultat unserer Untersuchung bleibt davon unberührt, da die Strategen bekanntlich auch nach Ablauf ihres Amtsjahres bis zu ihrer ordnungsmässigen Ablösung, beziehungsweise bis zu ihrer Rückkehr nach Athen den Befehl weiterführten. — Kleon ist am Anfang des Jahres als ausserordentlichem Strategen das Commando in Pylos übertragen worden, und auch nach seiner Rückkehr hat er die strategische Competenz beibehalten, wenigstens sehe ich nicht, in welcher Eigenschaft sonst er die Machtfülle ausgeübt haben könnte, die ihm in den 425/4

an den Lenaeen aufgeführten Rittern des Aristophanes zuge-
schrieben wird. Vergl. Müller-Strübing, Aristophanes S. 683
und Keck, *Quaest. Arist. hist.* S. 58 ff.

424 3. Die Strategen Nikias, Nikostratos, Autokles beschwören den am 14. Elaphebolion 423 mit Sparta geschlossenen
Waffenstillstand (Thuk. IV 118), ihre Amtsführung gehört
also in dieses Jahr. Am Anfang des Winters 424/3 fällt
Hippokrates bei Delion, während Demosthenes gleichzeitig
seinen Angriff auf Siphae macht (Thuk. IV 89). In demselben Winter verlieren Thukydides und Eukles Amphipolis
(Thuk. IV 102—6). Wenn die pseudo-andokideische Rede
gegen Alkibiades (§ 14) Hipponikos als Strategen bei Delion
fallen lässt, so liegt wohl eine Verwechslung mit Hippokrates
vor, obgleich die Sache an sich nicht unmöglich wäre, wenn
auch das Schweigen des Thukydides auffällt. — Was Kleon
angeht, so würde ich kein Bedenken tragen, ihn den Strategen dieses Jahres beizuzählen, selbst wenn unsere Ueberlieferung gar nichts darüber berichtete. Auf der Höhe seiner
Popularität und im frischen Glanze eines militärischen Er-
folges ohne Gleichen — was hätte ihn abhalten sollen, sich
um das höchste Amt des Staates zu bewerben? Hatte er
doch gezeigt, dass er vom Kriege mindestens ebensoviel verstand, als mancher, der seit Jahren im Strategion sass; und
seine Wahl musste bei der damaligen Stimmung in Athen
von vorn herein gesichert sein. Nun haben wir aber auch
ein vollgültiges Zeugniss für die Strategie Kleon's in diesem
Jahre in der oben (S. 269) besprochenen Stelle der Wolken des
Aristophanes (v. 581—94). — Eine Anspielung darauf findet sich
auch in den Wespen (968—70). Bdelykleon vergleicht dort
in seinem Plaidoyer für den Hund Labes (Laches) von Aexone
den Angeklagten mit seinem Ankläger, dem Hund von Kydathenaeon (Kleon):

> Οὗτος γὰρ ὁ Λάβης καὶ τραχήλι᾿ ἐσθίει
> καὶ τὰς ἀκάνθας, χοὐδέποτ᾿ ἐν ταὐτῷ μένει.
> ὁ δ᾿ ἕτερος οἶός ἐστιν οἰκουρὸς μόνον.

Der Vorwurf, ein οἰκουρὸς κύων zu sein, hat keine Pointe,
wenn Kleon ein amtloser Demagoge war, oder etwa im Rathe
sass oder ein Finanzamt bekleidete; dann war er ja verpflichtet,
in Athen zu bleiben. Wenn Kleon aber im Jahre 424/3

Stratege war, dann hat der Spott des Dichters seine volle
Berechtigung, da Kleon wie bekannt an den militärischen
Operationen dieses Jahres keinen Antheil gehabt hat. Der
Vorwurf traf — und Kleon hat ihn sich nur zu sehr zu
Herzen genommen (vergl. Keck *Quaestiones Arist. hist.* S. 61 ff.
und Bücheler Jahrb. für Phil. 1861 S. 658 ff. Wie Weyland
De Nubibus S. 12 f., Philol. 1876 S. 73 ff. und Gilbert Bei-
träge S. 201 A. die Stelle der Wolken auf Kleon's thrakische
Strategie in 422 beziehen können, ist mir unbegreiflich; schon
die Erwähnung der Sonnenfinsterniss genügt, um jeden Zweifel
niederzuschlagen).

422/2. Nikias und Nikostratos befehligen im Sommer
423 die Expedition gegen Mende und Skione (Thuk. IV 129),
die erst τοῦ θέρους ἤδη τελευτῶντος beendet wurde, aber
wahrscheinlich noch in den letzten Monaten des Jahres 424/3
begonnen hat. Es steht also keineswegs sicher, ob Nikias
und Nikostratos auch für 423/2 zu Strategen gewählt worden
sind, so grosse innere Wahrscheinlichkeit diese Annahme bei
der in Athen im Frühjahr 423 herrschenden Stimmung auch
haben mag. Keck (*Quaest. Arist. hist.* S. 78 ff.) hat die Vermuthung aufgestellt, dass auch Kleon und Laches in diesem
Jahre Strategen gewesen sind, weil Aristophanes in den Wolken
sie nicht unter ihren eigenen Namen auf die Bühne bringt.
Entscheidende Bedeutung kommt dem Argument nicht zu;
wohl aber wäre es sehr auffallend, wenn ein Mann wie Laches,
der soeben am 14. Elephabolion 423 den Waffenstillstand mit
Sparta zu Stande gebracht, und die Strategie bereits früher
bekleidet hatte, bei den Archaeresien sollte übergangen worden sein. Eben das aber spricht gegen die Annahme einer
Wahl Kleon's, und ausserdem würde Kleon mit seiner thrakischen Expedition kaum bis zum Spätsommer 422 gewartet
haben, wäre er schon vor dem 1. Hekatombaeon dieses Jahres
Stratege gewesen.

422/1. Im Spätsommer dieses Jahres nach den Pythien
unternahm Kleon seine Expedition gegen Amphipolis (Thuk.
V 1. 2, Androt. fr. 46, Schol. Aesch. v. d. Ges. 31). Allerdings bezeichnet ihn Thukydides nicht ausdrücklich als Strategen, und das hat Oncken (Athen und Hellas II S. 297) zu
der Annahme verleitet, Kleon habe auch diesmal, wie vor
3 Jahren bei Sphakteria ein ausserordentliches Commando

erhalten. Indess ohne bestimmtes Zeugniss sollten wir zu der *ultima ratio* einer ausserordentlichen Strategie nie unsere Zuflucht nehmen, und in unserem Falle spricht schon der Zeitpunkt in dem die Expedition unternommen wurde dafür dass er als einer der 10 ordentlichen Strategen des Jahres am 1. Hekatombaeon sein Amt angetreten hat. Oncken hat sich, unter dem Einflusse Grote's, überhaupt ein falsches Bild von der politischen Stellung Kleon's gemacht. Vergl. auch Keck, *Quaestiones Arist.* S. 56 ff. — Es ist ferner sehr wahrscheinlich, dass unter den 17 Athenern, die im Frühjahr 421 den Eid auf den Frieden des Nikias geleistet haben, eine Anzahl der Strategen des Jahres befindlich sind, vielleicht selbst das vollständige Collegium. In der That sind die meisten dieser Männer aus anderen Kriegsjahren als Strategen bezeugt.

421/0. Dass Nikias bei den unmittelbar nach Abschluss des Friedens gehaltenen Archaeresien nicht übergangen wurde, ist an sich selbstverständlich. Es folgt auch aus Plut. Nik. 10, wo berichtet, oder doch angedeutet wird, dass im folgenden Jahre Alkibiades statt Nikias zum Strategen gewählt wurde. Wenigstens giebt die Stelle nur bei dieser Auffassung einen Sinn, wie Loeschcke (*De titulis* S. 24 f.) sehr richtig hervorhebt.

420/19. Die erste Wahl des Alkibiades zum Strategen fällt nach Plut. Alk. 15, Nik. 10 unmittelbar vor den Abschluss des Bündnisses mit Argos, Mantineia und Elis, das längere Zeit vor den Olympien 420 geschlossen wurde. Folglich ist Alkibiades an den Archaeresien im Frühjahr 420 für das Jahr 420/19 zum Strategen erwählt worden (s. auch Thuk. V 40—46, und Gilbert, Beiträge S. 221). Auch der Zug des Alkibiades in den Peloponnes gehört aller Wahrscheinlichkeit nach noch in die erste Hälfte des Sommers 419 (Thuk. V 52).

419·8. Auch in diesem Jahre ist Alkibiades Stratege gewesen, da er im Spätsommer 419, nach dem Monat Karneios, athenische Truppen nach Argos führte (Thuk. 54. 55). Ob Demosthenes im Frühjahr 418 in Thrakien befehligte, wie Müller-Strübing will (Rh. Mus. 33 S. 78—93) ist doch zweifelhaft.

418/7. Die Schlacht bei Mantineia wurde unmittelbar vor den Karneien geschlagen (Thuk. V 75), die am Ende des

Sommers gefeiert wurden (Thuk. V 76). Die Strategie des
Laches und Nikostratos gehört also in das Jahr 418/7. Das
geht auch daraus hervor, dass Alkibiades zur Zeit als das
attische Hülfscorps nach Argos kam nicht Strateg war (Thuk.
V 61, Diod. XII 79), während er, wie wir eben gesehen haben,
während des vorhergehenden Amtsjahrs die Feldherrnwürde
bekleidet hatte. Nikias, Lysistratos, Demosthenes, Autokles,
Euthydemos sind durch die Schatzurkunde CIA. I 180 als
Strategen dieses Jahres bezeugt.

417/6. Die Expedition des Nikias nach Thrakien war
für den Winter dieses Jahres beabsichtigt (Thuk. V 83).
Alkibiades' Zug nach Argos fällt in den Frühling 416, gleichzeitig mit dem Beginn des Unternehmens gegen Melos, das
von Kleomedes und Teisias geleitet wurde (Thuk. V 84). Die
beiden Letzteren und Chaeremon werden auch in der Schatzurkunde CIA. I 181 als Strategen dieses Jahres genannt.

416/5. Da die grosse Flotte nach Sicilien noch unter
dem Archon Arimnestos (416/5) von Athen abgegangen ist
(Isaeos VI 4), so müssen Alkibiades, Nikias und Lamachos
(Thuk. VI 8) in diesem Jahre die Strategie bekleidet haben.
Für die beiden Ersteren wird das auch durch die Schatzurkunde CIA. I 182 bezeugt. Dieselbe Inschrift nennt Antimachos von Hermos als Strategen des Jahres. Philokrates
geht im Winter 416/5 an der Spitze von Verstärkungen nach
Melos (Thuk. V 116).

415/4. Nikias, Alkibiades und Lamachos befehligten seit
Anfang des Jahres das Heer in Sicilien und müssen also bei
den Archaeresien im Frühjahr bestätigt worden sein. Pythodoros, Laespodias und Demaratos führen den Argeiern eine
Hülfsflotte zu, zu der Zeit als Gylippos sich in Taras befand
(Thuk. VI 105). Gylippos hatte bereits am Ende des Winters
den Befehl erhalten mit möglichster Schnelligkeit nach Sicilien
abzugehen (VI 93 ὅπῃ ἐκ τῶν παρόντων μάλιστα καὶ τάχιστά
τις ὠφελία ἥξει τοῖς ἐκεῖ) und demgemäss lässt er sogleich
(ἤδη Thuk. VI 93) zwei korinthische Schiffe nach Asine
kommen und geht in See, ohne die Ausrüstung einer grösseren
Flotte abzuwarten, die inzwischen von den Korinthiern betrieben wird. Er muss also unbedingt vor Mittsommer nach
Italien gekommen sein. Auch spricht die grosse Wahrscheinlichkeit dafür, dass die Lakedaemonier mit ihrem Verheerungs-

zuge gegen Argos nicht warteten, bis der Feind die Ernte
eingebracht hatte. Demnach sind Pythodoros und seine beiden
Collegen schon in diesem Jahre Strategen gewesen, nicht erst
im folgenden, wie Müller-Strübing seiner Schatzmeisterhypothese zu Liebe annimmt (Staat der Athener S. 86). Für
Laespodias wird dasselbe auch durch eine Andeutung in Aristophanes' Vögeln (1569 ff.) sehr wahrscheinlich (S. Gilbert,
Beiträge S. 277).

414,3. Nikias führt auch in diesem Jahre den Befehl
in Sicilien fort. Demosthenes und Eurymedon werden um die
Winterwende zu Nikias' Mitfeldherrn ernannt (Thuk. VII 16),
müssen also gleichfalls in diesem Jahre Strategen gewesen
sein. Euetion befehligt Ende Sommer 414 in Thrakien (Thuk.
VII 9), Charikles im folgenden Frühjahr an der Küste des
Peloponnes (Thuk. VII 20); etwas später führt Diitrephes
thrakische Miethtruppen in ihre Heimath zurück (Thuk. VII
27. 29). Konon befehligt in Naupaktos zur Zeit als Demosthenes in Akarnanien Verstärkungen an sich zog, also am
Ende des Jahres 414/3; da Demosthenes bald nach Beginn
des neuen Jahres vor Syrakus ankam. Kurze Zeit später finden
wir Konon im Commando in Naupaktos durch Diphilos abge-
gelöst (Thuk. VII 34). — Euthydemos und Menandros dagegen
die im Winter Nikias beigeordnet werden, gehören nicht zu
den ordentlichen Strategen des Jahres; Thukydides hebt den
provisorischen Charakter ihrer Ernennung ausdrücklich hervor (VII 16). — Wegen Androkles und Peisandros s. oben
S. 63.

413/2. Die Katastrophe am Asinaros erfolgte am 26/27.
Karneios (Metageitnion) 413,2; es hat demnach, um das Mindeste
zu sagen, sehr grosse Wahrscheinlichkeit, dass Nikias, Demosthenes und Eurymedon an den vorausgehenden Archaeresien wiedergewählt worden sind. Menandros und Euthydemos werden von Thukydides bei Erzählung der letzten
Seeschlacht am 18,19. Metageitnion ausdrücklich als Strategen
bezeichnet (VII 69); da sie ursprünglich bloss provisorisch
bis zum Eintreffen des Demosthenes und Eurymedon zu Be-
fehlshabern ernannt waren, so müssen sie inzwischen, d. h.
an den Archaeresien für 413/2 zu ordentlichen Strategen
erwählt worden sein. Diphilos hat das Commando in Naupaktos um die Zeit übernommen, als Demosthenes in Thurioi

stand (Thuk. VII 34), er hat also, wie oben bemerkt, mit dem
Beginn des neuen Amtsjahres Konon abgelöst. Im folgenden
Winter scheint er dann selbst durch Hippokles abgelöst wor-
den zu sein; wenigstens führt dieser Anfang Sommer 412 das
Commando in den westlichen Meeren (Thuk. VIII 13). Aristo-
krates wird als Stratege erwähnt kurz vor den Isthmien 412
(Thuk. VIII 9), also gegen Ende unseres Amtsjahres.

412/1. Der Abfall von Chios erfolgte kurze Zeit nach
den Isthmien 412 (Thuk. VIII 10—14); in Folge davon
(εὐθύς) beschlossen die Athener, die als letzte Reserve zurückgelegten 1000 Talente anzugreifen (Thuk. VIII 15), nach dem
Zeugniss des Philochoros schon unter dem Archon Kallias (fr.
116 Müller). Daraus ergiebt sich, dass Strombichides (Thuk.
VIII 15), Thrasykles (VIII 17), Diomedon (VIII 19), Leon
(VIII 23), die kurz darauf an der Spitze athenischer Geschwader nach Ionien geschickt werden, dem Feldherrncollegium für 412/1 angehört haben. Strombichides, Leon und
Diomedon werden auch später im Verlauf desselben Amtsjahres als Strategen erwähnt (Thuk. VIII 30. 54). Am Ende
des Sommers kommen die Strategen Phrynichos, Onomakles
und Skironides nach Samos (Thuk. VIII 25), im Winter
Charminos und Euktemon (Thuk. VIII 30). Eukrates wird in
der im Winter dieses Jahres aufgeführten Lysistrate (v. 103)
erwähnt, und in den Scholien ausdrücklich als Strateg bezeichnet. Ausserdem nennt Thukydides unter dem Frühjahr
411 noch Diitrephes ὄντα περὶ Χίον, ᾑρημένον δὲ ἐς τὰ ἐπὶ
Θρᾴκης ἄρχειν (VIII 64). Offenbar war er erst bei den
Archaeresien dieses selben Frühjahrs für 411/0 zu diesem
Commando designirt worden; nur so erklärt es sich, dass er
nicht längst nach seinem Amtsbezirk abgegangen war. —
Dass auch Peisandros in diesem Jahre die Strategie bekleidet
hat, dafür ist Corn. Nepos Alc. 5 dem Schweigen des Thukydides gegenüber kein genügendes Zeugniss.

411. Von den Strategen der Oligarchie der Vierhundert
kennen wir aus Thukydides Alexikles (VIII 92), Theramenes
(VIII 92), Thymochares (VIII 95), Aristarchos (VIII 98), aus
Xenophon Aristoteles und Melanthios (Hell. II 3, 46); Theramenes' Strategie ist auch durch Lysias (XII 65) bezeugt. Dass
Diitrephes, der, wie wir oben gesehen haben, an den kurz vor
der Verfassungsänderung gehaltenen Wahlen zum Strategen

für das nächste Jahr designirt worden war, in seiner Würde bestätigt wurde, ist bei der streng oligarchischen Richtung des Mannes sehr wahrscheinlich. Vergl. Thuk. VIII 64.

411—408/7. Bei der Erhebung gegen die oligarchische Regierung im Frühjahr 411 setzte die Flotte die im Amte befindlichen Strategen ab, und wählte sich selbst neue Feldherrn. Genannt werden Thrasybulos, Thrasylos (Thuk. VIII 76) und Alkibiades (VIII 82). Da aber die Spaltung zwischen Stadt und Flotte bis zum Frühjahr 407 bestehen blieb, so ist es wahrscheinlich, dass auch Chaereas (Diod. XIII 50), Eumachos (Xen. Hell. I 1, 22) und Epiteles (Kirchhoff, Hermes 17, 1882 S. 623—31), die während dieser Jahre auf dem ionisch-hellespontischen Kriegsschauplatz befehligen, durch Wahl der Flotte Strategen gewesen sind. Dasselbe gilt von Dexikrates, Pasiphon, Aristokrates, und E . . . . (der Rest des Namens ist nicht erhalten) von Euonymia, die in der Schatzurkunde CIA. I 188 als „Strategen in Samos" bezeichnet werden (s. oben S. 277 f.).

411/0. Ob nach dem Sturze der Vierhundert am Anfang des Jahres 411/0 das ganze Strategencollegium erneuert wurde, darf bezweifelt werden. Jedenfalls aber wurde eine Neuwahl nöthig zum Ersatz derjenigen Mitglieder des Collegiums, die sich ins feindliche Lager geflüchtet hatten. Bei dieser Gelegenheit wird Konon zur Strategie gelangt sein (Diod. XIII 48 vergl. Lysias v. Arist. Verm. 12 und Corn. Nep. Conon 1). Theramenes hat natürlich seine Strategenwürde behalten (Diod. XIII 47. 49, Xen. Hell. I 1, 12).

410/9. Theramenes ist auch in diesem Jahre und überhaupt bis zur Rückkehr des Alkibiades 408/7 Stratege geblieben (Diod. XIII 64. 68), wobei es allerdings dahingestellt bleiben muss, ob er jedes Jahr von Neuem gewählt worden ist, oder nur thatsächlich das Commando weitergeführt hat. Aristophanes und Eukleides werden durch die Schatzurkunde CIA. I 188, Oenobios durch das Decret CIA. IV 51, p. 15 ff. als Strategen dieses Jahres bezeugt. Dass Konon sein Commando in Naupaktos in diesem Jahre weiter geführt hat, ist zwar nicht überliefert, aber im Hinblick auf Lysias v. Arist. Verm. 12 wahrscheinlich; vielleicht füllt sogar die von Diodor (XIII 48) berichtete Revolution auf Korkyra erst in dieses Jahr. Thrasylos endlich muss an den Archaeresien 410 auch in der Stadt zum Strategen gewählt worden sein, da er im Sommer 410 die attischen Truppen gegen König Agis befehligt (Xen. Hell. I 1, 33) und im folgenden Frühjahr eine Flotte nach Ionien führt (Xen. Hell. I 2, 1—7, Diod. XIII 64, Dionys. zu Lysias R. g. Diogeiton). Ueber die Zeit dieses Zuges habe ich an anderer Stelle gehandelt (Philologus 43, 1884, S. 261—296).

409/8. Thrasylos hat auch in diesem Jahre den Befehl weitergeführt (Xen. Hell. I 2, 12—4, 10), ebenso wie Theramenes (s. oben). Sonst kennen wir von den Strategen dieses Jahres nur Anytos, der den Hülfszug nach Pylos befehligte (Diod. XIII 64). Wegen der Zeit s. Philol. a. a. O. S. 281 f.

408/7. Ausser Theramenes und Thrasylos (Xen. Hell. I 8, 10) scheinen Leotrophides und Timarchos in diesem Jahre die Strategie bekleidet zu haben, da Diodor (XIII 65) ihren Sieg über die Megarer zusammen mit der Ernennung des Kratesippidas zum lakedaemonischen Nauarchen berichtet, dieser aber im Jahre 408/7 die peloponnesischen Flotte befehligt hat. Doch ist die Möglichkeit nicht ausgeschlossen, dass ihre Strategie schon in das vorhergehende Jahr fällt.

407/6. Bei den Archaeresien für dieses Jahr wurden nach Xen. Hell. I 4, 10 Alkibiades, Thrasybulos und Konon zu Strategen gewählt. Adeimantos und Aristokrates wählt sich Alkibiades im Herbst zu Collegen bei seiner ionischen Expedition (Hell. I 4, 21); sie müssen also ebenfalls zu den Strategen des Jahres gehört haben, da gar kein Grund vorliegt, an eine ausserordentliche Ernennung zu denken. Phanosthenes löst im Frühjahr 406 den Strategen Konon in dem Befehle auf Andros ab (Hell. I 5, 18), offenbar also ist auch er Stratege gewesen (vergl. Gilbert S. 364). Wegen der chronologischen Fragen s. Philol. a. a. O. S. 261—296.

406/5. Die vollständige Liste geben Xen. Hell. I 5, 16 und Diod. XIII 74, mit der Abweichung, dass bei Diodor statt Leon Lysias genannt wird. Auch von Xenophon (I 6, 30. 7, 2) und Philochoros fr. 121 wird Lysias unter den Feldherrn genannt, die in der Schlacht an den Arginusen befehligten; er muss also statt des in Mytilene gestorbenen Archestratos (Lysias 21, 8) nachgewählt worden sein, wenn nicht etwa Leon durch einen Irrthum in die Liste bei Xenophon gekommen ist, wogegen freilich die zweimalige Erwähnung (I 5, 16 und 6, 16) zu sprechen scheint. Doch ist es schwer, die letztere Stelle mit Lysias 21, 8 zu vereinigen. — Nach dem Arginusenprozesse, im Spätherbst, musste für die 8 verurtheilten Feldherrn eine Nachwahl nothwendig werden, bei der Adeimantos und Philokles zu Strategen ernannt wurden (Xen. Hell. I 7, 1, Diod. XIII 104), vielleicht auch Kleophon (Schol. Arist. Frösche 679 f., Rh. Mus. 34, 1884, S. 255 f.).

405/4. Dass die Schlacht bei Aegospotamoi in das Jahr des Archon Alexias fällt, habe ich an anderer Stelle (Philol. a. a. O. 283 f.) zu erweisen gesucht. Adeimantos, Konon, Philokles, die in der Schlacht befehligen (Xen. Hell. II 1, 28—30) sind also für dieses Jahr wiedergewählt worden, wie auch Xenophon (Hell. II 1, 16) ausdrücklich angiebt. Neu gewählt wurden Menandros, Tydeus, Kephisodotos (Xen. a. a. O.), offenbar an den regelmässigen Archaeresien, da kein Grund vorliegt an eine ausserordentliche Wahl oder gar wie Gilbert will, an eine Wahl durch die Flottenmannschaft zu denken. Was während der Revolution des Jahres 411 nicht zu vermeiden gewesen war, konnte jetzt, wo der Staat zu geordneten Zuständen zurückgekehrt war, unmöglich wiederholt werden. — Ueber Kleophon's Strategie in diesem Jahre s. Rh. Mus. a. a. O. und Sievers, *Comment. hist. de Xen. Hell.* S. 44. — Nach der Schlacht bei Aegospotamoi war wieder eine Ergänzungswahl erforderlich, bei der unter anderen Eukrates, Nikias' Bruder, ins Strategion gelangte (Lys. 18, 4). Damals sind vielleicht auch Strombichides, Dionysodoros (Lys. 13, 13) und Kalliades (Lys. 30, 14) gewählt worden, wenn sie überhaupt Strategen, und nicht etwa bloss Taxiarchen gewesen sind.

404 3. Während der Oligarchie sind in Athen keine Strategen gewählt worden, da die Dreissig selbst die Leitung des Militärwesens übernahmen. Dagegen sind die Demokraten in Phyle sogleich zur Erwählung von Strategen geschritten (vergl. Lysias g. Agorat. 78). Wir können nicht zweifeln, dass Thrasybulos von Steiria und Archinos unter den Erwählten waren, von Anytos wird es ausdrücklich bezeugt (Lysias a. a. O.), und da Aesimos nach dem Siege den festlichen Einzug in die Stadt leitete und dabei Anordnungen der Taxiarchen umstösst, muss auch er zu den Strategen gehört haben (Lys. g. Agorat. 80. 82).

403/2—397/6. S. oben S. 111.

396/5. Thrasybulos befehligt bei Haliartos (Paus. III 5, 4)
und bei Korinth (Lysias 16, 15 u. oben S. 117.) S. unten
Excurs VII: Zur Chronologie des korinthischen Krieges.

393/2 und 392/1. Ueber Konon's Strategie in diesen
beiden Jahren s. unten S. 353. Iphikrates Befehlshaber
der Soldtruppen auf dem Isthmos: Xen. Hell. IV 4, 9. 19,
Diod. XIV 86, Harpokr. ξενικὸν ἐν Κορίνθῳ.

391/0. Kallias und Iphikrates befehligen die attischen
Truppen bei der Vernichtung der spartanischen Mora (Xen.
Hell. IV 5, 13 Philoch. fr. 150), die nach den Isthmien, aber
vor den Hyakinthien, also in der ersten Hälfte des Sommers
390 erfolgt ist. S. unten Excurs VII.

390/89. Thrasybulos' thrakischer Zug gehört in dieses
Jahr (unten S. 353); Ergokles (Lys. 28, 2) und wie es
scheint auch Chabrias (CIA. II 12) waren dabei Thrasybulos'
Collegen. Iphikrates führte das Commando in Korinth fort
(Xen. Hell. IV 5, 19) bis zu seiner Ablösung durch Chabrias
(Diod. XIV 92) die vielleicht ans Ende dieses Jahres, viel-
leicht auch erst an den Anfang des nächsten gehört. Diotimos
wird von den Scholien A. C. zu Aristeides S. 172, 4 als
Sieger in der Schlacht bei Sikyon bezeichnet, ein Erfolg, den
Diodor Iphikrates zuschreibt, und der in dieses Jahr fallen
muss. Da nun der Scholiast seine Angabe schwerlich aus der
Luft gegriffen hat, und Diotimos uns im Jahre 388/7 als
Stratege begegnet (vgl. auch Lysias v. Arist. Verm. 50 f.), so
wird er als Nachfolger des Kallias die attischen Bürgertruppen
in Korinth befehligt haben, während Iphikrates an der Spitze
der Söldner stand. Auch Philokrates' Strategie gehört in
dieses Jahr (Xen. Hell. IV 8, 24, unten Excurs VII), und
Pamphilos ist noch vor Mittsommer nach Aegina gegangen,
da Teleutias zu der Zeit noch Nauarch war (Hell. V 1, 2,
unten S. 356).

389/8. Thrasybulos und Ergokles sind auch in diesem
Jahre wiedergewählt worden (s. unten S. 354 und Lys.
R. g. Ergokles); ebenso Chabrias (Diod. XIV 92) und Iphi-
krates (Xen. Hell. IV 8, 34). Pamphilos ist 5 Monate auf
Aegina geblieben (Hell. V 1, 5) und erst im Herbst nach
Athen zurückgegangen, wo ihm der Prozess gemacht
wurde; wir wissen nicht, ob er auch für dieses Jahr ge-

wählt war, oder nur thatsächlich das Commando weiter-geführt hat.

388/7. Ueber Agyrrhios' Wahl s. unten S. 354. Die übrigen Strategen des Jahres nennt Xenophon Hell. V 1, 5. 15. 25. 26; sie haben sämmtlich gegen Antalkidas und seine Unterfeldherrn gefochten, wodurch sich ihr Amtsjahr be-stimmt. Doch könnte Thrasybulos von Kollytos möglicher Weise erst dem Strategencollegium für 387/6 angehört haben, vielleicht selbst Dionysios, Leontichos, Phanias oder der eine oder der andere von ihnen.

Im Laufe des korinthischen Krieges — in welchem Jahre wissen wir nicht — muss Kleobulos von Acharnae Strateg gewesen sein, und zwar zugleich mit Demaenetos (Aesch. v. d. Ges. 78). In dieselbe Zeit würde die Strategie des Ktesikles fallen, den [Lysias] in seiner Rede „für den Soldaten" (6) erwähnt. Der Sprecher dieser Rede erzählt von seiner Aus-hebung zum Kriegsdienst, und da wir weder an den pelo-ponnesischen, noch an den boeotischen Krieg denken können, so bleibt nur der korinthische übrig (Blass I S. 607 f.). [Lysias] spricht allerdings nur von οἱ μετὰ Κτησικλέους τοῦ ἄρχοντος, doch zeigt der Zusammenhang, dass die Strategen gemeint sein müssen (Gilbert Beiträge S. 27 A. 16). Indess ist es bekanntlich zweifelhaft, ob nicht die Rede das Mach-werk eines späteren Rhetors ist (Blass a. a. O. S. 611).

379/8. Die Namen der beiden Strategen, die der thebaei-schen Demokratie bei der Bestürmung der Kadmeia eigen-mächtig Hülfe leisteten, und dafür zum Tode verurtheilt wurden, hat uns Xenophon (Hell. V 4, 9. 19) nicht mitgetheilt. Demophon, den Diodor (XV 26) als einen derselben nennt, war vielmehr Chabrias' Amtsgenosse bei der Vertheidigung Theben's gegen Agesilaos, nach Schol. Arist. Panath. S. 173, 11. 13, vergl. Schaefer, Demosth. I S. 18, A. 2. — Dass Agesilaos' Einfall in Boeotien vor der Ernte erfolgte, zeigt Xen. Hell. V 4, 38. 41. 42. 56, wie Krüger zu Clinton's Fasten gesehen hat. Also gehört die Strategie des Chabrias und Demophon in das attische Jahr 379/8. Ueber Chabrias Hell. V 4, 14, Dem. g. Lept. 76, Diod. XV 32—34, Polyaen. II 1, 2 etc.

378/7. Diodor (XV 29) berichtet die Wahl des Chabrias, Timotheos und Kallistratos zu Strategen als eine Folge des

Einfalles des Sphodrias, der im Frühjahr 378 erfolgt ist; ihr Amtsjahr war demnach 378/7.

377/6. Wegen Chabrias' Strategie in diesem Jahre s. Diod. XV 30 mit Schaefer Demosth. I S. 34, III 2 S. 324.

376/5. Chabrias' Sieg bei Naxos fällt auf den 16. Boedromion dieses Jahres (Plut. Phok. 6), Timotheos' Abfahrt nach dem ionischen Meere ins folgende Frühjahr (Schaefer Demosth. III 2 S. 45 f.); die Schlacht bei Alyzia auf den 12. Skirophorion. (Polyaen. III 10, 4, vergl. Sievers S. 226, Rehdantz S. 68, Schaefer I S. 43). In dasselbe Frühjahr gehört die Expedition des Chabrias nach Thrakien (s. Busolt, Zweiter Att. Bund S. 760). — Kedon hat bei Naxos mitgefochten, wie es scheint als Strateg (Diod. XV 34); Phokion, der sich in derselben Schlacht in hervorragender Weise ausgezeichnet (Plut. Phok. 6) kann wegen seines Alters die Strategie noch nicht bekleidet haben.

375/4. Timotheos ist bis zum Abschluss des Friedens im Sommer 374 in den westlichen Meeren geblieben (Xen. Hell. VI 2, 2, Diod. XV 45). Auch Chabrias' thrakische Expedition kann kaum vor Ende des Sommers 375 zu Ende gegangen sein.

374/3. Timotheos ist im Munychion dieses Jahres von Athen ausgesegelt (R. g. Timoth. 6—8 S. 1186). Um dieselbe Zeit stand Stesikles auf Zakynthos: Diod. XV 46.

373/2. Timotheos' Prozess fällt in den Maemakterion dieses Jahres (R. g. Timoth. 22 S. 1190), folglich hat er noch in der zweiten Hälfte des Sommers 373 die Flotte befehligt. Stesikles entsetzt in diesem Winter Korkyra (Xen. Hell. VI 2, 10 Diod. XV 47); Iphikrates, Kallistratos, Chabrias gehen im nächsten Frühjahr dorthin ab (Xen. Hell. VI 2, 39, Diod. XV 47).

372/1. Iphikrates ist bis zu dem am 14. Skirophorion dieses Jahres geschlossenen Frieden im ionischen Meere geblieben (Hell. VI 2, 37; 4, 1). Während des Winters hatte er Kallistratos nach Athen gesandt, um die Friedensverhandlungen einzuleiten (Hell. VI 3, 3); beiden muss also auch für dieses Jahr die Strategie verlängert worden sein.

370/69. Iphikrates befehligt die attischen Truppen, die Epameinondas auf seinem Rückzug aus dem Peloponnes im Frühjahr 369 angriffen (Xen. Hell. VI 5, 49—52 Diod. VI 63).

369/8. Bei dem zweiten Einfall des Epameinondas vertheidigt Chabrias die Stellungen auf dem Isthmos (Diod. XV 68). Er ist also für dieses Jahr Stratege gewesen, mag nun der Zug des Epameinoudas in die zweite Hälfte des Sommers 369 oder in das Frühjahr 368 zu setzen sein.

368/7. Autokles befehligt die attischen Hülfstruppen, die sogleich (εὐθὺς Plut. Pelop. 28, ταχέως Diod. XV 71) nach der Gefangennahme des Pelopidas nach Thessalien geschickt wurden (Diod. XV 71). Dieses Ereigniss gehört entweder in die zweite Hälfte 368 oder in den Frühling 367, sodass über das Jahr von Autokles' Strategie kein Zweifel sein kann. — Iphikrates hatte den Befehl in Thrakien über 3 Jahre geführt, als er 364/3 (Schol. Aesch. v. d. Ges. 31) von Timotheos abgelöst wurde (Dem. g. Aristokr. 149). Es war in diesem Jahre 368/7, nach Alexandros' Ermordung, dass Philipp's Mutter Eurydike ihre Zuflucht zu dem attischen Feldherrn nahm (Aesch. v. d. Ges. 26—31).

367/6. Bei dem dritten Zuge des Epameinondas in den Peloponnes, der in dieses Jahr gehört, befehligt Timomachos die attischen Truppen (Xen. Hell. VII 1, 41). In demselben Jahre ging Oropos verloren (Schol. Aesch. g. Ktes. 85), weswegen Chabrias, der also Strateg gewesen sein muss, der Prozess gemacht wurde (Dem. g. Meid. 64 mit dem Schol.). Gleichzeitig stand Chares in Phleius (Xen. Hell. VII 2, 18; 4, 1; Diod. XV 75); Iphikrates führte sein Commando in Thrakien fort (Dem. g. Aristokr. 149).

366/5. Timotheos hat Samos nach zehnmonatlicher Belagerung (Isokr. Antid. 111) im Jahr 365/4 (Diod. XVIII 18) erobert, und zwar im Frühling 364, da die Belagerung um die Zeit der Ernte begonnen hatte (Polyaen. III 109), also Ende 366/5. Vorher war Timotheos dem Satrapen Ariobarzanes zu Hülfe geschickt worden (Dem. Rhod. 9); wir wissen nicht, ob am Anfang dieses, oder, was ich für weniger wahrscheinlich halte, schon am Ende des vorigen Jahres. Die Strategie des Timotheos in diesem Jahre bezeugt auch die Urkunde CIA. II 53. Iphikrates stand noch immer in Thrakien (Dem. g. Aristokr. 149).

365/4. In dieses Jahr fallen die Einnahme von Samos (s. oben) und die Operationen des Timotheos im Hellespont

(Isokr. Antid. 111).   Iphikrates führt den Krieg gegen Amphipolis weiter (Dem. g. Aristokr. 149).

364/3.   Timotheos übernimmt in diesem Jahre an Iphikrates' Stelle das Commando in Thrakien (Schol. Aesch. v. d. Ges. 31).   Laches befehligt das Geschwader, das zur Beobachtung der Flotte des Epameinondas bei dessen Zuge nach Byzanz ausgesendet wurde (Diod. XV 79).   Eine genaue chronologische Bestimmung ist hier bekanntlich unmöglich. Vielleicht gehört auch Alkimachos zu den Strategen des Jahres (Schol. Aesch. v. d. Ges. 41), wenigstens hat er später zu wiederholten Malen die Feldherrenwürde bekleidet.   Dass er jetzt in Thrakien als Timotheos untergeordnet erscheint, würde dieser Annahme nicht widersprechen.

363/2.   Chabrias' Strategie in diesem Jahre ist bezeugt durch das von Koehler (Mittheil. 1877 S. 142 = Dittenberger, Sylloge 79) herausgegebene Decret.   Dieselbe Inschrift macht es sehr wahrscheinlich, dass auch Aristophon in diesem Jahre Strateg war (S. Schol. Aesch. g. Tim. 64 und Koehler a. a. O. S. 153).   Timotheos wird CIA. II 55 als Feldherr dieses Jahres genannt. — Autokles, der nach Ergophilos' Rückkehr aus dem Hellespont dorthin geschickt wurde, ist im Metageitniou 362/1 von Athen abgegangen (R. g. Polykl. 4 vergl. 12). Ergophilos muss demnach 363/2 Strateg gewesen sein.   Da nun sein Prozess gleichzeitig mit dem des Kallisthenes verhandelt worden ist (Arist. Rhet. II 3 S. 1390 b), so ergiebt sich auch für diesen dasselbe Amtsjahr.

362/1.   Die Schlacht bei Mantineia ist zur Zeit der Ernte geschlagen (σίτου συγκομιδῆς οὔσης, Xen. Hell. VII 5, 14), die auf der arkadischen Hochebene — Mantineia liegt 630 Meter über dem Meer — im Juli stattfindet (Curtius bei Schaefer Dem. III 2. S. 8).   Dem entsprechend giebt Plutarch den 12. Skirophorion als Kalenderdatum der Schlacht (v. Ruhm der Athen. 7 S. 350 a).   Diodor (XV 92) und das Leben der X Redner (S. 845 d) setzen die Schlacht unter den Archon Charikleides, 363/2.   Indess die neuerdings gefundene Urkunde des Bundesvertrages zwischen Athen und Arkadien, Elis, Achaia, Phleius trägt an der Spitze den Namen des Archon Molon, 362/1 (CIA. II 57 b), und dieser Vertrag ging natürlich der Schlacht bei Mantineia vorher, wie auch Xenophon (Hell. VII 5, 1) ausdrücklich angiebt.   (S. Koehler,

Mittheil. I, 1876 S. 197 ff.) Kochler (a. a. O.) hat danach die Schlacht in den August 362 gesetzt. Aber dürfen wir über das von Plutarch aufbewahrte Datum des Schlachttages so ohne weiteres zur Tagesordnung übergehen? Und ist es bewiesen, dass bei Mantineia so spät geerntet wird? Vor Allem aber, die Angaben der Rede gegen Polykles widersprechen einer solchen Annahme aufs Entschiedenste; hätte die Schlacht wirklich im Hekatombaeon oder Metageitnion 362/1 stattgefunden, so hätte sie dort erwähnt werden müssen. Vielmehr gehört die Schlacht bei Mantineia in den Skirophorion dieses Jahres, also Juni/Juli 361. Dass Diodor den Archon Charikleides angiebt, hat bei der bekannten Unzuverlässigkeit dieses Schriftstellers in chronologischen Dingen nichts zu bedeuten; und eine so späte Quelle wie das Leben der zehn Redner kann gleichfalls keine besondere Autorität beanspruchen. In das Jahr des Molon herabgehen müssen wir in jedem Falle; ob an den Anfang, oder an das Ende des Jahres, macht keinen Unterschied. — Bekanntlich führte Hegesileos bei Mantineia das athenische Heer (Ephor. fr. 146, Xen. v. d. Eink. 3, 7). Hegelochos bei Diod. XV 84 ist ein Schreibfehler. — Autokles ging im Metageitnion dieses Jahres nach dem Hellespont (s. oben zu 363/2); 5 Monate später wurde er dort durch Menon ersetzt (R. g. Polykl. 14). Ueber die Zeit von Leosthenes' Niederlage bei Peparethos (Diod. XV 95, Polyaen. VI 2, 1) s. Schaefer, Dem. I S. 115 ff.

361/0. Timomachos ist durch die Rede gegen Polykles (14) für dieses Jahr als Strateg bezeugt. Chares' Intervention auf Korkyra (Diod. XV 95) ist chronologisch nicht genau zu bestimmen.

360/59. Timotheos' Strategie nach der allgemein angenommenen Emendation des Schol. Aesch. v. d. Ges. 31; die des Kephisodotos nach Schol. Aesch. g. Ktes. 51, vergl. Dem. g. Aristokr. 165.

359/8. Mantias befehligte in Makedonien um die Zeit bald nach Philipp's Thronbesteigung; über sein Amtsjahr s. Schaefer Dem. III 2 S. 214.

358/7. Chabrias' Strategie bezeugt von Dem. g. Aristokr. 171, vgl. Schaefer Dem. I S. 142.

357/6. Das Strategenverzeichniss dieses Jahres giebt die Inschrift CIA. II 64; Nachträge Mittheil. 1877 S. 210 und

Foucart, *Revue Arch.* 35 (1878) S. 227, der mit Recht die Unternehmung gegen Euboea in dieses Jahr setzt. Wegen Diokles' Strategie s. Demosth. g. Meidias 174; über Chares, der bekanntlich in diesem Jahre die Schlacht bei Chios verlor, Diod. XVI 7, Dem. g. Aristokr. 173 etc. Chabrias richtig als Strateg bezeichnet bei Diod. XVI 7, falsch Corn. Nep. Chabr. 4. — Von dem Namen des Alki[machos] ist in dem inschriftlichen Strategenverzeichniss nur der Anfang erhalten; die Ergänzung hat um so weniger Bedenken, als Alkimachos, wie wir aus der Rede gegen Euerges und Mnesibulos erfahren (50 S. 1154, 78 S. 1163), in einem der nächsten Jahre Stratege gewesen ist, und nach Harpokration gegen Philippos befehligt hat.

356/5. Dass die Strategie des Menestheus, Iphikrates und Timotheos in dieses Jahr gehört (Diod. XVI 21 Nepos Timotheus 3, Dionys. Deinarch. S 667), hat Koehler Mittheil. des Deutsch. Arch. Inst. VI (1881) S. 30 ff. aus der Seeurkunde CIA. II 794 erwiesen. S. unten Excurs IX: Zur Chronologie des Bundesgenossenkrieges s. 362 f. Gleichzeitig war bekanntlich auch Chares Strateg: Diod. XVI 21.

5. Biographischer Anhang.

I. Erechtheis.

᾽Αναγυράσιοι.

᾽Αλκίμαχος Strateg 364/3 und 357/6, das Demotikon bei Harpokration unter dem Namen.

᾽Αριστοφάνης Strateg 410/9, als ᾽Ανα . . . . bezeichnet CIA. I 188, sodass auch die Ergänzung ᾽Ανα[φλύστιος] und vielleicht selbst ᾽Ανα[καιεύς] möglich wäre. Da indess in dem Collegium des Jahres der Dekeleier Oenobios aus der Hippothoutis, und wahrscheinlich auch der Anaphlystier Konon aus der Antiochis sich finden, so wird ᾽Ανα[γυράσιος] zu ergänzen sein. S. oben S. 277 f.

Δημόδοκος Strateg 425/4, offenbar derselbe, von dem es in [Platon's] Theages 127 E heisst: πολλὰς ἤδη ἀρχὰς καὶ τὰς μεγίστας ᾽Αθηναίοις ἦρξας, καὶ τιμᾷ ὑπὸ ᾽Αναγυρασίων τε τῶν δημοτῶν πολὺ μάλιστα. Er wird dort als älter als Sokrates bezeichnet, mag also um 480 ge-

boren sein, sodass er 425/4 etwa 55 Jahre gezählt haben
würde.. Der Vater wird nicht genannt.

Σωκράτης Strateg im samischen Kriege 441/0, als Ana-
gyrasier bezeichnet Androtion fr. 44 a. (Müller F. H. Gr.
IV S. 645) bei Schol. Arist. III S. 485, Dind. Der
Σωκράτης Ἀντιγένους, Strateg 432/1 ist doch wohl
dieselbe Person, s. Müller-Strübing Jahrb. 127 (1883)
S. 609 f. .

Εὐωνυμεῖς.

Διότιμος Στρομβίχου (Thuk. I 45) Εὐωνυμεύς (CIA. I
179), Strateg 433/2 und schon früher. Sein Sohn ist
höchst wahrscheinlich

Στρομβιχίδης Διοτίμου (Thuk. VIII 15), den wir 412/1
und 405/4 als Strategen finden. Dessen Söhne wieder
scheinen

Διότιμος Strateg 390/89 und 388/7, und

Αὐτοκλῆς Στρομβιχίδου (Xen. Hell. VI 3, 2), Strateg 368/7 und 362/1. Zu derselben Familie gehört der
Διότιμος Διοπείθους Εὐωνυμεύς, der in der demosthenischen Zeit als Feldherr und Staatsmann eine so bedeutende Rolle gespielt hat, vergl. Böckh, Staatsh. III
S. 236.

Εὔμαχος ist Strateg auf der Flotte zwischen 411 und 407.
Da nun in der Schatzurkunde CIA. I 188 unter den
στρατηγοὶ ἐσ Σάμῳ ein E...... Εὐωνυμεύς erwähnt
wird (s. oben S. 311), so liegt die Ergänzung E[ὐμάχῳ]
sehr nahe.

II. Aegeis.

Ἁλαιεῖς.

Ein Strateg aus Halae befehligt 432/1 (CIA. IV 179 b.
S. 32). Von dem Namen ist nur die letzte Silbe erhalten, die Kirchhoff, wenn auch zweifelnd, nach Thuk.
II 23 [Σωκράτ]ει Ἁλαιεῖ ergänzt. Doch ist Sokrates
wohl identisch mit dem gleichnamigen Feldherrn aus dem
samischen Kriege, der aus Anagyrus war. Wahrscheinlich hat Thukydides unseren Strategen übergangen. Vergl.
Müller-Strübing Jahrb. 127 (1883), S. 609 f.

Κολλυτεῖς.

Ἀγύρριος Strateg 388/7. Das Demotikon Demosth. g.
Timokrates 134.

Θρασύβουλος Strateg 388/7. Das Demotikon Xen. Hell.
V 1, 26, Demosth. g. Timokr. 134 und öfter.

Ἐκ Κολωνοῦ.

Σοφοκλῆς Σοφίλλου (Marmor Par. ep. 56 und die Biographien), Strateg 441/0, der Demos bei Androtion fr.
44 a und in den Biographien.

Κυδαντίδαι.

Νικίας Νικηράτου Strateg schon unter Perikles' Verwaltung, und von 428/7 bis 414/3, mit Ausnahme der Jahre
426/5, 420/19, und vielleicht 422/1 und 419/8. *Κυδαντίδης*: CIA. I 180. 182. 273, Böckh, Staatsh. III 246 f.
Sein Bruder

Εὐκράτης Νικηράτου Strateg 405/4 nach der Schlacht
bei Aegospotamoi, wahrscheinlich auch 412/1. Dagegen
ist der Eukrates, der 432/1 die Strategie bekleidet hat,
wahrscheinlich ein anderer, wenn auch schwerlich der
στυππειοπώλης des Aristophanes, der „Eber von Melite"
(Aristoph. *Γῆρας* fr. 143 Kock) wie Müller-Strübing und
Gilbert wollen.

III. Pandionis.

Ἀγγελῆθεν.

Χάρης Θεοχάρους (Koehler, Mittheil. 1877, S. 188, vergl.
Steph. Byz. *Ἀγγελῆ*) Strateg 367/6, 361/0, 357/6, 356/5,
und seitdem fast ununterbrochen bis 338/7.

Κυδαθηναιεῖς.

Ἀνδοκίδης Λεωγόρου (Thuk. I 51) Strateg 441/0 und
nach Thukydides (I 51) auch 433/2, in Widerspruch mit
der Schatzurkunde CIA. I 179, der Grossvater des Redners
(Andok. v. Frieden 6). Der Demos bei Androtion fr. 44 a
und, für den Redner, CIA. II 553.

Κλέων Κλεαινέτου (Thuk. III 36, IV 21) Strateg 425/4,
424/3, 422/1. Der Demos ergiebt sich aus Arist. Wespen
895. 902, und CIA. II 553, wo Kleon's Sohn Kleomedon
als Kydathenaeer bezeichnet wird.

Παιανιεῖς.

Χαιρήμων Χαρικλέους CIA. I 180, Strateg 417/6.

Φορμίων Ἀσωπίου (Thuk. I 64) Strateg 440/39, 430/29, 429/8, als Paeanier bezeichnet bei Pausan. I 29, 3, doch vergl. oben S. 277. Sein Sohn

Ἀσώπιος Φορμίωνος (Thuk. III 7) Strateg 428/7.

Στειριεῖς.

Ἅγνων Νικίου (Thuk. II 58, IV 102) Strateg 440/39, 431/0. Sein Sohn (Thuk. VIII 68. 89, Xen. Hell. II 3, 30)

Θηραμένης Ἅγνωνος Strateg der Oligarchie 411, der Demokratie 411 0—408/7. Der Demos bei Schol. Arist. Frösche 541. Das alberne Märchen, Theramenes sei aus Keos gewesen, und von Hagnon adoptirt worden, sollte doch nicht mehr wiederholt werden.

Θρασύβουλος Λύκου (Thuk. VIII 75) Strateg der Flotte 411—407, in Phyle 404/3, in Athen 407/6, 403/2 bis 396/5, 390/89, 389/8. Στειριεύς: Xen. Hell. IV 8, 25 und öfter.

IV. Leontis.

Ἁλιμούσιοι.

Θουκυδίδης Ὀλόρου (Thuk. IV 104) Strateg 424/3, der Demos bei Marcell. 16. 55.

Δειραδιῶται.

Φρύνιχος Στρατωνίδου (Schol. Arist. Lysistr. 313) Strateg 412/1. Der Demos Plut. Alk. 25.

Ποταμιοι.

Μένων Strateg 362/1, 357/6; Ποτάμιος CIA. II 64.

Σκαμβωνίδαι.

Ἀδείμαντος Λευκολοφίδου CIA. I 274—276, Xen. Hell. I 4, 21, Arist. Frösche 1513. Strateg 407/6, 406/5, 405/4. Der Demos CIA. I 276.

Ἀλκιβιάδης Κλεινίου Strateg 420/19, 419/8, 417/6, 416/5, 415/4, 407/6, Strateg der Flotte 411—407. Σκαμβωνίδης Plut. Alk. 22, vergl. CIA. I 274. 275.

Κλεόπομπος Κλεινίου (Thuk. II 26. 58) Strateg 431/0. Doch wohl ein Verwandter des Alkibiades, s. Müller-

21 *

Strübing Jahrbücher 127 (1883), S. 609. Freilich sehr unsicher.

Κρέων Strateg 441/0, der Demos bei Androt. fr. 44 a.

Dass *Νικόστρατος Διιτρέφους* Strateg 428/7, 425/4, 424/3, 418/7 mit Nikostratos dem Skamboniden identisch sei, den Aristophanes Wespen 81 erwähnt, ist eine ganz unbegründete Vermuthung.

Φρεάρριοι.

Ἀρχέστρατος Strateg 406/5, der Demos Lysias 21, 8. Ohne Zweifel verschieden von den *Ἀρχέστρατος Λυκομήδους*, der 433/2 Strateg war.

Πασιφῶν Strateg der Flotte 410/9, der Demos CIA. I 188.

V. Akamantis.

Ἕρμειοι.

Ἀντίμαχος (CIA. I 182) Strateg 416/5.

Θορίκιοι.

Ἐξηκεστίδης (CIA. II 64) Strateg 357/6.

Καρκίνος Ξενοτίμου (Thuk. II 23) Strateg 432/1, Demos CIA. IV 179 a—d.

Μαντίας Μαντιθέου (Schaefer Demosth. III 2, S. 214 ff.) Strateg 359/8.

Ἐκ Κεραμέων.

Γλαύκων Λεάγρου (Thuk. I 51) Strateg 441/0, 433/2, Demos Androt. fr. 44 a.

Κεφαλῆθεν.

Τεισίας Τεισιμάχου (Thuk. V 84, CIA. I 181) Strateg 417/6.

Χολαργεῖς.

Περικλῆς Ξανθίππου Strateg 445/4—431/0, 429/8. Sein Sohn

Περικλῆς Περικλέους war Strateg 406/5, sein Neffe

Ἱπποκράτης Ἀρίφρονος (Thuk. IV 66, vergl. CIA. I 273) 426/5, 424/3.

VI. Oeneis.

'Αχαρνεῖς.

Καλλίστρατος (Androtion fr. 44 a) Strateg 441/0.

Κλεόβουλος Γλαύχου (Aesch. v. d. Ges. 78) Strateg im korinthischen Kriege.

Πείσανδρος (Schol. Aesch. v. d. Ges. 176) Strateg wahrscheinlich 414/3.

Τιμόμαχος (Aesch. g. Timarch. 56) Strateg 367/6, 361/0.

Λαχιάδαι.

Λαχεδαιμόνιος Κίμωνος (Thuk. I 45, Plut. Perikl. 29, CIA. I 179) Strateg 433/2.

'Οῆθεν.

Λυσίστρατος 'Εμπεδίου (CIA. I 180) Strateg 418/7. Aus der Phyle Oeneis, wir wissen nicht aus welchem Demos, jedenfalls nicht aus Acharnae, war auch

Λάμαχος Ξενοφάνους (Thuk. VI 8), den der Chor der Acharnischen Greise bei Aristophanes φυλέτης nennnt (Acharn. 568). Strateg bereits vor Anfang des peloponnesischen Krieges; während desselben 425/4, 416/5, 415/4. An der Identität des bei Plut. Perikl. 20 als Perikles' Mitfeldherr auf dem Zuge in den Pontos erwähnten Lamachos mit dem bekannten Strategen sollte kein Zweifel sein, da dieser bei Gelegenheit der sicilischen Expedition Alkibiades gegenüber ἡλικίᾳ προήχων genannt wird (Plut. Alk. 18). Alkibiades zählte damals 36—37 Jahre, Lamachos also muss mindestens ein Fünfziger, er kann auch älter gewesen sein. Fällt seine Geburt um 470, so ist es sehr wohl möglich, dass er in der Zeit zwischen dem samischen und dem peloponnesischen Kriege Strategien bekleidet hat. Jedenfalls ist die Bezeichnung νεανίας in Aristophanes' Acharnern (v. 600) nicht wörtlich zu nehmen; wir wissen, dass Lamachos noch in höheren Jahren ein Mann von jugendlichem Feuer war (Plut. Alk. 18 μηδὲν ἧττον τοῦ 'Αλκιβιάδου διάπυρος καὶ φιλοκίνδυνος ἐν τοῖς ἀγῶσι).

VII. Kekropis.

Αἰξωνεῖς.

Λάχης Μελανώπου (Thuk. III 86), der Demos bei Platon Laches S. 197 c, Aristoph. Wespen 895. Strateg 427 6, 418/7, vielleicht 423/2. Gefallen 418 bei Mantineia. Sein Enkel

Λάχης Λάχητος war Strateg 364/3 oder im folgenden Jahre, dessen Neffe, Urenkel des ersten Laches,

Λάχης Μελανώπου ist in Alexander's Zeit zur Strategie gelangt. Vergl. über die Familie Lolling, Mittheil. IV (1879) S. 194 ff., bes. S. 198.

Πρωτέας Ἐπικλέους (Thuk. I 45, II 23), der Demos CIA. I 179, IV 179 a—d, Strateg 433/2, 432/1. Gestorben um 420 (Arist. Thesmoph. 876).

Χαβρίας (CIA. II 804. 73, Foucart, *Revue Archéol.* XXXV 1878, S. 227 ff. = Dittenberger Sylloge 86, [Demosth.] g. Neaera 33, S. 1356) Strateg 390/89, 389/8, 388/7, 379/8—375/4, 373/2, 369/8, 367/6, 363/2, 358/7, 357 6. Gefallen vor Chios 356.

Μελιτεῖς.

Ἱππόνικος Καλλίου (Thuk. III 91). Sein Sohn Kallias heisst bei Aristoph. Frösche 501 οὐκ *Μελίτης μαστιγίας*, s. die Scholien. Vergl. Schol. zu Lukian Zeus Trag. II S. 696. Dieser

Καλλίας Ἱππονίκου Strateg 391/0.

Ξενοφῶν Εὐριπίδου (Thuk. II 70. 79, Lysias 19, v. Arist. Verm. 14) aus Melite: Androt. fr. 44 a. Strateg 441/0, 430/29. Gefallen 429 bei Spartolos.

Πιτθεῖς.

Ἀνδροκλῆς (Arist. Rhet. II 23, S. 1400) Strateg vielleicht 414/3.

Φλυεῖς.

Κλεομήδης Λυκομήδους (Thuk. V 84, CIA. I 181, IV S. 32, Loescheke *De titulis* S. 28) Strateg 417/6.

Zur Phyle Kekropis, ungewiss zu welchem Demos, gehörten auch

Ἀριστοκράτης Σκελίου (Thuk. VIII 89, CIA I 422),
der wahrscheinlich mit dem Strategen des Jahres 413,2
identisch ist, und während der Herrschaft der Vierhundert
Taxiarch war (Thuk. VIII 92). Dagegen ist der Aristokrates, Strateg 407/6 und 406 5 ohne Zweifel ein anderer,
denn es ist kaum denkbar, dass man damals einen Mann
zum höchsten Staatsamt berufen haben sollte, der unter
den Vierhundert eine so hervorragende Stellung eingenommen hatte. Wie es scheint, ist dieser Aristokrates
dieselbe Person mit dem Strategen der Flotte 410/9
gleichen Namens.

Λεωτροφίδης Strateg 408/7, der bei der Seltenheit des
Namens doch wohl mit dem bei Arist. Vögel 1406 erwähnten Leotrophides aus der Kekropis identisch ist.

VIII. Hippothontis.

Ἀζηνιεῖς.

Ἀριστοφῶν Δημοστράτου (nach Ruhnken's Vermuthung
Hist. Crit. S. 46 auf Grund von Xen. Hell. VI 3, 2, s.
Schaefer Demosth. I S. 131), der Demos z. B. Aesch. g.
Timarch. 159, g. Ktes. 139 und öfter. Strateg 363/2.

Δεκελεῖς.

Ἀρίσταρχος (CIA. II 971 b.) Strateg der Vierhundert,
aber wahrscheinlich auch schon in einigen der vorhergehenden Jahre, s. Eupolis fr. 43 Kock, ἤδη γὰρ Ἀρί-
σταρχον στρατηγοῦντ' ἄχθομαι, was sich unmöglich auf
die kurze Strategie unter den Vierhundert beziehen kann,
auch aus politischen Gründen nicht.

Εὐκλῆς [Οἰνοβίου] Strateg 424.3, sein Sohn

Οἰνόβιος [Εὐκλέους] Strateg 410/9 (CIA. IV 51, S. 15 ff.,
Müller-Strübing Arist. S. 627, Classen Thukyd. 1 S. XCIV).

Κειριάδαι.

Πάμφιλος Strateg 390 89, und vielleicht auch noch im
folgenden Jahre. Den Prozess eines Pamphilos erwähnt
Aristophanes in dem 389,8 aufgeführten Plutos als nahe
bevorstehend (v. 174) ὁ Πάμφιλος δ' οὐχὶ διὰ τοῦτον κλαύ-
σεται; nämlich διὰ τὸν πλοῦτον, wegen seines Reichthums
wird er verurtheilt werden. (S. oben S. 10; Droysen's

Erklärung der Stelle bedarf keiner Widerlegung.) Auch
Platon spielt auf diesen Prozess an (fr. 14 Kock) καὶ νὴ
Δί', εἰ Πάμφιλόν γε φαίης Κλέπτειν τὰ κοιν', ἅμα τε
συκοφαντεῖν. Dass die Verurtheilung wirklich erfolgt
ist, zeigen die Scholien zu der angeführten Stelle des
Plutos: οὐσίαν ἐδημεύθη. Die Identität dieses Pamphilos
mit dem Strategen desselben Jahres liegt auf der Hand,
und ist auch von Droysen erkannt worden (Aristophanes
II³, S. 402); bei dem unglücklichen Ausgang des von
ihm befehligten Unternehmens gegen Aegina, das ausserordentliche Anstrengungen zur Rettung des Expeditionscorps nothwendig machte (Xen. Hell. V 1, 5), konnte ihm
ein Prozess kaum erspart bleiben, wobei dann die κλοπὴ
δημοσίων wie gewöhnlich den Vorwand abgeben musste.
Vergl. auch die Angabe der Scholien: κωμῳδεῖται δὲ
καὶ ὡς δειλός. Aber offenbar ist unser Pamphilos auch
dieselbe Person mit dem Vater der Plangon, Grossvater
jenes Boeotos oder Mantitheos, gegen den Demosthenes
die Rede „vom Namen“ und ein unbekannter Rhetor
(Deinarchos?) die Rede von der Mitgift verfasst haben.
Mantitheos, des Mantias Sohn, Demosthenes' Client, war
Taxiarch im Jahre der Schlacht bei Tamynae, 349/8,
(v. Namen 17, S. 999), also damals mindestens 30 Jahre,
folglich spätestens 380 geboren. Dass er nicht viel älter
als 30 Jahre war, zeigen die Angaben in der Rede von
der Mitgift (4 S. 1009, 12 S. 1024, vergl. Schaefer Demosth.
III 2, S. 224). Sein Stiefbruder Boeotos war älter (v.
Namen 27, S. 1002), was Mantitheos ernstlich gar nicht
in Abrede zu stellen wagt; auch giebt dieser selbst zu, dass
schon vor seiner Geburt das Verhältniss seines Vaters
zur Plangon bestanden hat (v. d. Mitg. 27, S. 1016).
Pamphilos' Vermögen aber war damals schon confiscirt
(v. d. Mitg. 20—22), sodass er seiner Tochter keine Aus-
stattung mitgeben konnte; ob später bei der Abrechnung
des Erlöses aus dem Verkauf gegen die Busse ein Ueber-
schuss von 100 Minen blieb, oder ein ungedeckter Rest
von 5 Talenten, wie Mantitheos versichert, ist für uns
gleichgültig. Jedenfalls ist Pamphilos als Staatsschuldner
gestorben, und die Einziehung seines Vermögens fällt
einige Jahre vor 380. Wir müssen also entweder an-

nehmen, dass innerhalb 3—4 Jahren in Athen zwei reiche
Männer Namens Pamphilos zur Confiscation des Ver-
mögens verurtheilt worden sind, oder anerkennen, dass
Demosthenes' und Aristophanes' Angaben auf dieselbe
Person sich beziehen. Dann wird auch der bei Lysias
(g. Alkib. II 5) genannte Hipparch Pamphilos mit dem
Strategen identisch sein. — Dass Pamphilos zur Phyle
Hippothontis gehört, bezeugt Demosthenes vom Namen
23. 28, S. 1001 f.; den Demos giebt Harpokration unter
Κειριάδης aus Isaeos' Rede gegen Boeotos. Vergl. Schaefer
Demosth. III 2, S. 211 ff.

Ἐκ Κοίλης.

Ἀρχῖνος (Aesch. g. Ktes. 187) πολλάκις ἐστρατηγηκὼς
nach Demosth. g. Timokr. 135, zwischen dem peloponn-
nesischen und korinthischen Kriege.

......ένης ἐκ Κοίλης Strateg 433/2 (CIA. I 179).

IX. Aeantis.

Ἀγιδναῖοι.

Δημοσθένης Ἀλκισθένους (Thuk. III 9, CIA. I 273)
Strateg 427/6, 425/4, 424/3, 418/7, 414 3, 413/2. Hingerichtet in Syrakus 413.

Καλλίστρατος Καλλικράτους (Theopomp. fr. 95, Aesch.
v. d. Ges. 124, vergl. Schaefer Demosth. I S. 11 f.) Strateg
378/7, 373/2, 372/1.

Ῥαμνούσιοι.

Ἰφικράτης Τιμοθέου (Paus. IX 14. 6, ein Zeugniss, dem
ich nicht das Gewicht beilegen möchte wie Rehdantz
Iphikrates S. 18). Sein Bruder Tisias (Dem. g. Meid. 62)
wird bei Aesch. g. Timarch. 157 Rhamnusier genannt,
sein Sohn Menestheus in den Seeurkunden (vergl. Böckh,
Staatsh. III S. 244). Strateg 393/2, 391 0—388 7 zwischen
386 und 380, 373/2, 372/1, 370/69, 368/7—365/4, 357/6,
356/5. Sein Sohn

• Μενεσθεὺς Ἰφικράτους Strateg 356/5 und in Alexander's
Zeit.

Φιλοχάρης (CIA. II 64).

X. Antiochis.

Αἰγιλιεῖς.

Δεξικράτης (CIA. I 188) Strateg der Flotte 410/9.

Ἀλωπεκῆθεν.

Διοκλῆς (CIA. II 64) Strateg 357/6.

Ἀναφλύστιοι.

Αὐτοκλῆς Τολμαίου (Thuk. IV 53. 119, CIA. I 180)
Strateg 425/4, 424/3, 418/7.

Κόνων Τιμοθέου (Paus. III 9. 2, VIII 52. 4). Der Demos
ergiebt sich aus den Seeurkunden, in denen Konon's
gleichnamiger Enkel sehr oft als Anaphlystier bezeichnet wird (Böckh. Staatsh. III S. 241 f.). Strateg
414/3, 411/0, 410/9, 407/6, 406/5, 405/4, 393/2. Sein
Sohn

Τιμόθεος Κόνωνος Strateg 378/7, 376/5—373/2, 366/5 bis
363/2, 360/59, 356/5.

II. Historische Excurse.

1. Perikles' Prozess.
(Zu Cap. I.)

Gewöhnlich wird auf Grund von Plut. Perikl. 32 ein
doppelter Prozess des Perikles angenommen; die erste Anklage soll vor Anfang des Krieges, die zweite im Sommer
430 erfolgt sein. Diese Auffassung ist den Thatsachen gegenüber ganz unhaltbar. Ein gegen Perikles vor Beginn des
peloponnesischen Krieges wegen Unterschleif eingeleitetes Gerichtsverfahren würde zur Voraussetzung haben, dass Perikles
seiner Strategie entsetzt worden, beziehungsweise bei den
Wahlen unterlegen sei. Nun wissen wir aber, dass Perikles
sowohl zur Zeit der korkyraeischen Händel 433/2, wie der
dem Kriege mit den Peloponnesiern vorhergehenden diplomatischen Verhandlungen in 432/1 der leitende Staatsmann
Athen's war; Thukydides nennt ihn bei letzterer Gelegenheit
ausdrücklich ἀνὴρ κατ' ἐκεῖνον τὸν χρόνον πρῶτος Ἀθηναίων
(I 139) und bezeichnet ihn an anderer Stelle (II 13) als
Strategen. Vergl. auch Plut. Perikl. 16. An eine Absetzung
des Perikles in dieser Zeit ist also gar nicht zu denken. Dazu

kommt dann weiter, dass Diodor (XII 38 f.) und Plutarch
(Perikl. 32) übereinstimmend angeben, Perikles habe den
Krieg entzündet, weil er sich vor der Rechnungsablegung
fürchtete. Mag das Motiv historisch so unbegründet sein,
wie es will, es folgt daraus wenigstens soviel, dass Perikles
vor Ausbruch des Krieges keinen Rechenschaftsprozess bestanden hat (vergl. Grote V ch. 48 S. 366 f., Ausg. von 1870).
Das Psephisma des Drakontides (Plut. a. a. O.) also ὅπως οἱ
λόγοι τῶν χρημάτων ὑπὸ Περικλέους εἰς τοὺς πρυτάνεις ἀπο-
τιθεῖεν, οἱ δὲ δικασταὶ τὴν ψῆφον ἀπὸ τοῦ βωμοῦ φέροντες
ἐν τῇ πόλει κρίνοιεν mit dem Amendement Hagnon's gehört
erst in den Sommer 430, und ist nur durch eine Flüchtigkeit
Plutarch's mit den Prozessen gegen Aspasia, Anaxagoras und
Pheidias in Verbindung gebracht.

Ueber die Zeit dieses, wie aus dem Gesagten hervorgeht,
einzigen Rechenschaftsprozesses gegen Perikles lesen wir bei
Thukydides (II 59): μετὰ δὲ τὴν δευτέραν ἐσβολὴν τῶν
Πελοποννησίων οἱ Ἀθηναῖοι, ὡς ἥ τε γῆ αὐτῶν ἐτέμνετο τὸ
δεύτερον, καὶ ἡ νόσος ἐπέκειτο ἅμα καὶ ὁ πόλεμος, ἠλλοίωντο
τὰς γνώμας, καὶ τὸν μὲν Περικλέα ἐν αἰτίᾳ εἶχον ὡς πεί-
σαντα σφᾶς πολεμεῖν. Sollten die Athener wirklich damit
gewartet haben bis die Peloponnesier zum Lande hinaus
waren? Im Jahre vorher wenigstens hatten sie nicht solange
Geduld gehabt: ἐπειδὴ δὲ περὶ Ἀχαρνὰς εἶδον τὸν στρατὸν ...
παντί τε τρόπῳ ἀνηρέθιστο ἡ πόλις καὶ τὸν Περικλέα ἐν
ὀργῇ εἶχον (Thuk. I 21). Wenn also Thukydides den Umschwung der öffentlichen Meinung jetzt erst nach dem Abzug der Peloponnesier berichtet, so muss der Grund der sein,
dass dieser Umschwung damals in irgend einer Weise seinen
äusseren Ausdruck gefunden hat. Und hier liegt es am
nächsten, an die Strategenwahlen zu denken. Der normale Termin
dieser Wahlen ist der erste Munychion (s. oben S. 267—271).
Nun waren aber die Peloponnesier τοῦ θέρους εὐθὺς ἀρχομένου
(Thuk. II 47) in Attika eingerückt, also im März oder Anfang
April, d. h. im Elaphebolion; nach Unger Att. Kal. S. 12
zwischen dem 22. und 25. März, in den letzten Tagen des
Anthesterion. Der Feind blieb gegen 40 Tage im Lande
(Thuk. II 57); und während dieser Zeit wird Perikles die
Volksversammlungen ebenso suspendirt haben, wie er das im
vorigen Jahre gethan hatte (Thuk II 22). Die Wahlen mussten

sich also bis nach Abzug der Peloponnesier ($\mu\varepsilon\tau\grave{\alpha}$ $\tau\grave{\eta}\nu$ $\delta\varepsilon\upsilon\tau\acute{\varepsilon}\varrho\alpha\nu$ $\dot{\varepsilon}\sigma\beta o\lambda\grave{\eta}\nu$ $\tau\tilde{\omega}\nu$ $\Pi\varepsilon\lambda o\pi o\nu\nu\eta\sigma\acute{\iota}\omega\nu$) verzögern; dass Perikles nicht wiedergewählt wurde, ist bei der in Athen herschenden Stimmung zweifellos. Darum also hebt Thukydides gerade jetzt den Unwillen der Athener gegen Perikles hervor; die Rede, die er ihm bei dieser Gelegenheit in den Mund legt, ist offenbar eine Wahlrede.

Es wäre nun freilich denkbar, dass gleichzeitig auch die Amtsentsetzung gegen Perikles ausgesprochen worden ist. Indess bei der Kürze der Zeit — kaum zwei Monate — die Perikles noch im Amte zu bleiben hatte, wäre eine solche Massregel ziemlich zwecklos gewesen; und die Art, wie Thukydides diese Ereignisse erzählt, lässt kaum einen Zweifel, dass der Prozess keineswegs unmittelbar auf jene von Perikles zur Rechtfertigung seiner Politik gehaltene Rede gefolgt ist. $\tau o\iota\alpha\tilde{\upsilon}\tau\alpha$ $\dot{o}$ $\Pi\varepsilon\varrho\iota\varkappa\lambda\tilde{\eta}\varsigma$ $\lambda\acute{\varepsilon}\gamma\omega\nu$ $\dot{\varepsilon}\pi\varepsilon\iota\varrho\tilde{\alpha}\tau o$ $\tauo\grave{\upsilon}\varsigma$ $'A\vartheta\eta\nu\alpha\acute{\iota}o\upsilon\varsigma$ $\tau\tilde{\eta}\varsigma$ $\tau\varepsilon$ $\dot{\varepsilon}\pi'$ $\alpha\dot{\upsilon}\tau\grave{o}\nu$ $\dot{o}\varrho\gamma\tilde{\eta}\varsigma$ $\pi\alpha\varrho\alpha\lambda\acute{\upsilon}\varepsilon\iota\nu$ $\varkappa\tau\lambda.$ $o\dot{\iota}$ $\delta\grave{\varepsilon}$ $\delta\eta\mu o\sigma\acute{\iota}\alpha$ $\mu\grave{\varepsilon}\nu$ $\tauo\tilde{\iota}\varsigma$ $\lambda\acute{o}\gamma o\iota\varsigma$ $\dot{\alpha}\nu\varepsilon\pi\varepsilon\acute{\iota}\vartheta o\nu\tauo$ ....., $\dot{\iota}\delta\acute{\iota}\alpha$ $\delta\grave{\varepsilon}$ $\tauo\tilde{\iota}\varsigma$ $\pi\alpha\vartheta\acute{\eta}\mu\alpha\sigma\iota\nu$ $\dot{\varepsilon}\lambda\upsilon\pi o\tilde{\upsilon}\nu\tauo$.... $o\dot{\upsilon}$ $\mu\acute{\varepsilon}\nu\tauo\iota$ $\pi\varrho\acute{o}\tau\varepsilon\varrho\acute{o}\nu$ $\gamma\varepsilon$ $o\dot{\iota}$ $\xi\acute{\upsilon}\mu\pi\alpha\nu\tau\varepsilon\varsigma$ $\dot{\varepsilon}\pi\alpha\acute{\upsilon}\sigma\alpha\nu\tauo$ $\dot{\varepsilon}\nu$ $\dot{o}\varrho\gamma\tilde{\eta}$ $\dot{\varepsilon}\chi o\nu\tau\varepsilon\varsigma$ $\alpha\dot{\upsilon}\tau\grave{o}\nu$ $\pi\varrho\grave{\iota}\nu$ $\dot{\varepsilon}\zeta\eta\mu\acute{\iota}\omega\sigma\alpha\nu$ $\chi\varrho\acute{\eta}\mu\alpha\sigma\iota\nu$ (II 65). Wie konnte Thukydides sagen $o\dot{\iota}$ $\delta\grave{\varepsilon}$ $\delta\eta\mu o\sigma\acute{\iota}\alpha$ $\mu\grave{\varepsilon}\nu$ $\tauo\tilde{\iota}\varsigma$ $\lambda\acute{o}\gamma o\iota\varsigma$ $\dot{\alpha}\nu\varepsilon\pi\varepsilon\acute{\iota}\vartheta o\nu\tauo$, wenn Perikles damals seines Amtes entsetzt wurde? Dass die Angaben Diodor's (XII 45) und Plutarch's (Perikl. 35), die beide von einer Absetzung sprechen, nichts für die Entscheidung unserer Frage beweisen, ist schon oft hervorgehoben worden; denn praktisch lief eine Nichtwiederwahl nach fünfzehnjähriger ununterbrochener Strategie auf dasselbe hinaus, wie eine förmliche Absetzung.

Als Ankläger des Perikles nannte Idomeneus Kleon, Theophrast Simmias, Herakleides von Pontos Lakratides (Plut. Perikl. 35). Man scheint also später über diesen Punkt überhaupt nichts sicheres mehr gewusst zu haben. Aber mag Kleon auch persönlich an der Anklage nicht betheiligt gewesen sein, es ist nicht zu bezweifeln, dass er die Anklage billigte. Wenige Monate vor dem Prozesse sind Hermippos' $M o\tilde{\iota}\varrho\alpha\iota$ aufgeführt, worin der „feurige Kleon" ausdrücklich als Perikles' Hauptgegner bezeichnet wird (fr. 46. Kock $\delta\eta\chi\vartheta\varepsilon\grave{\iota}\varsigma$ $\alpha\dot{\iota}\vartheta\omega\nu\iota$ $K\lambda\acute{\varepsilon}\omega\nu\iota$). War er es doch gewesen, der vor zwei Jahren Perikles' Freund Anaxagoras angeklagt hatte (Sotion bei Diog. v. Laerte II 3, 9). Und Thukydides sagt ja ausdrücklich, · dass auch der Demos, also Kleon's Partei, an dem Ansturm gegen Perikles Theil nahm. Wie wäre denn sonst überhaupt eine Verurtheilung möglich gewesen? Und liegt denn irgend ein Grund vor zu der Annahme, Kleon habe sich hier von seiner Partei getrennt?

Drakontides und Hagnon hatten direkt nichts mit der Anklage zu thun; ihr Psephisma regelte nur die Modalitäten des Verfahrens. Müller-Strübing (Arist. S. 590 ff.) hat sich nun bemüht nachzuweisen, dass der Antrag des Drakontides der für Perikles günstigere gewesen sei. Er geht dabei zunächst von der ganz falschen Voraussetzung aus, dass Perikles' Freunde ein freisprechendes Urtheil gehofft, seine Gegner es gefürchtet hätten. Daran war aber bei der damaligen Stimmung in Athen gar nicht zu denken; die Menge wollte ihr Opfer (οὐ μέντοι πρότερόν γε οἱ ξύμπαντες ἐπαύσαντο ἐν ὀργῇ ἔχοντες αὐτόν, πρὶν ἐζημίωσαν χρήμασιν Thuk. II 65); alles was Perikles' Anhänger thun konnten, war, darauf hinzuwirken, dass die Strafe möglichst gelind ausfiel, dass namentlich nicht auf den Tod erkannt wurde. Nahe genug daran ist es ja gewesen (Platon Gorgias 516a ὀλίγου δὲ καὶ θανάτου ἐτίμησαν). Der Antrag Hagnon's in seiner elastischen Fassung: εἴτε κλοπῆς καὶ δώρων, εἴτ' ἀδικίου βούλοιτό τις ὀνομάζειν τὴν δίωξιν bezweckte eben, den Richtern für die mildeste Auffassung den Weg offen zu lassen. Welches Verbrechens Perikles nach dem Antrag des Drakontides angeklagt war, wissen wir nicht; aber die feierliche Form der Abstimmung — οἱ δὲ δικασταὶ τὴν ψῆφον ἀπὸ τοῦ βωμοῦ φέροντες ἐν τῇ πόλει κρίνοιεν — zeigt doch, dass es sich um eine schwere Anklage handeln musste; eine so feierliche Abstimmungsform hat nur dann einen Sinn, wenn es sich um Leben und Tod handelt. Dazu kommt dann weiter, dass Müller-Strübing seiner Hypothese zu Liebe gezwungen ist, die Identität unseres Hagnon mit Hagnon, Sohn des Nikias, dem Oekisten von Amphipolis und Collegen des Perikles in der Strategie im Jahre 431 () zu leugnen. Ein solches Verfahren ist immer sehr misslich; man zerhaut den Knoten nur dann, wenn man ihn nicht zu lösen vermag. Der Beweis, den Müller-Strübing (S. 713 ff.) aus Thuk. V 11 zu führen versucht, Hagnon der Oekist von Amphipolis sei schon vor 422 gestorben, ist gänzlich misslungen, denn er beruht auf der

völlig unerweislichen und an sich selbst höchst unwahrschein-
lichen Annahme, den Gründern einer Stadt seien erst nach
ihrem Tode Ehren erwiesen worden. Wohlgemerkt, Thukydides
spricht mit keinem Worte von heroischen Ehren, die Hagnon
erwiesen worden wären. Und was nun den Vater des Theramenes den Probulen Hagnon angeht, diesen „intriganten
Schurken und Vaterlandsverräther" (Müller-Strübing S. 720), so
rechnet bekanntlich nicht nur Aristoteles (bei Plut. Nik. 2)
Theramenes zu den $\pi\alpha\tau\varrho\iota\varkappa\dot\eta\nu$ $\check\varepsilon\chi\text{o}\nu\tau\varepsilon\varsigma$ $\varepsilon\check\upsilon\nu\text{o}\iota\alpha\nu$ $\varkappa\alpha\grave\iota$ $\varphi\iota\lambda\acute\iota\alpha\nu$ $\pi\varrho\grave\text{o}\varsigma$
$\tau\grave\text{o}\nu$ $\delta\tilde\eta\mu\text{o}\nu$, sondern auch Xenophon nennt ihn $\tau\iota\mu\acute\omega\mu\varepsilon\nu\text{o}\varsigma$ $\dot\upsilon\pi\grave\text{o}$
$\tau\text{o}\tilde\upsilon$ $\delta\acute\eta\mu\text{o}\upsilon$ $\delta\iota\grave\alpha$ $\tau\grave\text{o}\nu$ $\pi\alpha\tau\acute\varepsilon\varrho\alpha$ $\text{\v{}}A\gamma\nu\omega\nu\alpha$ (Hell. II 3, 30). Und
dieser Hagnon soll ein oligarchischer Intrigant gewesen sein?
Und wir sollten von dem politischen Wirken einer so ange-
sehenen Persönlichkeit nichts weiter erfahren, als seine Betheiligung an der Anklage des Perikles?

Also kein Zweifel, es hat in der Zeit des peloponnesischen
Krieges nur e i n e n hervorragenden Staatsmann Namens
Hagnon gegeben, und dieser war ein Gesinnungsgenosse des
Perikles. Ja noch mehr als das, er war in gewissem
Sinne sein Mitangeklagter. Denn er war Perikles' College
in der Strategie 431/0, und folglich mitverantwortlich für
alle die Massregeln, die Perikles mit Zustimmung seiner
Collegen in diesem Jahre ins Werk gesetzt hatte. Seine
Euthyne hatte er gleichzeitig mit Perikles abzulegen, und
wenn auch die Anklage ihn nicht direkt anging, so konnte
doch bei Perikles' Prozess so manches auch für ihn Compro-
mittirende ans Tageslicht kommen. Also Hagnon's Antrag
kann eine Verschärfung des Verfahrens gegen Perikles nicht
zum Zweck gehabt haben, wir müssten denn annehmen, dass
er sich während der Krisis selbst von seinem Freunde getrennt
habe, wofür aber nicht der geringte Anhalt vorliegt.

Und nun zu Drakontides. Müller-Strübing hält ihn für
einen Anhänger des Perikles, und zwar deswegen, weil wir
ihn 433/2 unter den nach Korkyra gesandten Strategen finden,
er also, wie Müller-Strübing sagt, „mit einer Mission von
solcher Wichtigkeit und Schwierigkeit" beauftragt ward, dass
der Mann, den Perikles dazu ausersah, nothwendig sein volles
Vertrauen besessen haben muss (Aristoph. S. 596). Aber
unter diesen selben Strategen ist ja auch Kimon's Sohn Lakedaemonios, den gewiss Niemand als „Anhänger und Partei-

genossen" des Perikles ausgeben wird; folglich ist das Argument ohne Beweiskraft oder beweist, wenn überhaupt etwas, gerade das Gegentheil (Plut. Perikles 29 und oben S. 21). Und ebenso misslich steht es mit der Annahme, dass Drakontides der ältere Bruder des Strategen und Demagogen Lysikles gewesen sei. Sie stützt sich nur darauf, dass im Jahre 416/5 ein *Λυσικλῆς Δρακοντίδου Βα[τῆθεν]* als Schreiber der Schatzmeister der Göttin erwähnt wird. Das soll nach Müller-Strübing der Sohn unseres Drakontides gewesen sein. Aber wer wird glauben, dass der Sohn eines Strategen aus angesehener und reicher Familie sich zum Schreiber hergegeben habe? Viel näher liegt es, an jenen Drakontides zu denken, der im Jahre 404 den Antrag zur Verfassungsänderung gestellt, und darauf unter den Dreissig gesessen hat. Wenn auch nicht mit dem Strategen des Jahres 433/2 identisch, so war er doch höchst wahrscheinlich ein naher Anverwandter desselben.

2. Kleon's Buleia.
(Zu Cap. II.)

In den aristophanischen Rittern beginnt der Paphlagone die Erzählung seiner Verdienste um den Demos mit den Worten (774/6)

ὃς πρῶτα μὲν ἡνίκ' ἐβούλευον, σοὶ χρήματα πλεῖστ'
   ἀπέδειξα

ἐν τῷ κοινῷ, τοὺς μὲν στρεβλῶν, τοὺς δ' ἄγχων, τοὺς δὲ
   μεταιτῶν

οὐ φροντίζων τῶν ἰδιωτῶν οὐδενός, εἰ σοὶ χαριοίμην.

Dass Kleon also in einem der Jahre, die der Aufführung der Ritter vorausgehen, im Rathe gesessen hat, und zwar als leitender Rhetor, kann nicht in Zweifel gezogen werden, und wird auch allgemein zugestanden. Das στρεβλεῖν, ἄγχειν, und μεταιτεῖν, dessen sich Kleon hier rühmt, bezieht sich doch offenbar auf die Eintreibung von Steuerrückständen, bei der Kleon mit ähnlicher Rücksichtslosigkeit vorgegangen sein mag, wie Androtion nach der Schilderung des Demosthenes im Jahr 356/5. Dadurch kommen wir auf 428/7 als frühesten Termin für Kleon's Buleia, denn in diesem Jahre ist nach Thukydides die erste Eisphorá im peloponnesischen Kriege ausgeschrieben worden; bis dahin hatten der Staatsschatz und die ordentlichen Einnahmen zur Bestreitung der Kriegskosten ausgereicht. Andererseits ist auch das Jahr der Aufführung der Ritter selbst 425/4, auszuschliessen, denn Kleon spricht von seiner Rathsmannschaft als von etwas vergangenem. Beiläufig bemerkt, fällt dadurch die ganze Ausführung bei Gilbert, Beiträge S. 91—93 in sich zusammen. Wir haben also nur die Wahl unter den 3 Jahren 428/7, 427/6, 426,5.

Nun wird das erste dieser Jahre von vorn herein auszuschliessen sein. Denn die Art wie Thukydides bei den Verhandlungen über das Schicksal der Mytilenaeer Kleon von den Prytanen (τοὺς ἐν τέλει) sprechen lässt, zeigt deutlich, dass er in diesem Jahre keinen leitenden Einfluss im Rathe besessen haben kann. Ebenso scheint auch das Jahr 426 5 ausgeschlossen werden zu müssen; hätte Aristophanes in der angeführten Stelle der Ritter von der nächsten Vergangenheit reden wollen, würde er kaum den Ausdruck ἡνίκ' ἐβούλευον gebraucht haben. Die Wahrscheinlichkeit also spricht dafür, dass Kleon im Jahre 427/6 im Rathe gesessen hat.

In diesem Jahre sind bekanntlich die Babylonier des Aristophanes aufgeführt worden, worin der Dichter τάς τε κληρωτὰς καὶ χειροτονητὰς ἀρχὰς καὶ Κλέωνα (Schol. Acharn. 355) verspottet. Dafür zog ihn dann Kleon im Rathe zur Verantwortung, wie Aristophanes selbst in den Acharnern (355 ff.) erzählt:

> αὐτός τ' ἐμαυτὸν ὑπὸ Κλέωνος ἅπαθον
> ἐπίσταμαι διὰ τὴν πέρυσι κωμῳδίαν.
> εἰσελκύσας γάρ μ' εἰς τὸ βουλευτήριον
> διέβαλλε καὶ ψευδῆ διεγλώττιζέ μου
> κἀκυκλοβόρει κἄπλυνεν, ὥστ' ὀλίγου πάνυ
> ἀπωλόμην μολυνοπραγμονούμενος.

Kleon also hatte in diesem Jahre Zutritt zum Rathe, und offenbar auch Einfluss auf diese Körperschaft, und da liegt es doch am nächsten anzunehmen, dass er selbst Rathsherr gewesen ist.

Gilbert (S. 133 ff.) hat nun weiter, auf ein Fragment Theopomp's (fr. 100) gestützt, in sehr ansprechender Weise den bekannten Handel Kleon's mit den Rittern mit dessen Buleia in Verbindung gebracht. Da an einen Monstre-Prozess gegen das ganze Rittercorps wegen λειποστρατία doch

nicht gedacht werden kann, so kann die Angabe, die der
Scholiast auf Theopomp's Autorität hier giebt, nur den Sinn
haben, dass Kleon die Ritter beschuldigte, ihre Pflicht bei einem
der Einfälle der Peloponnesier nicht erfüllt zu haben; das
kann, wie Gilbert S. 135 ausführt, nur der Einfall im Frühjahr 427 gewesen sein. Mit diesem Vorgehen Kleon's gegen
die Ritter hängt nun, wie Gilbert gesehen hat, die Geschichte
von den πέντε ταλάντοις οἷς Κλέων ἐξήμεσεν zusammen,
über die der alte Dikaeopolis in den Acharnern (v. 6) solche
Freude zeigt. Dass hier von einer Geldstrafe von 5 Talenten,
die Kleon in Folge einer γραφὴ δώρων habe zahlen müssen,
wie die Scholien wollen, nicht die Rede sein kann, hat Müller-
Strübing erwiesen; es kann sich also nur um eine Streichung
handeln, die Kleon an dem jährlichen Aufwand des Staates
für das Rittercorps hat vornehmen wollen; und nur dadurch
konnte Kleon, der ja weder Hipparch noch Stratege war,
überhaupt zum ταραξιππόστρατος werden. Eine solche Massregel konnte aber Kleon der Natur der Sache nach nur am
Anfang eines Finanzjahres vornehmen; und da er sie mit der
Pflichtverletzung der Ritter bei dem letzten Einfall im Frühjahr 427 motivirt, so muss der Vorschlag zur Reduction
des Budgettitels für die Reiterei von Kleon im Laufe des
attischen Jahres 427/6 gemacht worden sein. Als im vorigen
Jahre, d. h. eben 427/6 geschehen, erwähnt Aristophanes die
Sache offenbar in den 426/5 aufgeführten Acharnern. Kleon
hat wahrscheinlich ein Probuleuma in diesem Sinne durchgesetzt, das dann vom Volke nicht angenommen wurde. Auch
hierdurch also erhält der Ansatz der Bulein Kleon's auf
427/6 seine Bestätigung.

3. Laches' Prozess.
(Zu Cap. II.)

Nach der Parodie in Aristophanes' Wespen (891 ff., vergl.
240 ff.) wird in der Regel angenommen, dass der Rechenschaftsprozess des Laches nach seiner sicilischen Strategie erst
im Jahre 423 zur Verhandlung gekommen ist. Dieser Schluss
ist doch etwas voreilig. Der komische Dichter nimmt wohl
seinen Stoff aus dem Leben des Tages, aber Tagesgeschichte
schreibt er keineswegs. Wenn Lamachos z. B. in den
Acharnern als Stratege auf die Bühne kommt, so folgt daraus

allerdings, dass er ein hervorragender Offizier gewesen ist,
vielleicht auch dass er die Strategie schon bekleidet hatte,
aber dass er gerade im Jahre der Aufführung des Stückes
Stratege war, folgt daraus durchaus nicht, ja vielleicht lässt
sich gerade das Gegentheil daraus schliessen. Ganz ebenso
folgt aus dem Prozesse des Hundes von Kydathenaeon gegen
den Hund von Aexone nur dass Kleon und Laches politische
Gegner waren, auch dass im Winter 423/2 der Kampf zwischen beiden besonders lebhaft war, vielleicht selbst dass
Kleon den Gegner früher einmal vor Gericht gezogen hatte;
aber nichts berechtigt uns zu der Annahme, dass dieser Prozess eben jetzt verhandelt wurde.

Immerhin ist es wahrscheinlich, dass Aristophanes einen
wirklich verhandelten Staatsprozess parodirt hat. Und da war
denn die Auswahl nicht gross. Denn einmal waren solche
Prozesse auch in Athen keineswegs häufig, und dann brauchte
der Dichter für seinen Zweck einen Prozess, in dem Kleon
unterlegen war, ein Fall, der bei dessen fast unbegränztem
Einfluss auf die Volksklassen, aus denen die Geschworenen
hauptsächlich sich recrutirten, sehr selten gewesen sein muss.
So waren die Strategenprozesse des Vorjahres (424/3) gegen
Pythodoros, Sophokles, Eurymedon, Thukydides, die sämmtlich mit einer Verurtheilung der Angeklagten geendet hatten,
für Aristophanes nicht verwendbar. Vielleicht war der Prozess
des Laches überhaupt der einzige in den letzten Jahren verhandelte Prozess, der den geforderten Bedingungen entsprach; wir
wenigstens wissen von keinem anderen. Und noch ein anderer Umstand empfahl die Wahl gerade dieses Prozesses.
Im Frühjahr 423 ist auf Laches' Antrag der Waffenstillstand
mit Sparta geschlossen worden. Dieser Waffenstillstand lief
im nächsten Frühjahr ab, und es handelte sich demnach zur
Zeit der Aufführung der Wespen um die Frage, ob der
Waffenstillstand verlängert oder gekündigt werden sollte.
Laches trat für das erstere ein (Thuk. V 43), während Kleon
ihm ohne Zweifel die heftigste Opposition machte. Der Kampf
zwischen beiden stand also während des Winters 423 auf 422
im Vordergrunde des öffentlichen Interesses. Es war ein sehr
glücklicher und zeitgemässer Gedanke, die beiden Gegner in
einer Parodie des vor 3 Jahren verhandelten Prozesses auf
die Bühne zu bringen.

Dass aber jener Rechenschaftsprozess des Laches, wie
von manchen Seiten angenommen worden ist, sich bis in den
Winter 423/2 hingezogen haben sollte, ist ganz undenkbar,
wenn aus keinem anderen Grunde, schon darum, weil Laches
in der Zwischenzeit eine hervorragende politische Thätigkeit
entfaltet hat. Ist doch Müller-Strübing so weit gegangen,
deswegen die Identität des Strategen Laches mit dem Urheber
des Waffenstillstandes zu leugnen! Ebenso wenig haltbar ist
Gilbert's Annahme, Laches sei im Winter 423/2 zum zweiten
Mal angeklagt worden. Denn ein militärisches Commando
hat Laches seit 427 nicht mehr bekleidet, es ist also nicht
abzusehen auf was die Anklage sich gegründet haben sollte.
S. Keck *Quaest. Arist. hist.* S. 79; Droysen Aristophanes I
250; Gilbert, Beiträge S. 199 ff.

4. Der Ostrakismos des Hyperbolos.
(Zu Cap. III.)

Der Ostrakismos des Hyperbolos wird jetzt gewöhnlich
in das Jahr 418 gesetzt (Kirchhoff Hermes I S. 5, Müller-
Strübing Aristophanes S. 410 ff, Gilbert, Beiträge S. 231 ff.).
Das steht im Widerspruch mit der Angabe Theopomp's (fr.
103 bei Schol. Arist. Wespen 1001) ἐξωστράκισαν τὸν Ὑπέρ-
βολον ἓξ ἔτη· ὁ δὲ καταπλεύσας εἰς Σάμον, καὶ τὴν οἴκησιν
αὐτοῦ ποιησάμενος, ἀπέθανε. Hat diese Angabe überhaupt
einen Sinn, so kann sie sich nur auf die Zeit beziehen, die
Hyperbolos in der Verbannung gelebt hat (Cobet, *observ. in
Plat.* 143); und da er im Frühjahr 411 ermordet wurde, muss
er im Frühjahr 417 ostrakisirt worden sein. Müller-Strübing
allerdings verspricht den Nachweis zu geben, die Ermordung
des Hyperbolos sei bereits im December 412 erfolgt (Aristoph.
S. 123 A. und S. 411), sodass seine Verbannung 6½ Jahre
gedauert hätte. Aber nach Thukydides (VIII 73) wurde
Hyperbolos ermordet ὑπ' αὐτὸν τὸν χρόνον, ὅνπερ οἱ τετρα-
κόσιοι ξυνίστατο; und die Vierhundert sind 4 Monate an
der Herrschaft geblieben, und erst unter dem Archon Theopompos gefallen, also nicht vor Elaphebolion eingesetzt worden. Müller-Strübing selbst giebt das jetzt zu, Jahrb. 127
(1883) S. 704, der versprochene Nachweis würde ihm also sehr
schwer werden.

Die obige Interpretation der Stelle Theopomp's ist nun

allerdings keineswegs sicher. Aber auch wenn wir davon ab-
sehen, bleibt der Ansatz des Ostrakismos auf das Frühjahr
418 sehr unwahrscheinlich. Wäre Alkibiades damals im Ostrakismos Sieger geblieben, so würde er nicht bei den unmittelbar darauf folgenden Strategenwahlen unterlegen sein (Seeliger,
Jahrb. für Phil. 1877, S. 744). Und überhaupt spricht für
das Jahr 418 nur die Schatzmeisterhypothese Droysen's und
Müller-Strübing's, deren einziger Anhänger heute doch wohl
Müller-Strübing selbst ist. Vor 418 lässt sich der Ostrakismos
aber nicht setzen, da sonst die Dauer von Hyperbolos' politischer Laufbahn gar zu beschränkt wird. Und ebenso ist natürlich das Frühjahr 415 auszuschliessen. Wir haben also die
Wahl zwischen 417 und 416. Das erstere Jahr empfiehlt sich
ausser durch die besprochene Stelle Theopomp's auch durch
Erwägungen politischer Art, wie oben auseinandergesetzt ist.
Eine sichere Entscheidung aber ist mit unserem jetzigen Material nicht zu erreichen.

5. Zur Geschichte der Jahre 404 und 403.
(Zu Cap. VI.)

Dass die Capitulation Athen's um die Zeit der Frühlingsgleiche 404 erfolgt ist, steht aus Thukydides (V 26) sicher;
es liegt also kein Grund vor, an der Richtigkeit des von
Plutarch (Lys. 15) überlieferten Datums: 16. Munychion, zu
zweifeln. Ebenso ist allgemein anerkannt, dass die Dreissig
keineswegs unmittelbar nach der Uebergabe eingesetzt wurden; vielmehr erfolgte die Verfassungsänderung erst, nachdem
die demokratische Regierung die vom Sieger zur Niederreissung der Mauern gestellte Frist ungenützt hatte verstreichen
lassen (Lys. g. Erat. 74, Plut. Lys. 15, Diod. XIV 3). Andrer-
seits aber müssen die Dreissig noch vor Ablauf des attischen
Jahres 405/4 die Regierung angetreten haben. Denn der
Archon für 404/3, Pythodoros, ist bereits von den Oligarchen
ernannt worden, und nicht etwa an die Stelle eines in der
üblichen Weise erloosten Archonten getreten; sonst hätte die
wiederhergestellte Demokratie das Jahr, statt als Anarchie,
mit dem Namen dieses legitimen Archon bezeichnen müssen
(s. Philologus 43, 1884, S. 264). Also die Einsetzung der
Dreissig fällt in den Thargelion, oder, da die Frist zur Niederreissung der Mauern doch nicht zu kurz bemessen sein dürfte,

wahrscheinlich in den Skirophorion 405/4 (s. Hermann, Staatsh. 5. Aufl. S. 646).

Die gesammte Dauer ihrer Herrschaft betrug nach Xenophon (Hell. II 4, 21) 8 Monate; das führt für ihren Sturz auf Gamelion oder Anthesterion. In der That hat Thrasybulos im Winter Phyle besetzt (Xen. Hell. II 4, 3). Daneben hören wir aber, wie die Demokraten im Peiraeeus einige Tage nach ihrem Siege bei Munychia, in Folge dessen die Herrschaft der Dreissig zusammengebrochen war, gegen Athen vorgehen, und aus den Feldern Holz und Früchte ($\xi\acute{v}\lambda\alpha$ $\varkappa\alpha\grave{\iota}$ $\grave{o}\pi\acute{\omega}\varrho\alpha\nu$, Xen. Hell. II 4, 25) wegnehmen. Wie man daraus hat behaupten können, „dass zur Zeit der Auflösung der Dreissigherrschaft schon die bessere Jahreszeit eingetreten sein musste" (Scheibe, Olig. Umwülz. S. 161) ist mir unverständlich; es müsste denn sein, die Obstbäume und Weinberge im alten Griechenland hätten im Frühling getragen! Mir scheint es im Gegentheil dieser Angabe gegenüber unmöglich, den Sturz der Dreissig über Mitte November hinauszuschieben, womit sich auch die Notiz über den Schneefall bei Phyle sehr wohl verträgt, denn gerade im Spätherbst füllt auf den Gebirgen im Süden oft reichlicher Schnee. Dann können wir die 8 Monate aber nicht mehr auf die Dauer der Dreissigherrschaft allein beziehen, sondern müssen von der Uebergabe Athen's an rechnen, als dem Zeitpunkte, wo die oligarchische Bewegung begonnen hatte. Damit erhielten wir Mitte Poseideon als ungefähres Datum für den Sturz der Dreissig; doch brauchen natürlich die 8 Monate nicht gerade voll genommen zu werden. — Von jetzt an fehlen alle Daten zur genaueren chronologischen Bestimmung, nur so viel ist sicher, dass die Kämpfe und Verhandlungen zwischen der Regierung in der Stadt, und den Demokraten im Peiraeeus, und beider mit den Spartanern, sich längere Zeit hingezogen haben müssen (vergl. Xen. Denkw. II 7, und Isokr. $\pi\varepsilon\varrho\grave{\iota}$ $\tau o\tilde{v}$ $\zeta\varepsilon\acute{v}$-$\gamma o\nu\varsigma$ 13 $\tau\grave{o}\nu$ $\sigma\tilde{\iota}\tau o\nu$ $\grave{\varepsilon}\nu$ $\tau\tilde{\eta}$ $\chi\acute{\omega}\varrho\alpha$ $\delta\iota\alpha\varphi\vartheta\varepsilon\acute{\iota}\varrho\alpha\nu\tau\varepsilon\varsigma$, also im Frühling, oder Frühsommer). Die Beilegung der Streitigkeiten kann nicht vor dem Ende des attischen Jahres erfolgt sein, denn erst unter Eukleides ist die Demokratie hergestellt worden. Danach hat Plutarch's Angabe (v. Ruhme Athen's 7), die siegreichen Demokraten seien am 12. Boedromion in die Stadt eingezogen, durchaus nichts unwahrscheinliches.

Was nun die constitutionellen Massregeln angeht, die
nach dem Einzuge der Demokraten ergriffen wurden, um den
Staat wieder in geordnete Verhältnisse hinüberzuleiten, so
beschränkt sich Xenophon auf die Angabe καὶ τότε μὲν ἀρχὰς
καταστησάμενοι ἐπολιτεύοντο (Hell. II 4, 43). Aus Andokides
(v. d. Myst. 81) dagegen ersehen wir, dass zunächst eine provisorische Regierung von 20 Männern eingesetzt wurde:
εἵλεσθε ἄνδρας εἴκοσι, τούτους δ' ἐπιμελέσθαι τῆς πόλεως,
ἕως οἱ νόμοι τεθεῖεν. Man hat an der Richtigkeit dieser
Angabe gezweifelt (Droysen, De Demophanti etc. populiscitis
S. 36), wie mir scheint, ganz ohne Grund. Ja wenn Andokides nichts dergleichen berichtete, wir würden doch zu der
Annahme genöthigt sein, dass eine solche provisorische Regierung eingerichtet worden ist. Zunächst galt es überhaupt
die künftige Verfassungsform festzustellen (s. Lysias' Rede
v. d. Verf. mit Dionysios' Hypothesis), und auch dann musste
noch einige Zeit hingehen, ehe der Rath und die übrigen
Behörden constituirt werden konnten. Irgend Jemand musste
während dieser Zeit doch regieren. Die Regierung liess sich
aber weder in die Hände der Strategen aus dem Peiraeeus
legen — das hätte die „Bürger aus der Stadt" in ihren Interessen verletzt — noch konnten sich die „Bürger aus dem
Peiraeeus" den Zehnmännern aus der Stadt unterwerfen; es
blieb also nur der Ausweg, aus beiden Theilen der Bürgerschaft eine neue Behörde zu bilden. Dass es wirklich geschehen ist, geht daraus hervor, dass die provisorische Regierung gerade 20 Mitglieder zählte; offenbar haben wir eine
Verschmelzung zweier Collegien von je 10 Männern.

Und nun noch ein Wort über die neue Codification.
Nach dem Psephisma des Tisamenos (bei Andok. v. d. Myst. 83)
wurden zu diesem Zweck zwei Commissionen gewählt: vom
Rathe ein engerer Ausschuss rechtskundiger Männer für die
Redaction der Gesetze — Lysias nennt sie in einer Rede
ἀνθρώπους ὑπογραμματέας (g. Nikom. 28), dazu gehörten
Nikomachos und Tisamenos selbst — und ein weiterer Ausschuss von 500 — oder 1500? — Bürgern, die von den einzelnen Demen gewählt waren, zur Prüfung und Amendirung
der von dem engern Ausschuss vorgeschlagenen Gesetze. Es
ist genau dasselbe Verfahren, das auch heute noch in einem
ähnlichen Falle eingeschlagen wird. Man hat die Wahl durch

die Demen auffällig gefunden, und doch ist die Sache ganz
in der Ordnung. Ganz ebenso wurde der Rath nach den
einzelnen Demen zusammengesetzt, nur dass hier die Loosung
au die Stelle der Cheirotonie trat[1]). Es wäre auch kaum
möglich gewesen, 500 oder gar 1500 Candidaten durch das
ganze Volk, oder auch nur durch die einzelnen Phylen wählen
zu lassen.

Was endlich den Urheber des Psephisma, Tisamenos, angeht, so ist er doch offenbar identisch mit dem Tisamenos,
den Lysias neben Nikomachos unter den Nomotheten nennt,
und als ὑπογραμματεὺς bezeichnet; es wäre wenigstens sehr
sonderbar, wenn zwei Bürger Namens Tisamenos sich in so
hervorragender Weise mit dieser Gesetzrevision befasst haben
sollten. Dagegen kann der Τισαμενὸς Παιανιεύς, der Ol.
91. 3 als Schatzmeister der Göttin genannt wird (CIA. I 133)
nicht mit dem ὑπογραμματεὺς identisch sein, da die Schatzmeister aus den Pentakosiomedimnen erloost wurden, und ein
reicher Mann sich nicht zum Schreiber hergegeben haben
würde (Droysen, *De Demoph.* S. 27). Damit fallen denn die
Hypothesen, die Müller-Strübing (Arist. S. 550—561) über den
Nomotheten Tisamenos vorbringt. Ueberhaupt berechtigt uns
nichts zu dem Schlusse, dass dieser Tisamenos eine politisch
besonders einflussreiche Persönlichkeit gewesen ist. Wenigstens das von ihm erhaltene Psephisma ist von einer rein
formalen Bedeutung. Allerdings nimmt das Decret in den
Eingangsworten den Mund sehr voll: πολιτεύεσθαι Ἀθηναίους
κατὰ τὰ πάτρια, νόμοις δὲ χρῆσθαι τοῖς Σόλωνος καὶ μέτροις
καὶ σταθμοῖς, χρῆσθαι δὲ καὶ τοῖς Δράκοντος θεσμοῖς οἷσπερ ἐχρώμεθα ἐν τῷ ἔμπροσθεν χρόνῳ. Aber alle diese
Dinge werden keineswegs erst auf Antrag des Tisamenos beschlossen, sondern waren bereits durch den Friedensvertrag
zwischen den Demokraten im Peiraeeus, und den Oligarchen
in der Stadt festgestellt (Xen. Hell. II 4, 42). In Tisamenos'
Psephisma wird nur der Vollständigkeit wegen der frühere
Beschluss, der ja die Grundlage für die neue Nomothesie
bildete, wiederholt. Es ist also eine sehr unverdiente Ehre,
wenn ein neuerer Schriftsteller (Schvarcz, Die Demokratie von
Athen S. 380) die Verfassungsperiode von 422—403 als „Demokratie des Tisamenos" bezeichnet.

1) Hauvette-Besnault, *Bull. de Corr. Hell.* VI (1881) S. 367.

6. Athen's Reichspolitik im korinthischen Kriege.
(Zu Cap. VII.)

Das Streben Athen's, im korinthischen Kriege das Reich wieder aufzurichten, wie es vor dem Schlage von Aegospotamoi bestanden hatte, ist zwar von der neueren Forschung keineswegs verkannt worden, hat aber nicht die Beachtung gefunden, die es verdient. Grote z. B. schweigt gänzlich darüber, und Busolt geht sogar so weit, es überhaupt in Abrede zu stellen, dass Athen während des korinthischen Krieges eine Bundesgenossenschaft gegründet hat (Der zweite athenische Bund S. 664—679). Bei der Wichtigkeit der Frage für das Verständniss der attischen Politik in den ersten Decennien des IV. Jahrhunderts wird es nöthig sein, sie hier im Zusammenhange zu behandeln, um so mehr, als die epigraphischen Entdeckungen der letzten Jahre ein neues, und zum Theil unerwartetes Licht auf diese Verhältnisse geworfen haben.

Dass der Wunsch, das verlorene Reich neu zu begründen, das hauptsächlichste Motiv war, das Athen zur Theilnahme am korinthischen Kriege bestimmte, sagt Xenophon mit ausdrücklichen Worten: *Καὶ μὴν ὅτι μὲν, ὦ ἄνδρες Ἀθηναῖοι, βούλοισθ' ἂν τὴν ἀρχὴν ἣν πρότερον ἐκέκτησθε ἀναλαβεῖν πάντες ἐπιστάμεθα* (Hell. III 5, 10). Konon's Politik war von Anfang an auf dieses Ziel gerichtet. Deshalb hatte er nach dem Siege von Knidos nichts eiligeres zu thun, als die Grundlage der attischen Seeherrschaft, die langen Mauern, wiederherzustellen. Ebenso verdankt Athen Konon ohne Zweifel die Rückgabe der Prostasie über das delische Heiligthum, und damit der Oberhoheit über die Kykladen. Denn nach der Besiegung Athen's hatten die Lakedaemonier den Deliern die Verwaltung des Tempels zurückgegeben (Homolle, *Bull. de Corr. Hell.* III, 1879, S. 12 ff., auch Dittenberger Sylloge 50); nach dem Antalkidasfrieden aber finden wir die attische Prostasie wiederhergestellt (CIA. II 814). Um 380 bildete die Herrschaft über die Kykladen einen der hauptsächlichsten Streitpunkte zwischen Athen und Sparta (Isokr. Panegyr. 136 *ἀλλὰ περὶ τῶν Κυκλάδων νήσων ἀμφισβητοῦμεν*). Ferner hat Konon den Athenern auch ihre alten Kleruchien Lemnos, Imbros und Skyros wiederverschafft. In dem

Frieden von 404 waren diese Inseln ebenso wie alle übrigen
auswärtigen Besitzungen Athen's an Sparta abgetreten worden
(Andok. v. Frieden 12); bereits im Jahre 392 finden wir sie
wieder im Besitz der Athener(Xen. Hell. IV 8, 15). Auf Kythera
hatte Konon den Athener Nikophemos als Harmosten eingesetzt (Hell. IV 8, 8). Und da wir bereits vor dem Zuge
des Thrasybulos Mytilene (Xen. Hell. IV 8, 28), Chios (Diod.
94) und Rhodos (Xen. Hell. IV 8, 20) mit Athen verbündet
finden, so werden auch diese Städte durch Konon gewonnen
worden sein. Ja selbst Ionien und Aeolis soll er für Athen haben
zurückgewinnen wollen (Nepos Conon 5). Wir sehen, der
Vorwurf war vollkommen begründet den die Spartaner Konon
bei Tiribazos machen, ὅτι ... τὸ ναυτικὸν ἀπὸ τῶν ἐκείνου
(βασιλέως) τρέφων, τάς τε νήσους καὶ τὰς ἐν τῇ ἠπείρῳ
παρὰ θάλατταν πόλεις Ἀθηναίοις εὐτρεπίζοι (Hell. V 8, 12).

Konon's Werk wurde von Thrasybulos fortgesetzt. Auf
seinem Zuge nach Thrakien und Kleinasien in den Jahren
389 und 388 wurden Byzanz (Hell. IV 8, 27), Kalchedon
(Hell. IV 8, 28), Methymna, Eresos, Antissa (Hell. IV 8, 29,
Diod. XIV 94) erobert. Der thrakische Chersonnes ist seitdem in athenischem Besitz (vergl. Diod. XIV 94); bei den
Kämpfen gegen die lakedaemonischen Harmosten in Abydos,
Anaxibios und Nikolochos, 388, bildet er die Operationsbasis
der Athener (Hell. IV 8, 34—39, V 1, 7). Um dieselbe Zeit
gehören den Athenern auch Halikarnassos (Lysias g. Ergokles
12. 17), Klazomenae (CIA. II 14 b), Tenedos (Hell. V 1, 7),
Samothrake und Thasos (Hell. V 1, 7). Auf diese Eroberung
von Thasos durch Thrasybulos, nicht auf die im Jahre 407/6
bezieht sich offenbar die Angabe bei Dem. g. Lept. 59, wie
aus dem ganzen Zusammenhang der Stelle hervorgeht, denn
unmittelbar darauf werden Archibios und Herakleides erwähnt,
die ihm Byzantion überlieferten, und es heisst von den
Thasiern, dass sie αἴτιοι τοῦ γενέσθαι σύμμαχον τὸν περὶ
Θράκης τόπον ὑμῖν ἐγένοντο, was nur auf das Jahr 390/89
bezogen einen Sinn hat, nicht aber auf 407/6 (s. auch Aristeides S. 301 Dindf. und das von Koehler, Mittheil. VII,
1882, S. 313—319 publicirte Inschriftsfragment).

So hatte denn das attische Reich ungefähr die Ausdehnung wieder erreicht, wie vor dem Schlage von Aegospotamoi.
Und auch die alten Formen der attischen Herrschaft wurden

soweit es anging wieder ins Leben gerufen. So hat Thrasy-
bulos die εἰκοστή wiederhergestellt, jenen Zoll von 5% des
Werthes der Ein- und Ausfuhr in den Bundesstädten, der
413 an Stelle der Tribute getreten war (s. das Decret für
Klazomenae aus 387/6, ÇIA. II 14 b, und vollständiger
Mittheil. des Deutsch. Arch. Inst. VII (1882), S. 174—192).
Ebenso wurde die δεκάτη im Bosporos jetzt wieder, wie vor
405, für athenische Rechnung erhoben (Xen. Hell. IV 8, 27. 31).
Die Ansprüche der attischen Bürger auf den verlornen Colonialbesitz wurden aufs Neue geltend gemacht. Es ist diese Forderung, an der zumeist die von Andokides im Winter 392/1
in Sparta geführten Friedensverhandlungen gescheitert sind
(Andok. v. Frieden 15); und erst nach Jahren, bei der Stif-
tung des sogenannten zweiten Seebundes unter dem Archon
Nausinikos, hat Athen es über sich gewonnen, auf diese Ansprüche, die damals doch nicht mehr realisirbar waren, definitiv zu verzichten. Auch in die inneren Angelegenheiten
der Bundesstädte wurde ganz in der früheren Weise einge-
griffen; in Byzantion z. B. die Demokratie hergestellt (Xen.
Hell. IV 8, 27, vergl. auch das Decret für Klazomenae);
athenische Besatzungen sicherten die wichtigsten Punkte (Xen.
a. a. O., auch in dem Decret für Klazomenae ist von einem
Archon und einer φρουρά die Rede). Dass endlich auch der
Gerichtszwang der Bündner, wenigstens zum Theil, wiederhergestellt worden ist, zeigt ein, leider verstümmelter Volksbeschluss über Naxos aus dem ersten Viertel des IV. Jahrhunderts (Ἀθηναῖον VII, 1878, S. 95), also ohne Zweifel aus
der Zeit des korinthischen Krieges, da der Antalkidasfrieden
allen Bundesstaaten Athen's die Autonomie gewährleistete.
Wir sehen, wie diese Bestimmung in erster Linie gegen
Athen gerichtet war (s. Swoboda, Mittheilungen des Deut-
schen Arch. Inst. VII, 1882, S. 174—192, und Koehler, eben-
daselbst S. 312—319).

7. Zur Chronologie des korinthischen Krieges.
(Zu Cap. VII.)

Die Chronologie des korinthischen Krieges steht in ihren
allgemeinen Umrissen sicher genug. Die Schlacht bei Knidos
ist durch ein astronomisches Datum, die kurze Zeit nach der
Schlacht eingetretene Sonnenfinsterniss am 14. August 394,

bestimmt, und der Zeitgenosse Lysias sagt uns, dass damals
Eubulides in Athen Archon war (v. Arist. Verm. 28). Die
Schlacht bei Koroneia fällt gleich nach der Sonnenfinsterniss
(Xen. Hell. IV 3, 10), also wenige Tage nach dem 14. August;
die am Nemeabach einige Wochen vor Knidos, und zwar noch
an das Ende der Amtszeit des Diophantos (Aristeid. II p. 370
Dind.). In dasselbe Archontenjahr, aber in seine erste Hälfte,
also in den Spätsommer 395, gehört auch die Schlacht bei
Haliartos (vergl. Plut. Lys. 29, und die Folge der Ereignisse
bei Xenophon).

Ebenso unzweifelhaft gehört der Frieden des Antalkidas
in das Jahr des Theodotos (387/6), wie von Aristeides (II
p. 286) ausdrücklich bezeugt wird. Aber nicht in den Anfang
dieses Jahres, wie früher auf Grund ganz ungenügender
Beweisstellen gewöhnlich angenommen wurde (s. Clinton zum
Jahre 387). Vielmehr hat das kürzlich aufgefundene Psephisma für Klazomenae unwiderleglich gezeigt, dass Athen
noch im Jahre 387/6 die volle Hoheit über diese Stadt in
Anspruch nahm; der Friede, durch den Klazomenae bekanntlich an Persien abgetreten wurde (Xen. Hell. V 1, 31), kann
demnach frühestens im Herbst 387, und wird wahrscheinlich
im folgenden Winter, oder selbst im Frühjahr 386 abgeschlossen sein (CIA. II 14 b, S. 397, Swoboda in den Mittheilungen des Arch. Inst. in Athen VII, 1882, S. 174—192
und Koehler ebenda S. 312—319).

Wenn nun Diodor (XIV 86) die Dauer des korinthischen
Krieges auf 8 Jahre angiebt, so sind hier die Archontenjahre
von Eubulides bis auf Theodotos einschliesslich gezählt; denn
die chronologische Quelle, der Diodor diese Angabe entnommen hat, betrachtet die Schlacht bei Knidos als Anfang
des Krieges, während sie die dieser vorausgehenden und
gleichzeitigen Kämpfe im europäischen Griechenland als be-
sonderen Krieg, den boeotischen, ansieht (Diod. XIV 81).

Haben wir soweit festen Boden unter den Füssen, so ist
dafür die Vertheilung der Ereignisse unter die einzelnen
Kriegsjahre zum Theil sehr unsicher, hauptsächlich deswegen,
weil es Xenophon gefallen hat, die Begebenheiten des Landkrieges von denen des Seekrieges getrennt zu erzählen. Für
die Chronologie des Landkrieges bildet den entscheidenden
Anhaltspunkt die Feier der isthmischen Spiele, die dem

Sieg des Iphikrates über die spartanische Mora fast unmittelbar vorausgeht, und die, wie Grote unwiderleglich dargethan hat, in das Frühjahr 390 gehört. Dann aber muss der erste Zug des Agesilaos gegen Argos und Korinth, auf dem er im Verein mit seinem Bruder Teleutias Lechaeon einnahm, in das Frühjahr 391 gesetzt werden. Die Jahreszeit ergiebt sich daraus, dass Agesilaos zu den Hyakinthien, also vor Mittsommer (Unger, Philol. 37, 13—16) wieder in Sparta war (Xen. Agesil. 2, 17); auch wurden solche Verheerungszüge gewöhnlich in den ersten Sommermonaten unternommen, solange die Ernte noch auf den Feldern stand. Den Zug noch weiter hinaufzurücken hindern uns, ausser der Erzählung Xenophon's von den vorhergehenden Ereignissen, die sich unmöglich in das eine Jahr 393 zusammendrängen lässt, auch die bestimmten Angaben der Friedensrede des Andokides. Diese Rede ist vor dem Zuge des Agesilaos gehalten, denn das Gebiet von Argos war noch durch die πατρία εἰρήνη geschützt, andererseits aber hatten die Boeotier schon vier Jahre, also die Sommer 395, 394, 393, 392 mit Sparta Krieg geführt, sodass die Friedensverhandlungen in den Winter 392 auf 391, der erste Einfall des Agesilaos in Argos in das folgende Frühjahr gehören müssen [1]). Für die Kämpfe um Korinth (Xen. Hell. IV 4, 1—19) bleiben dann die Jahre 393 und 392, ohne dass wir im Stande wären, die Zeit der einzelnen Ereignisse mit völliger Sicherheit zu bestimmen. Und ebenso ungewiss ist die Chronologie der letzten Jahre des Landkrieges nach 390. Der Feldzug des Agesilaos nach Akarnanien, von dem wir nur wissen, dass er im Spätsommer zu Ende ging (Xen. Hell. IV 6, 12) kann ebensowohl im Jahre 389, wie im Jahre 388 unternommen sein; der Einfall des Agesipolis nach Argos in die Jahre 388 oder 387 gehören.

Zu sichereren Resultaten können wir bezüglich der Chronologie des Seekrieges gelangen. Wir haben nämlich hier einen festen Anhaltspunkt an der Liste der spartanischen Nauarchen, die wir aus Xenophon von 393/2 ab für die ganze Kriegsdauer voll-

---

1) So Fuhr, *Animadversiones in oratores Atticos*, Bonn 1877, S. 7 ff., eine Dissertation, die ich nur aus der Anführung bei Blass IV 333 kenne. Weniger gut Götz (*De temp. Eccles.* S. 351, in Ritschl's Acta II), der die vier Jahre als attische Jahre auffasst, und so auf den Spätsommer oder Herbst 391 kommt.

ständig herstellen können. An anderem Orte habe ich nach-
gewiesen, dass das Amt ein jähriges[1]) war, und dass die
Nauarchen den Befehl in Sparta um Mittsommer antraten[2]).
Ich schicke zunächst das Verzeichniss selbst voraus.

393/2 Podanemos Hell. IV 8, 11 (Pollis, Herippidas).
392/1 Teleutias Hell. IV 4, 19; 8, 11.
391/0 Ekdikos Hell. IV 8, 20.
390/89 Teleutias Hell IV 8, 23.
389/8 Hierax Hell. V 1, 3.
388/7 Antalkidas Hell. V 1, 6, Diod. XIV 110.
387/6 Teleutias Hell. V 1, 13.

Ob das alte Gesetz, wonach Niemand in seinem Leben
die Nauarchie mehr als einmal bekleiden sollte, in dieser Zeit
auch formell aufgehoben worden ist oder nicht, thut sehr
wenig zur Sache. Jedenfalls hat Teleutias in drei verschiedenen
Jahren die peloponnesische Flotte befehligt; unter welchem
Namen ist für unseren Zweck gleichgültig. Worauf es ankommt ist, dass Teleutias im Jahre 392 den (stellvertretenden)
Nauarchen Herippidas, 390 den Nauarchen Ekdikos abgelöst
hat, und seinerseits wieder im folgenden Jahre durch den
Nauarchen Hierax abgelöst worden ist. Nauarchische Competenz hat er also ohne jeden Zweifel besessen, wenigstens
in diesen beiden Jahren; seine dritte Nauarchie soll weiter
unten besprochen werden.

Was nun die chronologische Fixirung der Nauarchenreihe betrifft, so ist ihr oberer Ausgangspunkt sicher genug.
Wie wir gesehen haben fällt die Einnahme von Lechaeon
durch Agesilaos und Teleutias in das Frühjahr 391, folglich
die erste Nauarchie des Teleutias in 392/1. Daraus ergiebt
sich, dass Podanemos für das Jahr 393/2 zum Nauarchen
gewählt war; da er im Laufe seines Amtsjahres fiel, trat
sein Epistoleus Pollis an seine Stelle, und nach dessen Ver-
wundung Herippidas, der dann seinerseits von Teleutias abgelöst wurde.

Das so gewonnene Resultat findet auf anderem Wege
seine volle Bestätigung. Konon und Pharnabazos nämlich

---

1) Rhein. Museum 34 (1879), S. 119 ff.
2) Philologus 43 (1884), S. 272 ff.

segeln im Frühjahr nach der Schlacht bei Knidos in die europäischen Gewässer, nehmen Kythera, zahlen dem Synedrion der
Verbündeten in Korinth Subsidien zur Ausrüstung einer Flotte,
und beginnen dann die Wiederherstellung der langen Mauern
Athen's. Dass alle diese Ereignisse noch in die letzten Monate
des Archon Eubulides fallen, also vor Mittsommer 393, zeigt
eine kürzlich in Athen gefundene Inschrift die sich auf den
kononischen Mauerbau bezieht (Koehler, Mittheilungen III
(1878) S. 50 f.). Mag indessen Konon auch etwa im Mai
nach Korinth gekommen sein, so musste doch nothwendig
noch einige Zeit vergehen, ehe die neugebildete Flotte
segelfertig war. Erst dann rüsten die Lakedaemonier das
Geschwader unter Podanemos, das also keinesfalls vor Mittsommer ausgelaufen sein kann, wahrscheinlich aber noch
später in See gegangen ist. Podanemos muss also auch nach
dieser Berechnung im Amtsjahr 393/2 die Nauarchie bekleidet
haben, und folglich Teleutias im Jahre darauf Nauarch gewesen sein.

Dass nun Ekdikos der unmittelbare Nachfolger des Teleutias gewesen ist, sagt Xenophon nicht; wohl aber dass auf
Ekdikos wieder Teleutias, auf diesen Hierax, dann Antalkidas
und endlich noch einmal Teleutias folgten. Wir sind also
gezwungen, die Chronologie dieser Nauarchenreihe zunächst
ohne Rücksicht auf die bisher gefundenen Ergebnisse zu bestimmen; nur soviel steht schon jetzt sicher, dass Ekdikos
frühestens 391/0 Nauarch gewesen sein kann, da ja im Jahre
vorher (392/1) Teleutias die Nauarchie bekleidete. Dann fällt
die Nauarchie des Antalkidas nicht früher als 388/7, andererseits aber auch nicht später als in das folgende Jahr, in dem,
wie wir oben sahen der Frieden geschlossen wurde; denn
Antalkidas hat während seiner Nauarchie die Verhandlungen
in Susa geführt (Hell. V 1, 6. 25).

Nun übernahm Antalkidas den Befehl in Aegina, schiffte
nach Ephesos, übergab dort die Flotte an Nikolochos und
Gorgopas, und trat seine Reise nach Susa an (Xen. Hell. V
1, 6). Eine solche Reise aber erforderte für den Hinweg
wie für den Rückweg mehrere Monate; die Verhandlungen
müssen sich gleichfalls durch längere Zeit hingezogen haben,
vor Ende des Winters also konnte Antalkidas in keinem Falle
zurück sein. Und jedenfalls konnten die Operationen zur

See nicht vor Beginn der guten Jahreszeit wieder aufgenommen werden. Bei diesen Operationen aber wurde Antalkidas durch eine syrakusische Flotte unterstützt, die unmöglich während des Winters von Sicilien herübergekommen
sein kann (vergl. Thuk. VI 21 ἐξ ἧς μηνῶν οὐδὲ τεσσάρων
τῶν χειμερινῶν ἄγγελον ῥᾴδιον ἐλθεῖν) und folglich frühestens
Ende Mai in den hellespontischen Gewässern eintreffen konnte.

Nun folgen die Operationen im Hellespont, die Sperrung
der pontischen Zufuhr, die Friedensverhandlungen in Sardes
und Sparta. Alle diese Ereignisse mussten jedenfalls mehr
Zeit in Anspruch nehmen, als die wenigen Wochen, die bis
zum Ablauf des attischen Jahres noch übrig blieben; und da
der Frieden unter dem Archon Theodotos geschlossen ist,
so fällt die Nauarchie des Antalkidas nothwendig in das
vorhergehende Jahr, das des Archon Pyrgion, 388/7.

Dazu kommt noch ein zweites. Aristophanes erwähnt
im Plutos den bevorstehenden Prozess des Pamphilos; der
Plutos aber ist bekanntlich an den Lenaeen oder Dionysien
unter dem Archon Antipatros, also im Winter 388 aufgeführt
worden. Kein Zweifel nun, dass dieser Pamphilos identisch ist
mit dem Strategen gleichen Namens, der mit einem Hoplitencorps zur Belagerung von Aegina ausgesandt, dort während
5 Monaten nicht das geringste ausgerichtet hatte, und
schliesslich in eine so gefährliche Lage gekommen war, dass
er mit Aufgebot einer grossen Flotte entsetzt werden musste
(s. oben S. 327). Die Expedition des Pamphilos fällt demnach
in den Sommer oder Herbst vor Aufführung des Plutos, also
389. Während aber Pamphilos auf Aegina war, hatte der
Nauarch Hierax das Commando der spartanischen Flotte übernommen (Hell. V 1, 3), folglich war sein Amtsjahr 389/8,
und da er der unmittelbare Vorgänger des Antalkidas war,
so bestimmt sich auch hiernach die Nauarchie dieses letzteren
auf das Jahr 388/7.

Eine weitere Stütze erhält dieser Ansatz durch einen
Synchronismus Diodor's (XIV 97), den einzigen zwischen den
Ereignissen des Land- und Seekrieges seit der Schlacht bei
Knidos, der überhaupt überliefert ist. Danach fällt die Aussen-
dung des Nauarchen Ekdikos — Diodor nennt ihn Eudokimos
— in dasselbe Jahr wie der Verheerungszug des Agesilaos nach
Argos; offenbar dasselbe natürliche Jahr, da Diodor dieses

Capitel seiner historischen Quelle entnommen hat. Da nun der Zug des Agesilaos, wie wir oben gesehen haben, mit völliger Sicherheit in das Frühjahr 391 zu setzen ist, so würde Ekdikos hiernach entweder für 392/1 oder für 391/0 Nauarch gewesen sein. Das erste dieser Jahre ist aber auszuschliessen, da damals Teleutias die Nauarchie bekleidete; auch würde dann die Nauarchie des Antalkidas in 389/8 fallen, was wegen vieler Gründe unmöglich ist. Ekdikos muss also auch nach dieser Angabe in 391/0 Nauarch gewesen sein.

Wenn also das Jahr 388/7 für die Nauarchie des Antalkidas vollkommen fest steht, der Frieden aber, wie eben so sicher steht, erst im folgenden Jahre, 387/6 geschlossen wurde, so muss auch der Nachfolger des Antalkidas im Flottencommando noch im korinthischen Kriege befehligt haben. In der That sagt Xenophon ausdrücklich, dass die Lakedaemonier längere Zeit nach Gorgopas' Tode den Teleutias als N a u a r c h e n nach Aegina gesandt hätten (Hell. V 1, 13). Gorgopas war von Hierax mit dem Commando auf Aegina betraut, und von Antalkidas darin bestätigt worden; Teleutias kann demnach vor dem Frühjahr oder Sommer 387 kaum nach Aegina gekommen sein. Unmittelbar nach seiner Ankunft führte er den glücklichen Ueberfall des Peiraceus aus, wobei auf der Höhe von Sunion eine Anzahl Getreideschiffe in seine Hände fielen (Hell. V 1, 23). Daraus ergiebt sich doch wohl, dass die Unternehmung des Teleutias nach der Ernte statt hatte, er also etwa um Mittsommer das Commando auf Aegina übernommen hat, d. h. zur Zeit des regelmässigen Amtsantritts der Nauarchen. Da ihn nun Xenophon ausdrücklich als Nauarchen bezeichnet, da ferner ein anderer Nauarch für das Jahr 387/6 nicht erwähnt wird, so spricht die höchste Wahrscheinlichkeit dafür, dass Teleutias in der That in diesem Jahre zum dritten Mal die Nauarchie bekleidet hat. War doch das alte Gesetz, wonach Niemand mehr 'als einmal in seinem Leben zur Nauarchie gelangen sollte, zu seinen Gunsten schon einmal durchbrochen worden, wenn es, was keineswegs sicher ist, damals überhaupt noch bestand. Dass aber Teleutias statt zur grossen Flotte im Hellespont nach Aegina geschickt wurde, erklärt sich sehr einfach aus der Nothwendigkeit Antalkidas auf jenem wichtigen Posten zu lassen.

Nachdem wir so an der Nauarchenliste eine gesicherte Grundlage für unsere Untersuchung gewonnen haben, bietet die chronologische Bestimmung der einzelnen Ereignisse des Seekrieges keine wesentliche Schwierigkeit mehr. Da Ekdikos in der zweiten Hälfte des Sommers oder im Herbst 391 nach Asien abging, so muss Thibron's Niederlage durch Struthas in die ersten Sommermonate dieses Jahres fallen. Denn der Harmost Diphridas, der zugleich mit Ekdikos ausgesandt wurde, erhielt den Auftrag τάς τε Θίβρωνα ὑποδεξαμένας πόλεις διασώζειν, καὶ στράτευμα τὸ περισωθὲν ἀναλαβόντα καὶ ἄλλο, εἴ ποθεν δύναιτο, συλλέξαντα πολεμεῖν πρὸς Στρούθαν (Hell. IV 8, 21). Dass Diodor (XIV 99) die Niederlage des Thibron in das Jahr nach der Absendung des Ekdikos und Diphridas setzt, kann natürlich gegenüber dem ausdrücklichen Zeugnisse Xenophon's nicht in Betracht kommen. Dann müssen die Friedensverhandlungen des Antalkidas und Konon mit Tiribazos ins Jahr 392 gesetzt werden. Tiribazos nämlich reiste nach dem Scheitern jener Verhandlungen zum König hinauf; nach seiner Ankunft am Hofe wurde Struthas als Satrap nach Kleinasien geschickt (καὶ βασιλεὺς μὲν, ὡς Τιρίβαζος ἄνω παρ᾽ αὐτῷ ἦν, Στρούθαν καταπέμπει Hell. IV 8, 17), und erst in Folge der feindlichen Haltung des neuen Satrapen sandten die Lakedaemonier Thibron nach Asien: οἱ δὲ Λακεδαιμόνιοι, ἐπεὶ ἑώρων τὸν Στρούθαν πρὸς ἑαυτοὺς μὲν πολεμικῶς ἔχοντα, πρὸς δὲ τοὺς Ἀθηναίους φιλικῶς, Θίβρωνα πέμπουσιν ἐπὶ πολέμῳ πρὸς αὐτὸν (Hell. l. c.). In die Zwischenzeit, d. h. in den Winter 392/1 fallen die Versuche durch direkte Verständigung zwischen den griechischen Staaten den Krieg zu beendigen (s. oben S. 123. 348), die an dem Widerstande der Argeier und der attischen Radikalen scheiterten. Für Konon's Thätigkeit zur Neuschöpfung der attischen Seemacht bleibt demnach das Jahr 393 und der Anfang von 392.

Mit gleicher Sicherheit lässt sich die Zeit der Expedition des Thrasybulos bestimmen. Teleutias hat, wie wir sahen, seine zweite Nauarchie um Mittsommer 390 angetreten; kurze Zeit nachdem er seinen Vorgänger Ekdikos abgelöst hatte, gelang ihm die Vernichtung des attischen Geschwaders unter Philokrates (Hell. IV 8, 24). Das geschah also noch im Sommer 390, wenn auch vielleicht schon gegen Ende der

guten Jahreszeit. In Folge dieser Niederlage rüsteten die
Athener die grosse Flotte unter Thrasybulos aus, die demnach
frühestens im Herbst 390, wahrscheinlich erst im Frühjahr
389 in See gegangen ist. Die Operationen dieser Flotte an
der thrakischen Küste, im Hellespont, auf Lesbos, in Karien
(vergl. Lys. g. Ergokl. 12. 17), müssen nothwendig eine längere
Zeit in Anspruch genommen haben, wie denn auch Diodor
(XIV 94, 99) sie auf zwei Jahre vertheilt (392/1 und 390 89).
Auch ist eine Nicht-Wiederwahl Thrasybulos' unter dem unmittelbaren Eindrucke seiner glänzenden Erfolge am Hellespont ganz undenkbar. In keinem Falle ist es also zu-
lässig, die Wahl des Agyrrhios zum Strategen an Thrasybulos'
Stelle schon an die Archaeresien von 389 zu setzen, vielmehr
kann diese Wahl erst im folgenden Frühling, 388 erfolgt sein.
Aus Lysias' Rede gegen Ergokles geht nämlich hervor, dass
Thrasybulos und seine Mitfeldherrn keineswegs abgesetzt
worden sind, sondern nur nicht wiedergewählt, und mit Ablauf ihres Amtsjahrs zur Rechenschaftsablage nach Athen
berufen wurden: ἄλλως τε καὶ ἐπειδὴ τάχιστα ὑμεῖς ἐψηφίσασθε τὰ χρήματα ἀπογράψαι τὰ ἐκ τῶν πόλεων εἰλημμένα
καὶ τοὺς ἄρχοντας τοὺς μετ᾽ ἐκείνου καταπλεῖν εὐθύνας
δώσοντας (Lys. 28, 5). Hätte es sich um eine Absetzung im
eigentlichen Sinne des Wortes gehandelt, so hätte der Ankläger sich viel stärker ausdrücken müssen, vor allen Dingen
aber hätte in diesem Falle Thrasybulos, ohne sich offener
Empörung schuldig zu machen, die Expedition gegen Aspendos
nicht mehr unternehmen können, bei der er den Tod fand.
Lysias wirft Ergokles vor, Thrasybulos zur Empörung gerathen zu haben; wie viel wirksamer musste der Vorwurf
sein, wenn Thrasybulos dem Rathe gefolgt wäre! Davon aber
sagt Lysias kein Wort; also haben Thrasybulos und seine
Mitfeldherrn keine Ungesetzlichkeit begangen dadurch, dass
sie auch nach jenem Volksbeschlusse den Befehl weiterführten,
mit andern Worten jener Volksbeschluss kann ihre Absetzung
nicht ausgesprochen haben.

Eine Bestätigung findet der eben begründete chronologische Ansatz darin, dass in Aristophanes' im Winter 389 8
aufgeführtem Plutos nicht die geringste Anspielung auf diese
Ereignisse vorkommt, die doch das öffentliche Leben Athen's
in seinen Grundfesten aufrührten (vergl. Platon fr. 185 Kock

und Lysias g. Erg.). Und die Art wie der Dichter von Thrasybulos spricht (v. 549/50):

$$Ο\mathit{ὐκοῦν δήπου τῆς πτωχείας πενίαν φαμὲν εἶναι ἀδελφήν;}$$
$$\mathit{Ἡμεῖς γ᾽, οἵπερ καὶ Θρασυβούλῳ Διονύσιον εἶναι ὅμοιον}$$

zeigt aufs Deutlichste, dass dieser damals noch unter den Lebenden weilte, aber freilich schon von vielen Seiten her jene Anklagen laut wurden, die uns Lysias in der Rede gegen Ergokles so lebendig geschildert hat.

Was die Einzelnheiten des Zuges angeht, so muss Thrasybulos den Winter von 389/8 auf Lesbos zugebracht haben, wie daraus hervorgeht, dass Diodor den Faden seiner Erzählung hier abbricht, um erst nach zwei Jahren auf Thrasybulos zurückzukommen; es muss also in seiner Quelle hier ein neuer Abschnitt begonnen haben. Auf den Winter führt uns auch der Sturm, der während des Aufenthaltes in Lesbos die Hälfte der Flotte vernichtete; ein Unfall, der wie wir aus Lysias wissen, eine der hauptsächlichsten Ursachen zu Thrasybulos' Sturze geworden ist. Den Sommer 389, und vielleicht den Herbst und Winter vorher füllen dann die Unternehmungen in Thrakien aus; die Fahrt nach Rhodos und Aspendos gehört in die ersten Sommermonate 388.

In Folge der Fortschritte Thrasybulos' am Hellespont sandten die Lakedaemonier Anaxibios als Harmost nach Abydos. Dass Xenophon dieses Ereigniss erst nach dem Tode Thrasybulos' berichtet, hat chronologisch nicht viel zu bedeuten, da er bei seiner gedrängten Darstellung des Seekrieges die Erzählung der Operationen Thrasybulos' nicht gut unterbrechen konnte. Jedenfalls aber kann Anaxibios erst nach der Abfahrt der attischen Flotte in die hellespontischen Gewässer gelangt sein, also im Herbst 389 oder im Frühjahr 388. Seine Niederlage durch Iphikrates gehört in denselben Sommer, da Nikolochos, der Epistoleus des Antalkidas, spätestens im Herbst dieses Jahres den Befehl in Abydos übernommen hat (Hell. V 1, 6). Während des folgenden Winters wurde dann Abydos durch Iphikrates und Diotimos blokirt gehalten, bis Antalkidas im Frühjahr zum Entsatze kam (Hell. V 1, 7).

Die gleichzeitigen Kämpfe um Aegina gruppiren sich so. Noch während der Nauarchie des Teleutias, d. h. um Mitt-

sommer 389 war Pamphilos mit einem attischen Hoplitencorps nach der Insel hinübergegangen (Hell. V 1, 2). Inzwischen kam der neue Nauarch Hierax auf Aegina an, der
seinen Epistoleus Gorgopas dort zurückliess, und selbst nach
Rhodos unter Segel ging (Hell. V 1, 3. 5). Gorgopas brachte
Pamphilos bald in eine solche Lage, dass er die Insel zu
räumen gezwungen war, im 5. Monate nachdem die Expedition begonnen hatte. Sein Aufenthalt auf Aegina wird also etwa
vom Juni bis October 389 gedauert haben; im Winter folgte
dann der Prozess (Aristoph. Plut. 174). Im nächsten Frühjahr oder Sommer rüsten die Athener ein neues Geschwader
unter Eunomos gegen Gorgopas aus (Hell. V 1, 5). Darauf
kommt der neue Nauarch Antalkidas nach Aegina, Mitte
Sommer 388 oder etwas später, nimmt Gorgopas' Geschwader
mit sich nach Ephesos, und schickt ihn von dort wieder nach
Aegina zurück (Hell. V 1, 6). Auf dieser Fahrt besiegt Gorgopas
das Geschwader des Eunomos (Hell. V 1, 7), also im Herbst
388. Darauf — μετὰ δὲ ταῦτα — schicken die Athener
10 Trieren und 800 Peltasten unter Chabrias nach Kypros,
die in Verbindung mit einem Hoplitencorps unter Demaenetos
auf Aegina landen; Gorgopas geräth in einen Hinterhalt und
fällt (Hell. V 1, 10—12). Da Demaenetos im Sommer 387
vor Abydos befehligt (Hell. V 1, 26), so kann dieser Kampf
auf Aegina nicht später als das Frühjahr dieses Jahres gesetzt werden; und die Annahme liegt sehr nahe, dass, wie
Chabrias nach Kypros, so Demaenetos von Aegina direkt
nach dem Hellespont gesegelt ist. Aber es ist allerdings
ebenso leicht möglich, dass die Expedition des Chabrias noch
in den Herbst 388 fällt, grade wie Philokrates im Herbst
390 nach Kypros abgegangen war. Wenn Lysias (v. Arist.
Verm. 29) 4—5 Jahre auf die Zeit von der Schlacht bei
Knidos bis zum Zuge des Chabrias rechnet, so hilft uns
diese Angabe sehr wenig, denn Chabrias' Zug gehört in jedem
Falle ins Jahr des Archon Pyrgion, der von Eubulides an gerechnet der siebente ist, und Lysias hatte als Advokat ein
Interesse daran, die Zeit, in der sein Client Aristophanes Vermögen gesammelt haben konnte, als möglichst kurz darzu-
stellen. Uebrigens ist es auch gar nicht sicher, ob sich
Lysias' Angabe nicht auf die Expedition des Philokrates bezieht.
Ueber Teleutias' Unternehmungen ist schon gesprochen worden.

Es wird zum Schluss nicht überflüssig sein, die Frage nach der Zeit der Aufführung der Ekklesiazusen des Aristophanes, deren Didaskalie bekanntlich verloren ist, noch kurz zu besprechen. In den Scholien (zu v. 193) findet sich die aus Philochoros geschöpfte Angabe, das Bündniss zwischen Boeotien und Athen (denn das Λακεδαιμονίων der Handschriften ist offenbar für Ἀθηναίων verschrieben) sei 2 Jahre vor der Aufführung des Stückes geschlossen worden; die Aufführung fiele demnach in den Winter 393/2 unter den Archon Demostratos. Dieser Ansatz hat seit Petitus allgemeine Geltung gehabt, und noch Droysen hält in der neuesten Auflage seiner Aristophanes-Uebersetzung (II S. 327), daran fest. Aber schon 9 Jahre früher hatte Goetz (*Acta Societ. Lips. Philol.* II 335) den meines Erachtens unwiderleglichen Beweis geführt, dass die historischen Anspielungen in dem Stücke dieser Annahme durchaus widersprechen. So namentlich der deutliche Hinweis auf die von Andokides im Winter 392/1 geführten Friedensunterhandlungen (v. 202. 356); ferner der Widerstand der Wohlhabenden gegen die Ausrüstung der Flotte, von dem v. 197/8 die Rede ist, während in den Jahren 393 und 392 die athenische Flotte aus den persischen Subsidiengeldern unterhalten wurde, endlich v. 195/6, wenn diese Stelle wirklich, wie die Scholien wollen, sich auf Konon bezieht. In diesem Falle müsste allerdings das συμμαχικόν, auf das Aristophanes anspielt, der im Frühjahr 393 geschlossene Vertrag mit Persien sei, nicht das Bündniss mit Boeotien von 395, wie auf Grund einer anderen Angabe der Scholien allgemein angenommen wird, und ich meine, dass diese Erklärung sich auch aus anderen Gründen sehr empfiehlt. Damit werden wir auf die Lenaeen oder Dionysien 390 geführt; und da keine Andeutung auf den Zug des Thrasybulos hinweist, vielmehr über die Ausrüstung der Flotte erst eben berathen wird (v. 197), die Friedensverhandlungen als etwas jüngst vergangenes erwähnt werden, von Iphikrates' Sieg bei Korinth keine Rede ist, werden wir auch kaum unter dieses Jahr herabgehen dürfen. In der Zeitangabe aus Philochoros wird also wie so oft δ' mit δύο verwechselt sein, sodass statt πρὸ δύο ἐτῶν: πρὸ τεττάρων ἐτῶν zu lesen wäre. Völlig entscheidend sind diese Gründe allerdings nicht; es könnte sehr wohl sein, dass das Stück schon in das Jahr vorher, 392/1 gehört, oder dass wir mit Goetz die Aufführung erst in den Winter 390/89 setzen müssten. Für letzteres spricht der Umstand, dass in diesem Jahre ebenso wie 393/2 ein Demostratos Archon war, den der Scholiast bei seinem Citat aus Philochoros mit den spätern Archon gleichen Namens verwechselt haben könnte. Nur das Jahr 393/2 bleibt unbedingt ausgeschlossen.

Chronologische Uebersicht.

395   Archon Phormion.

Schlacht am Paktolos.
Tissaphernes durch Tithraustes ersetzt.
Sendung des Timagoras nach Griechenland.

Archon Diophantos.

Krieg zwischen Theben und Phokis.
Bruch zwischen Theben und Sparta.
Bündniss zwischen Theben und Athen.
Schlacht bei Haliartos.
394 Agesilaos aus Asien zurückgerufen.
Schlacht bei Korinth (Juli).

Archon Eubulides.

Schlacht bei Knidos (Anf. August).
Schlacht bei Koroneia (Mitte August).
393 Konon in Athen.

Archon Demostratos, Nauarch Podanemos.

Gründung der korinthischen Flotte.
392 Revolution in Korinth und Schlacht bei Lechaeon.

Archon Philokles, Nauarch Teleutias.

Einfälle des Iphikrates in Arkadien.
Friedensverhandlungen in Sardes und Sparta.
391 Einfall des Agesilaos in Argos.
Eroberung von Lechaeon.
Struthas und Thibron in Kleinasien.

Archon Nikoteles, Nauarch Ekdikos.

Thibron's Niederlage und Tod.
Ekdikos und Diphridas in Kleinasien.

390 Agesilaos auf dem Isthmos. Feier der isthmischen Spiele.
Vernichtung der Mora durch Iphikrates.

Archon Demostratos, Nauarch Teleutias.
Weitere Erfolge des Iphikrates.
Teleutias bei Rhodos.
Vernichtung des Geschwaders des Philokrates.
389 Thrasybulos' Expedition nach Thrakien.
Iphikrates' Versuch auf Korinth.

Archon Antipatros, Nauarch Hierax.
Pamphilos auf Aegina.
Agesilaos in Akarnanien.
Thrasybulos auf Lesbos.
388 Agyrrhios' Wahl zum Strategen (Frühjahr).
Anaxibios am Hellespont.
Thrasybulos' Tod bei Aspendos (Mittsommer).
Eunomos gegen Gorgopas bei Aegina.
Anaxibios von Iphikrates geschlagen.

Archon Pyrgion, Nauarch Antalkidas.
Agyrrhios an der Spitze der attischen Flotte.
Antalkidas' Reise zum König.
Gorgopas' Sieg über Eunomos.
Chabrias und Demaenetos siegen über Gorgopas.
387 Nikolochos in Abydos belagert.
Chabrias auf Kypros.
Agesipolis' Einfall in Argolis.
Fall von Rhegion.

Archon Theodotos, Nauarch Teleutias.
Antalkidas entsetzt Abydos.
Teleutias auf Aegina.
386 Friede des Antalkidas.

8. Timotheos' Amtsentsetzung.
(Zu Cap. VIII.)

Den besten Bericht über die Ereignisse der Jahre 374 und 373 verdanken wir Diodor. Danach schickten die Lakedaemonier gleich nach dem Frieden und der Intervention des Timotheos auf Zakynthos ein Geschwader von 25 Trieren unter Aristokrates dorthin; bald darauf, wie es scheint noch im selben Herbst, gehen 23 lakedaemonische Schiffe unter Alkidas nach Korkyra (Diod. XV 45. 46). In Folge dessen sehen sich die Athener veranlasst, sofort ein Corps unter Stesikles — Diodor nennt ihn Ktesikles — nach Zakynthos zu schicken, während für Korkyra eine grosse Hülfsflotte unter Timotheos ausgerüstet wird (Diod. l. c.). Auch Xenophon berichtet die Absendung des Stesikles vor dem Volksbeschluss über die Ausrüstung der 60 Trieren unter Timotheos (Hell. VI 2, 10). Dass Timotheos' Abfahrt in den Munychion 373 fällt, wissen wir aus der pseudo-demosthenischen Rede gegen ihn (R..g. Timoth. 6, S. 1186). Zu dieser Zeit war Alkidas' Flotte wieder nach dem Peloponnes zurückgekehrt, Korkyra also nicht unmittelbar bedroht, sodass Timotheos glaubte, mit seinem Hülfszug sich Zeit nehmen zu dürfen. Unterdessen rüsteten die Lakedaemonier ihre grosse Flotte von 60 Schiffen aus, die aber erst nach Mittsommer 373 segelfertig wurde, denn sie stand unter dem Befehl des Mnasippos, der für 373/2 Nauarch gewesen ist. Jetzt wiederholten die Korkyraeer dringender ihre Bitte um Hülfe, aber Timotheos war nicht mehr in der Lage, sie leisten zu können. Dass übrigens Timotheos lange vor diesem Zeitpunkte in See gegangen war, sagt Diodor ausdrücklich: (XV 47) Ἀθηναῖοι δὲ πάλαι μὲν ἀπεστάλκεσαν Τιμόθεον τὸν Κόνωνος ἐπὶ βοήθειαν τοῖς Κερκυραίοις μετὰ νεῶν ἑξήκοντα. οὗτος δὲ πρὸ τῆς συμμαχίας ταύτης πλεύσας ἐπὶ Θρᾴκης κτλ. Nun folgt der Prozess des Timotheos im Maemakterion (R. g. Timoth. 22, S. 1190). Auch Xenophon bezeugt, dass der Herbst über diesen Ereignissen herangekommen war (Hell. VI 2, 13) οἱ δ' Ἀθηναῖοι νομίζοντες αὐτὸν ἀναλοῦν τὸν τῆς ὥρας εἰς τὸν περίπλουν χρόνον, συγγνώμην οὐκ ἔσχον αὐτῷ, ἀλλὰ παύσαντες αὐτὸν τῆς στρατηγίας Ἰφικράτην ἀνθαιροῦνται. Vor dem Frühjahre war jetzt der Entsatz Korkyra's zur Unmöglichkeit geworden; nur Stesikles, der schon in den westlichen Gewässern sich befand, erhielt den Befehl, der belagerten Stadt zu Hülfe zu kommen. Er wird von Zakynthos nach dem Athen verbündeten Akarnanien übergeschifft, und von dort nach Epeiros marschirt sein, von wo er mit Alketas' Hülfe nach Korkyra übersetzte (Hell. VI 2, 11, Diod. XV 38). Die Belagerung Korkyra's durch Mnasippos fällt demnach in

den Herbst 373 und den folgenden Winter (vergl. Xen. Hell.
VI 2, 7 πρὸς δὲ τούτοις καὶ ἐπὶ τῷ λιμένι, ὁπότε μὴ χειμὼν
κωλύοι, ἐφώρμουν). Sobald die Schifffahrt wieder frei war,
umsegelte dann Iphikrates den Peloponnes, im Beginn des
Frühjahrs 372; kurz vor seiner Ankunft brachen die Lakedaemonier die Belagerung ab (Hell. VI 2, 24). Korkyra ist
also wenigstens 6 Monate eingeschlossen gewesen; und darauf führt auch die furchtbare Hungersnoth, die zuletzt in der
Stadt wüthete (Hell. VI 2, 15). — So hat im Wesentlichen
schon Rehdantz (Iphikr. S. 86) diese Ereignisse angeordnet,
von dem Grote (IX chap. 77, p. 363 ff.) und unter dessen
Einfluss zum Theil auch Schaefer (Demosth. I S. 51 ff.) nicht
hätten abweichen sollen. Schaefer hat übrigens gegen Grote
sehr gut bewiesen, dass Iphikrates' und Kallistratos' Abfahrt
keinesfalls vor Timotheos' Prozess fallen kann.

Diodor (XV 47) lässt Timotheos an Iphikrates' Seite die
Expedition nach Korkyra befehligen, er muss folgerichtiger
Weise Timotheos nach seiner Amtsentsetzung wieder in seine
Strategie einsetzen lassen. Ein solcher Irrthum war um so
leichter, als ja Timotheos in seinem Prozess in der That freigesprochen worden ist. Wir dürfen also in keinem Falle,
wie Schaefer gethan hat, die beiden Berichte bei Diodor und
Xenophon contaminiren, und eine zweimalige Amtsentsetzung
des Timotheos innerhalb weniger Monate annehmen.

9. Zur Chronologie des Bundesgenossenkrieges.
(Zu Cap. X.)

Die Urkunde des Bündnisses mit den euboeischen Städten
(CIA. II 64) giebt den Beweis, dass der siegreiche Feldzug der
Athener unter Diokles in den Sommer 357 gehört und zwar
keinesfalls lange vor Mittsommer, also aus Ende des Jahres
des Kephisodotos (358 7), oder wahrscheinlicher an den Anfang
des Jahres des Agathokles (Foucart, Revue Archéol. XXXV,
1878, S. 227). Denn die ganze Unternehmung nahm nur
30 Tage in Anspruch, und es liegt in der Natur der Sache,
dass der Bundesvertrag gleich nach dem Siege abgeschlossen
wurde. Wenn Diodor den euboeischen Feldzug unter Kephisodotos erzählt, so ist das natürlich ganz ohne Bedeutung; um
so wichtiger ist es, dass er denselben in Verbindung mit
Ereignissen berichtet, die sicher im Jahre 357/6 stattgefunden

haben. Also auch Diodor's Zeugniss spricht eher für das Jahr 357/6, als für das vorhergehende.

Nach der Heimkehr des attischen Heeres aus Euboea kam das Hülfsgesuch von Amphipolis, dem keine Folge gegeben wurde; statt dessen geht Chares mit einem Söldnerheere nach dem Chersonnes, der durch ihn für Athen gewonnen wird. Inzwischen hatte Philippos Amphipolis eingenommen, und eine Besatzung in die Stadt gelegt; der Bruch zwischen Makedonien und Athen wird damit unvermeidlich, und Chares erhält den Befehl, gegen Amphipolis vorzugehen.

Jetzt erst erfolgt der Abfall der Bundesgenossen (Schaefer Demosth. I S. 145). Mögen wir nun auch annehmen, dass Chares schon vor den Etesien nach Thrakien abgegangen ist, mögen wir überhaupt die Ereignisse zusammendrängen so sehr wir wollen, das Ende des Sommers musste jedenfalls ziemlich herangekommen sein, ehe der Aufstand zum Ausbruch kam. Damit ist aber ausgesprochen, dass der Angriff des Chabrias und Chares auf Chios nicht vor dem Frühjahr 356 erfolgt sein kann. Denn die Ausrüstung der grossen attischen Flotte von 60 Schiffen musste nothwendig längere Zeit in Anspruch nehmen, etwa $1\frac{1}{2}$—2 Monate, und darüber war dann die zu Operationen geeignete Zeit vorbei. Andererseits dürfen wir den Angriff auf Chios nicht unter das Frühjahr 356 herabrücken, da der Krieg spätestens im April dieses Jahres zum Ausbruch kam (CIA. II 62).

Jedenfalls aber gehört die Strategie des Menestheus, Iphikrates und Timotheos erst in das folgende attische Jahr 356/5, Archon Elpines. Wir kennen 7 von den Strategen für 357/6; unsere drei Feldherrn sind nicht darunter. Der achte, dessen Namen weggebrochen ist, stammte aus Rhamnus, war also wahrscheinlich Iphikrates oder Menestheus (s. oben S. 288); es wäre doch sehr auffallend, wenn die letzten beiden Strategen, deren Namen nicht erhalten sind, gerade Timotheos und Iphikrates, beziehungsweise Menestheus gewesen wären. Auch ist es so gut wie gewiss, dass Timotheos 357/6 nicht Stratege gewesen ist; denn die Expedition nach Euboea ist hauptsächlich auf seinen Betrieb unternommen worden, befehligt aber hat sie nicht er, sondern Diokles (vergl. Nepos Timoth. 3, 1 *hic cum esset magno natu, et magistratus gerere di sissel*). Endlich hat Koehler aus der Seeurkunde CIA. II 794 den direkten Beweis geliefert, dass Iphikrates, Menestheus, Timotheos erst im Jahre 356 5 Strategen gewesen sind (Mittheil. VI, 1881, S. 30 ff.).

Ob nun die neugewählten Strategen sogleich nach ihrem Amtsantritt ausgelaufen sind, ist allerdings eine andere Frage. Wir hören, dass die Bundesgenossen nach dem Siege über Chares eine grosse Flotte ausrüsten, Imbros und Lemnos verheeren, und Samos belagern; was Alles doch mindestens einige Monate Zeit erforderte. Menestheus und seine Collegen werden also erst im Spätsommer 356 in See gegangen sein, und auf diese Jahreszeit führt auch der Sturm, der sie zwang, die Seeschlacht bei Embata abzubrechen. Wer freilich erst an das nächste Frühjahr denken wollte, dem liesse sich kaum etwas entscheidendes erwiedern.

Jene Seeschlacht wurde bekanntlich Veranlassung zu der Absetzung und dem Prozess der drei Feldherrn. Ueber die Zeit dieses Ereignisses haben wir bei Dionysios eine doppelte Angabe: im Deinarch (S. 667) giebt er das Jahr des Diotimos (354·3), im Lysias (S. 480) nur im Allgemeinen den Bundesgenossenkrieg, die Jahre des Agathokles und Elpines: ἐν γὰρ τῷ συμμαχικῷ πολέμῳ τὴν εἰσαγγελίαν Ἰφικράτης ἠγώνισται καὶ τὰς εὐθύνας ὑπέσχηκε τῆς στρατηγίας ὡς ἐξ αὐτοῦ γίγνεται τοῦ λόγου καταφανές· οὗτος δὲ ὁ πόλεμος πίπτει κατὰ Ἀγαθοκλέα καὶ Ἐλπίνην ἄρχοντας. Dionysios hat also offenbar in seinen Quellen gar keine Angabe über die Zeit des Prozesses vorgefunden; und so wird auch der Ansatz auf 354 3 nur durch Conjectur gewonnen sein.

Bei der Stimmung, die Chares' Bericht über den Verlauf der Seeschlacht in Athen hervorrief, ist es in der That kaum verständlich, wie zwischen der Niederlegung des Commandos durch die drei Feldherrn und ihrem Prozess zwei Jahre verflossen sein sollten. Und andererseits hätte es bei dem politischen Umschwung, der 354/3 in Athen sich vollzog, damals zu einer Verurtheilung des Timotheos überhaupt kaum mehr kommen können. Dem entsprechend berichtet Diodor (XVI 21) den Prozess unmittelbar nach der abgebrochenen Seeschlacht, und vor Chares' Operationen in Asien. Entscheidend aber ist es, dass nach Dionysios' ausdrücklichem Zeugniss es aus der Vertheidigungsrede des Iphikrates hervorging, dass sie noch während des Socialkrieges gehalten war. Aus einem oder dem anderen Fragmente können auch wir das noch erkennen; so namentlich aus den Worten: οἷα ποιεῖς, ὦ ἄνθρωπε, πολέμου περιεστῶτος τὴν πόλιν περὶ ἐμοῦ πείθων βουλεύεσθαι καὶ μὴ μετ' ἐμοῦ: Wie Schaefer das mit „drohender Kriegsgefahr" interpretiren kann (Demosth. I S. 155), verstehe ich nicht. — Dass Chares während des Prozesses in Athen war, folgt aus Polyaen. III 9, 29 keineswegs; aus Diodor ergiebt sich sogar ausdrücklich das Gegentheil.

Man wende hier nicht ein, dass in. der Rede gegen Leptines Anspielungen auf den bevorstehenden Feldherrnprozess vorkämen (Westermann Z. f. A.-W. 1844 S. 770, Schaefer Demosth. I S. 375 f.). Denn diese angeblichen Anspielungen existiren nur für den, der vergisst, welch' politisch untergeordnete Stellung der junge Advokat Demosthenes im Jahre 355 noch einnahm. Hätte wirklich, als Demosthenes die Leptinea schrieb, der Feldherrnprozess in wenigen Monaten bevorgestanden, so würde der Redner sich wohl gehütet haben, in so demonstrativer Weise den Vater des Timotheos zu preisen (§ 68—74), oder gar von Timotheos selbst oder Iphikrates verliehenen Ehren zu reden (§ 84—5); wäre das doch der sicherste Weg gewesen, die Sache seines Clienten Ktesippos zu ruiniren. Grade diese Erwähnung des Timotheos und Iphikrates beweist vielmehr, dass der Prozess schon eine Zeit lang vorüber war, und in der Bürgerschaft sich jener Umschwung geltend zu machen anfing, der später Timotheos' Sohn Konon zu Gute kommen sollte.

Es kann demnach nicht der geringste Zweifel sein, dass der Prozess der Feldherrn statt fand, gleich nachdem sie ihr Amt niedergelegt hatten. Ob das in Folge einer förmlichen Absetzung geschah, wie Diodor angiebt, oder weil die Feldherrn für das Jahr 355/4 nicht wiedergewählt wurden, muss unentschieden bleiben; im ersteren Falle könnte der Prozess schon im Winter 356/5 verhandelt worden sein, im letzteren erst in der zweiten Hälfte des Sommers 355.

Wie dem auch sein mag, soviel ist jedenfalls sicher, dass Chares den Befehl über die gesammte Flotte nicht vor dem Spätsommer 356 übernommen haben kann. Das Bündniss mit Artabazos ist also frühestens im folgenden Winter geschlossen, und die Kämpfe gegen die Satrapen in Asien fallen in den Sommer 355, denn an einen Winterfeldzug zu denken, berechtigt uns nichts. Diese Kämpfe müssen längere Zeit in Anspruch genommen haben, wenn die Athener wegen der von Chares errungenen Erfolge zweimal εὐαγγέλια opfern konnten (Isokr. Areop. 10) und Chares neben seinen Operationen im Felde Musse fand, Sigeion und Lampsakos für sich selbst zu erobern. Wenn wir ferner hören (Diod. XVI 22, Isokr. Areop. 81), dass der König auf die Nachricht von der Niederlage seiner Satrapen eine Gesandtschaft mit Kriegsdrohungen nach Athen schickte, was den Abschluss des Friedens mit den Bundesgenossen zur Folge hatte, so musste bei der Entfernung von Susa bis Athen über alledem der Sommer hingehen, und der Bundesgenossenkrieg kann nicht vor dem Winter 355·4 (Archon Kallistratos) beendet sein.

Während der Zeit, wo Chares in Asien gegen die Satrapen im Felde stand, ist bekanntlich der Areopagitikos des Isokrates herausgegeben, während der Symmachikos desselben Verfassers etwas früher veröffentlicht ist, ehe noch Athen mit dem Grosskönig gebrochen hatte. Andererseits dürfen wir den Symmachikos nicht mit Oncken (Isokrates und Athen S. 111 f.) an den Anfang des Krieges setzen, denn der Krieg hatte lange genug gewährt, um die Finanzen des Staates, wie den Wohlstand der Privaten zu Grunde zu richten; und Isokrates würde nicht in der Weise wie er es thut die Regierung angegriffen haben, hätte noch sein Freund Timotheos an der Spitze der Flotte gestanden. Vielmehr muss die Veröffentlichung des Symmachikos unmittelbar nach dem Feldherrnprozess fallen, also etwa in das Frühjahr oder den Sommer 355. Auch das ist ein Grund, die Zeit für Chares' asiatischen Feldzug nicht zu kurz anzusetzen.

Wenn nun aber der Frieden mit den Bundesgenossen nicht vor dem Winter 355/4 geschlossen sein kann, so folgt daraus natürlich noch keineswegs, dass der Krieg nicht eine längere Dauer gehabt hat. Diodor (XVI 7. 22) giebt dem Kriege 3 Jahre, in einer Stelle, die er seiner chronologischen Quelle entnommen hat, das sind die Jahre des Kephisodotos, Agathokles, Elpines, oder vielmehr, da die ganze Erzählung des Krieges durch eine Nachlässigkeit Diodor's um ein Jahr zu hoch hinaufgeschoben ist, die Jahre des Agathokles, Elpines,

Kallistratos, wenn nach natürlichen Jahren gerechnet ist, 356, 355, 354. Der Friede muss also gegen das Ende des Jahres des Kallistratos, oder gar im Jahre des Diotimos (354 3) geschlossen sein.

In das Jahr des Diotimos setzt nun Dionysios wie bekannt die Rede des Demosthenes περὶ τῶν βασιλικῶν, wie wir sie gewöhnlich bezeichnen, von den Symmorien. Dass er dieses Datum nicht bei Philochoros, oder was sonst hier seine chronologische Quelle gewesen ist, überliefert gefunden hat, bedarf keines Beweises. Der Ansatz muss also darauf beruhen, dass Dionysios unter Diotimos Ereignisse berichtet fand, auf welche die Rede Bezug nimmt. Das kann aber nur die Verwicklung mit dem Könige sein; etwa das Psephisma, wodurch alle Hellenen zum Nationalkrieg gegen Persien aufgefordert wurden (Philipp's Brief 6 πρὸ μὲν γὰρ τοῦ λαβεῖν αὐτὸν [βασιλέα] Αἴγυπτον καὶ Φοινίκην ἐψηφίσασθε, ἂν ἐκεῖνός τι νεωτερίζῃ, παρακαλεῖν ὁμοίως ἐμὲ καὶ τοὺς ἄλλους Ἕλληνας. Dem. v. d. Synm. 1. 8. 35. 41). Vielleicht auch die Gesandtschaft des Grosskönigs nach Athen.

Gewöhnlich allerdings wird angenommen, dass der Bundesgenossenkrieg schon zu Ende war, als Demosthenes seine Symmorienrede hielt. Der Grund dafür ist doch kein anderer, als dass Diodor den Frieden mit den Bundesgenossen in das Jahr des Kallistratos setzt (XVI 22), Dionysios die Symmorienrede in das Jahr des Diotimos; ein Rest jenes alten Glaubens an die chronologische Autorität Diodor's, der soviel Verwirrung in der griechischen Geschichte angerichtet hat. Wer aber ohne solche Voreingenommenheit sich den Inhalt der Symmorienrede ansieht, kommt zu einem ganz anderen Ergebnisse. Ist es denn überhaupt denkbar, dass irgend Jemand in Athen im Jahre 354/3 einen Angriffskrieg gegen Persien beginnen wollte, wenn man im Jahre vorher auf die Drohungen des Grosskönigs hin Chares aus Asien zurückgerufen, und mit den aufständischen Bundesgenossen Frieden geschlossen hatte? Und konnte Demosthenes dieses Präcedens mit Stillschweigen übergehen, musste er nicht vielmehr beständig darauf zurückkommen, als auf das beste Argument für die von ihm empfohlene Politik? Auch geht aus der Rede deutlich hervor, dass Athen sich zur Zeit mit anderen griechischen Staaten im Kriege befand, und dass es den Frieden

nur unter ungünstigen Bedingungen hätte erlangen können.
Man kann das auf den Krieg mit Philippos beziehen, wenn es
auch auffallend bleibt, dass Demosthenes den König von
Makedonien hier als Griechen bezeichnen sollte; aber es liegt
viel näher, an den Krieg mit den aufständischen Bundesgenossen zu denken. Aus dem Schweigen des Redners über
Chares einen Grund gegen diese Auffassung hernehmen zu
wollen, wäre verkehrt, denn Chares' glänzende Erfolge waren
es ja eben, welche die Kriegslust in Athen angefacht hatten;
wer abwiegeln wollte, konnte nichts besseres thun als den
delikaten Punkt todtschweigen. Und überhaupt vermeidet
unsere Rede jedes Eingehen auf die Details der Tagespolitik.

Die Symmorienrede ist also noch während des Bundesgenossenkrieges gehalten, aber schon gegen dessen Ende, sei
es, wie Libanios und die Scholien angeben, als die erste
Nachricht von den grossen Rüstungen des Königs nach Athen
kam, sei es bei Gelegenheit der von Diodor erwähnten persi-
sischen Gesandtschaft. Der Krieg hat also auch hiernach
mindestens bis in die zweite Hälfte des Sommers 354 gedauert, ganz übereinstimmend mit den oben besprochenen
Angaben Diodor's.

Für diesen Ansatz lässt sich auch noch ein anderer Beweis beibringen. Als Artabazos von seinen athenischen Verbündeten verlassen wurde, wendete er sich um Beistand an
die zweite griechische Grossmacht Boeotien, die ihm denn
auch ein Heer unter Pammenes zu Hülfe schickte. Schon
Böhnecke (Forsch. I S. 243, 4) und Schaefer (Dem. I S. 400)
haben hervorgehoben, dass der Zug des Pammenes nach der
Symmorienrede stattgefunden haben muss, da Demosthenes
dort nur von der Möglichkeit spricht, Theben könne feindlich gegen den Grosskönig vorgehen. Folglich ist Pammenes
nicht vor dem Sommer 353 nach Asien gegangen; und wenn
wir nicht annehmen wollen, dass Artabazos allein sich ein ganzes
Jahr gegen die Satrapen des Königs behauptet hat, so muss
Chares bis Ende Sommer 354 in Asien gestanden haben.

10. Demosthenes' hellenischer Bund.
(Zu Cap. XII.)

Ἀθηναῖοι ἐπὶ Πυθοδότου ἄρχοντος τῷ β' ἔτει τῆς ρ̅δ̅
ὀλυμπιάδος Φιλίππου βασιλεύοντος ἔτος ι̅η̅ ὑποπτευομένης

λυθήσεσθαι τῆς πρὸς Φίλιππον εἰρήνης ἔπεμψαν πολλαχοῦ
τῆς Ἑλλάδος πρεσβείας περὶ συμμαχίας· καὶ εἰς Θετταλίαν
καὶ Μαγνησίαν τοὺς περὶ Ἀριστόδημον, ἀποστῆσαι αὐτοὺς
βουλόμενοι Φιλίππου· ἐγένοντο μὲν οὖν αὐτοῖς τότε σύμμαχοι
Ἀχαιοί, Ἀρκάδες οἱ μετὰ Μαντινέων, Ἀργεῖοι, Μεγαλοπο-
λῖται, Μεσσήνιοι. So die neuen Scholien zu Aeschines g.
Ktes. 83. Schaefer (N. Jahrb. 93, 1866, S. 27 f.) meint freilich,
das sei eine Warnung, den Angaben des Scholiasten kein zu
unbedingtes Vertrauen zu schenken.   Und allerdings ist es
ja sehr unwahrscheinlich, dass sei es damals, sei es überhaupt
vor der Schlacht bei Chaeronea ein förmliches Bündniss mit
Argos, Megalopolis, Messene zu Stande gekommen ist.   In-
dessen ein von Demosthenes geschlossenes Bündniss mit
Messene wird auch in dem Volksbeschluss im Leben der
X Redner erwähnt (S. 851a.); und die Neutralität aller dieser
Staaten während des letzten Krieges scheint darauf hinzu-
deuten, dass ein Abkommen irgend welcher Art zwischen
ihnen und Athen zu Stande gekommen ist (vergl. Schaefer
Demosth. II S. 456 A. 1).   Die Gegenconcession von athenischer
Seite konnte dann keine andere sein, als die Lösung des alten
Bündnisses mit Sparta, oder doch mindestens die Vermittelung
einer Waffenruhe im Peloponnes; und das erklärt wieder, wie
Archidamos damals Musse fand, seine Expedition nach Italien
zu unternehmen.

Dagegen hat Akarnanien im Jahre 343/2 sicher mit Athen
im Bunde gestanden, wie die Absendung eines Hoplitencorps
in diesem Jahre dorthin beweist (R. g. Olympiodor 24—26
S. 1174 f.).   Nun hatte Akarnanien allerdings bereits zu dem
unter Nausinikos begründeten Seebund gehört, es ist aber
wohl unzweifelhaft, dass dieses Verhältniss jetzt seit geraumer
Zeit nicht mehr bestand; auch nennt Aeschines (g. Ktes. 97 f.
256) die Akarnanen ausdrücklich unter den durch Demosthenes
gewonnenen Mitgliedern des neuen hellenischen Bundes.   Und
wenn Demosthenes ferner sich rühmt (g. Philip. III 71) durch
seine Thätigkeit in diesem Jahre (Schaefer II S. 398) den
Anschlag Philipp's auf Ambrakia vereitelt zu haben, so muss
das nach Akarnanien gesandte Corps eben hauptsächlich zum
Schutze von Ambrakia bestimmt gewesen sein.   Ambrakia
aber war bekanntlich korinthische Colonie und ebenso wie
Leukas damals von der Mutterstadt abhängig (Dem. Phil. III

34); die Hülfsleistung für Ambrakia setzt also ein mit Korinth abgeschlossenes Bündniss voraus. Aus dem allen ergiebt sich denn, was freilich an und für sich schon die höchste Wahrscheinlichkeit hatte, dass die von Aeschines (g. Ktes. 94—105) erwähnten Gesandtschaften des Demosthenes nach dem Peloponnes und Akarnanien keineswegs, wie Schaefer wollte (II S. 453 f.) verschieden sind von den Gesandtschaften des Jahres 343 2, von denen Demosthenes in der dritten Philippika spricht (§ 72). Der hellenische Bund ist also bereits damals zu Stande gekommen.

Die Angaben der dritten Philippika stehen damit durchaus nicht in Widerspruch. Demosthenes verfolgt in dieser Rede den Zweck, dem Volke die Lage so schwarz als möglich zu malen, das Errungene als unbedeutend hinzustellen gegenüber dem was noch zu thun ist. Und wenn Demosthenes ausruft (§ 28) οὕτω δὲ κακῶς διακείμεθα (οἱ Ἕλληνες) καὶ διωρωρύγμεθα κατὰ πόλεις ὥστ' ἄχρι τῆς τήμερον ἡμέρας οὐδὲν οὔτε τῶν συμφερόντων οὔτε τῶν δεόντων πρᾶξαι δυνάμεθα, οὐδὲ συστῆναι, οὐδὲ κοινωνίαν βοηθείας καὶ φιλίας οὐδεμίαν ποιήσασθαι, so bleiben diese Worte im Grossen und Ganzen wahr auch nach dem Abschluss des Bündnisses mit Korinth und Achaia. Nur das Bündniss mit Theben konnte Athen in den Stand setzen, Philippos im offenen Felde zu begegnen; auf die Kleinstaaten kam sehr wenig an.

Einen weiteren Beweis für die hier gegebene Zeitbestimmung bietet die Erzählung des Aeschines g. Ktes. 100, die sonderbarer Weise als Argument dagegen geltend gemacht wird. Nachdem Demosthenes über seine Gesandtschaft in den Peloponnes Bericht erstattet, und die Präliminarien des zu stiftenden Bundes entwickelt hat, veranlasst er einen Volksbeschluss, Eretria und Oreos zum Eintritt in das euboeische Synedrion aufzufordern. Nach der Vertreibung des Philistides aus Oreos durch Kallias und Kephisophon im Skirophorion 341 wäre diese Aufforderung überflüssig gewesen; denn damals stand bereits ganz Euboea unter attischem Einfluss.

Inhalt.

Berichtigungen.

S. 77 Zeile 5 von oben lies „im" statt „in".

„ 129 Textzeile 12 von unten lies „in Athen nicht" statt „nicht in Athen".

„ 144 Textzeile 14 von unten lies „ebenso unbegründet" statt „ebensowenig begründet".

„ 161 letzte Textzeile lies „der delphische Gott" statt „der lepphische Gott".

„ „ Anmerkung, Z. 3 lies *„expulerat"*, statt *„expuleret"*.